국가의 추격, 추월, 추락:
아시아와 국제 비교

서울대학교 아시아연구총서 기초연구시리즈 1

국가의 추격, 추월, 추락:
아시아와 국제 비교

펴낸곳	서울대학교출판문화원
펴낸이	성낙인
지은이	이근 외

초판 1쇄 발행	2013년 8월 5일
초판 3쇄 발행	2014년 12월 20일
출판등록	제15-3호

주소	151-742 서울시 관악구 관악로 1
대표전화	02-880-5252
팩스	02-888-4148
마케팅(주문상담)	02-889-4424, 02-880-7995
이메일	snubook@snu.ac.kr
홈페이지	www.snupress.com

ISBN	ISBN 978-89-521-1477-8 94300 978-89-521-1475-4(세트)

이 연구는 서울대학교 아시아연구소 아시아기초연구사업 연구비에 의하여 수행되었음.

서울대학교 아시아연구총서
기초연구시리즈 1

아시아와
국제 비교

국가의 추격, 추월, 추락

이근 외 지음

서울대학교출판문화원

Asia and Comparative Analysis

Catching up, Forging ahead, and Falling behind of the Nations

Keun Lee et al.

Seoul National University Press

| 머리말 |

국가의 흥망성쇠는 중국에서 제작한 '대국굴기'라는 TV물에서 보듯이 매우 흥미롭고 중요한 주제다. 우리 주변의 여러 나라 경제는 다양한 양상을 보이고 있다. 미국발 글로벌 금융위기 이후 미국, 영국, 여러 유럽 나라들이 침체에 빠지고, 일본은 잃어버린 10년이 아니라 20년 동안 침체에 빠져 있다가 아베 정권 등장 이후 여기서 벗어나려고 몸부림을 치고 있다. 반면에 중국, 인도, 인도네시아 등의 신흥 아시아 국가가 선전하고 있어 이제야말로 본격적으로 아시아의 시대가 도래하였다는 희망 섞인 관측이 힘을 얻어 가고 있다. 그러나 정작 한국은 세계 전체에서 차지하는 GDP 비중으로 본 국가 순위가 계속 하락하면서 상대적인 침체국면을 맞고 있고, 대만도 비슷한 상황이다.

전통 강대국 및 일본과 아시아 4소룡 국가의 상대적 침체, 그리고 이에 대비되는 중국, 인도 등 제2세대 신흥아시아국의 성장은 국가의 장기적 경제적 흥망성쇠에 대한 새로운 연구의 필요성을 시사한다. 폴 케네디나 킨들버거의 저작들과 '대국굴기'가 기존 선진국을 중심으로 이 주제를 개척하였지만, Amsden의 연구를 제외하면 이를 후발국가들을 중심으로 연구한 경우는 드물다. 이 책은 전후에 새로 등장한 아시아 국가를 중심으로 놓고, 이들의 발전 경험과 전망을 비아시아 신흥국 및 기존 선진국의 경험과 비교하면서, 후발국 중심의 국가의 흥망성쇠에 대해 연구하는 것을 목적으로 한다.

이 책은 크게 두 가지 문제의식을 중심으로 전개되었다. 첫째, 국가의 흥망성쇠라는 일반적 연구 주제하에서 각국이 어떤 이유로 인해서 추격, 추월, 추락이라고 하는 세 가지 다른 경로를 걷게 되는지를 분석하였다. 둘째는 아시아적 모델에 관한 것으로, 일본을 필두로 한 한국, 대만 등의 1세대 아시아 모델과 중국, 인도를 중심으로 하는 2세대 아시아 모델의 새로운 경로 탐색에 대해 분석하되, 이를 비아시아 지역의 발전경험과 비교분석하였다.

이 책에서는 장기 경제성장의 결정요인으로서 기존의 문헌들이 중시한 세 요소인 제도, 정책, 지리적 위치를 고려하되, 후발자의 입장에서 볼 때 추격과 역전의 기회가 어디서로부터 열리는가 하는 개념인 기회의 창을 중시하였다. 가능한 기회의 창으로는, 첫째, 새로운 기술경제 패러다임의 출현, 둘째, 경기 사이클이나 시장 수요의 변화, 그리고 셋째는 정부의 개입이나 규제의 변화를 고려할 수 있다. 이런저런 이유로 기회의 창이 열리면, 후발자는 이를 이용하여 선발자와는 다른 새로운 경로를 개척하여 성공할 수 있는 반면, 기존 선발자는 종종 기존 패러다임이나 투자에 안주하는 '선발자의 함정'에 빠질 수 있는 것이 역전의 발생 가능성을 높이는 역할을 한다. 즉, 이 책은 분석틀 면에서 우선 선후진국을 포괄하는 일반적 틀로서, 기회의 창과 경로창출 개념을 전제로 하고, 후발국에 대해서는 서로 비슷한 상품을 가지고 수출시장에서 경쟁한다는 '상호경합' 문제의 존재 속에서, 후발국들이 성장의 관건인 외환의 지속적 확보와 내재적 혁신역량이라는 두 가지 요소를 어떻게 충족해 나가는가에 초점을 두었다.

이런 틀에서 포르투갈과 스페인의 신대륙 발견 이후 전개된 세계

강국의 경제사를 보면, 국가의 흥망은 새로운 기술경제 패러다임의 출현, 급격하고 거대한 시장 수요 및 지리적 변화, 국가의 일관적 체계적 정책 개입이라는 세 가지 요소에 의해 새로운 기회의 창이 열리게 된다. 이런 변화의 시기와 기회를 잘 이용한 국가들이 장기적으로 흥하는 길로 들어서고 이런 기회를 놓치거나 선점당하면 장기적 쇠퇴의 길로 들어서는 것을 알 수 있다. 즉, 스페인과 포르투갈의 발흥은 육로를 통하지 않고 인도로 가는, 새로운 해상 경로를 발견한 것에 기인한 것이고, 영국의 발흥은 무역이 아닌 제조업에 기반한 경제성장이라는 새로운 경로를 발견한 것이다. 한편, 전후 동아시아 국가의 성장은 소품종 대량생산이라는 포드주의 생산방식에 아시아의 저임금과 수출주도라는 새로운 추격형 성장 방식을 창출함으로써 가능하였던 것이다. 한편 인도는 제조업이 발달한 후 서비스업이 발달하는 기존의 경로를 답습하지 않고, 제조업 단계를 생략하고 바로 서비스업으로 이행한 단계 생략형 추격이라고 볼 수 있다. 즉, 이 책의 핵심적 주장은, 새로운 국가의 장기적 발흥은 기존의 강국과 다른 새로운 경로의 창출과 종종 연결되어 있다는 것이다.

장기성장에 영향을 미치는 요소 중 선발국이나 후발국이나 모두에게 영향을 미치는 변수들이 대표적으로 제도, 정책, 지리적 위치라면, 이 세 요소 중 후발국의 경우, 후발성이라는 불리함을 극복할 수 있는 정책 즉 의도적 개입의 가능성이 선진국의 경우보다 더 중요하다고 볼 수 있다. 그러면 결국 구체적으로 어떤 정책 변수로 무엇을 해내야 하는가가 관건인데, 이 책에서는 후발국의 지속적 장기성장을 담보할 수 있는 조건으로, 자본재(투자재)의 안정적 수입을 확보해 줄 외환의 지속적 확보와 내재적 혁신능력의 확보라고 보았다. 동아시아의 대외지향적 수출주도 전략은 바로 이 두 요건을 잘 충족하는 모델이었던 반면에 남미가 과거에 추구한 대내지향적 수입대체공업화 전략은 그렇지 못하였고, 외환위기에 항상 취약한 구조였다. 내재적 혁신능력이 중요한 이유는, 경쟁력의 업그레이드와 이를 가능케 할 혁신능력이 없으면 성장이 오래갈 수 없고, 또한 개도국 간에 값싼 저급재 수출을 가지고 경쟁하는 상호경합의 문제를 해결할 수 없기 때문이다. 이런 문제를 잘 극복하여 산업구조를 업그레이드한 유일한 국가가 바로 한국과 대만이라는 데서 1세대 동아시아 모델의 평가가 놓여진다. 그 외 국가, 특히 남미 국가들은 소득증가가 정체되는 '중진국 함정'에 빠져 있다. 이 책에서 다룬 아프리카의 동아시아 모델이라는 모리셔스도 이런 한계에 봉착하여 있다.

1세대 동아시아 모델이 혁신역량과 외환확보라는 두 가지 조건을 잘 충족시키면서 성공적인 경제성장을 창출해 내었다고 한다면, 현재의 위기는 바로 그 성공 그 자체로부터 나온 것으로 볼 수 있다. 하나는 경제성장의 성공과 소득수준 상승에 따라 개발독재의 변화 즉 민주주의로의 요구가 증대되고, 또한 경제적 성공에 따라 국제사회로부터 국내시장의 개방과 자유화를 요구받게 되는 것이다. 정치적 민주화와 경제적 개방은 근본적으로 새로운 성장 공식을 찾으라는 요구라고 볼 수 있으며 이 과정은 쉽지 않으며 새로운 공식의 발견도 어려울뿐더러, 그 모색과정에서 파생하는 각종 혼란은 경제의 감속이나 위기로 연결되기도 한다.

이 책의 서론에 해당하는 제1장에서는 기존 문헌을 검토하고, 후발자에게 주어지는 기회의 창과 이를 이용한 경로창출 중심의 이론적 시각을 제시하고 이를 이어지는 각 장에서 각국에 적용한 분석을 제시한다. 제1부에서는 일본, 대만, 중국, 인도를 분석하고, 제2부에서는 비아시아 국가 중, 열린 통상국가의 전형인 네덜란드, 유럽의 동아시아형 호랑이었다가 추락한 아일랜드, 유연성과 안정성을 동시에 추구하는 황금삼각형 노사관계로 유명한 덴마크, 그리고, 아프리카의 동아시아 모델이라고 불리는 모리셔스를 다루었다. 그리고 마지막으로 결론장에서는 앞에서 다룬 각국의 경험을 요약하고 이를 기반으로 한국에 대한 시사 및 전망을 하는 식으로 마친다. 보론에서는 각 장의 분석에 근거가 되거나 참조가 될 만한 각국의 경제성과에 대한 통계표와 그림을 제시하여, 이해에 도움이 되도록 하였다.

이 연구는 서울대학교 아시아연구소의 2년간의 학술지원으로 수행되었다. 각 장의 공저자들을 대표하여, 당 연구소 소장이신 임현진 교수님과 연구위원장이신 안청시 교수님께 깊은 감사를 드리는 바이다. 항상 뒤돌아보면 부족하고 개선할 점이 보이지만, 추후 연구 과제로 삼기로 하고, 일단 현재까지의 연구를 책으로 담아 내면서, 독자의 판단과 비판을 기다리고자 한다. 이 책의 출판 작업에 도움을 주신 아시아연구소의 실무자 및 서울대학교출판문화원 관계자들에게도 감사를 드리는 바이다.

저자들을 대표하여

서울대 경제학부 교수 이근

| 차례 |

제3장 대만경제의 추격과 구조변화 강영삼

제4장 베이징 컨센서스와 중국경제의 추격 이근

제5장 인도의 서비스 산업 주도의 경제추격: 추격인가 비약인가? 옥우석

제2부 비아시아 주요 국가의 흥망성쇠

| 표차례 |

| 그림차례 |

제1장

서론: 국가의 추격, 추월, 추락

이근 서울대학교 경제학부 교수

1. 왜 국가의 흥망성쇠인가
2. 장기 경제성장과 후발국을 보는 이론적 시각의 변천
3. 국가의 추격, 추월, 추락 분석의 이론적 틀: 기회의 창과 경로창출
4. 후발국 경제성장과 동아시아 발전 모델

1. 왜 국가의 흥망성쇠인가

Kindleberger(1996)가 주요 경제 강대국들 대상으로 추격(catch-up)과 추월(leapfrogging) 개념을 적용하고 Amsden(2001)이 본격적으로 비서구 후발국의 경제성장 문제를 다룬 이래, 후발국의 경제성장의 결정요인은 중요한 연구거리가 되었다. 이상적 경제이론의 관점에서 보면, 나라 간의 경제적 격차는 오래갈 수 없으며 좁혀져야 한다. 즉, 무역과 투자가 점점 더 자유화되고 나라 간의 재화와 서비스의 이전이 점점 쉬워지는 경향에 따라 모든 나라들이 점점 더 비슷해져야 하는 것이다. 이러한 세계적 균등화 현상이 일견 일어나는 듯하지만, 선진국과 후진국의 격차는 여전한 것이 현실이다. 이렇게 무엇이 각 국가의 경제적 흥망성쇠를 결정짓는가는 경제학에서 가장 중요하고 흥미 있는 문제이고 주제라고 할 수 있고, 이것이 바로 이 책의 연구 주제인 국가의 추격, 추월, 및 추락(catching up, forging ahead, and falling behind)의 문제의식이다.[1]

국가의 흥망성쇠는 최근 '대국굴기'라는 중국에서 제작한 TV시리

1 추격, 추월, 추락이라는 세 단어는 Abramovitz(1986)에 처음 나오면서 유명해졌다.

즈에서 보듯이 매우 흥미롭고 중요한 주제다. 더구나, 최근 글로벌 위기 상황으로 그동안 승승장구하던 미국, 영국, 아일랜드 등이 침체에 빠졌고, 일본은 회복하는 듯하다가 다시 동력을 잃어버려 이제 잃어버린 10년이 아니라 20년이 되었다. 반면에 중국, 인도, 인도네시아 등의 신흥 아시아 국가들은 선전하고 있어 이제야말로 본격적으로 아시아의 시대가 도래한다는 희망 섞인 관측이 힘을 얻어 가고 있다. 그러나 정작 한국은 세계 전체에서 차지하는 GDP 비중으로 본 국가 순위가 계속 하락하면서 상대적인 침체국면을 맞고 있고 대만도 비슷한 상황이다.

전통 강대국 및 일본과 아시아의 네 마리 용의 상대적 침체, 그리고 이에 대비되는 중국, 인도 등 제2세대 신흥아시아국의 성장은 국가의 장기적 · 경제적 흥망성쇠에 대한 새로운 연구의 필요성을 시사한다. Kennedy(1987), Kindleberger(1996), '대국굴기' 등이 기존 선진국을 중심으로 이 주제를 개척하였지만, Amsden(2001)을 제외하면, 이를 후발 국가들을 중심으로 한 연구는 드물다. 이렇게 볼 때 전후에 새로 등장한 아시아 국가를 중심으로 놓고, 이들의 발전 경험과 전망을 비아시아 신흥국 및 기존 선진국의 경험과 비교하면서 후발국 중심의 국가의 흥망성쇠에 대한 연구를 진행할 필요성이 대두된다.

이 연구는 두 가지 큰 목적이 있었는데, 그중 하나는 국가의 흥망성쇠라는 측면에서 각국이 어떤 이유로 인해서 흥하고 망하는가를 깊이 살펴 연구하는 것이다. 이는 달리 표현하면 국가들의 추격, 추월, 추락이라고 하는 세 가지 다른 경로 내지 운명에 대한 분석이라고 할 수 있다. 다른 하나는 아시아적 모델을 분석하는 것이다. 세계 전체로 볼 때, 선진국에 근접하거나 진입하는 경제적 성과를 이룬 비서구국은 아시아의 국가들이 유일하다. 그 1세대 아시아 국가들은 일본과 한국, 대만, 싱가포르, 홍콩 등 4소룡 국가들이다. 이들은 모두 국가 및 수출 주도의 외향적 성장 모델을 추구하였으나, '일본병'의 발생 이래 상대적 침체기에 들어간 듯한 반면 이제 제2세대 아시아 국가들이 중국, 인도를 중심으로 등장하고 있다. 이 책은 서구와 대비되는 후발자로서 제1세대 아시아적 발전 모델의 성과와 한계를 분석하고, 나아가 제2세대 아시아적 모델의 새로운 경로 탐색에 대해 분석할 것이다. 이런 작업에서 Lee and Mathews(2010)에서 워싱턴 컨센서스에 대한 대안으로서 제시한 BeST(Beijing-Seoul-Tokyo) 컨센서스는 두 세대를 아우르는 아시아 각국의 성장 경험과 남미 및 기타 비아시아 지역의 발전경험을 비교분석하는 데 하나의 출발점이 된다.

그동안 일본을 위시한 한국 및 대만의 동아시아적 발전 모델에 대한 연구는 많이 있었으나, 1세대 발전 모델의 성과가 소진되어 가고 있는 시점에서 이를 재평가하는 연구가 필요하다. 중국, 인도 등 제2세대 아시아 모델은 제1세대와의 연속성과 차별성 면에서 새롭게 평가되어야 한다. 이런 아시아 국가들의 경제적 흥망성쇠를 비아시아 및 선진국 모델과 비교하여, 그 세계사적 함의를 평가하는 것도 중요한 기대효과다. 이를 통해 최종적으로는 새로운 세계 정치 · 경제 환경에 맞는 새로운 성장경로의 모색에도 기여할 수 있다.

이 책은 기본적으로 전체를 아우르는 공통적 이론적 틀을 확립한 후 이를 여러 나라들에 적용하는 비교 분석접근을 하였다. 이론적 시각으로는 장기적 경제성장에서 기술 변화의 요인을 중시하는 신슘페터 학파적 접근을 하되, 이를 후발국에 적용한 후발국 추격이론의 시각을(이근, 2007; Lee and Mathews, 2010) 국가 차원에 적용하여 보다 진일보한 이론적 틀을 제시하여 이를 각국의 분석에 이용하였다. 각 나라의 정보에 대해서는 1차 자료에 의한 분석보다는 기존 문헌과 정보 등 2차 자료를 이용한 접근을 하였다.

2. 장기 경제성장과 후발국을 보는 이론적 시각의 변천[2]

전후에 등장한 후발국의 경제성장 또는 발전에 대한 주류경제학적 관점은 기본적으로 선진국과 후진국의 차이가 자본량(capital stock)의 차이에서 기인하며 후진국의 경제성장을 위해서는 고정자산에 대한 투자가 가장 중요하다는 것이다. 따라서 세계은행이나 IMF가 후발국 경제성장을 위해 지원하는 자금을 통해서 SOC 등 고정자본 투입이 증가되면 후발국들도 경제성장률을 높여서 선진국을 따라갈 수 있을 것으로 기대되었다. 이런 생각이 1950~60년대의 경제 발전에 대한 주요 접근이었으나 후발국 경제성장은 기대한 만큼의 성과를 거두지 못하였다.

그래서 이런 사태의 원인에 대한 해결책을 모색하는 중에 나온 것이 바로 고정자본 투자와 올바른 경제 정책이 결합되어야 한다는 생각이었다. 여기서 올바른 경제 정책 논쟁의 초점은 바로 대내지향적인 수입대체 공업화론과 대외지향적인 수출주도 공업화론의 대비다. 1960~70년대 이후 동아시아의 급성장과 대비되는 남미의 상대적인 정체는 바로 동아시아의 대외지향적인 수출주도 공업화가 올바른 경제정책 방향이라는 생각으로 연결되었다. 그리하여 1980년대 이후 남미도 대외지향적인 경제 발전 전략을 택하게 되었고, 이는 단순히 수출진흥뿐만 아니라 시장개방, 민영화, 금융자유화 등 전반적인 경제 개방정책으로 연결되었다. 이를 집대성한 것이 바로 〈표 1-1〉에서 제시된 워싱턴 컨센서스다. 그래서 이 시기에 동아시아 및 남미와 아프리카를 포함한 국가들에서 전반적인 탈규제책들과 개방 정책들이 채택되었다. 그러나 2000년대에 들어와서는 최근 세계은행 보고서에서도 나타났듯이 이런 워싱턴 컨센서스를 가장 적극적으로 채택한 남미 여러 나라들의 경

2 이 부분은 이근(2009)에서 1차 발표되고, 이근(2010)의 4장에 일부 소개되어 있는 내용임.

〈표 1-1〉 워싱턴 컨센서스의 10가지 요소

A1. 거시안정화	A2. 민영화, 탈규제, 자유화
1. 재정안정화	6. 탈규제화
2. 의료, 교육, 인프라에 대한 공공지출	7. 무역자유화
3. 조세개혁: 세원확대	8. 민영화
4. 단일환율제	9. 외국인투자에 대한 장벽 철폐
5. 사적 재산권 보호	10. 금융자유화

자료: Williamson(1990).

제 성과가 기대에 못 미칠 뿐만 아니라 오히려 그 이전 시대에 비해서도 떨어지는 결과를 낳은 것으로 평가받고 있다.

그래서 다시 한 번 이런 경제 성과 부진에 대한 원인 모색이 진행되었으며 그 결과 워싱턴 컨센서스의 구세주로서 등장한 것이 바로 제도중시론이다. 간단히 요약하면 제도중시론은, 후발국에 올바른 경제정책, 즉 워싱턴 컨센서스를 처방하였으나 그 처방이 약효를 발휘하지 못한 이유는 처방이 잘못되어서가 아니라 그것을 받아들인 나라의 토양, 즉 제도가 좋지 못했기 때문이라는 주장이다.

여기서 제도가 좋지 못했다는 것은 남미나 아프리카에 특히 만연한 부정부패, 독재, 사적 재산권의 미비, 투자자에 대한 미흡한 보호와 같은 요소들을 지칭한다. 이런 제도중시론의 이론적, 실질적 근거는 Acemoglu et al.(2001)과 같이 경제학 유명 저널에 발표된 여러 논문들에서 찾아볼 수 있다. 그 논문들은 주로 역사적 접근법을 취하고 있는데, 가령 16세기 이후 미국, 호주 등 소위 신대륙 경제들이 중국이나 또는 다른 과거의 강국에 비해서 성공적으로 선진국에 들어간 이유가 바로 사적 재산권 보호와 민주주의라는 서구식 제도를 빨리 정착시켰기 때문이라고 분석하였다. 이런 연구결과는 결과적으로 서구열강에 의한 후발국의 식민지화를 정당화하는 부수적 효과도 지닌다. 다시 말해서 서구적 제도를 성공적으로 정착하느냐의 여부가 경제성장의 관건이라는 시사점으로 연결되는 것이다. 바로 이런 제도중시론을 다룬 논문이 드는 사례 중의 하나는 남북한의 대비다. 예전에 남한을 앞섰던 북한이 남한에 뒤떨어지게 된 이유는 바로 남한에 사적 재산권을 기반으로 한 자본주의 제도가 정착되었기 때문이라는 주장을 하고 있는 것이다.

그러나 이런 제도중시론에 대한 실증분석적 비판이라 할 수 있는 Glaeser et al.(2004)에서는, 남한에서 경제성장이 이루어진 것은 제도 때문이라고 보기는 어렵고 오히려 한국은 경제성장 이후에야 민주주의로 이행했다고 보았다. 즉 한국의 개발독재형 모델은 먼저 경제성장을 성취한 뒤에 민주주의로 이행한 것이지 민주주의가 먼저 정착했기 때문에 경제성장이 이루어졌다고 보기에는 어렵다고 주장하고 있는 것이다. 그래서 이 논문은 제도 이외에 성장의 주요 원인변수로서 인적 자본을 들고 있다. 한국을 비롯한 여러 나라에서 전후에 급성장이 이루어진 것은 서구식 민주주의나 사적 재산권과 같은 제도에 기인한다기보다는 근본적으로 인적 자본에 대한 투자가 이루어졌기 때문이라는 주장이다. 실제로 이들 논문은 인적 자본 변수와 제도 변수를 모두 포함하여 분석한 결과 제도변수의 유의성이 떨어지고 인적 자본 변수가 가장 강건한 변수임을 증명하였다.

제도중시론에 대한 이와 같은 비판의 등장과 더불어 최근의 상황에서는 제도중시론이 많이 힘을 잃어 가는 추세다. 제도중시론은 워싱턴 컨센서스를 연장하는 포스트 워싱턴 컨센서스의 주요 구성요소다. 그러나 Rodrik(2007)의 최근 비판에서도 볼 수 있듯이 후발국의 상황에서 민주주의나 사적 재산권만 채택하면 금방 경제성장이 촉발될 수 있다고 보기는 어렵다. 그래서 로드릭 교수의 경우 기본적으로 워싱턴 컨센서스나 포스트 워싱턴 컨센서스와 같이 필요한 여러 가지 성장정책을 죽 나

열하는 쇼핑(shopping) 리스트적 접근을 지양하고, 성장을 저해하는 가장 중요한 제약요인(binding constraint)이 무엇인지를 각 나라별로 찾아서 이를 해결하는 방식으로 경제성장정책에 접근해야 한다고 주장하였다.

로드릭 교수는 포스트 워싱턴 컨센서스에 대한 비판에서 가장 중요한 제약 요인을 찾아야 한다고 하였지만 그는 그 제약 요인이 무엇인지에 대해서는 그것이 각 나라마다 다르기 때문에 일반적으로 말하기 어렵다고 하며 문제 핵심을 회피하였다. 필자가 보기에 후발국 경제성장을 막는 가장 핵심적인 제약 요인은 후발국 스스로 경쟁력 있는 제품을 국내외 시장에 낼 수 있고 지속적으로 개발하고 생산할 수 있는 능력의 부재, 좁게 말하면 혁신 능력의 부재이며 새로운 발전론은 이런 혁신 능력을 어떻게 형성할 것인가에 대해서 초점을 맞추어야 한다고 생각한다.

실제로 Lee and Kim(2009)에서는 회귀분석을 통해서 국가가 중등소득 단계에서 고소득 단계로 이행하기 위해서는 기술혁신 능력과 고등교육이 중요한 원인변수임을 증명하였다. 장기성장에서 기술혁신이 중요하다는 것은 어쩌면 당연한 생각이지만 장기적 경제성장 결정요인에 대한 기존의 많은 실증분석 문헌에서는 이상하게도 기술혁신 변수를 검토하고 있지 않다. 이는 기술혁신을 외생적으로 취급해 온 주류경제학의 편향성에 기인한 것으로 보인다. 한편 기존의 경제성장론 문헌에서는 교육이나 개방정책, 제도 등을 다루어 왔지만 이들은 각 나라 간 발전단계의 차이에도 불구하고 어떤 단일한 변수가 모든 나라에게 중요한 성장변수로 작용한다는 논리에 집착하여 왔다. 그러나 경제성장 단계별로 각기 다른 변수가 성장의 결정요인이라는 논리가 가능하고, 이 논문은 기존 문헌에서 강조해 온 제도와 초 · 중등 교육은 저소득 국가에서 중등소득 국가로 이행하는 단계에서만 유의하고, 중등소득에서 고소득, 즉 선진국으로 가기 위해서는 고등교육에 대한 투자, 연구개발과 기술혁신에 대한 투자가 필요함을 입증한 바 있다. 이는 매우 중요한 연구결과로서 실제로 많은 개발도상국들이 3,000달러 내외의 소득수준에 도달한 이후에 선진국으로 도약하지 못하는 상황이 많은데 이런 경우에서의 제약요건이 바로 고등교육과 혁신능력임을 이 논문은 논증하고 있다.

〈표 1-2〉에서 보면, 실제 남미 국가들은 1980년과 2000년 사이에

〈표 1-2〉 주요 국가들의 성장지표: 1인당 GDP

	1인당 GDP(당해 가격 US$)			1인당 GDP(2000 US$)			1인당 GDP(2000 international PPP $)	
	1960	1980	2000	1960	1980	2000	1980	2000
한국	155.7	1,673.8	1,0890.2	1,110.5	3,223.1	1,0890.2	4,556.9	1,5201.7
대만	144.8	2,326.2	1,3819.1	1,212.3	4,672.1	1,3817.0	7,295.5	2,1575.2
아시아								
필리핀	257.3	676.6	990.7	612.0	990.4	990.7	4,160.5	3,984.5
태국				332.1	797.9	2,020.9	2,488.3	6,350.3
말레이시아	299.9	1,811.9	3,881.4	784.5	1,848.3	3,881.4	4,046.6	8,952.3
중국	92.0	191.8	855.9	97.9	173.1	855.9	762.3	3,821.1
인도	83.1	264.5	450.2	175.4	222.0	450.2	1,178.7	2,415.5
라틴 아메리카								
브라질	208.5	1,932.5	3,537.5	1,331.9	3,254.8	3,537.5	6,799.0	7366.2
아르헨티나		2,739.4	7,927.6	5,254.3	7,550.6	7,927.6	11,461.8	1,2252.7
칠레	553.6	2,473.5	4,964.4	1,841.9	2,494.2	4,964.4	4,620.8	9,197.0
멕시코	353.4	2,876.4	5,934.0	2,557.4	5,121.2	5,934.0	7,758.4	8,919.5
아프리카								
가나				281.0	239.0	254.0	1,799.9	1,962.6
나이지리아	102.8	902.4	331.6	291.1	409.2	331.6	1,021.1	878.2
남아공	422.0	2,920.8	2,909.6	2,104.8	3,435.6	2,909.6	11,330.5	9433.7

자료: Lee and Kim(2009)의 표 1A을 번역 전재함.

실질소득이 정체되어 전혀 소득증가가 없음을 알 수 있다. 가령 브라질은 2000년 고정가격으로 평가한 1인당 GDP가 1980년에 3,200달러 정도이고 2000년에도 3,500달러 정도에 머무르고 있다. 이 남미 국가들은 1960년대에는 실질소득이 한국보다 대부분 두세 배 정도로 높았던 나라들이다. 그러나 1980년대에 오면 한국과 같은 수준이 되고 2000년대가 넘어서서는 실질소득 증가가 전혀 없음에 비해 한국은 3배 이상 증가한다. 이러한 역전(reversal of fortune)은 미국 학자들이 다룬 신세계와 구세계 간의 역전과 더불어 매우 중요한 부의 역전 현상이다. 일련의 서구 학자들은 이런 첫 번째 역전의 원인을 서구식 제도의 전파 정도에서 찾았지만 이를 가지고는 남미와 동아시아의 역전을 설명할 수 없다. 각종 제도 발달지수 면에서 남미와 동아시아는 차이가 없기 때문이다.

이런 동아시아와 남미 간 부의 역전현상을 설명하기 위해서는 바로 이 두 국가군들이 기술혁신과 고등교육 투자에 대해서 현격한 차이를 보였음에 주목해야 한다. Lee and Kim(2009)에서 제시된 것과 같이 80년대 남미와 한국, 대만 등은 한 해에 50여 개 정도의 특허를 미국에 출원하였고 R&D 대 GDP비율도 0.5% 정도로 서로 비슷하였다. 그러나 2000년대에 들어서면서 남미 국가들은 여전히 한 해에 몇백 개 정도의 특허 출원한 반면 한국과 대만은 그 수가 5,000개를 넘어선다. 또한 R&D 대 GDP 비율도 한국은 2.5%를 넘어서는 반면 대부분의 남미 국가들은 1%를 넘지 못한다. 이와 같이 연구개발과 고등교육 투자의 차이가 남미와 동아시아 간 부의 역전 현상을 낳았음을 보여 준다.

위의 논의가 시사하는 것은 개방을 무조건 반대할 것이 아니라 개방 또는 외자 도입을 통해서 어떻게 하면 그것을 토착기업의 능력 형성을 위한 학습의 도구로 삼을 것인가가 중요하다는 것이다. 또한 대기업이냐 중소기업이냐라는 논란의 해결도, 후발국의 지속적인 경제성장을 위해서 필요한 혁신 능력의 향상이 더 쉽고 가능한 길이 소수의 대기업

육성인지 혹은 많은 중소기업의 육성인지의 시각에서 모색되어야 한다.

최근에 필자가 워싱턴 컨센서스에 대한 대안으로 제기한 베이징-서울-도쿄(Beijing-Seoul-Tokyo, BeST) 즉, 베스트 컨센서스는 바로 혁신역량 향상을 중심으로 이에 필요한 경제정책들의 묶음을 제시한 것이다(Lee and Mathews, 2010). 〈표 1-3〉에서 제시된 바에 따르면, 베스트 컨센서스에서 가장 핵심적인 두 가지 주체는 사기업과, 사기업의 능력 형성 과정을 도와줄 정부 즉, 공공적인 기구다. 사기업의 능력형성이 관건이지만 정부 부문이 도와주어야 할 이유는 후발자로서 국가에 의한 일정한 보호와 초기 지원 없이는 성공적으로 선진국기업과 경쟁해 나갈 수 없기 때문이다.

그래서 위 두 가지 경제주체를 전제했을 때 능력 형성에 필요한 과정으로서 다음의 네 가지를 들 수 있다. 첫 번째는 외부의 지식을 흡수하고 학습할 수 있는 여러 학습채널을 확보하는 정책이다. 외자 유치뿐만 아니라 라이선싱, 사내 R&D 센터, 해외 R&D 센터 설립, 국제 M&A, 해외인력유치, 전략적 제휴 등 다양한 채널을 이용하여야 한다. 두 번째로는 수출중심 정책으로 이를 통해 세계경제에 참여하여 세계시

〈표 1-3〉 BeST 컨센서스

A. 두 주체	
1. 민간기업	2. 개발정책 담당 정부기구
B. 역량 혁성의 과정(민간+정부)	
3. 외부지식에 대한 접근 확보	4. 수출주도의 개방전략(규율과 학습효과)
5. 핵심기술과 산업의 수입대체	6. 동적 비교우위를 위한 단계적 업그레이딩
C. 역량 형성을 위한 외부환경 정비(정부)	
7. 인적 자본 육성	8. 추격 친화적 금융 시스템
9. 거시안정성	10. 비시장적 개입의 단계적 축소

출처: Lee and Mathews(2010).

장으로부터의 일정한 규율을 받아야 할 필요가 있다. 세 번째로는 외국산 제품이나 기술을 대체할 수 있는 기술이나 분야를 선별하여서 이를 국산화하여서 지대를 확보하는 정책이다. 네 번째로는 동적인 비교우위를 추구하면서 계속적으로 고부가 신산업으로 업그레이드해 나가는 정책이다. 여기서 업그레이드라는 것은 기존산업 분야 내에서 좀 더 고부가가치 부문으로 업그레이드하는 것뿐만 아니라 새로운 고부가가치 산업이 등장할 때마다 계속적으로 그 산업에 뛰어드는 것을 뜻한다. 즉 주류경제학의 특화 논리에 따라서 후발국이 현재 비교우위가 있는 섬유산업과 같은 노동집약적인 산업에 마냥 특화되어 있어서는 선진국으로 진입하는 것이 불가능함을 한국의 경험이 알려 주고 있다. 즉 새로 등장하는 산업에 좀 더 빨리 진입할수록 효과적이다는 것이다. 일견 비판받는 다각화는 사실은 계속 등장하는 새로운 성장 산업으로 진입하는 과정으로 보아야 한다.

다음으로 이런 후발국의 능력 형성을 위한 외부 환경적 정책으로 네 가지를 들 수 있다. 첫 번째는 일반적인 인적 자본 육성정책이다. 여기서 중요한 것은 과거 세계은행 등이 주장하였듯이 초·중등 교육만을 중시하는 데서 벗어나서 고등교육도 중시하여 육성해야만 중진국을 넘어서는 경제도약이 가능하다는 점이다. 두 번째로서는 추격을 용이하게 하는 금융 시스템을 갖추어야 한다. 여기서 핵심적인 것은 금융시장을 시장에 맡겨서 이자율이 저축과 투자가 일치되는 균형에서 형성되도록 놓을 것이 아니라, 이자율을 시장이자율보다 낮게 유지하여 투자를 자극하되 부족한 투자재원을 초기에는 외자를 통해서 조달하고 나중에는 국내 소득의 증가를 통해서 확보하는 전략이 필요하다. 이자율을 인위적으로 낮추면 국내저축이 떨어진다는 논리 역시 선진국적인 논리다. 계속 성장하는 후발국 경제에서는 이자율을 높이기보다는 우선 소득을 높이는 것이 저축을 높이는 데 장기적으로 더 효과적일 뿐 아니라

이자율을 성장 단계에서 인위적으로 낮춘다고 하여 그것이 큰 문제가 되지는 않기 때문이다. 실제로 스티그리츠(Stiglitz) 등이 서구 중심적인 금융 압박(Financial repression) 논리에 대한 대안으로서 제시한 금융 제약(restraint)론의 핵심은 바로 실질이자율이 음이 되도록 많이 떨어지지 않는 한 저이자율 정책이 경제성장에 도움이 된다는 것이다. 세 번째는 거시적 안정성이다. 거시 안정성은 워싱턴 컨센서스에서와 같이 그 자체가 중요한 목표라기보다는 역량 형성과정을 위해서 필요한 대내외 안정성 확보 차원에서 필요한 것으로 보아야 한다. 거시적 안정성이 없으면 국내 투자자들은 장기적인 투자를 주저할 것이며 이는 장기적인 역량 형성을 저해하기 때문이다. 거시안정성에서 가장 중요한 요소는 각종 경제위기의 발생을 억제하는 것이다. 마지막 요소로서는 이러한 위의 과정을 통해서 후발국 역량형성이 잘 진행되면 비시장적인 각종 개입 정책 수단들은 점진적으로 퇴출시키는 것이 필요하다.

3. 국가의 추격, 추월, 추락 분석의 이론적 틀: 기회의 창과 경로창출

국가의 흥망성쇠에 대한 유명한 연구는 Kennedy(1987)이다. 그러나 이 연구는 기존 서구 강대국 중심이고, 경제적 측면보다는 정치 · 군사적 측면에 집중하고 있고, 경제적 변수는 정치군사적 성과에 대한 기초변수로 역할하는 차원에서 취급되고 있어 경제적 성과 자체가 초점이 아니다. 경제 측면을 중심으로 각국의 흥망을 다룬 대표적 연구는 Kindleberger(1996)이다. 이 연구는 일본의 급속한 미국 추격을 배경과 동기로 시작한 연구라서, 경제가 초점이고, 또한 추격(catch-up)과 추월 또는 비약(leapfrogging)이라는 개념과 국가의 생명주기(life cycle) 등, 이 책에서도 매우 유용하고 중시하는 개념들을 사용하고 있다. 이 책에서는 이런 개념들을 사용하되, 이를 킨들버거(Kindleburger) 책에서 다루고 있지 않은 아시아 및 기타 비서구권 국가들에게 적용한다.

비서구의 발흥을 체계적으로 다룬 경제사적 연구는 Amsden(2001)이다. 이 책은 비서구 후발주자들의 경제적 어려움의 본질을 꿰뚫고 있는 중요 연구다. 그러나 이 책의 구성은 주제별로 여러 비서구 국가를 통틀어서 그때그때 활용하는 접근을 취하고 있어, 이 책에서 취하고 있는 개별 국가들의 성장 모델 분석과는 다르다. 이런 점에서는 Reinert(2007)이나 Rodrik(2007)도 마찬가지다. 더구나 후자의 두 저작들은 그나마 성공을 거둔 아시아 모델에 대한 차별적 관심이 약하다.

이 외에도 2차대전 이후 신흥공업국(NIEs)이 이루어 낸 급속한 경제성장 메커니즘에 관한 연구들은 많다. 이근(2007)에서 논의되었듯이, 상당수 이전 연구들에서 주요 쟁점은 추격 과정에서의 정부와 시장의 역할에 관한 것이었지만, 기술발전 및 추격에 관한 연구도 많이 제시되었다. 대부분의 기술지향적 관점들은 이른바 제품수명주기론에서 말하는 것과 같이 신흥공업국과 기타 개도국들이 어떻게 선진국들의 노후화된 기술들을 흡수하고 새롭게 변화시켜 기술능력의 향상을 달성했는지에 초점을 맞추어 왔다. 그런데 이러한 관점에서는 추격은 정해져 있는 트랙을 따라가는 경주에서의 상대적 속도 문제로 간주되고 기술은 누적적이며 단선적인 과정으로 이해된다.

하지만 보다 최근의 견해는 추격과정에서는 후발자(late-comer)가 단순히 선진국의 기술발전 경로를 답습하는 것만은 아니라는 것을 지적하고 있다. 후발자들은 종종 몇 단계를 건너뛰기도 하고 선발자들과는 다른 독자적인 경로를 만들어 내기도 한다. 예를 들어 Perez and Soete(1988)는 새롭게 등장하는 기술경제 패러다임 시기에서는 모든 나라들이 초심자이고, 이는 동시에 신흥공업국과 같은 후발자들에게는 비약(leapfrogging)의 가능성을 의미한다고 하였다. 비약의 아이디어는 후발국들이 낡거나 성숙된 기술들을 뛰어넘고, 이전 기술 시스템에 대한 대규모 투자를 절약하면서 대신 신기술 패러다임의 투자에 더 빨리 집중함으로써, 선진국들을 추격 내지 추월할 수 있다는 것이다. 세계화와 정보기술의 발달이 진행되면서 비약의 논리는 더 설득력을 얻었다.

이 책에서는 기존의 문헌들이 중시한 세 요소인 제도, 정책, 지리적 위치 세 변수와 슘페터가 강조한 변수인 기술혁신을 도입하되, 이러한 장기성장의 결정요인뿐만 아니라, 후발자의 입장에서 볼 때 추격과 역전의 기회가 어디서부터 열리는가 하는 개념인 기회의 창을 중시한다. Perez and Soete(1988)은 신슘페터주의의 관점에서 새로운 기술경제 패러다임의 출현이 후발자에게 '기회의 창(windows of opportunity)'이 될 수 있음을 역설한 바 있다. 그 외에, 경기 사이클이나 시장 수요의 변화(Mathews, 2005) 및 정부의 개입이나 규제의 변화(Guennif and Ramani, 2010)도 후발자의 새로운 기회를 열어 줄 수 있다는 문헌이 존재한다. 이런저런 이유로 기회의 창이 열리면, 후발자는 이를 이용하여 선발자와는 다른 새로운 경로(path-creating)를 개척하여 성공하는 가능성이 있음이 논의된 바 있다(Lee and Lim, 2001). 평상시나 호황기에 후발자가 선발자를 따라잡거나 넘어서는 것은 어렵다. 선발자가 기술, 마케팅, 산업정보 등 대부분의 면에서 후발자보다 우위에 있기 때문이다. 그러나 '기회의 창'이 열리면 후발자는 선발자와 동등하게 경쟁을 할 수 있다. 이 세 가지 기회의 창에 대해 좀 더 설명해 보자.

첫째, 기술경제 패러다임의 변화다(Perez and Soete, 1988). 새로운 패러다임 하에서는 선발자, 후발자 상관없이 모두가 동등한 출발선에 서는 셈이다. 대표적인 예로, 1990년대 후반 디지털 기술의 출현은 후발자가 기존의 패러다임(아날로그)을 건너뛰어 선발자를 추격 및 추월하는 기회로 작용하였다. 즉, TV 산업에서 디지털 패러다임에 빨리 적응했던 한국은 아날로그 기술에 집착하였던 일본을 추월할 수 있었던 것이다(Lee, Lim, and Song, 2005). 최근 석유 고갈의 위기 속에 대체 에너지가 점차 등장하고 있는 상황도 하나의 패러다임의 변화로 볼 수 있다. 또한 극소전자 혁명으로 퓨전형 혁신 혁명이 가능해진 것도 패러다임의 변화다.

패러다임의 변화는 후발자의 비약을 가능하게 한다. 후발자는 고가의 기존 패러다임의 자본재나 기반시설에 투자하지 않는 반면, 선발자는 기존의 패러다임에 집착하여 지금까지의 투자에서 최대한 이득을 거두고자 한다. 바로 이것이 선발자의 함정이다. 따라서 선발자가 함정에 빠져 지체하는 사이에 후발자가 선발자보다 먼저 새로운 기술 패러다임에 진입한다.

둘째, 불황기(Mathews, 2005; Schumpeter, 1939)와 수요 조건의 변화다. 불황기는 퇴출과 진입의 시간이다. 선발자는 수익 감소, 사업 축소 등 어려움을 겪는다. 더구나 자원에 대한 경쟁이 완화되고 각종 요소 가격이 낮아지는 상황은 후발자에게 기회를 제공한다. 기술 이전과 외부 지식에 대한 접근이 용이해지고 저렴해지기 때문이다. 실제로 LCD 산업에서 일본, 한국과 대만의 기업들은 산업의 불황기에 진입하였다(Mathews, 2005).

신속한 추격자(fast follower)는 불황기를 기회로 삼아 공급 체인을 형성하고 시장에서의 영향력을 확대한다. 글로벌 금융 위기 때 선발자들이 어려움을 겪자 한국기업들이 시장 점유율을 확대하는 것도 이러한 예다. 불황기가 올 경우 후발자가 접근 가능한 자원과 지식을 활용하여 시장에 진입을 하는 것은 좋은 전략이 된다. 한편, 기회의 창이 반드시 불황기일 필요는 없다. 선발자의 위기는 바로 후발자의 기회의 창이 될 수 있다. 한국의 대우자동차, 쌍용자동차의 위기를 중국의 자동차 산업이 기회로 삼은 것, GM과 도요타의 위기를 한국의 현대자동차가 기회로 삼은 것이 바로 좋은 예다. 또한 수요조건의 변화, 고객 선호 변화,

또는 고객 변동과 새로운 시장과 고객의 출현 등도 후발자에게 기회가 된다.

셋째, 정부 규제, 법령, 산업 정책의 변화다. 인도의 제약산업에서 자국 기업들은 정부 규제의 변화 속에 추격의 기반을 다질 수 있었다(Guennif and Ramani, 2010). 중국, 인도, 브라질, 한국의 통신장비 산업에서도 정부의 규제 변화 속에 자국의 기업이 추격을 성공 또는 실패하는 모습을 보였다(Lee, Mani, and Mu, 2012)

한편 후발자의 추격은, 〈표 1-4〉와 같이, 세 가지 형태로 분류할 수 있다(Lee and Lim, 2001). 첫째, 경로추종형이다. 이는 후발자가 선발자가 거쳐간 단계를 그대로 따라간다는 의미다. 한국의 PC, 일부 소비재, 기계 산업을 예로 들 수 있다. 둘째, 단계생략형(비약 1)이다. 후발자는 선발자가 거쳐 간 단계 중에서 일부를 생략함으로써 추격의 시간을 단축할 수 있다. 현대자동차가 카뷰레터 엔진을 생략하고 전자분사식 엔진을 개발한 것, 삼성전자가 16K DRAM을 생략하고 64K DRAM을 생산하였던 것, 독자적으로 256K DRAM의 디자인을 개발했던 것을 예로 들 수 있다. 셋째, 경로창출형(비약 2)이다. 후발자는 처음에는 선발자의 기술 경로를 따라가지만 어느 시점부터 선발자와 다른 기술 경로를 창

〈표 1-4〉 추격의 세 가지 패턴

선발자의 경로: A단계 → B단계 → C단계 → D단계
경로추종형 추격: A단계 → B단계 → C단계 → D단계 예) 한국의 기계, 음향가전, PC
단계생략형 추격: A단계 → → → C단계 → D단계 (기술비약 I) 예) 현대 자동차 엔진개발, 삼성 DRAM 개발, 중국의 디지털 전화교환기 개발
경로창출형 추격: A단계 → B단계 → C'단계 → D'단계 (기술비약 II) 예) 한국의 CDMA 및 디지털 TV 개발

주: C단계에서 두 개의 기술 C 와 C'는 경쟁적 대안적 기술을 나타낸다.

출처: 이근(2007).

출해 나간다. 이때 후발자의 기술은 선발자의 기술에 대해 경쟁적인 대안 기술이 된다. 한국의 CDMA 및 디지털 TV 개발을 예로 들 수 있다.

이상의 설명은 추격의 유형을 산업 차원에서 설명한 것이지만, 이런 생각과 경로창출의 중요성을 국가 차원에 적용할 수 있다는 것이 본서의 생각이다. 우선 '대국굴기'에서 방영된 포르투갈과 스페인의 신대륙 발견 이후 전개된 세계 강국의 경제사를 이런 시각에서 해석할 수 있다. 여기서 국가의 흥망은 새로운 기술경제 패러다임의 출현, 급격하고 거대한 시장 수요 및 지리적 변화, 국가의 일관적 체계적 정책 개입이라는 세 가지 요소에 의해 새로운 기회의 국면을 맞이한다. 이런 변화의 시기와 기회를 잘 이용한 국가들이 장기적으로 흥하는 길로 들어서고 이런 기회를 놓치거나 선점당하면 장기적 쇠퇴의 길로 들어섬을 시사한다. 간단한 예로서, 스페인과 포르투갈의 발흥은 인도/아시아로 가는, 육로가 아닌 새로운 해상 경로를 발견한 것에 기인한 것이다. 영국은 무역이 아닌 제조업에 기반한 경제성장이라는 새로운 경로를 발견한 것이다.

전후 동아시아 국가의 성장은 소품종 대량생산이라는 포드주의 생산방식에 아시아의 저임금과 수출주도라는 새로운 추격형 성장 방식을 창출함으로써 가능하였던 것으로 볼 수 있다. 여기서, 대기업 주도의 한국과 중소기업 주도의 대만이 갈린다면 중국은 국유대기업과 중소기업 모델이 혼합된 대국형 성장 모델이다. 한편 인도는 제조업이 발달한 후 서비스업이 발달하는 기존의 경로를 답습하지 않고, 제조업이라는 단계를 생략하고 바로 서비스업으로 이행한 단계생략형 추격이라고 볼 수 있다.

즉, 한 국가의 장기적 발흥은 기존의 강국과 다른 새로운 경로창출(path creating)과 종종 연결되어 있음이 발견된다. 이런 점에서 쇠퇴는 꼭 절대적 쇠퇴만을 의미하지는 않으며 새로운 승자의 등장에 따른 점진적인 상대적 쇠퇴도 관찰된다. 이런 시각에서 이 연구는 기존 강자의 쇠퇴는 그 자신의 실패나 과오보다는 새로운 후발자가 새로운 기회의 창을 잡아 등장한다는 측면에서 상대적인 것이며, 굳이 이유를 구분하자면 외부 충격에 의해서라기보다는 내부의 요인(혁신의 감퇴, 새로운 기회에 대한 더딘 반응, 기존 패러다임에 안주 등)에 의한 측면이 강하다는 입장을 견지한다. 가령 최근 일본의 상황은 이런 점에 부합한다.

4. 후발국 경제성장과 동아시아 발전 모델

바로 위에서 논의한 이론적 틀은 선진국이나 후발국 모두에게 공통되는 장기 성장의 보다 일반적 결정요인을 중심으로 한 것이다. 즉, 장기 성장에 영향을 미치는 요소 중 선발국이나 후발국이나 모두에게 영향을 미치는 변수들은 대표적으로 제도, 정책, 지리적 위치가 있다. 반면에, 후발국에 좀 더 특수한 요소들도 있다. 특히 위의 세 요소 중 후발국의 경우, 후발성이라는 불리함을 극복할 수 있는 정책 즉 의도적 개입의 가능성이 선진국의 경우보다 더 중요하다고 볼 수 있다. 가령, 1980년대 이후 중국이 갑작스럽게 세계 경제 무대에 등장한 것은 제도나 지리적 위치 같은 변수로는 설명이 어렵고, 과감한 정책의 변환 즉 개방과 수출주도 공업화를 축으로 하는 아시아적 발전 모델과 유사한 요소를 도입한 것이 이를 촉발하였다고 보는 것으로밖에 설명이 되지 않는다.

그러면 결국 구체적으로 어떤 정책 변수로 무엇을 해내야 하는가가 관건이다. 이 책에서는 후발국의 지속적 장기성장을 담보할 수 있는 조건은 다음의 두 가지 즉, 첫째, 자본재(투자재)의 안정적 수입을 확보해 줄 외환의 지속적 확보와 둘째, 내재적 혁신 능력의 확보라고 상정한다. 그 이유는 후발국의 경제성장에는 고정 자본에 대한 투자가 필수 불가결한데, 이는 대부분 수입해야 할 것이고 이에 외환이 필요하기 때문이다. 따라서 외환을 지속적으로 벌어들이는 산업구조와 경쟁력이 없으면 그런 성장은 시작될 수도 없고 오래가지도 못한다. 바로 이런 점에서, 남미가 과거에 추구한 대내지향적 수입대체공업화 전략이 동아시아의 대외지향적 수출주도 전략에 밀린 것이다. 즉, 외환위기에 항상 취약한 구조를 갖게 되는 것이다.

한편, 내재적 혁신능력이 중요한 이유는 대부분의 후발국이 초기에는 저임금에 기초한 노동집약적 수출공업화를 추구하는데, 이의 성공은 바로 그 성공 때문에 국내 임금 상승, 화폐가치 상승(환율 절상화)을 낳아 스스로의 가격경쟁력을 저하시키고, 더구나 더 싼 임금과 환율을 기반으로 한 그 아래 층차의 차세대 후발국의 경쟁적 등장 등으로 상대적 가격경쟁력의 하락이 발생하므로, 경쟁력의 업그레이드와 이를 가능케 할 혁신능력이 없으면 오래갈 수가 없기 때문이다. 이런 개도국 간의 상호경합의 문제를 Spence(2011) 등에서는 'Adding-up problem'이라고 한 바 있다. 실제로 한국과 대만은 80년대 중반에 이런 '가격경쟁력 위기'를 겪었으며 이의 극복은 기업들이 그전에는 라이센싱에 의존하다가 처음으로 스스로 사내 연구개발을 시작하면서 좀 더 고부가가치의 제품으로의 업그레이드와 차별화를 하면서 가능하였었다. 현재 중국의 수출 중심기지인 연해 지역이 바로 이런 위기를 겪으면서 자체 혁신능력을 강조하는 단계를 밟아 가고 있다. 그러나 이런 위기를 잘 극복하여 업그레이드한 후발국은 극히 드물어 대부분의 중진국들이 그 전 단계에서 소득 증가가 정체되는 '중진국 함정'에 빠져 있다. 위의 〈표 1-2〉에서 제시된 대로 남미의 1980~2000년간의 실질소득 정체는 바로 이에 대한 대표적 사례이고, 동남아시아의 일부 국가에서도 비슷한 현상이 관찰되고 있다. 이 책에서 분석하는 아프리카의 모리셔스도 한때 아프리카의 기적이라고 불렸으나 이런 한계에 봉착하여, 성장이 줄어들면서 그 이전 시기의 기적이 퇴색되고 있다.

위에서 설명한 바와 같이 외환위기와 역량 업그레이딩 위기라는 두 가지 위기는 제1세대 동아시아 발전 모델에 상존하는 위험 요소다. 사실 이런 파악은 꼭 지역적으로 동아시아에 국한된 것은 아니며, 비용 우위에 기초한 수출주도 성장이라는 개도국에 처방된 가장 일반적 모델에 다 해당된다. 다만 동아시아 지역에서만 이 두 위기를 잘 극복한 한국과 대만 같은 나라들이 나온 반면, 남미, 아시아, 아프리카 지역의 많은 개도국들이 이 위기에 봉착하여 이를 극복하지 못하고 중진국 함정에 정체하고 있는 것이다.

이하의 각 장에서는 이상의 이론적 관점과 동아시아라는 성공적 사례를 비교의 준거로 하여 여러 나라를 분석한다. 크게 보아서는 선·후진국을 포괄하는 일반적 틀로서, 기회의 창과 경로창출 개념을 전제로 하고, 후발국에 대해서는 '상호경합' 문제의 존재 속에서, 성장의 관건으로서 지속적 외환확보와 내재적 혁신역량이라는 두 가지 요소를 각국 분석의 초점에 두고 있다.

| 참고문헌 |

이 근, 2007, 『동아시아와 기술추격의 경제학: 신슘페터주의적 접근』, 박영사.

______. 2009, 「경제발전론의 동향과 과제: Best Consensus」, 대구: 경제발전학회 및 사회경제학회 공동학술대회.

______. 2010, 『한국인을 위한 경제학』(2판), 박영사.

Abramovitz, M., 1986, "Catching-up, Forging Ahead, and Falling Behind," *Journal of Economic History*, 46(2): 385-406.

Acemoglu, D. S. Johnson and J. A. Robinson, 2001, "The Colonial Origins of Comparative Development: An Empirical Investigation," *American Economic Review*, 91(5):

1369-401.

Amsden, Alice H., 2001, *The Rise of "the Rest": Challenges to the West from Late-Industrializing Economies*, Oxford; New York: Oxford University Press.

Glaeser, Edward L., Rafael La Porta, Florencio Lopez-de-Silanes, and Andrei Shleifer, 2004, "Do Institutions Cause Growth?," *Journal of Economic Growth*, 9(3): 271-303.

Guennif, Samira and Shyama V. Ramani, 2010, "Catching up in Pharmaceuticals: A Comparative Study of India and Brazil," *UNU-MERIT Working Paper Series*.

Kennedy, Paul M., 1987, *The Rise and Fall of the Great Powers: Economic Change and Military Conflict from 1500 to 2000,* 1st Ed., New York: Random House; Vintage Books.

Kindleberger, Charles Poor, 1996, *World Economic Primacy, 1500 to 1990*, New York: Oxford University Press.

Lee, Keun and Byung-Yeon Kim, 2009, "Both Institutions and Policies Matter but Differently for Different Income Groups of Countries: Determinants of Long-Run Economic Growth Revisited," *World Development*, 37(3): 533-49.

Lee, Keun and Chaisung Lim, 2001, "Technological Regimes, Catching-up and Leapfrogging: Findings from the Korean Industries," *Research Policy*, 30: 459-83.

Lee, Keun, Chaisung Lim, and Wichin Song, 2005, "Emerging Digital Technology as a Window of Opportunity and Technological Leapfrogging: Catch-up in Digital Tv by the Korean Firms," *International Journal of Technology Management*, 29: 40-63.

Lee, Keun, Sunil Mani, and Qing Mu, 2012, "Explaining Divergent Stories of Catch-up in the Telecommunication Equipment Industry in Brazil, China, India, and Korea," F. Malerba and R. R. Nelson (ed.), *Catching-up in Sectoral Systems of Innovation*, New York: Oxford University Press.

Lee, Keun and John A. Mathews, 2010, "From Washington Consensus to Best Consensus for World Development," *Asian-Pacific Economic Literature*, 24(1), 86-103.

Mathews, John A., 2005, "Strategy and the Crystal Cycle," *California Management Review*, 47(2): 6-31.

Perez, Carlota and Luc Soete, 1988, "Catching-up in Technology: Entry Barriers and Windows of Opportunity," G. Dosi, C. Freeman, R. Nelson, G. Silverberg, and L. Soete (ed.), *Technical Change and Economic Theory*, London: Pinter Publishers, 458-79.

Reinert, Erik S., 2007, *How Rich Countries Got Rich and Why Poor Countries Stay Poor,* New York: Public Affairs.

Rodrik, Dani, 2007, *One Economics, Many Recipes : Globalization, Institutions, and Economic Growth*, Princeton: Princeton University Press.

Schumpeter, Joseph Alois, 1939, *Business Cycles*, New York and London: McGraw-Hill.

Spence, Michael, 2011, *The Next Convergence: The Future of Economic Growth in A Multispeed World*, New York: FSG Books.

Williamson, John, 1990, "What Washington Means by Policy Reform," J. Williamson, *Latin American Adjustment: How Much Has Happened*, Washington, D.C.: Institute for International Economics, 7-20.

제1부

아시아 주요 국가의 흥망성쇠

제2장

추격 경제학의 관점에서 바라본 일본경제의 번영과 침체

우경봉 한국방송통신대학교 무역학과 조교수

1. 서론
2. 일본형 경제성장 모델의 성립: 1945~70
3. 1970년대의 외부 충격과 1980년대의 안정적 성장: 1970~90
4. '잃어버린 10년'과 구조개혁, 정권교체: 1991~2010
5. 결론

1. 서론

일본경제의 성장은 세계적으로 큰 주목을 받아 왔다. 1955년부터 1970년까지의 고도성장기에 일본은 제2차 세계대전 직후의 폐허에서 미국에 이은 세계 2위권의 경제대국으로 발돋움하는 '기적'을 보여 주었기 때문이다. 또한, 일본의 경제성장은 그 속도가 단순히 매우 빠른 것뿐만 아니라 이후에 여러 국가들에게 큰 영향을 주는, 정형화시킬 수 있는 요소들을 포함하고 있었다. 엘리트 관료 주도의 강력한 산업정책을 바탕으로 수출을 통한 급속한 경제성장을 이룩한 '일본 모델'은 특히, 한국, 타이완, 싱가포르 등에 큰 영향을 주어 '동아시아 발전 모델'을 형성하게 된다.

한편, 성장 못지 않게 최근 일본경제의 침체 역시 큰 주목을 받고 있다. 버블 붕괴와 장기 침체가 이어진 1990년대 일본의 '잃어버린 10년'의 원인과 처방에 대해서는 크루그먼(P. Krugman)과 프레스캇(E. Prescott) 등을 비롯한 세계적 경제학자들의 논쟁의 대상이기도 하다. 일본경제 장기정체의 원인에 관련된 대부분의 논의들은 크게 나누어 유효수요의 부족에 기인한다는 견해와 잠재성장률 저하라는 공급 측의 구조

적 문제에 기인한다는 견해로 나누어 볼 수 있을 것이다. 일본 사상 세 번째 장수 수상으로도 기록된 고이즈미 준이치로(小泉純一) 총리는 '구조개혁 없이 경기 회복은 없다(構造改革なくして景気回復なし)'라는 구호 하에 우정(郵政) 민영화, 도로공단 민영화, 기업법 정비 등을 진행했다. 고이즈미 정부는 공급 측의 구조적 문제를 개선하는 것이 일본경제 회복의 길이라고 보는 입장에서 일련의 개혁들을 진행하여 이를 '구조개혁론'이라고도 부른다.[1]

국가의 흥망성쇠에 대한 탐구라는 이 책의 큰 틀 속에서 이 장의 주된 목표는 우선, 일본경제 흥망성쇠의 흐름이 어떠한 사건들과 함께 하고 있는가를 살펴보는 것이다. 이와 함께 일본경제의 성장과 침체에 관한 주요 연구들을 검토하여 그 원인에 대한 분석을 소개하는 것 역시 중요한 목표다. 나아가, 이상의 작업을 통해 일본경제의 흥망성쇠의 시기 모두에서 공통적으로 찾아볼 수 있는 요소를 도출하여 그것에 대해 검토를 진행하는 것이 이 장의 가장 중요한 목표다.

일본경제의 고도성장기와 잃어버린 10년에 대한 여러 연구분석에서 공통적으로 도출할 수 있는 요소를 바탕으로 이 장의 결론을 미리 밝히자면 다음과 같다. 새로운 기술경제 패러다임과 거대 시장의 출현에 의해 열린 기회의 창을 얼마만큼 잘 활용했는가가 고도성장기와 잃어버린 10년으로 대표될 수 있는 일본경제의 흥망성쇠를 결정지은 것으로 보인다. 즉, '기술혁신'과 '수요조건변화'에 대한 대응 방식과 그 적절성 여부가, 일본경제가 빠르게 서구 선발국들을 추격 및 추월하는 과정과 장기의 경기불황 속에서 정체되는 과정 모두에 일관되게 영향을

1 '구조개혁'이라는 표현 자체는 1940년대 이탈리아 공산당의 주장에서 유래하는 것으로 보인다. 그들은, 한 사회가 가지는 문제들은 구체적인 제도뿐만 아니라 그 배경에 있는 사회 구조도 영향을 미치므로 그러한 사회구조 자체를 변화시켜야 사회변혁을 이룩할 수 있다고 주장했다.

미친 중요 변수라고 볼 수 있다는 점이다.

이 장의 구성은 다음과 같다. 다음 2절에서는 일본형 경제성장 모델이 성립되어 가는 과정을 중심으로 고도성장기에 대해 개략적으로 살펴본다. 3절에서는 일본 모델이 확립되어 오일 쇼크 등의 외부충격 속에서도 안정적인 경제성장을 지속해 가는 과정을 중심으로 1970년대와 80년대의 흐름을 경제적 주요 사건을 중심으로 짚어 본다. 4절에서는 버블 붕괴 이후의 장기침체, '잃어버린 10년'의 원인과 처방을 둘러싼 여러 논의들을 검토해 보고, 일본경제의 가장 드라마틱한 성장과 침체의 공통요소로는 어떤 것을 도출할 수 있는가에 대해 검토할 것이다. 그런 다음 고이즈미 내각의 개혁과 민주당의 집권에 대해 추가적으로 살펴보기로 한다. 끝으로 5절은 이 장의 결론에 해당한다.

2. 일본형 경제성장 모델의 성립: 1945~70

2-1. 전후 복구시기

제2차 세계대전을 거치면서 중화학공업에 집중한 결과로 패전 직후의 일본경제는 생활 필수품 생산 능력이 크게 떨어지는 상태였다. 또한 전쟁시기에 군비조달을 위해 거액의 국채를 발행하여, 이러한 생활용품 부족과 막대한 재정적자는 심각한 인플레이션을 일으켰다. 당시의 요시다(吉田)정권은 인플레이션의 주된 원인이 물자의 부족이라고 판단하였고, 총리의 자문기관인 '석탄 소위원회'는 일본경제의 생산능력 회복을 위해 '경사(傾斜)생산방식'을 제안하였다. 경사생산방식은 당시 물자생산의 관건인 석탄생산의 증가를 위한 것으로, 귀중한 자원인 수입 중유를 철강생산 부문에 집중 투입하여 → 증가된 철강재의 광공업 부문

집중 투입 → 증가된 석탄의 철강생산 부문 집중 투입의 과정을 가지고 있었다. 경사생산방식은 일본경제의 생산능력 재생에 크게 이바지한 것으로 평가받고 있다. 경사생산방식 이외에도 당시 미국 점령군에 의한 신헌법제정, 재벌해체, 농지개혁, 노동조합 육성 등의 일련의 개혁정책들이 시도되었다.

그러나 패전 후의 궤멸적인 상태였던 일본경제가 다시 살아나게 된 계기는 1950년 발발된 한국전쟁에 의한 전쟁 특수(特需)인 것으로 생각된다. 국제연합(UN)군이 한국전쟁에서 사용하는 전쟁물자를 일본에서 조달하는 것을 통해 일본으로 거액의 달러가 유입되었다. 외화 보유고 부족으로 큰 어려움을 겪고 있던 당시 일본에 있어 이러한 달러화 유입이 가져오는 경제효과는 매우 컸다고 할 수 있다.

1951년 9월, 샌프란시스코 강화조약에 의해 일본은 독립을 되찾는다. 샌프란시스코 강화조약에서는 당초 영국 등이 일본의 선박제조 능력에 대한 규제 등을 두려 했으나 결국은 아무런 경제활동의 제약 없이 조약이 맺어지게 된다(三和良一, 1993). 이후 조선 부문이 일본의 수출에 있어 중요한 역할을 담당하는 것을 고려해 보면, 일본경제성장에 있어 중요한 사건이었다고 할 수 있겠다.

또한 1951년부터 1953년에 걸쳐 이후 일본 산업계의 자본축적에 큰 영향을 미치는 일련의 산업정책들이 실시된다. 대표적인 것들로는, 독점금지법 개정, '기업합리화촉진법'의 제정, 일본개발은행 설립 등을 들 수 있다. 개정된 독점금지법은 당시 재계의 요구를 반영한 것으로 주식의 보유, 기업의 합병 등에 관한 규제를 완화하는 것을 골자로 하고 있다. 기업합리화촉진법은 조세 특별 감면 등의 내용을 담고 있으며, 일본정부는 이를 바탕으로 기업에 대한 세제상의 우대 정책을 실시하게 된다. 일본개발은행은 국고에 의해 운영되는 것으로, 국가 재정을 민간기업에 공급하는 경로로서 중요한 역할을 담당하게 된다.

한국전쟁 특수와 함께, 미국과 소련을 중심으로 하는 동서의 대립 속에서 전 세계적인 군비경쟁은 지속되고 이러한 상황을 배경으로 일본의 수출은 지속적으로 증가해, 1955년부터 고도성장기에 접어들게 된다.

2-2. 고도성장기

일본의 고도성장기는 1955~70년으로 보며, 1955년에는 생산과 소득 모두에 있어 제2차 세계대전 이전의 수준을 회복하게 된다. 잘 알려진 바대로 1956년에 발행된 『경제백서』에서 일본정부는 "더 이상 전쟁 직후가 아니다"라는 말로 일본경제의 완전한 회복을 선언했다.

앞서 언급했듯이 미국과 소련을 중심으로 세계적인 체제경쟁 상황을 배경으로, 이 시기에 주요 서방국가들 역시 6~10%대의 높은 연평균 명목경제성장률을 보이고 있었다. 하지만 일본은 이를 크게 넘어서는 연평균 15%의 경제성장률을 기록하고, 1969년에 이르러서는 GNP기

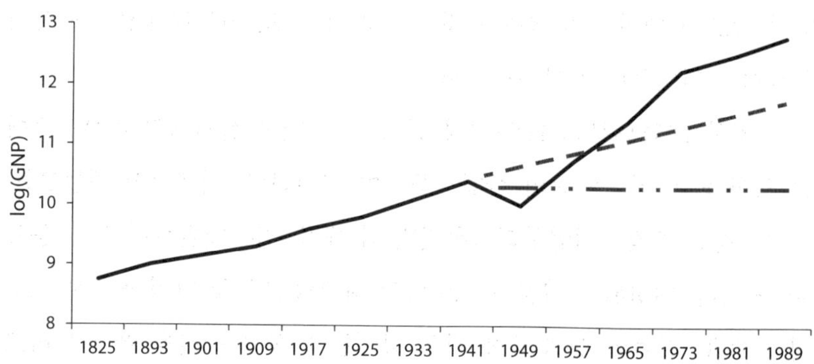

주1. 1980년 기준 일본의 GNP 로그 값.

주2. - - - - : 제2차 세계대전 이전 시기의 GNP 추세선의 연장.

주3. —·-— : 제2차 세계대전 발발 전 시기의 GNP 최고 수준.

출처: Ito(1992).

〈그림 2-1〉 일본경제의 장기 추이

준으로 미국에 이은 세계 2위의 경제대국으로 발돋움하게 된다.

〈그림 2-1〉은 일본경제의 장기추이를 나타낸 그래프다. 꾸준하게 증가하던 일본의 생산능력이 전쟁시기에 급격하게 떨어진 점과 1950년경부터 빠른 속도로 생산능력을 회복한 점 등을 확인할 수 있다. 일본경제는 1955년경부터는 전쟁 이전 시기의 생산수준을 회복하고 1970년경까지 그 이전의 성장 추세를 크게 넘어서 빠른 속도의 성장을 지속한다.

고도성장기는 1955~57년의 진무(神武)경기, 1958~61년의 이와토(巖戶)경기, 1965~70년의 이자나기(いざなぎ)경기로 구분하기도 한다. 고도성장기에도 불황이 경기순환적으로 나타나기도 했지만 모두 단기적인 것으로 그쳤다. 이 시기를 거치면서 일본의 산업구조는 크게 변화하게 되는데, 1차산업의 비중이 크게 감소하고 2차산업의 비중이 급속도로 증가하며, 중화학공업이 산업의 주축을 이루게 된다(三和良一, 1993).

2-3. 고도성장의 요인분석

일본의 고도성장기를 가능하게 했던 주요 요인으로는 우선, 정부의 산업정책을 꼽을 수 있다. 일본 정부는 1949년 '외국환 및 외국무역관리법'과 1950년 '외국자본에 관한 법률'을 제정해 장기간에 걸쳐 수입제한과 일본에 대한 직접 투자를 노리는 외국자본에 대한 규제를 실시했다. 이는 경쟁력이 약한 산업분야에 대한 외국기업의 신규진입을 막는 역할을 했다. 재정 · 금융의 측면에 있어서도 자본축적촉진정책을 추진하여, 기업에 필요한 자금공급과 항만, 도로, 철도 통신 등의 사회간접자본 확충에 힘을 기울였다.

다음으로, 대대적인 설비투자가 이루어진 점을 들 수 있다. 1960년대 후반의 미국의 GDP대비 투자 비율이 약 14% 수준이었던 것에 비해 일본은 약 32% 수준에 달하는 높은 설비투자율을 보였다(浅子和美 ·

篠原総一, 2006). 이러한 적극적인 설비투자의 배경에는 전쟁시기에 중단되었던 해외부터의 기술이전의 재개가 있었다. 해외로부터 수준 높은 기술이 이전되고 이를 흡수할 수 있는 노동력이 존재해, 이를 활용하기 위한 신규 투자는 더욱 활발해졌다. 일본의 높은 저축률은 이러한 적극적인 설비투자를 원활하게 해 주었다. 일본은 이미 고도성장기부터 높은 수준의 저축률을 유지하고 있었고, 이 시기의 일본정부는 국내 금융시장과 해외시장을 분리하는 정책을 취해, 민간저축이 기업 설비투자로 원활하게 유입되도록 유인했다.

세 번째로는 기술혁신에 의한 생산성 향상을 들 수 있다. 해외로부터 기술이 유입되고 적극적인 설비투자가 이루어진 것을 바탕으로, 이 시기의 생산성에 큰 향상이 있었다. 〈표 2-1〉은 1953년에서 1971년까지의 연평균 실질GDP 성장률과 그에 대한 노동, 자본, 생산성 향상의 각 부문이 기여한 정도를 나타낸 것이다. 여기에서 노동부문 기여도의 주된 내용은 고용자수의 증가며, 자본부문은 생산설비의 확충과 재고(在庫), 그리고 생산성 부문은 규모의 경제와 기술진보가 각각 주된 요소로 포함된다.

이 표에서 2차산업의 인구증가와 적극적인 설비투자가 모두 고도성장에 양의 방향으로 기여했다는 점, 그리고 생산성 향상이 고도성

〈표 2-1〉 일본경제성장의 요인분석: 1953~71년

성장요인	성장 기여도(%)
실질 GDP 성장률	8.77
노동부문	1.85
자본부문	2.10
생산성 향상	4.82

출처: 浅子和美 · 篠原総一(2006)에서 일부 수정하여 인용.

장에 매우 큰 요인으로 작용한 점을 확인할 수 있다. 여기서 생산성 향상은 설비투자에 의한 규모의 경제가 작용한 점과 총요소생산성(Total Factor Productivity, TFP)의 향상을 의미한다. TFP란 생산과정 전반에 걸친 효율성 향상의 지표로 노동력의 질적 향상, 기계 설비의 개선, 경영혁신 등을 의미하며, 경제학적으로 기술진보의 의미로 해석된다.

생산성이라고 하면 통상 노동자 1인당 또는 노동자 1시간당 산출량으로 효율성을 측정하는 노동생산성을 말한다. 노동 이외에도 다양한 투입 요소로 본 효율성을 나타내는 척도는 자본 생산성, 에너지 생산성, 설비 생산성 등이 있다. 그러나 이들의 생산성은 한 가지의 투입 요소로만 본 효율성(단일 요소생산성)이며, 전반적인 생산성 증대 효과는 개별 요인만으로는 설명하기가 어렵다. 그러므로 생산과정의 전체의 효율향상을 측정하기 위해서는 전체의 투입요소를 고려한 측정이 필요한데, 이것을 충족시키는 것이 TFP이다. 수치적으로 TFP는 노동, 자본 및 중간재 투입 등 총요소 투입단위당 산출량을 나타내며, 이것은 산출량 증가율을 요소투입증가 기여분과 TFP 증가 기여부분으로 분해하는 방법에 의해 측정된다. 또한 TFP에는 노동, 자본 등 단일 요소 생산성 측정에는 포함되지 않는 기술, 노사, 경영체제, 법·제도 등이 반영되기 때문에 TFP의 증가는 흔히 기술혁신을 의미한다(深尾京司, 2010). 이러한 점에서 우리는 기술혁신이 일본경제의 부흥에 매우 큰 역할을 했다고 이야기할 수 있을 것이다.

한편, 전자기기산업과 석유화학산업 등의 새로운 산업의 출현도 일본의 고도성장에 큰 영향을 준 것으로 보인다. 반도체를 중심으로 하는 전자기기산업 발전은 1954년 첫 일본산 트랜지스터 개발 성공에서 시작해 1960년대에 들어서서는 연구개발 및 기술에 있어 세계최고수준에 도달한 것을 평가받고 있다(三和良一, 1993). 일본 통상산업성(이하, 통산성)은 석유화학업계에도 적극적으로 개입하여 석유화학제품의 증산을 유도했으며, 이를 배경으로 1950년대에서 60년대에 걸쳐 일본의 주력 에너지원이 석탄에서 석유로 바뀌게 된다. 이 시기에 중동아시아 지역에서 유전이 계속적으로 개발되어 석유화학산업이 급속도로 발전하고 국제유가는 안정되어 있었다.

2차산업으로의 빠른 인구이동과 임금상승, 그리고 이를 바탕으로 한 급격한 수요확대 역시 고도성장기를 견인하는 한 축이었다. 1970년까지의 내구소비재 보급률을 살펴보면, 컬러 TV 30%, 흑백 TV 90%, 청소기 75%, 세탁기 92%, 냉장고 93%로 이미 소비시대에 접어들은 모습을 보여 주고 있다.[2] 또한 일반 소비재에 있어서도 플라스틱, 합성고무, 합성가죽 등을 사용한 제품들이 천연소재 제품들을 대체하여 각 가정에 빠르게 보급되었다. 이러한 소비문화의 확산은 식생활과 주거형태의 변화와 함께 진행되었으며, 더욱 높은 수준의 공급을 자극하는 요인이 된 것으로 보인다.

새로운 설비투자와 기술혁신을 중심으로 하는 공급상황과 2차 산업으로의 빠른 인구이동과 소비문화 확산은 선순환을 이루어 〈그림 2-2〉와 같이 고도성장기의 메커니즘을 구성하였다.

한편, 1955년에서 1970년까지 서방 주요 국가들의 연평균 명목 GNP성장률은 각각 미국 6.2%, 서독 10.3%, 영국 8.1%, 프랑스 7.2% 등으로 매우 높은 수준을 유지했다(三和京司, 1993). 전후 복구와 동서 간 체제경쟁의 격화 속에서 미국은 IMF-GATT체제를 주도적으로 이끌었고 서방 선발국가 간에 국제적인 분업의 형태를 구성하였다. 이를 배경으로 일본 국내의 기술혁신에 추가적으로 풍부한 달러가 원조금의 형

2 이 시기에 가전제품의 급속한 보급이 이루어진다. 특히, 1950년대 후반의 흑백 TV, 세탁기, 냉장고는, 일반 가정에서도 노력하면 마련할 수 있으며 이전에는 상상하기 힘들었던 꿈의 제품이자 새로운 생활의 상징으로 인식되어 '3종의 신기(神器)'라고 불렸다. 이후 1960년대 중반에는 컬러 TV, 에어컨, 자가용이 '신3종의 신기'라고 불린다.

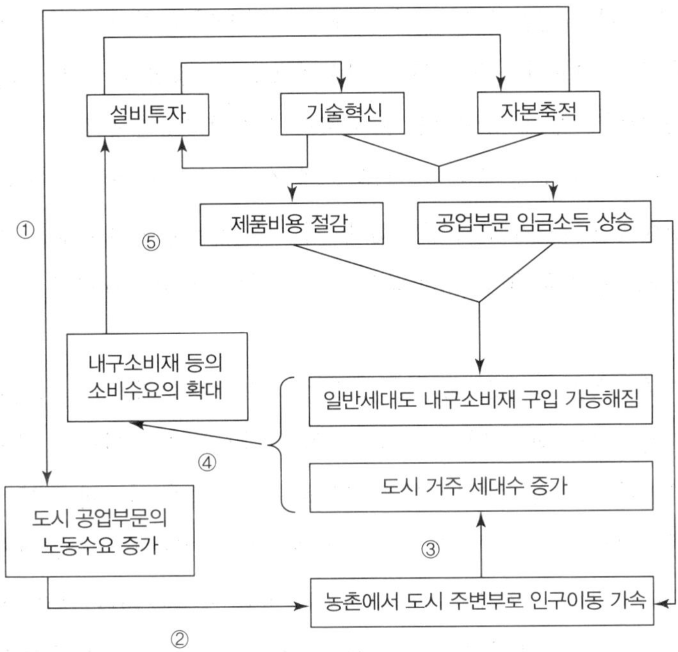

출처: 吉川洋(1992).

〈그림 2-2〉 고도성장의 메커니즘

태로 유입되었으며, 국제원유가도 안정을 유지했다. 이러한 상황은 세계적인 경기호조로 이어졌으며, 일본의 수출은 순조롭게 증가해 고도성장의 외부요인으로 작용했다. 수출품목으로는 전기 기계, 운송용 기계 등의 중화학공업 분야의 비중이 높았으며, 이에 따라 일본 국내 산업구조도 빠르게 재편되었다.

이상에서 일본의 전후 복구시기와 고도성장기에 대해 간략하게 살펴보았다. 이 시기에 일본은 기간산업의 빠른 복구와 서구 선발국 추격을 위해 다양한 제도적 장치를 마련하고 국가주도의 산업정책을 수립 · 실행하였다. 일본은 지리적으로도 당시 소련, 중국과 미국이 대립하는 지점에 위치하고 있어 미국의 다양한 측면에서의 정책적 원조가 이루어졌다. 이러한 과정을 통해 일본에 새로운 기술과 외화가 유입되고 이를 배경으로 설비투자가 확대되어 기술적으로 큰 향상을 이루게 되었다. 인구 구성의 측면에 있어서도 도시지역 거주민과 2차산업 종사자가 크게 증가했고, 제조업 호황에 의해 전체 소득도 증대되었다. 다시 말해, 고도성장기는 정부주도의 산업정책, 기술과 자본재 수입을 통한 기술혁신, 그리고 수출을 통한 경제성장이라는 일본 모델이 확립된 시기라고 할 수 있다.

이를 국가 간 추격 경제의 틀에서 재해석해 보자. 우선, 일본의 고도성장기는 석유화학 및 전자기기산업의 발전이라는 새로운 기술경제 패러다임이 출현한 시기를 배경으로 하고 있다. 이 시기에 일본기업은 지속적인 혁신을 이어가 상당기간 세계 전자기기시장을 주도했다. 또한, 일본 국내의 전후 경제복구과정에서 빠른 수요확대가 있었으며, 동서간 경제복구 및 체제 경쟁 속에서 미국 주도의 IMF-GATT체제라는 외부의 거대 시장 역시 출현하였다. 여기에 국가의 일관적 · 체계적 개입이라는 요소가 추가되어 기회의 창이 열렸고, 이를 잘 이용해 번영의 길에 들어섰다고 할 수 있다.[3]

한편, 일본의 성장 모델은 이후에 동아시아 성장 모델에 지대한 영향을 주게 된다. 일본을 제외한 동아시아의 경제발전은 1980년대의 신흥공업국가(NIEs: 홍콩, 한국, 대만, 싱가포르)에서 시작하여, 중국과 아세안4(타이, 인도네시아, 말레이시아, 필리핀), 나아가 캄보디아, 라오스, 미얀마, 베트남으로 진행되어, 일본의 고도성장 모델과 유사한 형태로 발전한다. 동아시아 모델은, 국가에 따라 산업정책의 형태는 다소 다르지만, 선진국으로부터 신기술을 도입하여 공업화를 진행하고, 해당 지역의 임금이 상승

3 또한, 이 시기에 지속적인 투자와 시장의 성장에 의해 기업이 역시 성장했다. 이 과정에서 기술혁신이 일어나 규모의 경제를 향수했다는 점에서 슘페터적 혁신이라고 할 수 있을 것이다.

하면 다른 지역으로 진출하는 소위 안행(雁行)형 발전형태를 가진다.[4]

3. 1970년대의 외부 충격과 1980년대의 안정적 성장: 1970~90

3-1. 닉슨 쇼크와 석유파동에 의한 성장추세 변화

1971년 8월 미국의 닉슨 대통령은 달러와 금의 교환을 정지와 수입품에 대한 과징금 부과 등의 내용이 담긴 달러 방어 긴급대책을 발표한다. 기축통화로서의 달러의 위기는 이미 1960년대 말부터 진행되었던 것으로, 제2차 세계대전 후 체재경쟁의 일환으로 실시한 거액의 해외원조와 한국전쟁, 베트남전쟁을 수행하는 과정에서 발생한 미국의 방만한 재정지출 문제에 크게 기인한다고 보는 것이 일반적이다. 이 과정에서 엔화를 비롯한 서방국가의 화폐들의 대(對)달러화 평가절상이 이루어지며, 1973년부터 고정환율제에서 변동환율제로 환율 시스템의 변동이 있었다. 변동환율제에서 엔의 절상 폭은 더욱 커져, 1971년 1달러 360엔 수준이었던 것이 1973년에는 평균 270엔 대를 기록한다. 일본 엔의 대 달러화 평가절상 폭은 마르크나 프랑보다 더 컸으며, 주요 수출대상국인 미국에서의 과징금에 의해 일본의 수출은 타격을 받게 된다(北坂真一, 2001).

1973년 10월의 제4차 중동전쟁 발발을 계기로 국제원유가는 급등하게 된다. 〈그림 2-3〉에서 확인할 수 있듯, 제4차 중동전쟁 전에는 1배

4 안행 즉, 기러기 떼의 가장 선두에 일본이 있고, 일본으로부터 기술 등을 수입한 후발국들이 그 뒤를 잇고, 나아가, 그 후발국으로부터 기술을 수입한 국가들이 그 뒤를 다시 이어 발전하는 형태를 가리킨다. 이때 후발국은 노동집약적인 분야를 중심으로 선발국을 추격하며, 선발국은 자국 산업의 구조를 자본 · 기술집약적 산업으로 변화시킨다.

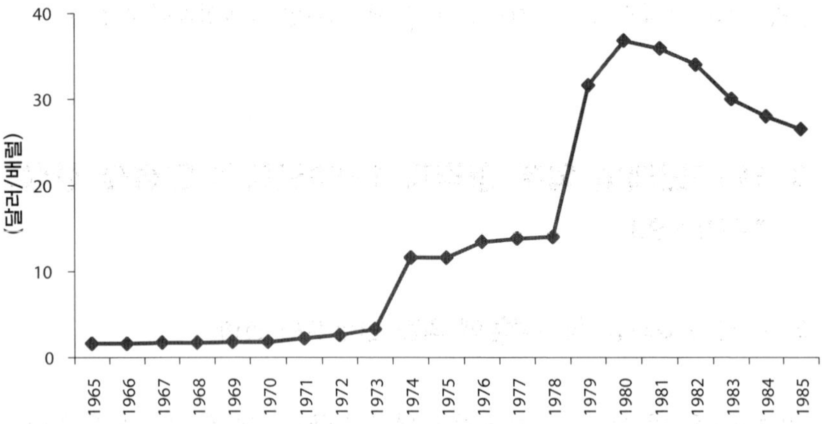

출처: 北坂洋(2001).

〈그림 2-3〉 국제원유가추이

럴당 2달러 수준이던 원유는 1974년에 다섯 배가 넘는 인상폭을 보이며 11달러 대에 진입하여 세계경제에 큰 영향을 미쳤다. 특히, 고도성장기에 주된 에너지원이 석탄에서 석유로 교체된데다 석유를 원료로 하는 합성수지 제품들이 크게 보급이 된 상태에서의 원유가 급등은 일본경제에 커다란 타격을 주었다.

달러화의 위기에 의해 가속화된 미국경제의 불안에 의한 '팍스 아메리카나'의 실질적인 붕괴와 안정된 생산활동의 주된 물적 토대였던 석유가격의 급등에 의해 일본경제의 가파른 성장세는 꺾이게 되고 실질국민총생산은 1974년에 처음으로 마이너스를 기록하게 된다.

한편, 고도성장기를 거치는 동안 계속되는 경상수지 흑자와 높은 외화준비율, 그리고 1972년 당시 다나카(田中角榮) 정권의 '일본열도개조론' 정책에 의해 일본경제에 과잉유동성이 존재했었다. 일본열도개조론은, 태평양 연안에 집중되었던 경제발전에 기인하는 지역불균형을 시정하고자 제시된 것으로 교통망 정비와 공업단지 분산 재정비, 산업고도화 등을 주된 내용으로 하고 있었다. 이 정책에 의해 사람들에게 개발 기대

〈표 2-2〉 1970년대 초반의 인플레이션 (단위: %)

	통화공급량 증가율	지가상승률	도매물가상승률	소비자물가상승률
1970	15.9	15.7	−0.8	6
1971	24.3	13.2	0.8	4.6
1972	24.7	25.1	15.9	11.8
1973	16.8	23.0	31.3	24.3
1974	11.5	−4.3	3	11.9

출처: 香西泰(2001).

효과가 발생하여 토지가격을 중심으로 자산가격이 급등하였고, 앞서 지적한 누적된 경상수지 흑자와 외환보유고, 그리고 석유파동 등과 맞물려 〈표 2-2〉와 같이 1973년도에 높은 수준의 인플레이션이 발생했다.

인플레이션에 대해 일본정부는 신속하게 적극적인 물가통제를 실시했고 일본은행은 기준금리를 9%대로 대폭 인상하여 높은 수준의 통화긴축정책을 실시하였다. 이러한 대응의 결과로 물가는 빠르게 안정을 찾았고, 고도성장기와 비교해 완만하나마 경제성장도 지속되었다.

한동안 안정세를 보이던 국제유가는 1978년 이란혁명의 영향으로 〈그림 2-3〉에서 확인되듯, 제1차 석유파동 때보다 더욱 가파른 상승세를 그리며 1979년에 다시 급등하여 1980년에는 35달러 대를 기록하였다. 하지만, 이 시기에도 일본정부 및 일본은행의 적절한 재정 및 금융정책 그리고 제1차 석유파동을 겪은 기업들의 학습효과로 인해 경제성장의 기조는 유지되었다(橋本寿朗 외, 2011).

3-2. 플라자합의와 버블의 형성 및 붕괴

성장추세가 완만해지기는 했지만 두 번에 걸친 석유파동 등의 외부충

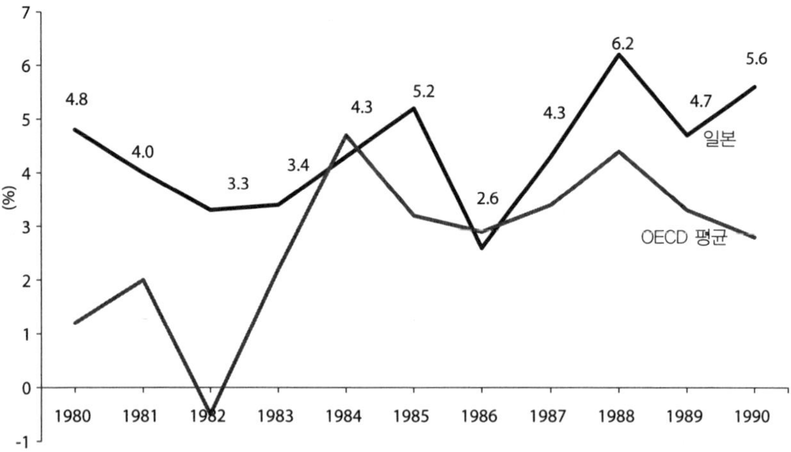

출처: 吉川洋(1992)에서 일부 인용.

〈그림 2-4〉 일본경제 실질성장률(1980~90)

격 속에서도 일본경제는 성장을 이어 갔다. 1980년대에 일본경제는 〈그림 2-4〉에서 확인할 수 있듯, 1985년의 플라자 합의 직후 급속한 엔고의 영향을 받은 1986년의 2.6%를 제외하면 모두 3, 4%대 이상의 견실한 성장세를 보여 주고 있다.

플라자합의란 1985년 9월 미국, 일본, 서독, 프랑스, 영국의 재무장관들이 뉴욕의 플라자호텔에서 발표한, 공동 환율개입을 골자로 하는 서방 선발국 간의 국제정책협의를 말한다. 플라자합의 배경에는 첫째, 선진 5개국 간의 대외 위상에 있어 커다란 불균형이 존재하는 점, 둘째, 미국 경상수지 적자가 심각한 수준이라는 점, 셋째, 국제수지의 제반 불균형의 배경에는 달러화의 가치가 지나치게 높은 상황이라는 점 등에 대한 공감이 있었다(橋本寿朗 외, 2011). 이에 따라, 미국의 재정적자 감소 정책, 일본과 서독의 내수시장 확대 정책, 그리고 달러화의 평가절하 등이 협의의 주된 내용이 되었다. 플라자합의의 결과로 1달러 240엔대였던 대 달러 엔환율은 플라자합의 발표 2년 후인 1987년에 1달러 120엔대까지 급속하게 평가절상된다.

급속한 엔고현상에 의해 일본경제는 1986년에 '엔고불황'을 경험한다. 불황이라고는 하지만 2.6%의 실질성장을 기록한데다, 기존의 경제성장의 추세를 이어 나가 이듬해인 1987년에 곧바로 OECD국가 평균보다 훨씬 높은 4.3%의 성장률을 기록한다.

1987년부터는 '헤이세이경기(平成景氣)'라고 부르는 호황기가 시작되었으며 이 호황기는 버블 형성으로 이어지게 된다.

엔고불황은 사건 그 자체보다는 일본형 경제성장 모델의 주요 전환점으로서 이 장에서 중요한 의미를 가진다. 이 시기를 기점으로 기존의 일본형 성장 모델인 수출주도형 성장에서 내수주도형 경제성장으로 전환이 시작되었다고 평가되기 때문이다. 〈표 2-3〉을 보자. 1981~85년에 비해 1986~90년에 국내수요가 크게 증가하고, 이에 비해 재화·서비스의 순수출은 1986~89년에 모두 마이너스를 기록한다. 즉, 헤이세이경기의 경제성장을 이끈 것은 수출이 아니라 일본 국내 수요였던 것이다.

헤이세이경기는 고도성장기의 이자나기경기와 비견될 정도로 장기의 경기호황 국면이었는데, 다른 한편으로 이 시기에 일본의 토지가격(이하, 지가)과 주식가격(이하, 주가) 등의 자산가격이 급등하는 버블이 발생하게 된다. 〈그림 2-5〉에서 확인할 수 있듯, 소비자물가와 도매물가는 안정적인 추이를 보이는데 반해, 1985~88년에 지가와 주가는 약 두 배 수준으로 상승한다. 이것은 플라자합의 이후의 지속적인 기준금리의 정책적 하락에 의한 자연스러운 현상이라고 볼 수도 있을 것이다. 그러나 지가의 경우 1988~90년에 가격이 다시 두 배가 되는데, 이것은 버블 발생이라고 보기에 무리가 없는 것으로 여겨진다. 1988년 기준 지가 총액이 이미 GDP 총액의 1.4배에 달했으며, 주가의 경우 최고치를 기록한 1989년 기준으로 시가총액이 GDP 총액의 1.3배 수준이었다.

〈표 2-3〉 경제성장의 요인분석(1980~90)

	1981~1985	1986~1990	1980	1981	1982	1983	1984	1985	1986	1987	1988	1989	1990
국내총지출	3.5	7.7	2.7	3.0	3.3	2.4	4.0	4.6	2.9	4.4	6.2	4.9	5.1
국내수요	2.6	5.3	0.7	2.0	2.8	1.6	3.1	3.7	3.7	4.9	7.2	5.5	5.1
민간최종소비지출	1.8	2.6	0.6	0.9	2.6	2.0	1.6	2.0	2.0	2.5	3.1	2.8	2.6
민간주택 + 민간기업설비 + 민간재고	0.7	2.2	0.3	0.4	0.1	–0.5	1.4	2.2	0.9	1.9	3.6	2.5	2.1
공적 수요	0.1	0.5	-0.3	0.8	0.1	0.1	0.1	-0.5	0.8	0.5	0.5	0.2	0.5
공적 고정자본형성 + 공적재고품증가	-0.1	0.2	-0.6	0.3	-0.2	-0.2	-0.1	-0.5	0.3	0.3	0.3	0.0	0.4
정부최종소비지출	0.3	0.2	0.3	0.5	0.3	0.3	0.2	0.0	0.5	0.2	0.2	0.2	0.1
재화 · 서비스의 순수출	0.7	-0.6	2.1	1.2	0.3	0.7	0.8	0.7	-0.8	-0.7	-0.1	-0.7	0.0
재화 · 서비스의 수출	0.8	0.3	1.4	1.2	0.1	0.5	1.5	0.6	-0.7	-0.1	0.6	0.9	0.7
재화 · 서비스의 수입	0.1	1.0	-0.7	0.0	-0.2	-0.2	0.8	-0.1	0.1	0.7	1.6	1.6	0.8

주1. 국민총지출 = 국내수요 + 재화 · 서비스의 순수출.

주2. 국내수요 = 민간수요 + 공적수요.

민간수요 = 민간최종소비지출 + 민간주택 + 민간기업설비 + 민간재고품증가.

출처: 橋本寿朗 외(2011).

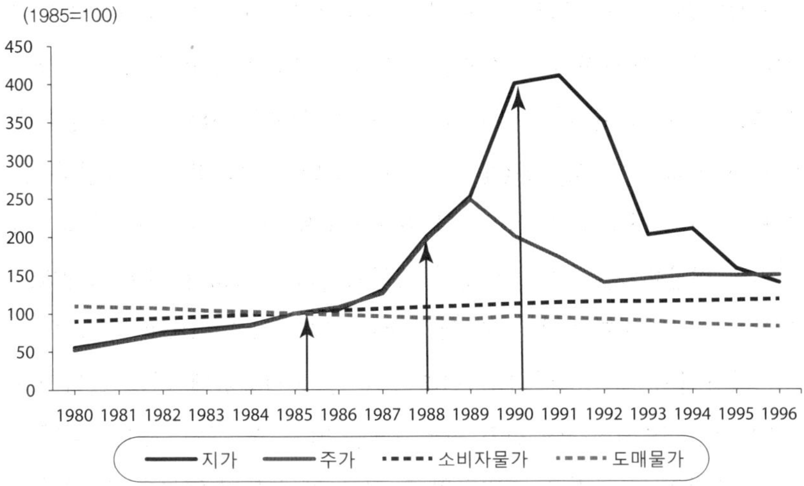

출처: 橋本寿朗 외(2011).

〈그림 2-5〉 일본의 자산가격과 물가의 추이(1980~96)

버블이 발생한 원인으로는 우선, 플라자합의에 의한 급격한 엔고 현상에 대응하기 위해 정책적으로 실시한 지속적인 기준금리 인하를 들 수 있다. 엔의 평가절상은 수출 감소와 기업수익 악화로 이어져, 결국 주가하락과 기업에 큰 타격을 가져올 가능성이 크기 때문에 이에 대한 대응책으로 기준금리 인하가 실시된 것이었다. 여기에, 1987년 10월 19일 뉴욕 증시의 소위 '블랙 먼데이' 때, 주요국의 중앙은행들이 협조하여 미국 금융시장에 대량의 자금을 동원해 주가를 유지시킨 것도 일본 투자자들에게 영향을 미친 것으로 보인다. 즉, 일본에서 자산가치가 급감하는 등의 위기상황이 오더라도 정부가 대책을 마련할 것이라는 안이한 기대감을 형성시킨 것이다(吉田洋, 2008).[5]

이상의 과정에서 형성된 일본경제의 버블은 걸프전을 계기로 붕괴

5 토지가격 상승은 사람들에게 계속되는 상승을 기대하게 만들어 토지 구입을 더욱 증가시키고, 그것에 의해 지가는 계속해서 상승한다. 이렇게 지가 상승에 대한 기대가 지가를 지속적으로 끌어올리는, '예측의 자기실현'이라는 메커니즘이 버블의 본질이다.

되기 시작한 것으로 여겨지고 있다. 1990년 8월 이라크의 후세인이 쿠웨이트를 침공하면서 발발된 걸프전에 의해 국제유가는 빠른 속도로 상승하였다. 1970년대 두 번의 석유파동에 의한 인플레이션을 경험한 일본은 이에 대한 대응책으로, 그동안 낮게 유지하던 기준금리를 인상한다. 금리가 인상되면서 자산가치의 이론치는 상대적으로 낮아지게 되는데, 이로 인해 버블에 의해 높게 형성된 자산가치와의 괴리가 더욱 확대되고 사람들 간에 불안함이 발생하면서 버블은 붕괴되게 된다(위의 책, 28쪽).

이상에서 1970년대와 80년대의 일본 경제상황에 대해 간략하게 살펴보았다. 1970년대에 걸쳐 일본경제는 닉슨 쇼크와 석유파동이라는 외부로부터의 큰 충격을 경험하였고, 그로 인해 유래 없는 고속 성장의 시기는 막을 내리게 된다.

그러나 미국을 비롯한 서구 국가들이 스태그플레이션(stagflation)에 고통을 받는 와중에도, 일본은 그 충격의 크기에 비해 커다란 경기후퇴에 빠지지 않고 경제성장의 기조를 유지하였다. 일반적으로 지적되는 적절한 재정 · 금융정책과 국민들의 경험효과 외에, 패전상황 극복의 경험과 고도성장기 동안 기술혁신을 거듭한 인적 자원의 존재가 위기 대응에 커다란 역할을 했을 것으로 생각된다. 1980년대의 일본경제는 플라자합의에 의한 엔고의 영향 속에서도 성장을 이어 나갔으며, 이 시기에 내수가 경제성장을 견인할 정도로 확대되었다는 점에서 주목할 만한 시대라 할 수 있다.

이상의 내용을 국가 간 추격 경제학의 관점에서 재해석해 보자. 우선, 고도성장기를 일본이 서구 선발국을 추격하는 데 성공한 시기라 한다면, 1970년대와 80년대는 추월에 성공해 세계 최고 수준의 경제적 성과를 올리는 국가가 된 시기라고 할 수 있겠다.[6] 또한 이 시기에, 높은

6 시카고 대학의 포겔(Ezra F. Vogel) 교수는 일본의 눈부신 성장과 일본적 경영을 높이 평

기술력을 바탕으로 워크맨과 CD 등을 개발한 소니와 세계최고 수준의 생산 시스템을 구축한 도요타 자동차로 대표되는 일본기업들은 지나친 흑자로 의한 국가 간 무역마찰을 초래할 정도로 세계시장 개척에 성공하였다. 이와 함께, 크게 성장한 내수시장을 배경으로 일본기업들은 지속적인 성장을 거듭하여 세계 500대 기업의 최상위권을 석권하였다.[7]

즉, 수요의 측면에서는 초소형 집적기술을 바탕으로 하는 전자기기의 세계적인 유행과 글로벌 규모의 지속적인 자동차 보급, 그리고 일본 내수시장의 급속한 성장이라는 거대 시장이 유지(또는 출현)되고 있었다. 이와 함께 일본 기업은 기술혁신과 생산방식의 혁신을 지속해, 거대 시장과 기술혁신의 결합이라는 기회의 창을 여전히 잘 활용하고 있던 시기라고 평가할 수 있겠다.

한편, 1970년대 후반부터 TFP 향상속도의 감속이 두드러지게 된다. 1965~72년의 GNP성장률 12.2%가 노동부문 1.3%, 자본부문 5.4%, TFP 5.5%로 분해된다. 이에 비해 1975~80년의 GNP성장률 4.4%는 노동 0.6%, 자본 2.1%, TFP 1.8%로 TFP의 기여도가 큰 폭으로 떨어졌다. 이는, 고도성장기에 있었던 도입 기술에 의한 기술혁신이(규모의 경제를 포함하여) 한계에 달한 것으로 여겨진다(橋本寿朗 외, 2011).

가하여 1979년에 『일등으로서의 일본(*Japan As Number One*)』을 발표했다. 포겔 교수는 특히, 우수한 인재들이 모인 통상산업성과 대장성(현 재무성)이 경제에 주도적으로 관여하고 있다는 점이 일본의 경쟁력 제고에 크게 이바지하고 있다고 평가했다.

7 가령, 1987년 매출액 기준 세계 10대 기업에는 1위 NTT를 비롯 8개사의 일본 기업이 포함되어 있었으며, 50대 기업 기준으로 33개사의 일본기업이 포함되어 있었다.

4. '잃어버린 10년'과 구조개혁, 정권교체: 1991~2010

4-1. 잃어버린 10년

고도성장기 및 안정적인 경제성장을 이루었던 80년대와 달리, 버블붕괴 후의 1990년대는 장기침체 국면에 접어들어 이 시기의 연평균 경제성장률은 약 1%대에 불과했다. 이러한 일본의 장기불황을 흔히 '잃어버린 10년'이라고 표현한다. 이는 1990년대에 들어서 미국이 달러고(高) 현상의 환율요인에 의해 수입품 가격하락과 풍부한 해외자본 공급, 그리고 활발한 IT투자에 의한 생산성 향상에 의해 인플레이션 없는 호황기를 이어가고 있던 것과는 대조적이었다.

〈그림 2-6〉은 각 시기별 일본의 실질GDP 성장률의 추이를 나타낸 것이다. 1955~69년의 연평균성장률은 9.73%이었고, 1970~79년은

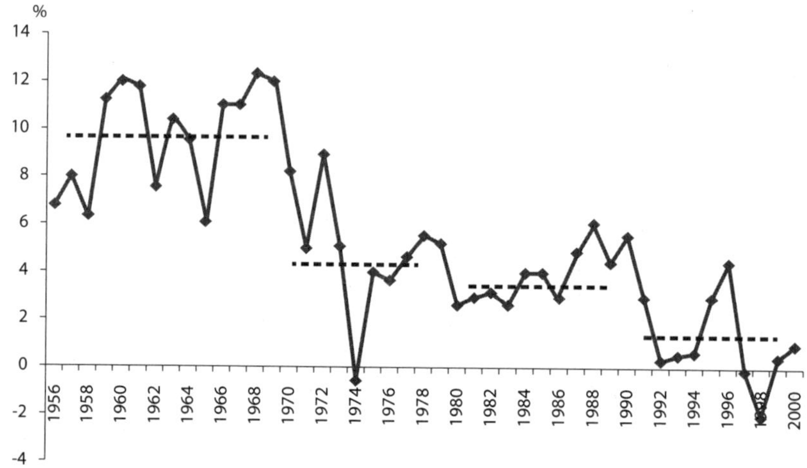

그래프의 점선은 해당 시기의 연평균 실질 GDP성장률을 의미함.
출처: 일본 내각부 '国民経済計算'을 참조하여 작성(3% → 5%).

〈그림 2-6〉 일본 실질 GDP 성장률의 추이

4.59%, 1980~89년은 3.9%, 그리고 1990~99년은 1.13%이다.

이러한 1990년대 장기침체에 대한 논의의 대부분은 크게 '수요부족론'과 '구조문제론'으로 나눌 수 있다. 우선 수요부족론에 대해 간략히 살펴보자. 우리에게도 잘 알려진 경제학자로는 크루그먼, 버냉키 등이 수요부족론의 입장에서 장기침체의 원인과 대응책에 관한 논의를 전개했다. 수요부족론은 버블 붕괴 후의 급격한 자산가격 디플레이션이 불량채권문제를 통해 총수요를 축소시켜 장기간의 경기침체를 야기시켰다고 본다. 즉, 일본정부가 버블발생에 대해 취한 일련의 조치들이 과도한 금융긴축과 금융완화의 지연으로 이어졌으며, 1990년의 소비세 인상(3% → 5%)과 공공투자의 축소는 경기침체를 장기화시켰다는 것이다. 따라서 불황에 대한 대책으로 정부는 더욱 과감한 금융완화와 재정정책을 실행에 옮겨야 한다고 주장했다.

한편, 노무라총합연구소(野村総合研究所)의 수석 이코노미스트인 리차드 쿠(Richard Koo)는 일본의 1990년대 장기불황을 '대차대조표 훼손에 의한 불황'이라고 본다. 그는 자신의 저서 『대 침체의 교훈(*The Holy Grail of Macroeconomics: Lessons from Japan's Great Recession*)』에서 버블붕괴에서 장기불황으로 이어지는 과정을 다음과 같은 연속효과로 설명한다. 버블붕괴 → 자산가격 급락 → 기업의 대차대조표에 타격 발생 → 기업의 목표가 이윤극대화가 아닌 부채 최소화로 바뀜 → 자금 수요의 위축과 금융 경색 → 총수요 감소 → 불황 장기화. 리차드 쿠는 금융완화와 인플레이션 타깃론을 주장한 크루그먼 등과 다소 거리를 두려 하는 것으로 보이나 큰 틀에서는 수요부족론에 포함시킬 수 있을 것으로 보인다.

이와 대비되는 주장이 구조적 문제론이다. 구조적 문제론은 일본의 1990년대 불황의 원인은 공급 측면의 생산성 성장이 저하된 것에 의한 것으로, 수요부족과 불량채권문제는 적어도 1990년대에는 그다지 큰 관계가 없다고 본다. 따라서 공급 측면의 미시적 수준의 문제에 대해 거시적 수준의 통화 및 재정정책으로는 대응이 어렵고, 불황에 대한 대응으로 필요한 정책은 구조개혁이라고 주장한다. 이는 미국의 레이건 정부와 영국의 대처 정부 하에서의 개혁정책들과 같은 논지를 바탕으로 하고 있는 것으로, '신자유주의식 개혁'이라고 불리며 고이즈미 정권의 경제개혁의 이론적 배경이 되었다.

불황의 원인이 구조적 문제에 기인한다고 보는 주요 연구들로는, Hayashi-Prescott(2002), Caballero et al.(2008), 그리고 権赫旭 · 深尾京司(2007) 등을 들 수 있다. 우선, Hayashi-Prescott(2002)은 〈표 2-4〉와 같이, 성장회계(growth accounting)를 적용하여 불황의 원인을 TFP 성장률의 저하로 지적하였다. 즉, 장기침체기인 1990년대에 있어 TFP의 추세적 저하가 관측되었으며, 일본경제의 변동은 TFP 성장에 의해 대부분 설명된다는 것이다(権赫旭 · 深尾京司, 2007). TFP 성장이 정체된 이유로는 1988년의 노동기준법 개정에 의해 주당 노동시간이 44시간에서 40시간까지 감소한 점을 지적했다. TFP는 장기적인 관점에서 잠재성장률을 결정하는 가장 중요한 요인으로 알려져 있다. TFP 성장률을 통해 일본의 장기침체를 분석한 Hayashi-Prescott(2002)은 이후의 '구조문제론'에 큰 영향을 주었으며, 고이즈미 정권의 개혁정책에도 큰 영향을

〈표 2-4〉 일본 노동인구 1인당 성장회계 분석

시기 구분	성장률	성장 요소			
		TFP	자본집약도	노동시간 길이	고용률
1960~1973	7.2	6.5	2.3	−0.8	−0.7
1973~1983	2.2	0.8	2.1	−0.4	−0.3
1983~1991	3.6	3.7	0.2	−0.5	0.1
1991~2000	0.5	0.3	1.4	−0.9	−0.4

출처: Hayashi-Prescott(2002).

끼친 것으로 보인다.

한편, Hayashi-Prescott(2002)이 거시적 수준에서의 TFP 성장률 분석을 통해 일본경제의 장기침체를 설명한 것과 비교해, 権赫旭 · 深尾京司(2007)는 제조업 부문과 비제조업부문으로 나누어 기업 레벨의 TFP 성장률을 분석하였다. 그 결과, 일본경제의 장기침체기 동안에 제조업부문에서의 TFP 성장률이 더욱 급격하게 떨어진 것을 발견하였다. 또한, 장기침체기를 거치면서 시장에 살아남은 기업보다 퇴출당한 기업의 TFP가 더 높다는 것을 보이고 있다.

이와 유사한 결론을 Caballero et al.(2008) 역시 기업별 생산성 데이터 분석을 통해 얻었다. Caballero et al.(2008)은, 버블 붕괴로 인해 채무 과다의 상태에 있으면서도 은행의 추가적인 대출로 시장에서 존속하고 있는 기업들을 좀비 기업(zombies)이라 부르고, 이렇게 저효율의 기업들이 일본경제 전체의 생산성을 손상시키고 있다고 분석했다. 즉, 일본경제의 자원이 효율이 낮은 좀비 기업에 유입되어, 혁신적인 아이디어를 가지고 있는 신규기업들의 시장진입이 방해받고 있다는 것이다. 그리고 이러한 좀비 기업들이 퇴출되지 않으면 일본경제의 회복은 어렵다고 보았다.

일본 경제의 장기침체에 대해 공급 측면과 수요 측면을 모두 고려하여 보다 종합적인 접근을 한 연구로는 金榮愨 · 深尾京司 · 牧野達治(2010)을 들 수 있다. 이들의 연구에 따르면, 1990년대 이후로 일본은 수요부족에 자주 직면해 왔다. 이 배경에는 디플레이션, 금융기관의 기능부전, 기업의 대차대조표 훼손 등에 의한 투자와 소비의 침체뿐만 아니라, 고령화와 장기적인 총요소생산성 증가율의 감속에 동반하여, 1970년대 중반부터 계속되어 온 장기간에 걸친 과잉저축 문제가 존재한다. 신고전파 성장 모델의 시점에서 보면, 1990년대 이후, 일본은 고령화와 노동시간 단축이 심했던 것에 비해서는 견실한 자본축적을 이어 왔다.

예를 들어, 1990~2006년 평균으로 본 자본노동 비율 상승의 인구 1인당 GDP증가의 기여는, 미국보다 컸다.[8] 일본의 인구 1인당 실질GDP 성장률은, 1975~90년 평균인 연율 4.0%에서 1990~2006년의 1.3%로 2.7%포인트 하락했다. 공급 측면에서 2.7%포인트의 성장감속을 성장회계로 분석해 보면, 이 중 1.2%포인트는 총요소생산성증가율의 감속, 1.1%포인트는 인구 1인당 노동시간의 감소, 0.4%포인트는 자본심화의 감속, 0.1%포인트는 노동의 질 상승의 감속에 의한 것이다.[9]

일본경제의 장기침체에 대한 이상의 주요 연구들의 공통되고 핵심적인 논점으로는 노동생산성 향상을 포함한 총요소생산성(TFP) 상승의 저하를 꼽을 수 있다. 金榮愨 · 深尾京司 · 牧野達治(2010)는 일본경제의 IT부문에 대한 투자 부족과 그로 인한 IT 부문의 TFP상승 저하가 일본 산업 전체의 TFP 저하의 주된 요인이 된 것으로 지적하고 있다.

4-2. 고이즈미 정권의 구조개혁

'구조개혁 없이 경기 회복은 없다(構造改革なくして景 回復なし)'라는 슬로건을 내건 고이즈미 내각은 2001년 4월에 출범하였다. 고이즈미 총리는 새로운 내각을 구성한 직후에 '긴급경제대책'을 발표하여 불량채권처리에 강한 의욕을 표시하였고, 신규 국채발행액 규모를 30조 엔으로 설정하여, 긴축재정의 기조를 유지하려는 자세를 보였다. 여기서 말하는 개

---

8 일본의 자본노동비율상승이 미국보다 높았던 것은, 자본의 증가율이 미국보다 높았기 때문이 아니라, 분모인 노동투입의 증가율이 미국보다 낮았기 때문이다. 예를 들어, 1995~2005년에 있어서의 경제성장에 대한 자본축적의 기여는, 일본보다 미국과 영국이 높았다. 하지만, 노동투입이 감소하는 국가가 노동투입이 증가하는 국가보다 급속한 자본축적을 길게 이어가는 것은, 자본수익률의 하락을 부르기 때문에, 통상적으로는 생각하기 어려운 일이다(金榮愨 · 深尾京司 · 牧野達治, 2010의 각주 64).

9 사사오입한 것으로 합계치는 2.7%로 일치하지 않음. 金榮愨 · 深尾京司 · 牧野達治(2010) 참조.

혁은 '구조개혁'을 의미하며, 보다 구체적으로는 '노동력, 자본, 기술과 같은 일본의 중요 자원을 생산성이 낮은 분야에서 생산성이 높은 분야로 옮기는 것'으로 정의된다.[10] 이러한 개혁은 재정구조개혁, 규제완화, 신규창업 촉진, 도로공단 등 특수법인의 민영화 등 다방면에 걸쳐 진행되었다. 고이즈미 내각의 정책운영 특징은 수상 관저를 중심으로 이루어지는 톱다운 방식이었다. 한편, 고이즈미 내각에서 주요 정책의 논의 및 결정에 2001년 1월에 설치된, 관방장관,[11] 재무장관, 경제산업성 장관, 경제재정성 장관 및 전문가들로 구성되는 경제재정자문회의가 중심적인 역할을 했다. 경제재정자문회의는 내각 구성 직후에 경제재정운영에 관한 기본방침으로서 '뼈대 강화 방침(骨太方針)'을 발표하였다. 그리고, '뼈대 강화 방침'에 근거하여 각 연도의 새해 초기에 '기본방침'이 제시되고, 이를 바탕으로 일련의 개혁이 진행되는 방식이 정착되었다(橋本寿朗 외, 2011).

이후 일본경제는 〈그림 2-7〉에서 확인할 수 있듯 2003년부터 경기회복 국면에 접어들었다. 공공사업 등의 정부지출을 억제하고 설비투자 등의 민간수요가 경기회복을 주도하였고, 수출부문 역시 크게 기여했다. 이 시기에 환율이 비교적 안정된 상태를 보였고, 중국시장의 확대가 소재 및 기계 부문의 수출을 크게 자극했다. 또한, 2004년부터 소비도 회복세로 돌아섰으며, 실업률도 감소했다. 디플레이션 상황은 완만하게 지속되었지만, 2005년에는 물가수준도 전년도와 보합세를 이루었으며, 지가의 하락도 멈추어 도쿄의 일부 지역에서는 지가가 상승하는 국면도 있었다. 이러한 상황을 배경으로 2001년 3월 19일에 시작되었던 금융부문의 양적 완화정책은 2006년 3월에 해제된다.

10 内閣府(2001) 참조.

11 일반적으로 우리나라의 청와대 비서실장에 해당한다고 보며, 내각의 대변인 역할도 겸한다.

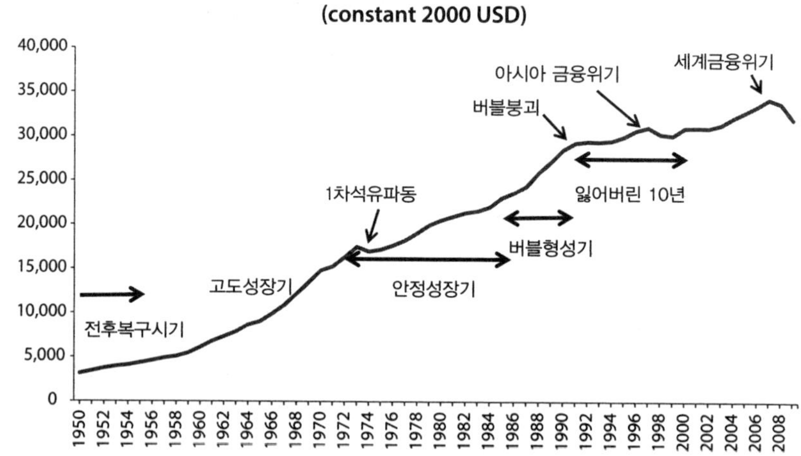

출처: 필자 작성. 데이터는 Penn World Table v.7.0.

〈그림 2-7〉 일본 1인당 GDP 장기추이

2003년부터 시작된 경기회복의 배경에는 다음과 같은 요인들이 작용한 것으로 평가받는다. 첫째, 불량채권처리의 진전에 의한 금융시스템 불안의 안정화가 있었다. 2002년 10월의 '금융재생프로그램'의 실시에 의해 불량채권처리가 진행되었고, 1990년대부터 일본경제를 지속적으로 괴롭혀 왔던 불량채권 문제가 2003년을 전후로 고비를 넘긴 것이다. 둘째로, 기업 수익구조의 개선이 설비투자를 지속시켰다. 각 기업이 진행해 온 과잉설비의 처리, 과잉채무 감축, 사업영역 재구성, 고용관행 개혁 등이 효과를 보기 시작하면서 2004년에는 상장기업 순이익이 사상최고치를 기록했다. 셋째, 일본기업이 몇몇 분야에서 경쟁력을 회복한 점을 들 수 있다. 일본의 1990년대 연구개발비지출은 GDP대비 2.96%로 80년대의 2.62%보다 높은 수준[12]이었는데 꾸준한 연구개발의

12 文部科学省科学技術・学術政策局(2003) 참조.

성과로 하이브리드 자동차, 태양전지, 디지털 카메라 등에서 높은 수준의 글로벌 마켓셰어를 점했다(橋本寿朗 외, 2011).[13] 내수시장에서는 2004년 베이징 올림픽을 전후로 특히 박막형 TV, 디지털 카메라, DVD 레코더의 판매가 크게 증가했다.[14]

고이즈미 내각은 2001년 4월에 출범하여 2006년 9월에 같은 자민당 출신의 아소(麻生太郎) 내각에게 바통을 넘길 때까지 5년 5개월간을 집권하여 일본 역사상 세 번째 장수 총리로 기록되었다. 집권기간 동안 일본 국민의 높은 지지를 받았던 고이즈미 내각에서 진행한 일련의 개혁정책에 대해서는, 업적을 높이 평가하는 시각과 신자유주의에 입각한 정책의 심각한 폐해를 지적하는 상반된 시각이 존재한다.

우선, 공을 평가하는 측에서는, 고이즈미 내각의 가장 업적으로 1990년대 초반부터 일본경제를 무겁게 짓누르고 있던 불량채권의 문제를 해결한 것, 그리고 생산의 구조적 측면에서 TFP 상승률을 향상시킨 것을 가장 중요한 업적으로 평가한다. 일본 주요 은행의 불량채권 비율은 한때 8.4%까지 치솟았는데, 고이즈미 정권 후반부인 2006년 3월에는 이것의 1/4 수준인 1.9%까지 지속적으로 줄어들어(竹中平蔵, 2006), 일본경제 전반의 분위기를 밝게 했다고 평가받는다. 한편, 앞서 3-2절에서 확인한 바와 같이, 고도성장기와 잃어버린 10년의 장기침체 등은 TFP에 의해 설명이 가능하다는 것이 Hayashi-Prescott(2002)에 의해 입증되었다. 일본경제의 장기적, 구조적 문제를 해결하기 위해서는 잠재성장률을 올리는 것이 중요한 과제라고 할 수 있는데, 그렇다면, TFP가 잠재성장률에 중요한 영향을 미치는 만큼 이 TFP 상승률의 높이는 것이 구

13 内閣府(2005) 참조.

14 이 세 가지 제품을 고도성장기의 3종의 신기, 1960년대 중반의 신3종의 신기와 대비시켜 '디지털 3종의 신기'라고도 부른다.

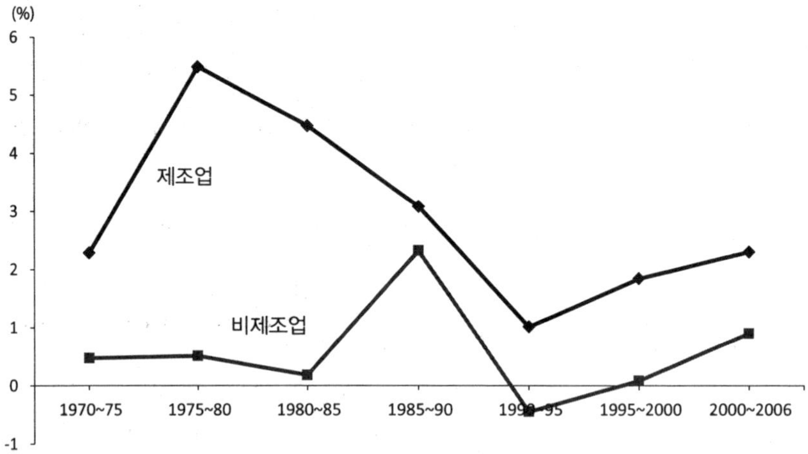

출처: 深尾京司(2010).

〈그림 2-8〉 제조업과 비제조업별로 본 TFP 상승률

조적 개혁에 있어 중요한 과제가 된다. 〈그림 2-8〉에서 확인할 수 있듯, TFP 성장률이 이전 시기와 비교해 고이즈미 내각(2000~2006)에서 높은 상승추세를 이어가고 있어 이를 구조개혁의 성과로 평가하는 것이다.

다른 한편으로, 신자유주의식 개혁이라고도 불리던 고이즈미 내각의 개혁정책은 그 폐해가 매우 심각하다는 지적을 받기도 한다. 고이즈미 개혁의 핵심 축은 긴축재정의 기조 하에서 재정 건전성을 유지하기 위해 세출(歲出)을 삭감하는 것, 그리고 비효율적이고 방만한 운영을 하고 있다고 비판을 받고 있던 공기업을 민영화하는 것이라고 할 수 있다. 그러나 고이즈미 개혁은 세출을 삭감하는 과정에서 고령자 의료제도와 생활보호지원 축소, 사회보험률 인상과 의료보험 부담 증가 등의 내용이 담긴 정책을 실시하여 일본의 사회안전망(safety net)을 훼손했다는 비판을 받고 있다. 이러한 사회안전망의 불안으로 인해 소득격차가 심해지고 시장만능주의가 만연하게 되어 신자유주의의 폐해를 일본에서 그대로 재현했다는 것이다. 또한, 긴축재정 유지를 위해 공공사업을 축소하는 과정에서 도시에 비해 상대적으로 큰 타격을 입게 되는 지방의 과

소화(過疏化)를 초래했다는 비판을 받고 있다. 도로공단, 주택금융공고(公庫), 우정(郵政)사업을 대상으로 하는 민영화와 관련해서도, 관계관청 관료들이 퇴임 후에 낙하산식으로 해당 사업체에 고위직으로 이동하는 문제에 대해 묵인하였고, 특정 기업들에게 이권을 넘겼다는 지적을 받고 있다. 또한, 가령 우정사업 민영화 이후에 지방의 우편 서비스가 매우 불편해져, 재정지출 축소, 소득격차 초래 등과 함께 도시와 지방 간의 격차를 심각하게 만들었다는 비판을 받고 있다.

4-3. 일본 민주당의 집권[15]

고이즈미 총리는 2006년 9월에 임기만료로 물러날 때까지 약 5년 5개월간 집권했다. 이후로 같은 자민당 출신의 총리는 세 명 더 이어졌으나, 정책 면에서 고이즈미 내각과 커다란 차별점 없이 모두 1년여의 짧은 재임기간 후에 자리에서 물러났다. 그리고, 2009년 7월의 중의원선거에서 민주당이 자민당에게 대승을 거두어 역사적인 정권교체가 이루어졌다.[16] 하토야마(鳩山由紀夫) 대표가 이끄는 민주당이 중의원 선거에서 압승을 거둔 배경에는 다양한 요인들이 있었다. 국민들이 고이즈미식 구조개혁에 대해 피로감을 느낀 점, 자민당 출신 후임 총리들의 정책적 차별성 실패 등도 큰 영향을 미친 것으로 보인다. 하지만 무엇보다, 신자유주의식 개혁의 진행 속에서 사회적 안전망의 축소와 도시와 지방

15 2009년 민주당 정권 출범 이후에 대해서는 경제성장에 초점을 맞추지 않고 총리와 주요 정책에 대해 간략하게 소개하는 것으로 한다. 그 주된 이유는 다음과 같다. 단기간에 총리가 빈번하게 교체된 점. 민주당정권하에서의 경제정책에 대한 심도 있는 연구의 수가 아직은 적은 점. 2011년 3월의 동일본 대지진이라는 외부성의 영향이 여전히 심대한 점.

16 고이즈미 총리 이후의 자민당 출신 총리는 아베 신조(安倍晋三: 2006.9~2007.9), 후쿠다 야스오(福田康夫: 2007.9~2008.9), 아소 타로(麻生太郎: 2008.9~2009.9)이다. 이들 세 명의 총리 모두 소득격차의 심화, 공공사업에 대한 의존도가 컸던 지방 경제의 어려움 등 고이즈미 개혁의 후폭풍에 국정운영에 고전을 면치 못했다는 평가를 받고 있다.

간의 격차 확대, 소득격차와 빈곤층 확대 등에[17] 대한 공포감이 확산되는 속에서, 민주당의 복지공약이 크게 주효했던 것으로 보인다.

민주당의 하토야마 내각은 관료제의 폐해를 극복하기 위한 정치인 주도의 개혁, 적극적인 CO_2삭감 목표 설정, 인도양 파견 자위대의 철수, 비효율적인 공공사업에 대한 재검토 등을 의욕적으로 진행해 집권 초기에 70%가 넘는 높은 지지율을 얻는다. 특히, 행정사업이 효율적인지, 낭비는 없는지를 조사해 존폐를 결정하는 공공사업분류작업은 큰 호응을 얻었다.

그러나 유권자들의 큰 지지를 얻었던 자녀수당 관련 공약을 재원 확보의 문제로 인해 제대로 이행하지 못했고, 역시 정권공약이었던 오키나와 미군기지 이전문제로 지지율이 급락하게 된다. 이 시기에 자녀수당의 부분적 실행과 글로벌 경기악화로 국채발행액이 증가해 재정지출은 오히려 커졌다. 또한, 당초 오키나와 현외로 미군기지를 이전하겠다는 공약을 내세웠던 하토야마 총리는 적절한 이전부지를 찾지 못해 결국 미군기지의 오키나와 현외 이전을 포기하게 된다. 이에 대해 사회당이 연립정권으로부터 탈퇴하고, 야당시절의 주장과 달리 집권 후의 부실한 국정운영 능력에 실망한 유권자들의 지지율 급락으로 하토야마 총리는 2010년 6월에 퇴진한다.

하토야마 총리의 뒤를 이은 것은 간(菅直人) 총리는 전임총리와의 차별성을 위해 재정건전성 확보와 고용창출을 최우선 과제로 삼고, 특히 재정재건을 위해 소비세 인상의 필요성을 거론한다. 그러나 간 총리 취임 직후에 있었던 참의원 선거에서 민주당은 대패하고, 이를 계기로

17 일본사회에서의 소득격차와 관련해, 지니계수 상승의 해석을 둘러싸고 교토 대학의 다치바나기(橘木俊昭) 교수와 오사카 대학의 오타케(大竹文雄) 교수 간에 논쟁이 있었다. 문제를 제기한 다치바나기 교수가 오타케 교수의 해석을 인정하는 것으로 논쟁은 정리되었으나, 빈곤층의 확대, 소득격차, 양극화 진행 등은 여전히 일본사회에서 이슈가 되고 있다.

민주당의 막후 실력자인 오자와(小澤一郎) 의원 등이 소비세인상을 거론한 총리의 선거패배 책임론을 거론하고 이후 집권 민주당 내 권력갈등은 극심한 혼란 양상을 보이게 된다. 그러던 2011년 3월 11일 동일본대지진이 발생하고, 후쿠시마 원자력발전소 사고처리에 대한 책임과 위기관리 문제가 붉어진다. 이에 대해 책임을 지고 같은 해 8월에 간 총리가 퇴진하고 노다(野田佳彦) 신임총리가 취임해 현재(2012년 8월)에 이른다.

이상에서 장기 경제침체기인 1990년대와 고이즈미 정권의 개혁안, 그리고 추가적으로 일본 민주당의 집권 초기에 대해 개략적으로 살펴보았다. 일본경제의 장기침체에는 앞서 지적한 공통요인 외에 세습 정치의 폐해, 전문경영인 체제의 단점 노출, 엔고(高)현상 지속에 의한 수출타격 등도 영향을 미친 것으로 지적되고 있다. 특히, 1990년대의 디지털혁명에 대응하기 위해서는 LCD와 반도체 분야 등에 대한 적기의 신속한 투자결정이 필요했음에도 불구하고 최고경영진이 이를 제대로 수행하지 못하고, 높은 기술을 바탕으로 한 고가의 고급 제품에 지나치게 집착한 것은 일본 내부에서도 크게 비판받고 있다.[18]

고이즈미 정권의 구조개혁에 대해 야당뿐만 아니라 집권당인 자민당 내부에서도 강력히 반대하는 세력이 존재했다. 하지만, 고이즈미 총리의 높은 국민 지지도를 바탕으로 개혁은 진행되었다. 앞서 서술한 대로 2003년을 전후로 1990년대 후반부터의 꾸준한 지속된 투자가 기업경쟁력 개선으로 결실을 맺고, 불량채권 처리 역시 진전이 있었다. 여기에 2004년 베이징 올림픽을 앞두고 중국 특수가 발생해 일본의 대중국 수출이 크게 증가했으며, 은퇴가 다가오는 단괴(團塊)세대를 중심으로 박막형 TV, DVD 레코더, 디지털 카메라 등의 판매가 급증했다.[19]

---

18 가령, 일본 반도체 기업의 고품질 고비용 구조의 폐해에 대한 비판과 관련해서는 湯之上隆(2009) 참조.

19 은퇴하기 전 수입에 여유가 있을 때 고가의 가전제품을 마련해 가족과 함께 올림픽과 여

이를 국가 간 추격 경제의 틀에서 재해석해 보자. 일본의 잃어버린 10년에 해당하는 1990년대는 세계적으로 기술경제의 패러다임이 아날로그에서 디지털로 변환된 시기이기도 했다. IT붐으로 상징되는 디지털 기술경제 패러다임이 출현하고 이와 관련된 수요가 매우 빠른 속도로 증가하여, 세계적으로 디지털 기기의 거대 시장이 출현했던 것이다. 그러나 일본은 주요기업들이 기존 기술 및 방식에 안주하고 적절한 수요시장을 창출하지 못한 채 이러한 기회의 창을 활용하지 못하고 쇠락의 길로 접어들었다고 할 수 있다.[20] 반면, IMF 금융위기에 처했던 한국은 IT 분야를 집중 육성하는 정책을 실시하였다. 아날로그에서 디지털로 기술경제의 패러다임이 전환되는 시기에 열린 기회의 창을 잘 활용하여 빠른 경제회복과 IT분야의 세계적 경쟁력을 갖추게 된 것이라고 할 수 있겠다. 또한, 한국기업은 강력한 오너십을 바탕으로 시장변화에 신속하게 대응하고 저가시장 공략에 성공한 것은 일본기업의 사례와 선명하게 대비된다고 할 수 있다. 한편, 이 시기에 흥미로운 것은 2003년부터 2008년 글로벌 금융위기 전까지의 경제회복이다. 이 역시 새로운 기술에 대한 지속적인 투자를 바탕으로 하는 혁신, 그리고 중국과 내수 특수에 의한 거대시장의 출현과 때를 함께했다. 여기에 정부의 일관적인 구조개혁 추진이라는 요소가 추가되어 기회의 창이 열렸고, 이를 통해 재성장을 달성했기 때문이다.

가를 즐기고자 하는 소비패턴이 당시 언론에 자주 보도되었다.

20 일본의 통신산업을 주도하던 NTT(Nippon Telegraph and Telecommunication corporation)가 기존의 ISDN망 개발과 설치에 든 막대한 비용을 회수하기 위해, ADSL과 광통신망과 같은 보다 발전된 기술로의 이전을 의도적으로 회피했다고 지적하는 전문가들이 있다.

4-4. 일본경제 흥망성쇠의 공통요소

이상의 논의에서 우리는 1945년에서 2010년까지의 일본경제 흐름에 대해 개략적으로 살펴보았다. 특히 1955~70년의 고도성장기와 1990년대의 장기침체기에 그 특징이 잘 드러났듯, 일본경제의 성장과 침체는 모두 새로운 기술경제 패러다임과 대규모 시장수요 출현의 결합과 깊은 관련이 있는 것으로 보인다. 그렇다면 이 두 가지 요소 중 일본경제성장(또는 침체)과 보다 본질적으로 관련이 있다고 할 수 있는 요소는 무엇인가?[21] 그것은 새로운 기술경제 패러다임의 출현과 그것에 신속하게 반응할 수 있는 혁신능력인 것으로 생각된다. 기술혁신의 능력이 한 국가의 내재적인 것이며 세계적 규모의 수요는 외부에 있는 것이니만큼 이는 자명한 것으로 생각되지만,[22] 보다 구체적으로 〈그림 2-9〉와 같은 벤다이어그램을 검토해 보자.

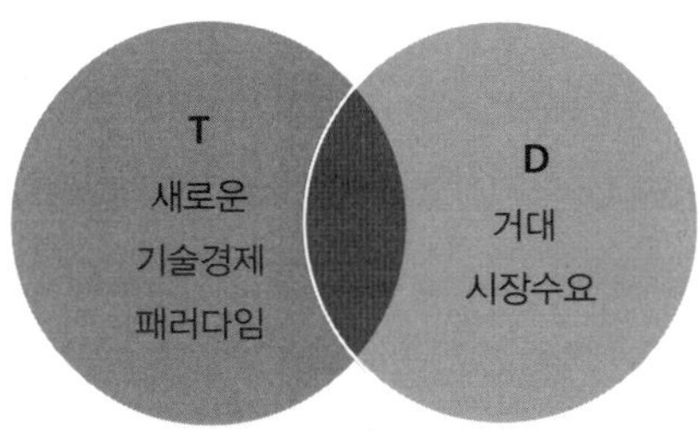

출처: 필자 작성.

〈그림 2-9〉 새로운 기술경제 패러다임과 시장수요와의 관계

21 편의를 위해 다른 요소들은 일정하다고 가정하여 두 요소만을 가지고 논의를 진행한다.

22 단, 미국이나 중국과 같은 경우에는 일본과 달리 거대수요가 내재적인 경우를 생각해 볼 수 있을 것이다.

〈그림 2-9〉가 의미하는 바를 다음과 같이 경우를 나누어 설명해 보자.

① T(Technology)에는 포함되지만 D(Demand)에는 포함되지 않는 경우
새로운 기술경제 패러다임에 부응할 수 있는 혁신능력은 있지만 충분한 시장수요가 없는 상황.

② T와 D의 교집합에 포함되는 경우
새로운 기술경제 패러다임에 부응할 수 있는 혁신능력과 거대시장 수요 모두 존재하는 상황.

③ T에는 포함되지 않지만 D에는 포함되는 경우
새로운 기술경제 패러다임에 부응할 수 있는 혁신능력은 없지만 큰 시장수요가 있는 상황.

④ T와 D 어느 쪽에도 포함되지 않는 경우
새로운 기술경제 패러다임에 부응할 수 있는 혁신능력과 충분한 시장수요 모두 없는 상황.

일본경제의 고도성장, 1970~80년대의 지속적인 성장, 그리고 2003~2008년의 경제성장은 모두 〈그림 2-9〉의 T와 D의 교집합에 위치하는 경우로 ②에 해당된다고 할 수 있다. 같은 맥락에서 일본의 잃어버린 10년은 D가 존재했지만 T가 없었다는 점에서 ③번에 해당한다고 할 수 있다.

5. 결론

국가의 흥망성쇠에 대한 탐구라는 이 책의 큰 틀 속에서 이 장의 주된 목표는, 첫째, 일본 경제 흥망성쇠의 흐름이 어떠한 사건들과 함께하고

있는가를 살펴보는 것, 둘째, 일본경제의 성장과 침체에 관한 주요 연구들을 검토하여 그 원인에 대한 분석을 소개하는 것, 셋째, 이상의 작업을 통해 일본경제의 흥망성쇠의 시기 모두에서 공통적으로 찾아볼 수 있는 요소를 도출하여 그것에 대해 검토를 진행하는 것 등이었다.

이러한 목표를 위해 고도성장기와 잃어버린 10년을 중심으로 1945년부터 2010년까지의 일본경제의 흐름을 2절에서 4절에 걸쳐 개략적으로 살펴보았다. 일본경제의 고도성장기와 잃어버린 10년에 대한 다양한 연구분석에서 공통적으로 도출할 수 있는 요소를 바탕으로 도출된 결론은 다음과 같다. 새로운 기술경제 패러다임과 거대 시장의 출현에 의해 열린 기회의 창을 얼마만큼 잘 활용했는가가 고도성장기와 잃어버린 10년으로 대표될 수 있는 일본경제의 흥망성쇠에 크게 영향을 미친 것으로 보인다. 1950년대부터 석유화학 및 전자기기 산업을 중심으로 포드주의적 작업방식과 대량생산 기술이라는 새로운 기술경제 패러다임과 세계대전 후의 복구사업이라는 거대 시장의 출현, 그리고 국가의 일관적 · 체계적 개입 즉 산업정책이라는 요소가 추가되어 일본에게 기회의 창이 열리게 되었다. 그리고 이것을 잘 활용한 것이, 일본이 서구 선발국들을 추격 및 추월하는 과정이기도 한, 고도성장과 80년대까지의 지속적 성장의 문을 열어 준 열쇠였던 것으로 생각된다.

반면, 1990년대 이후 등장한 디지털 기술경제 패러다임과 이에 동반하는 기존 시장의 변화나 BRICS 등 새로운 시장 출현에 적절하게 대응하지 못한 것이 일본경제가 기나긴 정체의 길로 들어서게 된 주된 원인이 되었던 것으로 생각된다. 1985년 플라자 합의 이후 발생한 엔고에 의해 1987년부터 진행된 '헤이세이경기(平成景氣)'라고 부르는 호황기는, 일본경제가 수출주도의 동아시아 모델을 탈피하고 새로운 내수주도의 경제로의 전환 실험이었다고 볼 수 있는 측면도 있는데 결국 이는 버블형성과 그 붕괴로 이어져 일본경제를 잃어버린 10년 혹은 20년으로 귀결시켰다는 점에서, 일본은 새로운 모델로의 전환에 실패하였다고 볼 수 있다. 결국, 고이즈미 신자유주의 개혁기를 포함하여, 1990년대 이후 일본경제는 동아시아 모델을 대체하는 새로운 성장 모델을 모색해 온 과정이고 거기서 성공하지 못하고 있는 것이 침체를 장기화시키고 있다고 볼 수 있다.

동아시아 모델의 핵심 요소인 수출주도성은 그 성공이 극대화되면, 결국 외환 공급 과잉 및 자국 화폐의 평가절상으로 이어져 국내적으로 버블, 대외적으로는 경쟁력 저하라는 모순을 낳게 되는데, 일본이 과거 동아시아 성장 모델에서 가장 모범적 성공 사례라는 바로 그 성과 때문에 이런 모순에 직면하고 있다고 볼 수 있다. 이런 기존의 성공과 관련된 승자의 자만심과 화폐가치 상승이라는 요인이, 디지털패러다임이라는 새 기술에 대한 과소투자 및 신흥시장 공략 실패 등에도 일정 영향을 미친 측면이 있다. 상대적으로 한국은 성공적 수출 국가임에도 불구하고, 97년 외환위기 이후, 원화 가치의 상대적 안정의 고착화로 일본과 같은 '성공의 자기 모순'에 직면하지 않고 있다고 볼 수 있다.

| 참고문헌 |

Barro, R. and Xavier Sala-i-Martin, 1995, *Economic Growth*, New York: McGraw-Hill.

Bernanke, Ben S., 2003, "Non-Monetary Effects of the Financial Crisis in the Propagation of the Great Depression," *American Economic Review*, 73: 257-76.

Caballero, Ricardo J., Takeo Hoshi, and Anil K. Kashyap, 2008, "Zombie Lending and Depressed Restructuring in Japan," *American Economic Review*, 98(5): 1943-1977.

Flath, David, 2000, *The Japanese Economy*, Oxford: Oxford University Press.

Hayashi, Fumio and Edward C. Prescott, 2002, "The 1990s in Japan: A Lost Decade,"

Review of Economic Dynamics, 5(1), 206-35.

Koo, Richard C., 2004, *The Holy Grail of Macroeconomics: Lessons from Japan's Great Recession*, John Wiley & Sons Inc.

Krugman, Paul, 1998, "It's Baaack: Japan's Slump and the Return of the Liquidity Trap," *Brookings Papers on Economic Activities*, 2: 137-205.

Lucas, R. E., 1988, "On the Mechanics of Economic Development," *Journal of Monetary Economics*, 22: 3-42.

Romer, 1986, "Increasing Returns and Long Run Growth," *Journal of Political Economy*, 94: 1002-1037.

Takatoshi Ito, 1992, *The Japanese Economy*, Cambridge, Massachusetts: The MIT Press.

浅子和美·篠原総一, 2006,『入門·日本経済[第3版]』, 有斐閣.

香西泰, 2001,『高度成長の時代』, 日経ビジネス人文庫.

北坂真一, 2001,『現代日本経済入門』, 東洋経済新報社.

金榮愨 · 深尾京司 · 牧野達治, 2010,「『失われた20 年』の構造的原因」,『経済研究』61巻、3 号, 一橋大学経済研究所, pp. 237−260.

権赫旭 · 深尾京司, 2007,「失われた10 年にTFP 上昇はなぜ停滞したか: 製造業データによる実証分析」, 林文夫 編, 経済制度の実証分析と設計第1巻『経済停滞の原因と制度』, 勁草書房.

竹中平蔵, 2006,『構造改革の真実』, 日本経済新聞社.

橋本寿朗 · 長谷川信 · 宮島英昭 · 齊藤直, 2011,『現代日本経済』, 有斐閣.

深尾京司, 2010,『日本の産業レベルでのTFP上昇率: JIP データベースによる分析』, RIETI Policy Discussion Paper Series 10−P−012.

三和良一, 1993,『概説日本経済史』, 東京大学出版会.

湯之上隆, 2009,『日本「半導体」敗戦』, 光文社.

吉川洋, 1992,『日本経済とマクロ経済学』, 東洋経済新報社.

吉田和男, 1998,『平成不況10年史』, PHP研究所.

総合研究開発機構, 2008,『高齢化は脅威か？―鍵握る向こう10年の生産性向上―』.

文部科学省科学技術·学術政策局, 2003,『科学技術要覧』.

内閣府, 2001,『経済白書』.

______, 2005,『経済財政白書』.

제3장

대만경제의 추격과 구조변화

강영삼 서울대학교 경제학부 박사후 연구원(WCU)

1. 서론
2. 문제의 제기 및 가설
3. 고도성장기(1960~80년대) 대만경제 발전의 특징
4. 1980년대 대만 성장체제의 위기와 대응
5. 2000년대 대만경제의 위기와 도전
6. 결론

1. 서론

일본이 경제추격에 성공한 원조 동아시아 국가라 한다면, 대만은 한국과 함께 경제추격에 성공한 동아시아의 대표적인 국가다. 특히 대만은 다른 국가들과는 달리 경제추격 과정에서 중소기업들이 수출산업의 중심을 형성했고, 일본이나 한국에 비해 외국인직접투자(FDI)의 비중이 컸을 뿐 아니라 이들 기업이 수출에서 중심적인 역할을 했다는 특징을 가지고 있다.

이 장은 동아시아의 전형적인 사례로서 대만의 경제발전을 경제추격의 관점에서 살펴보지만, 다른 동아시아 국가들의 경제추격 과정과 비교해 볼 때 다른 나라에서 볼 수 없었던 대만의 특수한 경험들을 이론화하기 위한 하나의 시도를 담고 있다. 2절에서는 대만경제가 추격에 성공한 원인에 대해 가설을 제시하였다. 3절에서는 고도성장이 가능했던 대만경제의 특징을 살펴볼 것이다. 4절에서는 1980년대 중반 이후 대만경제가 겪은 구조적 변화를 살펴보면서, 2절에서 제기한 가설을 검증할 것이다. 5절에서는 2000년대에 또다시 맞이한 대만경제의 위기와 이에 대한 극복과정을 살펴볼 것이다.

2. 문제의 제기 및 가설

대만의 성공적 경제추격은 1인당 국민소득의 추이를 통해 잘 나타난다. 시장환율을 이용하여 산출한 경상가격 기준으로 1960년대 초반 160달러 수준이던 대만의 1인당 GDP는 2010년 1만 8,600달러 수준으로, 50년 사이에 115배나 성장했다. 〈그림 3-1〉은 각각 경상가격과 구매력을 기준으로 한 1인당 GDP를 보여 주고 있다. 경상가격 기준으로 대만의 1인당 GDP는 2010년 현재 한국과 비슷한 수준으로 일본과는 아직 격차가 제법 큰 상태다. 그러나 1인당 구매력 소득 기준으로 비교할 때 2010년 대만의 GDP는 일본과의 격차가 별로 크지 않게 나타나고 있다.

이와 같은 대만 경제추격의 성공은 GDP 성장률로도 잘 나타난다. 〈표 3-1〉은 1961년부터 2009년까지 기간을 5개 구간으로 나눈 평균 성장률을 아시아의 다른 국가들과 비교하여 보여 주고 있다. 대만은 1961부터 1995년까지 35년 동안 연평균 8.7%의 빠른 성장을 경험했는데, 특히 1970년대와 1980년대에는 비교 국가들 중 가장 높은 성장률을 보여 주고 있다.

대만을 비롯한 동아시아 국가들이 상당 기간에 걸쳐 높은 성장을

〈표 3-1〉 GDP 성장률 비교

	대 만	한 국	홍 콩	싱가포르	말레이시아	태 국
1961~1969	9.26	8.25	10.38	9.45	6.55	7.82
1970~1979	10.12	8.29	9.62	9.23	7.73	7.51
1980~1989	7.70	7.68	7.43	7.54	5.88	7.29
1990~1999	6.35	6.25	3.58	7.55	7.25	5.28
2000~2009	3.42	4.39	4.19	5.64	4.80	4.06

출처: 대만통계청 및 World Bank로부터 계산.

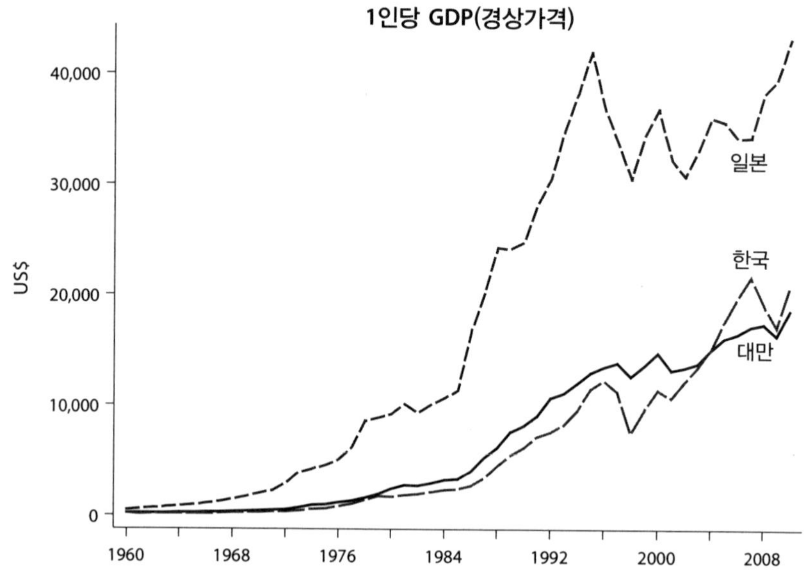

출처: 대만통계청 및 World Bank에 기초하여 작성.

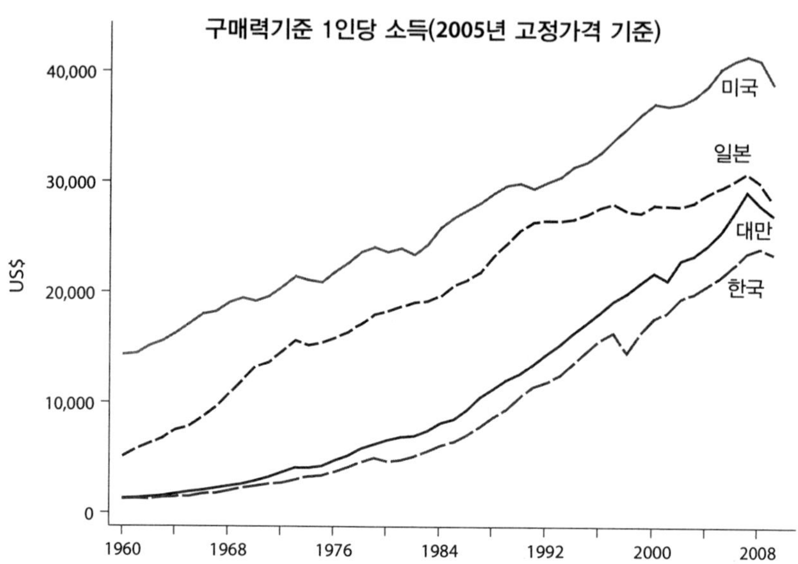

출처: PENN World Table에 기초하여 작성.

〈그림 3-1〉 대만의 1인당 GDP

지속할 수 있었던 것은 어떤 요인 때문인가 하는 점은 여전히 중요한 관심사다. 이 장은 동아시아의 전형적인 사례로서 대만의 경제발전을 경제추격의 관점에서 살펴보기 위한 것이다.

동아시아 국가들의 성공적인 경제추격을 설명하는 몇 가지 이론적 시도가 있었다. 대표적인 것이 발전국가론(developmental state theory)이다. 찰머스 존슨(C. Johnson)에 의해 최초로 정식화된 발전국가론은 이전까지 동아시아 발전을 설명하는 데 중심적 역할을 했던 신고전파 경제학의 "시장주도적 성장모델"의 설명과 달리, 동아시아 국가들의 성공적인 경제발전의 요인으로 정부의 전략적인 시장개입의 중요성을 강조하여 왔다. 이론적으로 발전국가론의 맥락에 서 있는 로버트 웨이드(R. Wade)는 동아시아 국가들이 빠른 성장을 할 수 있었던 주요 요인으로 1) 높은 수준의 생산적 투자, 2) 정부의 개입을 통해 특정 핵심 산업을 선정하고 집중적 투자를 진행한 것, 3) 중요 산업들을 국내시장에 안주시키지 않고 국제적 경쟁에 노출시킨 것 등을 꼽고 있다(Wade, 2004).

한편 Lee and Mathews(2010)는 동아시아 국가들의 경험으로부터 성공적인 경제성장을 가능하게 하는 정책처방 10가지 항목을 추출하여 제시하였다. 이들은 경제발전을 담당할 두 핵심주체로 민간기업과 이 민간기업의 역량 형성 과정을 도와줄 공공기구로서 정부를 제시한다. 정부가 필요한 이유는 초기 단계에서 국가에 의한 적절한 보호와 지원 없이는 후발국의 민간기업이 선진국 기업과 성공적으로 경쟁해 나갈 수 없기 때문이다.

이들은 이러한 두 가지 경제주체를 갖춘 다음 경제의 능력 신장을 이루기 위한 것으로 다음의 4가지를 제시하고 있다. 첫째, 기업들로 하여금 다양한 형태로 외부의 선진 지식을 흡수할 수 있도록 다양한 학습 채널을 확보하는 것, 둘째, 수출촉진 정책을 통해 기업들을 단련시키고 시장을 확장하는 것, 셋째, 외국산 제품이나 기술을 대체할 수 있는 산업 혹은 기술을 선정하여 집중 지원하고 국산화하여 지대를 확보해 나가는 것, 넷째, 동적인 비교우위를 확보할 수 있도록 주도산업에 있어서 고부가가치 신산업으로의 지속적인 업그레이드가 필요하다고 제시한다. 이어서 후발국이 역량 형성을 지속할 수 있도록 경제환경이 조성되어야 하는데, 이를 위해서는 4가지가 필요하다고 주장한다. 요컨대 일반적인 인적 자본 육성을 위한 교육체제의 구축, 추격에 적합한 금융 시스템의 창출, 안정적인 거시환경의 구축, 비시장적 개입의 점진적 축소 등이 그것이다.

주지하는 바와 같이 위에 언급된 이론들은 일본, 한국, 대만, 중국 등 동아시아 국가들의 일반적 경험을 토대로 성공적인 경제성장 혹은 경제추격의 요인이 무엇인지를 다루고 있다. 그런데 대만은 경제추격 초기 중소기업이 수출산업의 중심을 형성하고 있었으며, 일본이나 한국에 비해 FDI의 비중이 커 수출산업에서 외국기업의 비중이 압도적으로 높았던 특수성이 있다. 따라서 동아시아 국가들의 일반 경험을 기초로 한 위의 이론들은 대만의 경제성장에서 특수한 측면들을 설명하는 데에는 어느 정도 한계가 존재할 수밖에 없다.

서론에서 밝혔듯이 이 장은 대만의 경험에서 독특하게 나타나는 몇 가지 문제에 대한 이론화를 시도한다. 그 작업은 다음에 제시되는 두 가지 가설과 이에 대한 검증 과정으로 이루어진다.

〈가설 1〉 경제추격이 지속되기 위해서는 중소기업 중심의 산업구조가 일정한 추격단계에서 대기업중심의 산업구조로 전환되어야 한다. 경제가 개방화되는 과정은 이를 가속화한다.

〈가설 2〉 경제발전 초기단계에서 FDI를 통해 외국기업들로부터 기술을 습득할 수 있으나, 추격이 지속되기 위해서는 토종 기업 주도로 기술개발과 혁신이 이루어지는 한편, 국제적 생산의 가치사슬에서 좀 더 높은 곳으로 이동하는 데 성공해야 한다.

첫 번째 가설은, 최근 Lee et al.(2013)에서도 실증되었지만, 다음과 같은 논거로부터 나온다. 우선 챈들러(Chandler, 2001)가 지적했듯이 대기업은 범위와 규모의 경제를 추구할 수 있기 때문에 경제가 낮은 비용과 높은 효율을 누릴 수 있게 한다. 이러한 점은 제한된 자원을 이용하여 경제추격을 해야 하는 후발국가에게는 각별히 중요하다. 또한 슘페터(Schumpeter, 1942)의 지적처럼 대기업은 독점이윤을 누림으로써 기술개발과 혁신을 수행할 수 있다. 그런데 후발국가는 추격 초기부터 슘페터가 지적한 의미의 대규모 기업을 가질 수 없다. 후발국가의 추격은 외국 기업의 기술지원 하에 제품수명주기상 성숙단계 산업의 제품을 생산하는 것으로부터 시작한다. 왜냐하면 성숙단계의 산업은 대체로 선진기술보다는 풍부한 노동력을 보유한 후발국이 강점을 갖기 때문이다. 따라서 경제추격 초기에, 제품생산에 필요한 기술은 선진국 기업의 직접 또는 합작 투자의 유치, 혹은 기술도입에 의존하면서 생산은 국내의 노동집약적 중소기업이 담당하는 성장 시스템이 형성된다. 그런데 일정한 경제성장 단계에 다다르면 후발국은 농촌으로부터의 과잉 노동력이 해소되면서 풍부한 노동력의 이점이 사라지며, 노동자들은 조직화된다. 이에 따라 임금을 비롯한 노동비용은 상승하게 된다. 이러한 상황이 되면 기술은 해외 혹은 후발국에 투자한 외국기업에 의존하면서 생산은 중소기업 중심의 노동집약적 산업이 담당하는 성장 시스템은 더 이상 작동하기 어렵게 된다.[1] 한편 이 과정에서 지금까지 국가의 보호 하에 성장해 왔던 대기업, 혹은 중소기업 중에서 수출을 통해 기술축적에 성공한 일부 기업들이 대형화되는데, 이들이 다음 단계의 경제활동을 주도하게 된다. 이들은 자체 R&D 혹은 정부의 연구지원을 통

1 이것은 경제추격 과정에서 후발국의 경제 위기로 나타나는데, 대만의 경우 1980년대 중반의 위기가 바로 이러한 과정이었다.

〈표 3-2〉 중소기업 중심에서 대기업 중심으로 산업구조의 전환

시간 경과	추격 초기 ➜	경제환경의 변화	다음 단계
기술	해외 기술도입 혹은 국내에 투자한 외국기업에 의존	과잉노동력 해소 노동조합의 조직 임금상승	토종대기업이 R&D 및 혁신 담당
생산	노동집약적 산업의 중소기업		기술능력을 보유한 토종대기업이 생산담당

해 중간 혹은 첨단 기술을 보유하게 된다. 특히 개방화 과정은 Lee and Mathews(2010)가 지적한 "국제적 경쟁에 직접 노출"이라는 점 외에 기업혁신을 위한 정부의 지원, "국가의 개입에 의한 안정적 거시환경" 등이 점점 축소되는 과정이기도 하다. 따라서 글로벌 경쟁에 노출되는 개방화 과정은 기업 스스로의 R&D 및 혁신을 통해 독점적 지대를 확보해야 하는 새로운 상황에 처하게 됨을 의미한다. 변화된 환경에서는 규모의 경제, 범위의 경제뿐만 아니라 경제의 변동성에 대처하기 위해서도 일정한 크기의 기업 규모 확보는 불가피하다. 늦어도 개방화 단계에서 중소기업 중심의 산업구조는 대기업이 중심이 되는 산업구조로의 전환이 불가피하다(〈표 3-2〉 참고).

두 번째 가설의 근거는 다음과 같다. 선진국 기업의 입장에서 볼 때 후발국가에 투자할 필요성은 다음 두 가지 중 하나 때문이다. 첫째, 임금을 비롯한 생산요소의 가격이 저렴하여 낮은 가격으로 제품을 생산할 수 있거나, 둘째, 후발국가의 시장이 매력적이기 때문에 시장을 선점하기 위하여 투자하는 경우다. 그런데 첫 번째 것은 시간이 지나면서 그 상황이 바뀐다. 경제발전이 일정 수준에 오르면 임금인상 압력이 거세지고, 그 결과 생산비가 상승하여 후발국가에 대한 투자매력은 감소하기 때문이다. 그렇게 되면 후발국가에 투자했던 선진국 기업들은 생산을 중단하고 본국으로 철수하거나 다른 국가로 생산시설을 이전하게

된다. 이러한 상황에서 후발국 토종기업들이 그 빈자리를 메우게 되는데, 이 토종기업들이 기술혁신을 주도하면서 국제적 생산의 가치사슬에서 좀 더 높은 곳으로 이동하지 못하면 후발국의 경제추격은 지속될 수 없다. 후발국 시장이 매력적이어서 선진국의 투자가 이루어지는 경우도 상황은 크게 다르지 않다. 이 경우에도 생산비가 상승하면 선진국 기업은 고부가가치 생산만 남기고 다른 국가로 생산시설을 이전하게 되는데, 이 빈자리를 토종기업이 기술혁신을 주도하면서 좀 더 높은 부가가치 생산으로 나아가지 못하면 후발국가는 외국기업에 시장을 내어 줄 뿐 지속적인 추격은 불가능하게 된다.

3. 고도성장기(1960~80년대) 대만경제 발전의 특징

3-1. 내자 주도형 성장

인적 · 물적 자본과 기술, 그리고 효율적인 자원배분이 이루어질 수 있는 제도 등은 경제발전을 위한 필수적인 요소들이다. 그런데 후발국가들의 경우 미숙련 노동력을 제외한 대부분의 다른 요소들이 갖추어지지 않아 경제성장에 어려움을 겪는데, 투자재원의 부족도 그중의 하나다. 후발국가들은 부족한 투자재원을 국내 저축을 통해 조달하거나 혹은 해외로부터 조달하기도 한다. 그런데 해외로부터의 자금조달에 의존한 성장의 경우 국민경제 내 · 외부의 충격에 매우 취약하여 지속적인 성장을 보장할 수 없다는 것은 2008년 세계금융위기 이후 아일랜드, 아이슬란드의 몰락에서 잘 입증된 바 있다. 동아시아 국가들은 투자의 대부분을 국내의 저축을 통하여 조달하고 있다는 특징을 갖는다. 고도성장기의 일본과 한국, 그리고 최근의 중국은 국내의 높은 저축률과 이에 기초한 투자를 통해 성장을 해 왔다(Wade, 2004; Naughton, 2007). 이것은 대만의 경우도 예외가 아니다.

〈표 3-3〉은 대만의 투자율과 저축률을 아시아 및 남미 국가들과 비교하고 있다. 〈표 3-3〉의 패널 A를 살펴보면, 대만의 투자율은 남미 국가들에 비해서는 높지만 동아시아 국가들 중에서는 비교적 낮은 편이다. 한편 고성장시기 대만의 저축률은 다른 동아시아 국가들처럼 높은 매우 수준을 유지하고 있을 뿐만 아니라, 줄곧 투자율을 초과하는 것으로 나타나고 있다. 〈표 3-3〉의 패널 B는 동아시아 국가들과 남미 3개국의 저축률을 보여 주고 있는데, 1970년부터 외환위기 이전까지 대만의 평균 저축률은 31.0%로 나타나고 있다. 이는 남미 국가들과 비교할 때 매우 높은 수준일 뿐 아니라, 동아시아 네 마리 용 중 가장 큰 국가인 한국의 29.8%보다도 높은 수치다. 표에서 나타나듯이 대만의 저축률은 투자율을 상회하고 있는데, 이처럼 높은 저축률은 다른 동아시아 국가들과는 달리 대만이 아시아 금융위기를 피해 갈 수 있었던 요인이기도 하다.

3-2. 수출주도형 성장

후발국가의 경제성장에 있어서 수출은 몇 가지 중요한 의미를 갖는다. 첫째, 후발국가에 있어서 수출은 기술습득 능력을 제고시키는 역할을 한다. 기술과 자본의 부족이라는 제약을 안고 있는 후발국가로서는 제품수명주기설(product life-cycle theory)에서 말하는 성숙단계에 있는 산업(mature industry)에 진입하여 제품을 생산 · 수출하는 것이 그나마 가능한 대안이 된다. 그런데 후발국은 기술 수준이 낮기 때문에 성숙단계의 표준화된 제품의 생산조차도 독자적인 힘으로는 불가능한 경우가 많다. 따라서 후발국은 선진국 기업들을 유치하거나 국내 기업들과 선진국 기업들 간의 합작 추진을 통하여 선진 기술을 습득하게 된다. 동아시아 국

〈표 3-3〉 동아시아 국가들의 총투자(총자본형성)와 총저축

기간	1970~1979	1980~1989	1990~1999	2000~2009	동아시아 금융위기 이전 (1970~1997)	전기간 (1970~2009) 평균
패널 A: 총자본형성/GDP(%)						
대만	24.8	25.1	29.1	22.6	26.3	25.4
한국	28.3	30.4	35.4	29.5	31.9	30.9
홍콩	25.2	27.8	29.4	22.6	27.7	26.2
싱가포르	40.5*	42.6	35.2	23.2	40.0**	35.7***
말레이시아	22.9	27.8	36.3	21.8	29.7	27.2
태국	25.8	29.4	36.3	25.9	31.4	29.4
아르헨티나	26.0	19.9	17.8	19.0	21.3	20.7
멕시코	22.6	22.3	23.0	23.8	22.5	22.9
브라질	22.9	21.0	18.8	17.4	21.2	20.0
패널 B: 총저축/GDP(%)						
대만	31.1	33.1	27.5	26.4	31.0	29.5
한국	22.1	30.9	36.3	31.6	29.8	30.2
홍콩	30.8	33.7	31.9	31.3	32.4	31.9
싱가포르	28.6*	41.8	48.3	45.7	39.6	41.0**
말레이시아	27.1	30.3	40.7	42.2	31.8	35.1
태국	22.3	26.5	35.3	31.7	27.8	28.9
아르헨티나	27.2	22.4	17.0	24.8	22.5	22.9
멕시코	21.3	25.7	21.3	22.1	22.9	22.6
브라질	20.8	23.5	18.5	18.7	21.4	20.4

주) 1. 출처: 대만통계청, World Bank에 기초하여 작성.
2. 총자본형성 = 총고정자본형성 + 재고투자(증감).
3. *, **, ***는 각각 1971~79년, 1971~97년, 1971~2009년 평균이다.

가들에서 수출산업의 성장이 그 초기단계에서 선진국 기업들의 적극적인 유치 혹은 국내 기업들과의 합작투자와 결합되어 진행된 것은 이러한 이유 때문이다.

그 다음으로 후발국가는 수출을 통해 규모의 경제를 누릴 수 있다. 수출은 후발국가의 기업들로 하여금 협소한 국내시장을 넘어 규모의 경제를 실현할 수 있는 기회를 제공한다.

마지막으로 수출은 후발국 기업들을 세계시장의 경쟁에 노출시킴으로써 단련시키는 역할을 한다(Lee and Mathews, 2010). 후발국의 경우 경제발전 초기에 각종 관세 · 비관세 장벽을 통해 국내산업을 보호하는 정책을 시행하게 되는데, 후발국 기업들은 이처럼 보호된 시장에 안주할 가능성이 높다. 이러한 상황에서 수출은 후발국 기업들로 하여금 국내시장의 보호에서 벗어나 국제경쟁에 나서게 하는 역할을 한다.

대만은 한국과 함께 전형적인 수출주도형 공업화를 통해 경제성장을 이룩한 국가로서, 수출은 대만 경제성장의 주요 동력이 되어 왔다. 대만은 1960년대부터 국내 시장이 개방되는 1980년대 중반까지 관세, 비관세 장벽을 통해 국내 산업을 보호하는 한편, 수출기업에 대해서는 인센티브를 부여하는 방식으로 수출주도형 성장을 추진해 왔다. 수출에 사용되는 원자재나 중간재의 수입에 대해서는 관세를 포함한 각종 세금을 감면하였고, 수출업자들에게는 외환 보유나 거래를 허용함으로써 평가절하에 따른 환차익을 누릴 수 있도록 하였다.[2] 또한 시장이자율보다 낮은 금리로 금융을 제공하였을 뿐만 아니라, 각종 세금을 감면하는 등의 방식으로 수출촉진 정책을 펴 왔다. 또한 수출가공구역을 정해 중간재 수입에 대해 관세와 세금을 면제하고, 사회간접자본 등 기반시설뿐

2 대만의 화폐는 미국 달러에 대하여 1950년대 초반 미국 달러당 10TWD에서 1960년대 초반 40TWD까지 큰 폭으로 평가절하되었다.

〈표 3-4〉 대만 수출의 비중

	수출 비중 평균(GDP 대비)		수출 비중 평균(GDP 대비)
1971~1979	40.8	2006	53.9
1980~1989	48.1	2007	55.8
1990~1999	40.0	2008	60.1
2000~2009	53.1	2009	46.2
2005	54.4	2010	58.4

출처: 대만통계청에 기초하여 작성.

만 아니라 간소화된 행정 서비스를 제공하는 방식으로 수출산업을 지원했다(Wade, 2004).

〈표 3-4〉는 대만의 수출이 GDP에서 차지하는 비중을 보여 주고 있다. 1970년대 평균 40.8%이던 수출의 비중은 일부 시기를 제외하고는 지속적으로 높아져서 2000년대 평균 53.1%까지 증가하여 왔음을 보여 주고 있다. 다만 1990년대는 대만에서 임금 등 제조원가 상승으로 경쟁력을 상실한 노동집약적 제조업이 해외 이전을 본격화하면서 수출 비중은 일시적으로 하락하는데, 이에 관해서는 뒤에서 자세히 살펴볼 것이다.

수출은 대만경제에서 차지하는 비중이 높다는 점뿐 아니라, 경제성장을 견인하는 동력으로 작용하고 있다. 〈그림 3-2〉는 1971년 이래 대만의 수출증가율과 GDP 성장률을 보여 주고 있는데, GDP 성장이 수출증가율과 같은 방향으로 움직여 왔음을 보여 준다. 대만에서 GDP 성장의 둔화 혹은 마이너스 성장은 수출 증가의 둔화 혹은 감소의 결과로 나타났다. 이것은 대만경제에서 수출이 차지하는 위치가 얼마나 중요함을 반증하는 것이다. 대만의 GDP 성장률과 수출증가율 간의 상관계수는 0.80(신뢰도 0.1%)으로 매우 높게 나타났다.

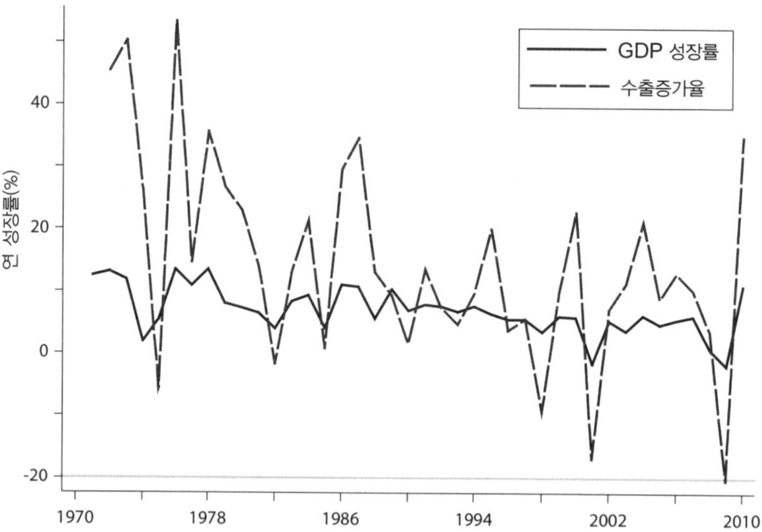

출처: 대만통계청에 기초하여 작성.

〈그림 3-2〉 대만의 GDP 성장률과 수출증가율

〈표 3-5〉는 대만 전체 무역에서 주요 국가와의 무역이 차지하는 비중을 보여 주고 있다. 2000년을 기준으로 볼 때 미국, 일본이 각각 20.7%, 19.3%로 대만의 제1, 제2 무역상대국이었으나, 2005년부터 중국이 미국과 일본을 제치고 제1 무역상대국으로 등장하였다. 그 이후 중국의 무역 비중은 점점 증가해, 2010년 중국 본토와의 무역비중은 전체 무역의 21.2%를 차지하고 있다.

수출만을 따로 떼어 놓고 보더라도 그 양상은 비슷하다. 대만 수출시장 중 가장 규모가 큰 경제는 중국본토로서, 2010년 현재 전체 수출의 28.0%를 차지하고 있는데, 그 상당부분은 중국에 있는 대만기업의 자회사를 대상으로 한 기업 내 무역이다(Bolt, 2001). 그 뒤를 이어 홍콩, 미국, 유럽, 일본 순으로 무역비중이 높다. 중국본토와 홍콩을 합친 중국경제권의 비중은 2010년 대만 전체 수출의 41.8%로 압도적인 지위를 차지하고 있다. 한편 대만의 주요 수입상대국으로는 일본이 20.7%로 가

〈표 3-5〉 주요국별 무역의 비중

무역의 국가별 비중							
	중국본토	일본	미국	유럽	홍콩	한국	합계
2000	3.66	19.28	20.69	14.65	11.61	4.52	74.41
2001	4.67	17.17	19.66	14.90	12.32	4.45	73.16
2002	7.41	16.65	18.17	13.45	13.02	4.88	73.59
2003	11.90	16.91	15.45	13.24	11.00	4.98	73.48
2004	14.94	16.74	14.34	12.83	9.70	5.00	73.54
2005	16.50	16.42	13.13	11.95	9.15	5.11	72.26
2006	17.68	15.06	12.81	11.12	8.81	5.30	70.77
2007	19.04	13.71	12.55	11.18	8.11	5.04	69.62
2008	19.61	13.11	11.50	10.94	6.70	4.44	66.30
2009	20.32	13.95	10.99	11.12	7.55	4.81	68.73
2010	21.16	13.61	10.78	10.52	7.21	5.14	68.43
수출의 국가별 비중							
	중국본토	일본	미국	유럽	홍콩	한국	합계
2000	2.89	11.11	23.42	15.73	21.55	2.63	77.34
2001	3.88	10.31	22.27	15.83	22.73	2.67	77.70
2002	7.78	9.14	20.22	13.90	24.36	2.93	78.33
2003	15.20	8.25	17.63	13.79	20.50	3.13	78.50
2004	19.93	7.57	15.77	13.06	18.04	3.09	77.45
2005	21.99	7.62	14.67	11.91	17.15	2.96	76.30
2006	23.13	7.28	14.45	11.66	16.69	3.19	76.39
2007	25.30	6.46	13.00	11.61	15.40	3.16	74.93
2008	26.16	6.87	12.05	11.72	12.79	3.41	72.99
2009	26.63	7.12	11.56	11.08	14.46	3.59	74.45
2010	28.02	6.56	11.46	10.70	13.77	3.89	74.39

수입의 국가별 비중							
	중국본토	일본	미국	유럽	홍콩	한국	합계
2000	4.43	27.44	17.96	13.56	1.68	6.41	71.49
2001	5.47	24.02	17.05	13.96	1.90	6.24	68.63
2002	7.04	24.16	16.12	13.01	1.69	6.84	68.85
2003	8.61	25.56	13.28	12.70	1.50	6.83	68.47
2004	9.95	25.91	12.91	12.60	1.37	6.91	69.64
2005	11.00	25.22	11.59	11.99	1.16	7.25	68.21
2006	12.23	22.83	11.18	10.58	0.93	7.40	65.15
2007	12.78	20.95	12.09	10.75	0.83	6.91	64.31
2008	13.06	19.34	10.95	10.17	0.62	5.48	59.61
2009	14.01	20.77	10.41	11.16	0.64	6.03	63.02
2010	14.31	20.66	10.10	10.35	0.65	6.39	62.46

출처: 대만통계청 및 World Bank에 기초하여 작성.

〈표 3-6〉 주요국별 대만의 경상수지(100만 US$)

	순수출	중국본토	홍콩	미국	유럽	한국	일본
2000	11,218	−1,838	11,218	10,319	4,814	−5,025	−21,735
2001	18,344	−1,008	18,344	9,728	4,930	−3,359	−12,909
2002	22,072	2,558	22,072	9,110	4,083	−3,778	−14,995
2003	22,590	11,873	22,590	9,558	4,504	−4,028	−20,290
2004	13,613	19,557	13,613	6,971	2,552	−6,034	−29,910
2005	15,817	23,550	15,817	7,943	1,731	−7,362	−30,943
2006	21,319	27,025	21,319	9,696	4,659	−7,845	−29,984
2007	27,425	34,402	27,425	5,569	5,068	−7,364	−30,003
2008	15,181	35,492	15,181	4,464	5,497	−4,463	−28,952
2009	29,304	29,825	29,304	5,399	3,121	−3,204	−21,718
2010	23,364	40,989	23,364	6,087	3,367	−5,377	−33,911

출처: 대만통계청에 기초하여 작성.

장 큰 비중을 차지하며, 중국본토가 14.3%로 두 번째, 이어 유럽, 미국이 각각 10.4%, 10.1%로 그 다음 순서를 차지하고 있다(2010년 기준). 홍콩은 대만의 수출 중 13.8%를 차지하는 반면, 전체 수입의 0.65%밖에 차지하지 않는다.

대만은 중국본토와 홍콩을 주요 수출시장으로 삼는 대신, 일본에 기술을 의존하는 무역구조를 보여 주고 있다고 할 수 있다. 이런 점은 무역수지를 통해서도 확인해 볼 수 있다. 2004년 이후 대만의 가장 큰 무역흑자국은 중국본토이며, 홍콩이 그 뒤를 2위, 이어서 미국, 유럽 순으로 흑자를 기록하고 있다. 이에 반해 대만의 가장 큰 무역적자국은 일본인데, 이는 대만의 생산이 일본의 기술에 크게 의존한 결과다(백승욱, 2007).

3-3. 외국인직접투자의 제한적 유치

후발국가는 외국인직접투자를 수용함으로써 선진국의 앞선 기술을 도입할 수 있다. 그러나 외국인직접투자를 제한 없이 허용할 경우, 자본과 기술에서 열세인 토종기업들이 외국기업과의 경쟁에서 뒤쳐지는 결과를 초래할 수 있다. 따라서 외국인직접투자를 허용하되, 외국기업들의 국내 시장에 대한 접근을 효과적으로 제한하는 것이 후발국에게 주어진 정책 과제다. 동아시아 국가들 중 일본이나 한국은 외국인직접투자를 매우 제한적으로 허용하였다. 이에 비해 대만은 일본이나 한국에 보다 외국인직접투자를 좀 더 적극적으로 수용한 경우에 속하지만, 자국기업의 보호를 위해 매우 선별적으로 외국인직접투자를 허용했다는 점에서는 근본적으로 다르지는 않다(Wade, 2004: 150).

대만의 외국인직접투자는 정부의 심사를 거쳐 허용되었고, 대부분의 직접투자는 수출산업에 국한되었다. 이에 따라 국내시장에서 직접투자기업과 대만기업과의 경쟁은 크게 문제가 되지 않았다. 이 시기 대만에 진출한 외국인직접투자 기업들은 주로 미국과 일본의 기업들이었는데, 본국에서 생산비용이 증가하면서 정치적 안정성이 높으면서도 임금 수준이 저렴한 대만을 생산기지로 선택한 것이었다. 1970년대 대만에 대한 외국인직접투자는 총자본형성의 3~10%를 차지했는데, 1970년대 제조업 수출품 가운데 20~25%가 외국인 투자 기업들이 생산한 것이었다(Wade, 2004).

초기 대만의 외국인직접투자는 100% 외국인이 지분을 소유하는 형태와 대만기업들과 합작 투자를 하는 형태의 두 가지가 있었다. 전자는 주로 수출을 목적으로 한 미국기업들이 해당되었고,[3] 후자는 주로 일본기업들의 경우였는데, 후자의 경우 대만 국내시장에서 판매가 허용되는 대신, 일정비율 이상의 현지부품을 사용해야 하는 조건을 충족시켜야 했다(Amsden and Chu, 2003). 이것은 외국인 기업의 내수 시장에 대한 접근을 제한함으로써 국내 산업을 보호 육성하기 위한 대만정부의 조치였다.

대만의 전자 산업을 주도하고 있던 외국기업들은 1990년대 초반 대만의 임금이 상승하자 대부분 철수하게 된다.[4] 〈표 3-7〉은 산업별 수출에서 외국인 기업이 차지하는 비중의 변화 추이를 보여 주고 있다. 식료품을 제외한 대부분의 산업에서 1980년대 외국인 기업 수출비중이 큰 폭으로 하락하고 있음을 볼 수 있는데, 특히 전자산업에서의 하락이 두드러지게 나타난다. 전자산업에서 외국인 기업이 차지하는 수출 비중은

3 미국기업들은 1960년대 후반부터 대만에 대한 직접투자가 이루어지기 시작했는데, Philco(1965), Admiral(1966), RCA(1967), Motorola(1970) 등이 대만에 투자를 시작하였고, 1970년대에는 외국기업들이 전자산업의 주도권을 장악하였다(Amsden and Chu, 2003).

4 대만에서 가장 큰 외국기업 중의 하나였던(1975~85년까지 매출액 기준 외국기업 중 1위) RCA(Taiwan)는 1992년에 철수하였고, Zenith 역시 1991년 철수결정을 발표하였다(Amsden and Chu, 2003).

〈표 3-7〉 외국인 기업의 산업별 수출비중(%)

	1975	1985	1991	1995	1998
음식료품	1.5	2.6	9.3	2.4	7.1
섬유	25.9	7.3	3.0	6.9	3.7
비금속광물	13.3	3.7	8.9	26.3	9.0
금속제품	10.7	5.1	5.6	4.6	1.5
기계	22.7	13.6	7.8	12.1	10.0
전자	81.9	35.7	18.4	8.1	7.9
기타	9.1	3.5	5.4	10.0	5.1
전 산업	19.7	10.4	8.5	7.8	7.7

출처: Amsden and Chu(2003). 외국인 기업의 수출액은 외국인 지분을 곱해 가중 평균한 것임.

1975년 81.9%였으나 1985년 35.7%로 급격히 하락한 이후 지속적으로 감소하여 1991년에는 18.4%, 1995년에는 8.1% 수준까지 낮아지고 있다.

〈표 3-7〉에서 보는 것과 같이 1980년대에 걸쳐 외국인 기업이 대만 경제에서 차지하는 비중은 급속하게 감소하게 되는데, 그 원인은 무엇보다도 임금상승으로 인해 직접 투자의 이점이 사라진 것을 들 수 있다. 이 시기 외국기업들은 대만에 대한 직접투자에서 대만 기업과의 하청계약으로 투자방식을 전환하게 된다. 〈표 3-8〉은 전자산업에서 외국인 투자기업들의 소유권 형태를 보여 주고 있다. 1974년 외국인이 100% 지분을 보유한 투자가 전체 투자의 40.8%를 차지하고 50% 미만의 지분을 소유한 경우가 21.1%에 불과했던 데에 반해, 1998년에는 외국인이 100% 지분을 보유한 경우가 32.1%에 불과한 반면 50% 미만의 지분을 보유한 합작투자가 46.1%로 증가하고 있다.

〈표 3-8〉 전자 산업에서 소유권 유형*

		소유권에 따른 FDI 분포(%)		
연도	FDI 수	100%	50% 이상	50% 미만
1974	147	40.8	38.1	21.1
1984	216	47.7	25.9	26.4
1994	241	38.2	24.1	37.8
1998	243	32.1	21.8	46.1

출처: 대만 경제부(Ministry of Economic Affairs) 각 연도, Amsden and Chu(2003).

3-4. 성공적 외환관리를 통한 대외균형의 유지

어떤 국민경제가 경제성장 능력을 갖추는 데까지는 적지 않은 시간이 소요되는데, 이 기간 동안 경제의 거시적 안정성을 확보하는 것은 성공적인 경제추격을 위한 핵심적인 요건 중의 하나다(Lee and Mathews, 2010). 그중에서도 대외적 균형의 유지는 자본 부족에 직면해 있는 후발 국가들의 성공적인 경제추격을 위해서는 결정적으로 중요한 요소다.

대만정부는 1987년 외환보유가 자유화될 때까지 중앙은행이나 상업은행을 제외하고는 일반적인 시민이나 기업이 외환을 보유하지 못하도록 하는 등 적극적인 외환통제를 해 왔다. 이것은 환투기나 해외에 대한 비생산적 투자, 그리고 수입에 대한 제한을 가하기 위한 것이었다(Wade, 2004). 또한 대만은 적극적인 수출촉진 정책과 더불어 관세 · 비관세 장벽을 통해 수입을 제한하는 정책을 펴 왔다. 대만이 이러한 정책을 통해 충분한 외환보유고를 비축하려고 했던 것은 대만의 독특한 정치적 환경 때문이다. 대만은 1971년 UN에 의해 승인 취소된 이후 국제기구의 회원국이 될 수 없었다. 이에 따라 대만은 외환 부족과 같은 상황이 올 경우 IMF나 세계은행 같은 국제기구의 도움에 의지할 수 없었

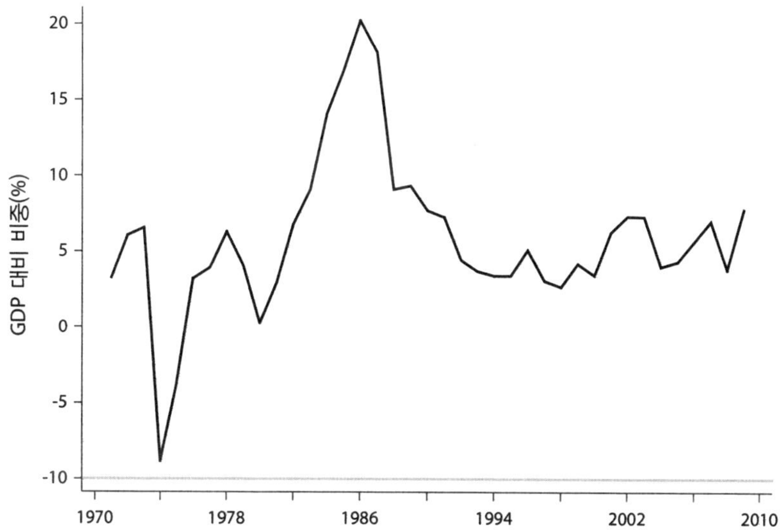

출처: 대만통계청에 기초하여 작성.

〈그림 3-3〉 대만의 순수출

고, 쌍무적 관계나 스스로에 의존하는 수밖에 없었던 것이다. 결국 충분한 외환의 보유는 대만에 있어서 안보와 존립의 문제였다(윤상우, 2005).

〈그림 3-3〉에서 보듯이 대만은 1970년대 중반의 일시적인 무역적자를 제외하고는 1970년대 이후 지속적인 무역흑자를 기록해 왔다. 장기간의 무역흑자를 통하여 보유한 막대한 외환은 외부적인 충격을 흡수하는 완충 역할을 하였고, 그 결과 대만의 경제추격은 지속성을 가질 수 있었다.

3-5. 대만경제에서 중소기업의 역할

중소기업 중심의 경제는 탈집중화된 산업구조와 더불어 대만경제가 성공하게 된 핵심 요인 중의 하나로 거론되어 왔다. 고도성장기의 중소기업은 대만경제에서 상당한 비중을 차지해 왔을 뿐만 아니라, 내수산업보다 수출산업에서 중심적인 역할을 해 왔다는 점에서도 의미가 크다. 대만의 중소기업(300인 이하)은 1984년 기준 제조업 생산의 50%를 담당했으며, 중소기업 생산의 70% 이상이 내수가 아니라 수출로부터 벌어들였다(Amsden, 1991).

대만의 산업은 이중적 구조로 서로 밀접히 연결되어 있었는데, 중소기업의 수출은 대기업과의 연관 없이는 존재할 수 없었다. 공기업을 포함한 대만의 대기업은 석유화학, 섬유, 철강 등 상류의 중간재산업을 독점하여 원자재나 중간재를 중소기업에게 공급하고, 중소기업은 노동집약적이고 표준화된 산업에서 가격경쟁력이 있는 제품을 생산하여 수출하는 방식으로 결합되어 있었다. 뿐만 아니라 대만의 대기업과 중소기업은 신용제공, 기술지원, 인력지원 등을 통해서도 긴밀히 연결되어 있었다(Amsden, 1991; Wade, 2004).

한국 · 일본의 중소기업이 대기업의 하청체계에 수직적 · 경직적으로 편입된 것이 비해, 대만의 중소기업은 대기업보다는 중소기업 상호간에 수평적 협력 네트워크를 발전시킴으로써 역동적인 생산체계를 구축한 것으로 평가된다(박윤철, 1998). 이처럼 네트워크를 통한 기업 간 세밀한 분업체계는 기업들의 진입 · 퇴출 비용을 낮출 뿐만 아니라 생산유연성을 제공한다. 대만의 중소기업들은 생산조직의 분산뿐만 아니라 자원 · 설비 · 정보 역시 공동 사용하여 생산비용을 낮춤으로써, 규모의 경제에 미달하는 설비로도 국제시장에서 경쟁력을 가질 수 있었던 것으로 평가된다(윤상우, 2005).

그러나 1980년대 이후 대만경제에서 중소기업의 위상과 역할은 급속히 하락하는 대신 대기업의 중요성은 더욱 커지는 변화가 일어나고 있다. 중소기업의 수출비중은 1981년 74.8%로 정점에 달한 이후 계속 하락하여 1995년에는 32.5% 수준으로 떨어졌다(윤상우, 2005). 대만경제에서 중소기업의 비중이 하락하고 있는 이유는 무엇보다도 1980년대 이후 대만의 인건비 상승과 환율 하락 등에 의하여 생산비용이 증가하게 된 것이다. 이에 따라 중소기업을 중심으로 한 대만의 노동집약적 수출산업은 경쟁력을 잃고, 중국을 중심으로 한 해외로 생산기지를 이전하게 된다.[5]

4. 1980년대 대만 성장체제의 위기와 대응

지금까지 살펴본 고저축-고투자를 특징으로 하는 내자주도형 성장, 수출주도형 성장, 외국인직접투자를 통한 기술습득, 중소기업 중심의 수출을 특징으로 하는 대만의 성장체제는 1980년대에 들어 몇 가지 문제에 부딪치게 된다. 이 절에서는 이로 인한 대만경제의 위기와 대응을 살펴보기로 한다.

4-1. 1980년대 대만 성장체제의 위기와 노동집약적 산업의 중국 이전

1970년대 GDP 기준 평균 10.1%로 성장하던 대만의 경제는 1980년대 평균 경제성장률이 7.7%로 둔화되게 된다. 1970년대까지 고도성장을 지속하던 대만경제가 1980년대 들어 성장이 급속히 둔화되게 된 것은 몇 가지 상황변화와 관련이 있다.

첫 번째는 임금 상승에 따른 기업의 수익성의 악화다. 〈그림 3-4〉는 대만의 제조업의 평균임금, 노동생산성, 단위노동비용의 추이를 각각 보여 주는 그래프인데, 각 항목의 연도별 수치를 해당 항목의 2006

5 2000년에 진행된 한 조사에 의하면, 해외투자기업 중 기업규모가 클수록 미국투자의 비중이 높고, 기업규모가 작을수록 중국투자 비중이 높은 것으로 나타났다(Amsden and Chu, 2003: 65).

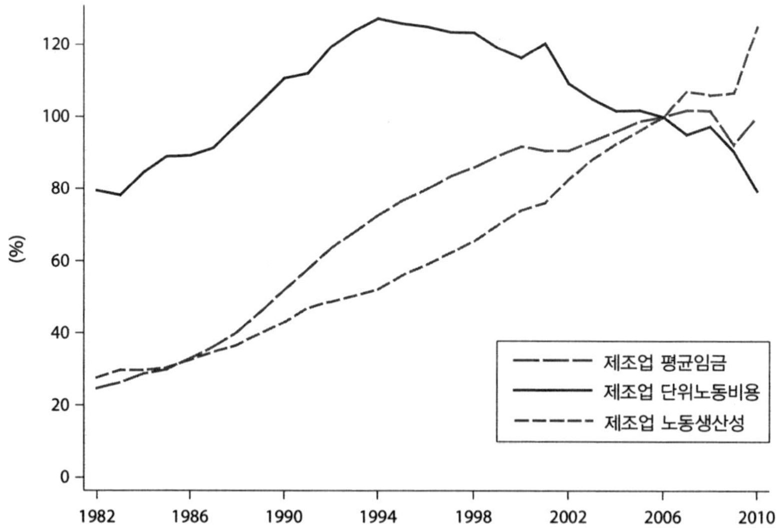

출처: 대만통계청에 기초하여 작성.

〈그림 3-4〉 대만의 제조업 단위노동비용 추이

년의 수치로 나누어 표준화하여 나타낸 것이다. 우선 제조업 평균임금을 살펴보면 1982년 24.7에서 지속적으로 증가하여 2007년 101.9로 최고점을 찍은 후 하락하고 있음을 보여 준다. 제조업 생산성은 1982년 27.6에서 2010년 125까지, 약간의 구간을 제외하고는 지속적으로 상승하고 있다.

단위노동비용은 임금(노동비용/노동투입량)을 노동생산성(산출량/노동투입량)으로 나누어 구하는데, 임금상승과 노동생산성을 동시에 고려한 것으로서 산출물 1단위 생산에 드는 노동비용을 보여 준다. 그림에서 나타나듯이 대만 제조업의 단위노동비용은 1980년대 초반 이후 가파르게 상승하다가 1995년 최고점을 기록한 이후 완만하게 하락하는 것을 보여 준다. 결국 1980년대 초반부터 1990년대 중반까지 제조업 생산성을 웃도는 임금상승이 진행되어 대만기업이 수익성 측면에서 압박을 받게 되었음을 보여 준다. 특히 이러한 수익성 압박은 노동집약적 산업분야에서 가중되었음을 짐작할 수 있다.

뿐만 아니라 1980년대 중반 이후 외환보유고의 누적에 따른 통화가치 상승은 수출의 가격 경쟁력을 떨어뜨리는 요인으로 작용하였다. 아래 그림은 1970년 이후 대만 환율의 추이를 보여 주고 있다. 〈그림 3-5〉에서 나타나 있듯이 1985년 평균환율 39.36 NT/US$였던 환율은 1989년 평균환율 26.41 NT/US$로 하락하여, 4년 만에 무려 49.0%에 이르는 통화가치 상승이 있었다. 이와 같은 급격한 환율하락으로 말미암아 노동집약적 산업으로 수출에 의존하던 중소기업들은 더 이상 가격 경쟁력을 유지할 수 없는 상황이 되었다.

생산비용과 대만통화 가치의 급격한 상승으로 경쟁력이 약화된 대만의 노동집약적 산업은 중국 본토와 다른 아시아 국가들로 생산기지

출처: 대만통계청에 기초하여 작성.

〈그림 3-5〉 대만의 환율 추이

출처: 대만통계청에 기초하여 작성.

〈그림 3-6〉 대만의 외국인직접투자

를 옮기는 것으로 돌파구를 찾았다. 〈그림 3-6〉은 외국인의 대만에 대한 직접투자와 더불어 대만의 해외직접투자 추이를 보여 주는 그래프다. 그림에 나타난 바와 같이 1980년대 중반까지만 해도 거의 미미하던 대만의 해외직접투자는 1987년을 기점으로 상승하기 시작, 1989년에는 GDP의 4.59%에 도달하기도 하였다.

〈표 3-9〉는 중국으로 유입되는 외국인직접투자 중 대만으로부터의 투자가 차지하는 위상을 보여 준다. 투자건수를 기준으로 1990년대 대만의 투자는 중국에 대한 외국인 투자의 13~15%를 차지하고 있으며, 투자 액수 기준으로는 1990년대 중국에 유입되는 전체 외국인 투자의 6~11%를 차지하고 있다.[6] 전체적인 추이를 살펴보면 투자액수를 기

6 투자건수 기준으로 이것은 홍콩 다음으로 높은 수치이나 투자액수를 기준으로 하면 일본이나 미국에 조금 못 미치는 수치다.

〈표 3-9〉 대중국투자에서 대만이 차지하는 비중

연도	투자 건수		실현투자액(만 달러)		건당 투자규모 (1,000달러)
	대만	비중*	대만	비중*	
1989	539	9.33	15,479	4.56	287.2
1990	1,103	15.17	22,240	6.38	201.6
1991	1,735	13.37	46,641	10.68	268.8
1992	6,430	13.19	105,050	9.54	163.4
1993	10,948	13.12	313,859	11.41	286.7
1994	6,247	13.14	339,104	10.04	542.8
1995	4,847	13.10	316,155	8.43	652.3
1996	3,184	12.97	347,484	8.33	1,091.3
1997	3,014	14.35	328,939	7.27	1,091.4
1998	2,970	15.00	291,521	6.41	981.6
1999	2,499	14.77	259,870	6.45	1,039.9
2000	3,108	13.91	229,628	5.64	738.8
2001	4,214	16.12	297,994	6.36	707.2
2002	4,853	14.20	397,064	7.53	818.2
2003	4,494	10.94	337,724	7.35	751.5
2004	4,002	9.17	311,749	5.14	779.0
2005	3,907	8.88	215,171	2.97	550.7
2006	3,752	9.04	222,990	3.07	594.3
2007	3,299	8.71	177,437	2.12	537.9
2008	2,360	8.57	189,868	1.75	804.5

출처: http://www.fdi.gov.cn/pub/FDI_EN/default.htm

* 중국으로 유입된 전체 FDI 중 대만으로부터의 FDI가 차지하는 비중을 의미한다.

준으로 했을 때 대중국투자는 1989년부터 계속 증가하여 1996년 34억 7,480만 달러에 이른 후 감소하고 있음을 보여 주고 있다. 그러나 이는 공식 통계에 나타난 수치일 뿐, 상당수의 대만기업들이 조세피난처인 영국령 버진 군도와 사이만 군도를 통해 중국에 우회 투자를 진행하고 있다는 점을 감안하면, 대만의 실제 대중국 투자는 이보다 훨씬 더 많다.[7]

투자규모 추이를 보면 1990년대 초반까지는 건당 투자규모가 매우 작은 것으로 보아 중소기업들의 중국진출이 진행되고 있음을 알 수 있다.[8] 그러나 1994년을 기점으로 건당 투자규모가 급속히 증가하기 시

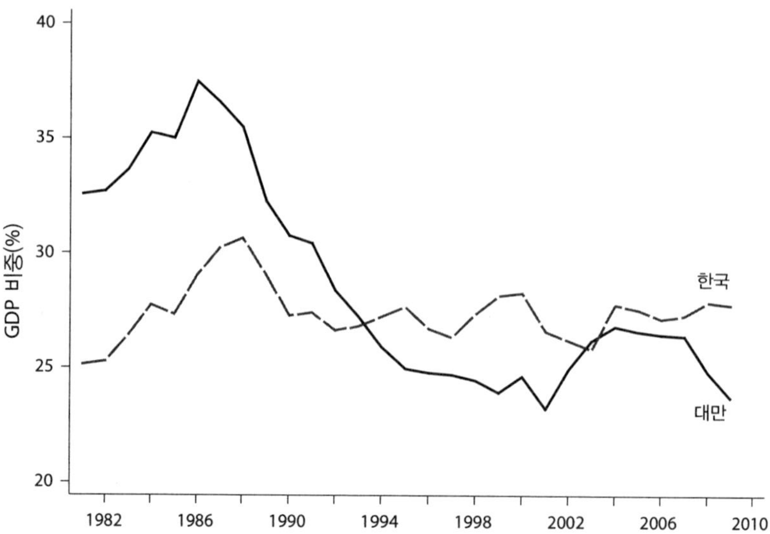

출처: 대만통계청, World Bank에 기초하여 작성.

〈그림 3-7〉 대만과 한국의 제조업 비중

---

7 2008년 영국령 버진 군도와 사이먼 군도로부터 이루어진 투자는 중국에 대한 외국인 투자 전체의 17.6%(실현된 투자액을 기준)로서, 홍콩의 37.9%에 이어 두 번째로 큰 규모다.

8 1980년 후반에서 1993년경까지 중국투자의 중심업종은 신발, 의류, 가방, 완구 등 노동집약적 산업이거나 하류부문의 단순 조립 · 가공업종 산업이다. 투자지역 측면에서도 이 시기의 투자는 대만과 가까운 광둥성과 푸젠성을 중심으로 진행되었다(윤상우, 2005).

작하여 1990년대 후반에는 건당 투자규모가 최고 수준에 이르고 있는데, 이것은 1990년대 후반 중국으로 생산기지를 옮긴 기업들의 규모가 대규모화하고 있음을 보여 준다.

이와 같은 급속한 해외투자 붐은 한편으로 대만 국내 제조업 공동화에 대한 우려를 불러 왔다. 〈그림 3-7〉은 GDP에서 제조업이 차지하는 비중을 나타낸 것이다. 대만의 경우 1986년에 37.5% 수준에 이르렀던 제조업비중이 그 이후로 지속적으로 하락, 2001년에는 23.2% 수준까지 떨어졌다. 그림에서 보듯이 대만의 제조업 비중 감소는 1990년대 말까지 한국보다도 훨씬 더 급격히 진행되었으며, 그 후 일시적으로 증가했지만 다시 감소하는 양상을 보여 주고 있다.

4-2. 대만 토종기업의 성장과 대규모화

앞서 살펴본 대로 1980년대까지만 해도 대만의 상류산업은 독점화된 공기업과 대기업이 장악하고 있었던 데 반해, 전자 등 수출산업은 중소기업이 대다수를 점유하는 형태였다. 그러나 1990년대를 거치면서 수출산업에서도 기업들의 대규모화가 진행된다. 이하에서는 이러한 내용을 전자산업을 중심으로 살펴보기로 한다.

대만의 전자산업은 TV(흑백 TV, 컬러 TV) – 전자계산기 – 노트북 컴퓨터를 거치면서 발전해 왔는데, 초기 단계인 TV 생산 시기에 대만의 전자산업은 미국, 일본의 외국기업들에 의해 주도되었다. 이 시기에 활동하고 있던 대만기업들은 대부분 규모가 매우 작은 기업들이었다.

대만기업들은 여러 가지 경로를 통해 외국기업들로부터 기술을 습득하였다. 우선 외국인직접투자 기업에서 일했던 고급 기술자와 경영자를 대만기업들이 받아들이는 방식을 통해서 생산기술과 경영기법을 습득할 수 있었다. 또한 일본의 기업들은 대만기업들과 합작투자를 한 경우가 많았는데, 외국기업과 공동 설립한 합작회사는 기술을 습득할 수 있는 좋은 통로가 되었다. 특히 합작기업이 생산하여 국내 시장에 판매하는 제품에 대해서는 일정 부분 이상 현지부품을 사용하도록 하는 규정이 존재하였는데, 이로 인해 대만의 부품공급업체들은 일본기업으로부터 많은 기술지도를 받을 수 있었다. OEM 계약을 통한 생산과 기술도입계약 역시 중요한 기술 도입 경로였다(Chen et al., 1997; Amsden, 2003).

대만의 전자산업은 전자계산기 생산 과정을 거치면서 자신의 독자 상표를 확보하는 데까지 나아가지는 못하였지만 세부 설계기술을 확보하는 것은 성공하게 되었다(Amsden, 2001).

TV 등 전자 제품의 생산에서 산업의 성숙 단계에서 진입을 했던 대만기업들은 적은 마진 폭을 생산의 대규모화를 통해 만회할 수밖에 없었는데, 대규모 생산은 외국기업들과 하청 생산의 거래비용을 낮추도록 해 주었으며 고정자본 비용의 감소 등 규모의 경제를 누릴 수 있도록 해 주었다(Amsden and Chu, 2003).

대만의 전자산업은 1990년대 노트북 컴퓨터 생산을 거치면서 기업규모가 본격적으로 대형화되기 시작하였다. 〈표 3-10〉은 1990년대 수출을 주도했던 산업인 컴퓨터 산업의 기업규모별 부가가치 생산, 고

〈표 3-10〉 컴퓨터 산업에서 기업규모에 따른 고용인원과 부가가치(%)

	소기업(〈100)			중규모 기업(100~499)			대기업(500)		
	1986	1991	1996	1986	1991	1996	1986	1991	1996
고용인원(1)	17	20	21	37	20	20	47	60	58
부가가치(2)	13	15	13	36	21	17	51	65	69
효율성(2/1)	78	71	62	97	105	86	110	108	119

출처: Amsden(2001).

주: 기업규모는 고용인원을 기준으로 나눈 것이고, 효율성은 부가가치를 고용인원으로 나누어 평균적인 기업을 100으로 표준화하여 부과한 수치다.

용 등을 보여 주고 있다. 표에서 나타나듯이 부가가치 측면에서 소규모 기업은 15% 이하에 머물고 있고, 중규모 기업의 비중은 1986년 이후 지속적으로 감소하는 반면 대기업의 부가가치 생산 비중은 1986년 51%에서 1996년 69%로 꾸준히 증가하고 있음을 알 수 있다. 이러한 사실은 이 장의 도입부분에서 제시했던 첫 번째 가설을 뒷받침한다.

기업규모의 대형화는 시장점유율의 증가를 통해서도 확인해 볼 수 있다. 〈표 3-11〉은 IT 산업의 주요 하드웨어 생산의 산업집중도와 생산현황을 보여 주고 있다. 데스크탑 PC, SPS, 노트북 PC, 키보드, 마우스, 스캐너 생산에서 5개(또는 4개) 기업의 산업집중도가 60%가 넘고 있음을 보여 주고 있다(1999년 기준). 메인보드 시장에서도 상위 5개 기업이 60% 가까운 시장점유율을 보이고 있고, 모니터 생산에서만 다소 낮

〈표 3-11〉 대만의 IT 산업에서 하드웨어 생산

	산업집중도, %(기업 수)		생산량 (1,000 세트)		생산액(대만 및 해외생산), 100만 US$	해외생산 비중 (대만기업), %	세계시장에서 차지하는 비중, %
생산품	1998	1999	1993	1999	1999	1999	1998
데스크 탑 PC	84(3)	62(5)	2,293	19,457	7,188	88	–
SPS	83(5)	89(5)	21,190	60,221	1,744	91	65
노트북 PC	74(5)	79(5)	1,291	9,355	10,198	0	39
키보드	64(3)	77(5)	18,830	79,445	512	91	65
마우스	62(3)	62(4)	22,100	68,160	155	89	60
스캐너	57(5)	76(5)	953	21,901	925	38	85
메인보드*	55(5)	58(5)	12,338	64,378	4,854	38	66
모니터	45(5)	47(5)	17,485	58,729	9,330	71	58

출처: Amsden(2001:33).

주: 산업집중도는 매출액 기준이며, 1998년과 1999년 하반기 데이터임. SPS=system power supply

* PC 부품으로 팔린 것을 제외한 것임.

은 47%의 산업집중도를 보이고 있다. 또한 이 표는 IT 하드웨어의 해외 생산비중을 보여 주고 있는데, 노트북 PC, 스캐너, 메인보드를 제외한 나머지 생산품의 해외 생산비중이 70% 이상임을 보여 준다.

대만기업의 대규모화는 Fortune Global 500대 기업의 매출액 통계를 통해서도 나타난다. 〈표 3-12〉는 주요 국가의 Fortune Global 500대 기업의 수와 이들 기업들이 차지하는 매출총액을 해당국가의 GDP로 나눈 비율을 보여 주고 있다. 이 표에 따르면 한국과 대만 등 1세대 동아시아 후발 주자 및 2세대 후발 주자인 중국기업들이 1990년대 후반 혹은 2000년대 들어 급격히 대형화하고 있음을 알 수 있다. 그런데 그 양상에 있어서는 국가별 차이가 존재하는데, 특히 한국과 대만의 경우가 대조적이다. 한국의 경우 Fortune Global 500대 기업의 비중이 1990년대 후반부터 비교적 높은 수준(1997년 54.7%)을 유지하고 있는 데 반해서, 대만은 2007년 43.6%, 2010년 66.2%로 그 비중이 2000년대 후반

〈표 3-12〉 국가별 Fortune Global 500대 기업의 수와 GDP 대비 총 매출액 비율

기업수 (매출액/GDP)	1994	1997	2001	2005	2007	2010
미국	151	175	197	170	153	133
	(41.8)	(48.0)	(57.5)	(51.1)	(55.0)	(52.7)
일본	149	112	88	70	64	68
	(79.6)	(69.5)	(60.0)	(51.1)	(58.0)	(59.8)
중국	3	4	11	20	29	61
	(7.4)	(6.7)	(19.7)	(27.4)	(32.8)	(49.2)
한국	8	12	12	12	15	14
	(31.6)	(54.7)	(53.6)	(47.6)	(59.2)	(65.1)
대만	2	2	2	3	6	8
	(6.5)	(6.8)	(7.6)	(17.2)	(43.6)	(66.2)

출처: Lee Keun et al.(2013). 괄호 안은 GDP 대비 매출총액의 비율, 경상가격 기준임.

에 들어서야 높아지는 것을 알 수 있다. 이러한 수치는 한국이 일찍부터 대기업중심의 산업구조를 유지해 온 것에 비하여, 대만은 중소기업 중심의 산업구조를 유지해 오다가 2000년대에 들어서면서 대기업중심으로 전환하고 있음을 보여 주고 있다.

대만기업들의 해외투자 확대 및 해외생산 확대는 대만기업들의 국제화로 나타난다. 대만기업은 2002년 현재 전체 자회사의 49%가 해외에서 기업활동을 하고 있으며, 해외에서 활동하고 있는 기업의 35%인 17%의 해외 자회사가 중국에서 활동하고 있다.[9] 이처럼 해외에서 활동하고 있는 자회사들이 증가한 것은 1990년대에 집중적으로 진행되었는데, 1990년에 4%에 불과하던 해외 자회사 수는 1998년에 16%로 네 배 증가하더니, 2002년에는 49%로 4년 사이에 세 배 이상 증가하였다. 이러한 추이는 매출액 비중의 증가를 통해서도 확인할 수 있다. 1994년에 전체 매출액의 2.0%를 담당하던 해외 자회사의 매출액은 8년이 지난 2002년에는 무려 10배 증가하여 20%로 성장하였다. 중국에 진출한 기업들의 매출액 증가 역시 동일한 추이를 보이고 있다.

기업규모의 대형화, 국제화뿐만 아니라 기업집단화를 통한 기업의 대규모화, 다각화 추세 또한 활발히 진행되고 있다. 대만의 기업집단은 1970년대부터 2000년대에 걸쳐 성장을 지속해 왔다. 특히 1980년대와 1990년대의 규제완화, 민영화 과정에서 기업집단은 비약적으로 성장해서 규모가 대형화되었다.

대만은 집중적이고 불균형적인 성장전략을 추구한 한국과 달리 분산적 · 균형적 성장전략을 추구하여, 독과점적 성향이 큰 자본집약적 산

9 이 수치는 대중국 투자에 대한 대만정부의 규제를 피하기 위해 영국령 버진 아일랜드나 사이만 군도를 통해 중국에 투자한 기업들의 자회사를 제외한 것이다. 이들을 포함하면 해외 자회사의 60%에 기업들이 중국에서 활동하고 있는 것으로 추정된다(Chung and Mahmood, 2010).

〈표 3-13〉 대만기업의 국제화

	1981	1986	1990	1994	1998	2002
해외 자회사 수 비중	2	3	4	9	16	49
중국 자회사 수 비중	0.1	0.2	0.4	4.0	7.0	17
해외 자회사 매출액 비중	0.1	0.1	0.8	2.0	6.0	20
중국 자회사 매출액 비중	0.1	0.1	0.1	0.6	3.0	6.0
기업집단 수	100	100	100	100	100	100

출처: Chung and Mahmood(2010).

업을 국영기업으로 육성하는 대신 민간기업의 대규모화 · 독점화는 억제하였다(Amsden, 1985; Wade, 2004). 그러나 이러한 대만정부의 정책은 1980년대 후반에 접어들면서 미국의 시장개방 압력과 정치적 민주화에 따른 대만 내부의 시장자유화 요구로 인해 점차 변화하게 된다. 무엇보다도 1987년부터 정치적 민주화가 진행됨에 따라 경제의 개방화 · 자유화가 가속화되었고, 동아시아 외환위기 직후인 1998년부터는 본격적인 민영화가 진행되었다. 독점산업 규제 철폐와 민영화의 진전에 따라 이전에 국영기업들에 의해 독점되었던 은행, 전자통신, 전력산업 등의 산업에 민간기업의 진출이 가능해졌다(Chung and Mahmood, 2010).

〈표 3-14〉는 상위 100대 기업집단이 대만경제에서 차지하는 비중을 보여 주고 있다. 우선 기업집단 소속 기업 수의 추이를 보면 1990년대 들어 증가하기 시작하여 2000년대 이후에는 아주 가파르게 상승하고 있는 것을 보여 준다. 이와 같은 기업 수의 증가는 GDP 대비 매출액 비중의 증가에서도 나타난다. 1980년대까지 상위 100대 기업집단의 매출액은 GDP의 30% 수준을 약간 밑돌고 있었으나 1990년에 39.2%로 40%에 근접하면서 1998년에는 54.3%로 증가하였다. 이어 2002년의 88.2%를 거쳐 2006년에는 GDP의 128.6%로, 상위 100대 기업이 경제

〈표 3-14〉 상위 100대 대만기업 집단의 경제적 비중

	1973	1977	1981	1986	1990	1994	1998	2002	2006
기업집단 소속 기업 수	724	651	719	746	815	1,021	1,362	4,825	6,038
기업집단 평균 기업 수	7.24	6.51	7.19	7.46	8.15	10.21	13.62	48.25	60.38
기업집단 매출액(A)(US$bn.)	3.5	6.3	13.4	23.7	62.3	102.1	150.6	248.9	468.1
대만의 GDP(B)(US$bn.)	10.8	21.8	46.9	80.5	158.9	246.3	277.4	282.2	363.9
GDP 대비 매출액(A/B)(%)	32.4	28.9	28.6	29.4	39.2	41.5	54.3	88.2	128.6
기업집단 고용(C)(1,000명)	272	306	318	335	396	467	730	894	2,438
기업집단 평균 고용(명)	2,720	3,060	3,180	3,350	3,960	4,670	7,300	8,940	24,380
총 고용인구(D)	5,327	5,980	6,672	7,733	8,283	8,939	9,289	9,454	10,111
고용비중(C/D)(%)	5.11	5.12	4.77	4.33	4.78	5.22	7.86	9.46	24.11

출처: Chung and Mahmood(2010).

에서 차지하는 비중이 급격히 증가하고 있음을 보여 주고 있다. 이러한 경향은 고용비중 추이에서도 나타나는데, 1980년대 5%를 밑돌던 기업집단의 고용비중은 1998년에 7.86%까지 증가하였다. 2002년에 100대 기업집단은 전체 고용의 9.46%를 차지한 후 2006년에는 전체 고용량의 1/4 수준인 24.11%까지 성장하고 있음을 보여 준다. 이러한 통계는 적어도 1990대 중반 이후에는 대규모 기업집단이 자본과 기술뿐만 아니라 매출액과 고용 등 경제 전반에 걸쳐 대만경제의 핵심으로 자리 잡고 있음을 보여 주는 것이다.

이 장의 도입부분에서 제시한 첫 번째 가설을 검토하면 다음과 같

다. 앞서 살펴본 바와 같이 1980년대 중반 ~ 1990년대 중반에 걸쳐 대만에서 임금과 통화가치 상승이 이루어진 결과, 대만에 투자한 외국인 기업들의 철수와 노동집약적 산업에서 활동하던 대만 중소기업들의 해외 이전이 진행되었다(앞의 〈표 3-7〉, 〈표 3-9〉 등 참조). 대만에서 활동하던 외국인 기업들이 비운 자리는 대만의 토종기업들이 점차 차지하였는데, Global Fortune 500대 기업의 매출액 추이, 상위 100대 기업집단이 대만 경제에서 차지하는 비중 등 각종 지표들은 〈가설 1〉을 뒷받침하고 있다.

4-3. 정부 차원의 산업구조 조정, 연구개발 투자

대만정부의 기술개발 노력은 자국 기업들의 기술향상을 통해 자국 생산품의 부가가치를 높이고 토종기업을 성장시키는 데 초점이 맞추어져 있었다. 대만정부는 1992년 일본으로부터 수입되는 첨단 부품의 국산화를 촉진하기 위해 66개 중간부품을 선정하여 수입대체를 지원하도록 하는 법안을 통과시키는 등, 해외로부터 수입되는 첨단 부품의 국산화를 위해 다각적인 정책적 노력을 기울였다. 이러한 기술 개발노력은 대만기업들의 중국 이전에 따른 제조업 공동화를 막기 위해서는 불가피한 조치이기도 했다(Amsden, 2003).

한국의 연구개발 활동이 삼성, LG, 현대 등 민간 대기업들에 의해 주도되었던 것에 반해서 대만의 연구개발 활동은 공업기술연구원(Industrial Technology Research Institute, ITRI), 聯電(United Microelectronics Corp., UMC), 국가과학위원회(National Science Council), 台積公司(Taiwan Semiconductor Mfg. Co. Ltd., TSMC) 등 국영기업에 의해 주도되어 왔다(Lee and Yoon, 2010; Chung and Mahmood, 2010). 특히 ITRI는 반도체, PC 산업 등 대만의 중추 산업에 필요한 핵심기술을 개발하여 대만기업들에게 제공하는 역할을 담당하였다. 일례로 CD-ROM은 1992년 대만

정부에 의해 기술육성 산업으로 선정되는데, ITRI는 25개 대만기업을 CD-ROM 생산기술 공동개발 과정에 끌어들인 후 자신들이 개발한 기술을 이들 기업에게 제공하였다. 그 결과 1994년 1%에 불과하던 대만의 CD-ROM 생산은 5년이 지난 1999년에 전 세계 생산의 50%를 차지하게 된다(Amsden and Chu, 2003).

〈그림 3-8〉은 대만과 한국의 연구개발비 투자 추이를 보여 주는 그림이다. 한편 연구개발비 투자 면에서는 한국이 1990년대 초반에 GDP의 2% 수준의 연구개발 투자를 진행한 것에 비해, 대만은 2000년대 초반에야 GDP의 2% 수준의 연구개발 투자를 진행하였다. 또한 한국의 경우 2000년대 중반(2006년)부터 GDP의 3% 수준을 초과했음에 비해 대만은 2008년 현재 2.77%의 R&D 투자를 진행하고 있다. 연구개발투자 활동의 결과라 할 수 있는 특허 수는 연구개발투자와는 조금 다

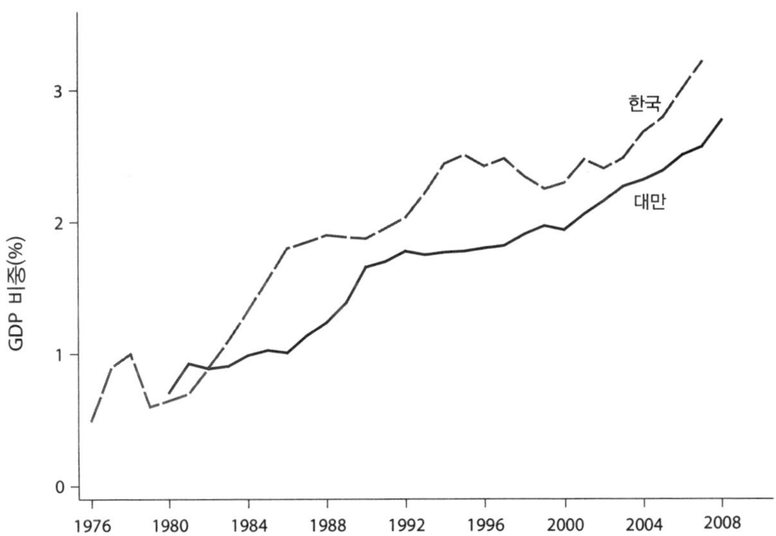

출처: 대만통계청, World Bank에 기초하여 작성, GDP 대비 연구개발 비율은 각 연도 및 이전 두 개 연도와 이후 두 개 연도의 평균으로 산출함.

〈그림 3-8〉 대만과 한국의 연구개발투자 추이

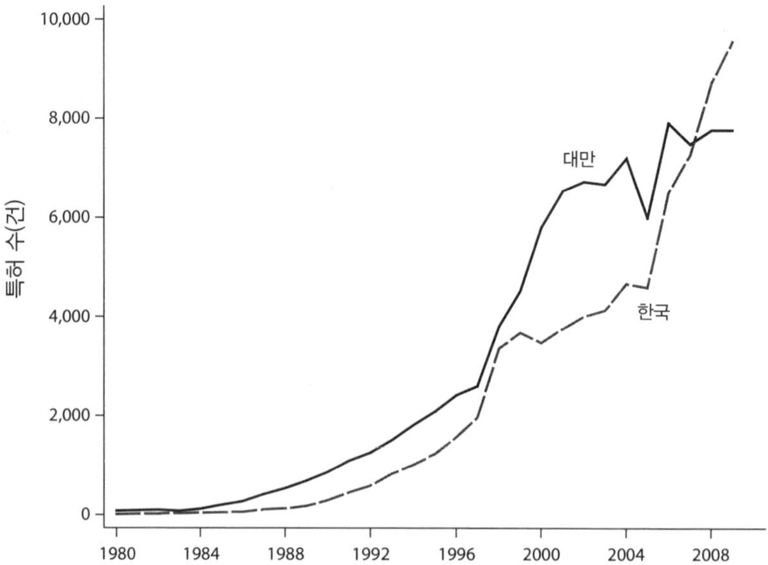

출처: 미국특허청(USPTO)의 미국 등록 특허 건수에 기초하여 작성.

〈그림 3-9〉 대만과 한국의 특허 수 추이

른 양상을 보이고 있다. 〈그림 3-9〉는 미국에 등록한 대만과 한국의 특허 수를 보여 주고 있다. 2007년까지 미국등록 특허 수는 대만이 한국보다 앞서 있었는데, 2008년을 기점으로 한국을 추월하는 상황을 보여 주고 있다.

여기서 대만의 사례가 〈가설 2〉를 뒷받침하는지 여부를 검토해 보기로 하자. 앞서 살펴보았듯이 1980년대 초반까지 대만의 주요 수출산업인 전자산업의 수출은 외국기업과 이들 기업에 기술을 의존한 대만의 중소기업에 의해 주도되었다. 대만정부는 국내에 투자한 외국기업들로부터 국내기업으로의 기술 이전을 촉진하는 한편 자국 기업들의 기술수준을 향상시키기 위해 다각적인 노력을 해 왔다. 내수시장을 대상으로 하는 합작기업에 대해 일정비율 이상의 국산부품을 사용하도록 강제하는 것, 해외로부터 수입되는 첨단부품의 수입대체를 위한 각종 지원, 정부산하 국영연구소를 통한 기술개발과 이를 대만의 핵심 기업들에게 보급하는 것 등이 그 대표적인 예다. 특히 대만의 이러한 노력은 GDP 대비 연구개발 투자, 미국에 등록한 대만기업들의 특허 수를 통해서 잘 나타나고 있다. 대만이 노동집약적 제품의 생산에서 기술집약적 산업으로, 부가가치가 낮은 주문자상표부착생산(OEM)에서 보다 부가가치가 높은 제조자디자인생산(ODM)으로 도약할 수 있었던 것은 이러한 노력의 결과다.

여기서 한 가지 더 검토할 것은 한국의 연구개발투자가 대기업에 의해 주도된 것을 감안할 때 1990년대 대만의 연구개발투자는 왜 국영기업에 의해 주도되었는가 하는 점이다. 이것은 두 나라의 산업구조에서 대기업이 차지하는 위치와 관련이 있다. 한국의 경우 일찍부터 대기업을 육성해 왔기 때문에 경제가 개방화되기 시작하는 1990년대 초부터도 민간 대기업 주도로 R&D 투자를 진행할 수 있었다. 반면 대만은 1990년대 민간 대기업이 R&D를 독자적으로 추진할 수 있을 만큼 충분히 성장하지 못한 상황이었다. 대만의 경우 민간 기업들이 독자적으로 충분한 R&D 투자를 할 수 있을 정도로 규모가 크지 않은 상황이었기 때문에, 정부 산하의 국영 연구소가 R&D를 통해 핵심기술을 개발하고 이를 대만의 주요 기업들에게 보급하는 형태로 진행하였다는 점이다. 그러나 개방화 진전과 더불어 정부의 역할이 점차 축소되는 방향으로 경제 환경이 변화하고 있는 상황에서 이러한 방식은 지속되기 힘들다. 다행히 2000년대에 들어서면서 대만의 민간 기업들 역시 규모가 커진 것을 감안하면, 달라진 경제환경에서 대만 역시 민간 기업이 연구개발을 주도하는 방향으로 나아갈 것으로 전망된다.

5. 2000년대 대만경제의 위기와 도전

1990년대 평균 6.3% 성장을 지속해 오던 대만경제는 2000년대(2000~2009년) 들어 평균 3.4%로 성장률이 급격히 둔화되었다. 1990년대에 대만과 비슷한 수준의 성장률을 보이던 한국의 경우 2000년대 들어 평균 4.4%의 성장률을 보이고 있음을 감안하면, 대만의 경우는 적지 않은 수준의 하락을 보이고 있다.

대만경제가 2000년대 들어 이처럼 성장률이 하락하게 된 원인으로는 몇 가지 요인이 지적되고 있다. 첫째는 2001년 미국의 IT 버블 붕괴로 대표되는 전세계적인 전자, IT 산업의 침체로 인한 것이라는 지적이다. 대만 경제의 주요 수출품이 전자와 IT 제품이기 때문에, 이 분야의 세계적 침체는 대만경제의 수출에 엄청난 타격을 주었다. 2001년에

〈표 3-15〉 대만과 한국의 최근 GDP 성장률

	대 만	한 국
2000	5.80	8.49
2001	−1.65	3.97
2002	5.26	7.15
2003	3.67	2.80
2004	6.19	4.62
2005	4.70	3.96
2006	5.44	5.18
2007	5.98	5.11
2008	0.73	2.30
2009	−1.93	0.32
2010	10.88	6.16

대만의 수출은 전년도 대비 16.9% 감소하였으며 그 결과 대만의 GDP 성장률은 -1.7%였다. 그러나 이러한 관점은 2000년대 초반의 대만경제의 침체를 설명할 수는 있으나, 전 세계적 차원에서 IT 산업이 회복된 2000년대 중반 이후의 상황을 설명하기에는 역부족이다.

다음으로 지적되는 것은 천수이볜(陳水扁)이 주도하는 민진당의 집권에 따른 양안관계의 악화다. 50년에 걸친 국민당의 장기집권을 종식하고 2000년 집권한 천수이볜은 대만의 분리독립을 추진하는데, 이러한 움직임은 양안관계를 긴장시키면서 중국투자 대만기업들에게 정치적인 압력을 가중시키는 등 대만기업들의 경제활동을 위축시키는 결과를 가져왔다(Bolt, 2001). 2000년대 초중반 대만경제 침체의 원인을 양안관계의 악화에서 찾는다면, 2008년 마잉주 국민당정권의 집권에 따른 양안관계 회복은 대만경제 회복에 청신호가 될 것이다. 특히 마잉주 정권이 추진하고 있는 일련의 중국과 경제협력 확대 정책과 2010년 6월 체결한 양안경제협정(Closer Economic Partnership Arrangement, ECFA)이 대만경제성장의 새로운 엔진이 될 수 있을지 주목된다.

마지막으로 Naughton(2011)은 글로벌 생산 네트워크(global production network)에서 차지하는 대만의 특수한 위치로 인해 성장이 둔화되었다고 바라본다. 요컨대 대만기업들은 독자적인 자신의 브랜드를 확보하여 함장형 기업(flagship firms)으로 성장하는 것은 실패했지만, ODM/OEM을 통해 글로벌 생산 네트워크의 함장형 기업들과 더욱 긴밀한 연결을 형성하는 한편 중국의 생산기지를 자신의 하부 네트워크로 구축하는 소함장기업(mini-flagships)으로서 자신의 위치를 구축하는 데 성공할 수 있었다는 것이다. 이러한 대만기업들의 지위는 글로벌생산네트워크에서 좁은 틈새에 위치하는 것이기는 하나, 한편으로 비교적 높은 수준의 기술력과 다른 한편으로—중국의 값싼 노동력을 이용한—생산비용의 감축을 적절히 결합시킴으로써 성공을 가져올 수 있었다.

그러나 최근 들어 중국기업들의 추격으로 대만기업들의 기술적 중요성이 상대적으로 하락하면서 대만기업들이 누리던 경제적 지대가 축소되었는데, 최근 대만기업들의 수익성 부진은 그 결과라는 것이다. 한편 중국의 성장은 대만기업들에게 위험과 더불어 새로운 기회를 제공하기도 한다. 대만기업들은 이전까지 ODM/OEM 계약을 통해 미국기업들에게 제품을 공급하였으나, 대만기업들이 미국시장에 직접 접근할 수 없었기 때문에 시장지향적 혁신의 기회를 가질 수 없었다. 그러나 최근 지리적으로나 문화적인 면에서 유사성을 갖는 중국시장의 성장은 대만기업들로 하여금 시장지향적 혁신을 통해 함장형 기업으로 성장할 수 있는 기회를 제공하고 있기 때문에, 미래의 전망이 그렇게 어둡지만은 않다는 것이 대만경제에 대한 이들의 시각이다.

6. 결론

후발국가인 대만의 사례를 통해 국내 저축을 바탕으로 한 높은 투자, 수출을 통한 성장동력의 확보, 외국인직접투자의 적절한 활용, 성공적인 외환관리 등이 성공적인 경제추격에서 중요한 역할을 하고 있음을 살펴볼 수 있다. 1980년대까지 대만의 중소기업이 수출에서 많은 역할을 한 것은 사실이지만 이것은 대만경제의 일시적 특징에 불과하고, 1990년대를 거치면서 대만의 산업구조 역시 대기업이 중심적인 역할을 하는 형태로 바뀌었음을 살펴보았다.

외자에 의존한 성장이 지속될 수 없다는 사실은 2008년 세계금융위기 과정에서 북유럽 국가들의 사례를 통해 잘 나타난 바 있다. 대만의 높은 저축률은 충분한 국내자본을 안정적으로 공급하여, 대만경제가 장기간에 걸쳐 지속적인 성장을 할 수 있었던 기초를 형성하였다. 수출은 후발국가로 하여금 기술습득 능력을 제고시키고, 시장을 확장하여 규모의 경제를 누리게 할 뿐만 아니라 후발국 기업들을 국제 경쟁에 노출시킨다(Lee and Mathews, 2010). 대만경제에서 수출은 그 비중이 높을 뿐만 아니라, GDP 성장에 직접적인 영향을 미치는 요인이 되어 왔다. 선진국 기술의 도입은 후발국가의 경제추격에 있어서의 관건으로서, 외국인직접투자 유치는 그 대표적인 방식이었다. 그러나 외국인직접투자를 제한 없이 허용하는 것은 국내시장을 외국기업에 내어 주는 결과를 가져올 수 있다. 대만의 경우 외국인직접투자를 매우 선별적으로 허용하였다. 대부분의 외국인직접투자를 수출산업에 국한시켰고, 국내시장에 접근이 허용된 합작투자의 경우 부품을 일정비율 이상 국내에서 조달하도록 하는 방식으로 제한을 가하였다. 대만은 일시적인 무역적자를 제외하고는 지속적인 무역흑자를 통해 충분한 외환을 보유함으로써, 대외적인 충격을 흡수할 수 있었다. 이러한 거시경제적 안정성은 대만경제가 지속적 성장을 하는 데 필수적인 요소였다.

1980년대 들어 노동생산성을 초과하는 임금의 상승과 통화가치의 급격한 상승으로 인해 노동집약적인 수출산업에 의존하던 대만경제는 경쟁력을 급격히 잃게 된다. 노동집약적 산업의 중소기업들에 대한 중국 이전, 대만기업의 대형화, 국제화, 다각화가 이에 대한 대응과정에서 진행되었다. 뿐만 아니라 정부차원의 산업구조조정 노력과 연구개발 투자의 집중으로 대만경제는 더욱 고도화되었다.

1990년대 산업구조의 성공적인 업그레이드에도 불구하고, 대만경제는 2000년대 들어 성장률이 더욱 둔화되는 등 어려움을 맞고 있다. 그 원인으로는 전자와 IT 분야의 전 세계적인 침체, 양안관계의 악화에 따른 경제활동의 위축, 글로벌 생산 네트워크에서 차지하는 대만의 독특한 위치 때문이라는 주장 등이 제기되어 왔다. 2010년 6월 체결된 양안경제협정은 대만경제에 새로운 기회를 제공하고 있는 것으로 보인다.

우리는 이 장에서 대만의 경제추격 사례 검토를 통해 두 가지의 가설 검증을 시도하였다. 이것은 이전의 발전국가론이나 Lee and Mathews(2010)의 논의에는 시도되지 않은 것이다. 〈가설 1〉은 경제추격이 지속되기 위해서 중소기업 중심의 산업구조는 일정한 추격단계에서 대기업중심의 산업구조로 전환이 불가피하다는 것이며 이러한 전환은 개방화 과정에서 가속화된다는 것이다. 본문에서 살펴본 대만의 사례는 이러한 가설을 뒷받침하였다. 1980년대 중반 ~ 1990년대 중반에 걸쳐 대만에서는 임금과 통화가치 상승이 나타났고, 그 결과 외국인 기업들의 철수와 노동집약적 산업의 중소기업들의 해외 이전이 진행되었다. 이 자리는 대만의 민간 대기업들에 의해 메워졌는데, 특히 2000년대 개방화, 공기업 민영화 과정은 대만기업들이 대규모화되는 과정을 가속화시켰다.

〈가설 2〉는 경제발전 초기단계에서 FDI를 통해 외국기업들로부터 기술을 습득할 수 있으나, 추격이 지속되기 위해서는 일정한 단계에서 국내기업 주도로 기술개발과 혁신이 이루어지고, 국제적 생산의 가치사슬에서 좀 더 높은 곳으로 이동한다는 것이었다. 대만정부는 경제추격 초기 외국기업의 국내투자를 유치하는 한편 이들 기업으로부터 국내 기업으로 기술 이전을 위한 노력과 더불어 자국 기업들의 기술 수준을 향상시키기 위한 노력을 다각적으로 기울여 왔다. 그 결과 대만기업들의 기술은 높은 수준을 유지할 수 있었는데, 이러한 사실은 미국에 출원 등록한 특허 수를 통해서 잘 나타나고 있다. 뿐만 아니라 대만정부는 1990년대까지도 국영연구소를 통해서 기술을 개발한 후 이를 민간기업들에게 보급하는 등의 방식으로 대만기업들의 기술수준을 제고하기 위해서 노력하였다. 이처럼 다각적인 노력의 결과 대만은 산업의 중심을 노동집약적 산업에서 기술집약적 산업으로 이행할 수 있었으며, 국제생산 네트워크상의 지위 측면에서도 부가가치가 낮은 OEM 생산에서 보다 부가가치가 높은 ODM 생산으로 이동하는 데 성공할 수 있었다는 사실은 두 번째 가설을 뒷받침한다.

| 참고문헌 |

대만통계청 http://eng.stat.gov.tw/mp.asp?mp=5.

백승욱, 2007, 『세계화의 경계에 선 중국』, 창비.

윤상우, 2005, 『동아시아 발전의 사회학』, 나남출판.

이근, 2007, 『동아시아와 기술추격의 경제학: 신슘페터주의적 접근』, 박영사.

Amsden, Alice H., 1985, "The State and Taiwan's Economic Development," in Peter B. Evans et al.(eds.), *Bringing the State Back In*, Cambridge: Cambridge University Press.

________, 1991, "Big Business and Urban Congestion in Taiwan: The Origins of Small Enterprise and Regionally Decentralized Industry (Respectively)," *World Development*, 19(9): 1121-1135.

________, 2001, *The Rise of "the Rest": Challenges to the West from Late-industrializing Economies*, New York: Oxford University Press.

Amsden, Alice H. and Wan-wen Chu, 2003, *Beyond Late Development: Taiwan's Upgrading Policies*, Cambridge, MA: The MIT Press.

Bolt, Paul J., 2001, "Economic Ties across the Taiwan Strait: Buying Time for Compromise," *Issue & Studies*, 37(2): 80-105.

Chandler, A.D. Jr., 2001, *Scale and Scope: The Dynamics of Industrial Capitalism*, Cambridge, MA: Harvard University Press.

Chung, Chi-Nien and Ishtiaq P. Mahmood, 2010, "Business Groups in Taiwan," in Asli M. Colpan et al.(ed.), *The Oxford Handbook of Business Group*, Oxford: Oxford University Press.

Johnson, C., 1982, *MITI and the Japanese Miracle: The Growth of Industrial Policy, 1925-1975*, Stanford: Stanford University Press.

Kuo, Shirley W. Y. and Christina Y. Liu, 1999, "The Development of the Economy of Taiwan," *Asian-Pacific Economic Literature,* 13(1).

Lee, Keun, Byung-Yeon Kim, Young-Yoon Park, and Elias Sanidas, 2013, "Big Business and National Economic Growth: Finding a Binding Constraint for Growth by a Country Panel Aanalysis," *Journal of Comparative Economics*, May.

Lee, Keun and John A. Mathews, 2010, "From Washington Consensus to Best Consensus for World Development," *Asian-Pacific Economic Literature*, 24(1): 86-103.

Naughton, Barry, 2011, "Trade, Investment, and Technological Upgrading: Opportunities and Challenges Facing Taiwan," edited by Robert Ash, John W. Garver, and Penelope B. Prime, *Taiwan's Democracy*, Routledge.

Naughton, Barry, 2007, *The Chinese Economy: Transitions and Growth*, Cambridge, MA: The MIT Press.

Schumpeter, Joseph A., 1942, *Capitalism, Socialism and Democracy*, New York: George Allen & Unwin.

University of Pennsylvania, http://pwt.econ.upenn.edu/

Wade, Robert, 2004, *Governing the Market: Economic Theory and the Role of Government in East Asian Industrialization*, Princeton: Princeton University Press.

World Bank, http://data.worldbank.org/

제4장

베이징 컨센서스와 중국경제의 추격

이근 서울대학교 경제학부 교수

1. 서론
2. 중국경제 성과의 비교 분석
3. 중국의 발전 모델의 국제 비교와 베이징 컨센서스
4. 중국은 중진국 함정으로부터 자유로울 것인가
5. 핵심적 장기 이슈
6. 요약과 결론

1. 서론

개혁개방 이후 중국경제의 급속한 부상은 본격적 G2 시대의 도래를 불러왔다. 중국의 경제규모가 이제 일본보다 커졌고, 미국과 비교하여도 제조업 부문만 따지면 규모가 GDP의 40%인 2조 달러로서, 미국의 1.8조 달러(GDP 15조 달러의 12%)보다 크다. 중국은 개혁개방 이래 지난 30여 년 간 고도 성장 끝에 경제대국으로 발돋움하였다. 이러한 성공은 일단은 경제의 운영을 '시장의 힘'에 맡김으로써 자신의 '비교우위'가 있는 분야에 특화할 수 있도록 함에 기인한 바 크다(Lin et al., 1996). 그러나 중국의 성장 방식은 또 한 번 업그레이드하고 있다(Jin, Lee, and Kim, 2008). 발전된 동부 연해지역은 물론 내륙 중심도시들에서도 값싼 노동력과 토지 임대료에 기대어 성장할 수 있는 공간은 빠르게 축소되어 가고 있다. 더불어, 1990년대 중반 이후 고등교육의 급팽창 등으로 인해 중국의 요소부존 구조도 변화하고 있다. 이제 중국은 새로운 성장 전략 즉 보다 지식집약적 환경친화적인 성장을 추구해 가고 있는 것으로 보인다.

이 글은 다음과 같은 내용들로써 구성된다. 첫째, 현재까지의 중국

경제 성과의 원인을 국제 및 한국과의 비교의 시각에서 분석한다. 둘째, 중국경제의 발전 모델을 베이징 컨센서스로 정의하고 이를 한국이나 대만의 발전 모델과 비교한다. 아울러, 토착 기업 및 기술 육성 문제를 점검한다. 셋째, 중국경제에 대한 중장기 전망을 중국의 중진국 함정 고착 가능성을 중심으로 분석한다. 즉, 중국이 R&D/GDP 비율이라든가 대학교 진학률, Fortune Global 500대 기업에 들어간 기업 수 등 면에서 잘 진척해 나가고 있음을 보여 주고 나아가 중국의 성장은 적어도 내부적인 요인으로 볼 때는 일시적인 현상이 아니어서 중진국 함정을 넘어설 것으로 판단한다. 다만, 중국의 기업들은 아직 사내 R&D 능력 등 면에서는 취약점이 있다는 등을 논한다.

이 책에서 중진국 함정에 대한 개념적 틀은 Lee and Kim(2009)과 Lee et al.(2013)에서 제시된 것을 이용하였다. Lee and Kim(2009)은 국가 간 회귀분석에 근거하여, 나라가 중진국에서 고소득층 국가로 이행하는 과정에서 R&D와 대학교육에 대한 투자가 아주 중요함을 구명한 바 있으며, Lee et al.(2013)은 세계적 수준의 대기업(포춘 500대급)을 가지는 것이 선진국으로 진입하는 또 하나의 조건임을 밝힌 바 있다. 제4장에서는, 이런 개념 틀로, 최근 중국을 분석한 Lee(2010), Lee, Jee, and Eun(2011)을 참조하고 이를 정리한 이근(2010)에 의존하여 이 글의 관심을 반영하여 재구성하였다.

2. 중국경제 성과의 비교 분석

2-1. 경제규모의 비교

세계경제의 규모는 2007년에 GDP 기준으로 55조 달러로서, 편의상

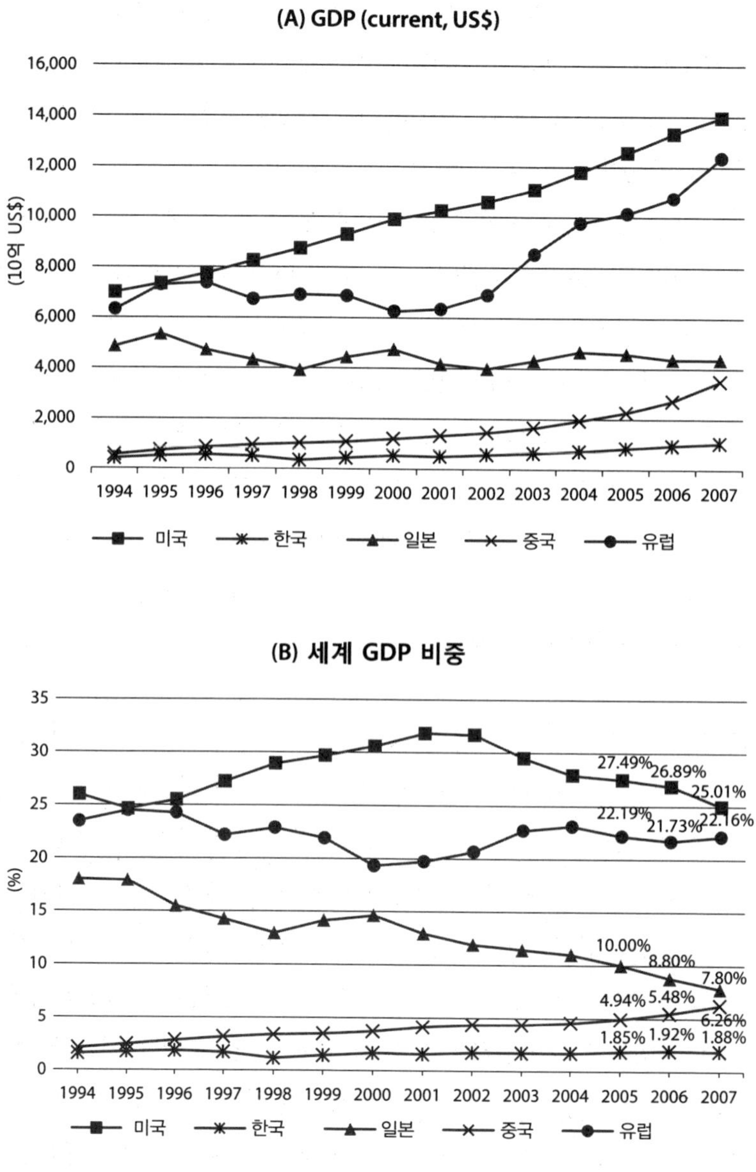

출처: World Bank 통계를 이용하여 필자 작성.

〈그림 4-1〉 GDP 및 세계 GDP 비중

2010년에는 약 60조 달러라고 보면 되겠다. 〈그림 4-1〉에서 보듯이, 미국이 2007년에 14조 달러가 조금 못 되어 2010년 기준으로 약 15조 달러라고 하면 전체에서 비중이 25%이고, EU 유럽연합 전체가 이보다 조금 못 미친다. 대략, 북미와 유럽이 각각 15조 달러로 합쳐서 전 세계 경제의 절반을 차지한다고 보면 되겠다.

그 다음으로 일본은 세계 2위의 경제대국으로서 한때 5조 달러가 넘었었으나 최근에는 5조 달러에 조금 못 미쳐서, 비중이 8.5%쯤 된다. 그 다음이 중국으로서 2007년에 3.2조 달러였으나, 2010년을 기준으로 일본을 넘어서는 기록을 보여서, 세계 2위의 대국 지위를 일본으로부터 넘겨 받게 되었다. 이는 대단한 경제추격으로서 10년 전만 해도 중국은 일본경제의 1/3도 되지 않았다. 한국과 비교하여도, 1992년 수교 당시 한국과 중국은 비슷한 경제 규모를 가졌으나, 수교 후 20년도 되지 않아 중국이 한국보다 5배 정도의 규모가 되었다.

중국이 앞으로 10년간 매년 7% 정도씩만 성장하여도 규모가 두 배가 되니, 현재 미국의 약 1/3인 중국이 미국을 따라잡는 것은 향후 15년에서 20년 후 즉, 2025~30년 사이에는 충분히 발생가능할 일로 보인다. 실제로, 골드만삭스는 2003년 추정에서 중국이 2040년경 미국을 따라잡을 것으로 예상하더니 최근 새로운 추정에서는 15년 앞당긴 2027년경으로 발표한 바 있고, JP 모건도 그 시기를 2020~25년 사이로 발표한 바 있다(정영록, 2010). 더구나 한국의 입장에서 중요한 제조업 시장으로만 보면 현재 경제의 약 40%가 공업인 중국의 공업 규모는 약 2조 달러이고, 경제의 12%가 공업인 미국은 1.8조 달러 정도로 이미 제조업 면에서 중국이 세계최대의 시장이 되었다. 올해 실제로 중국에서 팔린 자동차 대수가 미국을 초월한 것으로 집계되고 있다.

2-2. 1인당 소득의 비교

PPP로 계산된 2005년 미국 달러를 기준으로 하였을 때, 1978년 중국의 1인당 GDP는 464달러에 불과하여 세계 평균의 8.2% 수준밖에 안 되었다(〈표 4-1〉). 30년간의 개혁으로 중국은 괄목할 만한 성과를 거두었는데 PPP방식으로 계산된 2005년 미국 달러 기준 중국의 1인당 소득

〈표 4-1〉 1인당 소득수준의 비교: 중국, 한국 및 세계 평균

(PPP로 계산한 2005년 미국 달러 기준 1인당 GDP)

연도	1인당 GDP			비율		
	한국	세계 평균	중국	중국/세계	중국/한국	한국/세계
1978	5,395.8	5,682.3	464.4	8.2%	8.6%	95.0%
1980	5,543.6	5,924.4	523.3	8.8%	9.4%	93.6%
1988	9,977.1	6,597.8	1,048.4	15.9%	10.5%	151.2%
1998	16,015.0	7,439.9	2,322.3	31.2%	14.5%	215.3%
2003	21,070.5	8,205.9	3,393.5	41.4%	16.1%	256.8%
2008	25,498.4	9,602.5	5,514.6	57.4%	21.6%	265.5%
연도	중국의 1인당 GDP			세계 평균		
	불변가격 (2000 US$)	세계평균 대비비율	경상 가격 (US$)		불변가격 (2000 US$)	경상 가격 (US$)
1978	164.95	0.042	154.97		3,904.56	1,957.83
1980	186.44	0.047	193.02		4,000.94	2,463.78
1988	373.50	0.084	280.97		4,443.77	3,650.25
1998	827.35	0.165	820.86		5,029.48	5,060.05
2003	1,209.00	0.224	1,273.64		5,387.23	5,892.06
2008	1,964.70	0.327	3,266.51		6,007.22	9,042.07

출처: Lee(2010) 및 세계은행의 WDI(World Development Indicator)에 근거하여 필자가 계산.

은 5,515달러로 세계 평균의 절반수준(57%)을 넘어섰다. 중국의 1인당 소득은 개혁한 지 10년이 되었을 때 세계 평균의 16% 수준에 달했고 개혁한 지 20년이 되었을 때에는 그 두 배인 세계 평균의 31% 수준에 달하였으니 역사상 유례가 없는 대단한 성공을 한 셈이다. 특히, 전반적으로 세계경제가 시장 개방적 환경으로 들어선 20세기 후반에서 21세기에 걸쳐서 이런 추격 성과가 이뤄졌다는 점은 높이 평가할 만하다.

한국은 1960년대 초에 근대화를 시작하여 20년 만에 PPP로 계산된 1인당 소득이 세계 평균수준에 달했다. 이 점에서 혹자는 1인당 소득이라는 기준으로 보았을 때 중국이 한국보다 성과가 나쁘다고 생각할 수도 있겠으나 여기서 유의할 점은 한국의 초기 1인당 GDP가 중국보다 상대적으로 높았다는 것이다. 2000년 미국 달러 기준으로 계산한 한국의 1인당 GDP는 세계 평균의 30% 수준으로 1978년 중국의 그 값보다 훨씬 높았다.

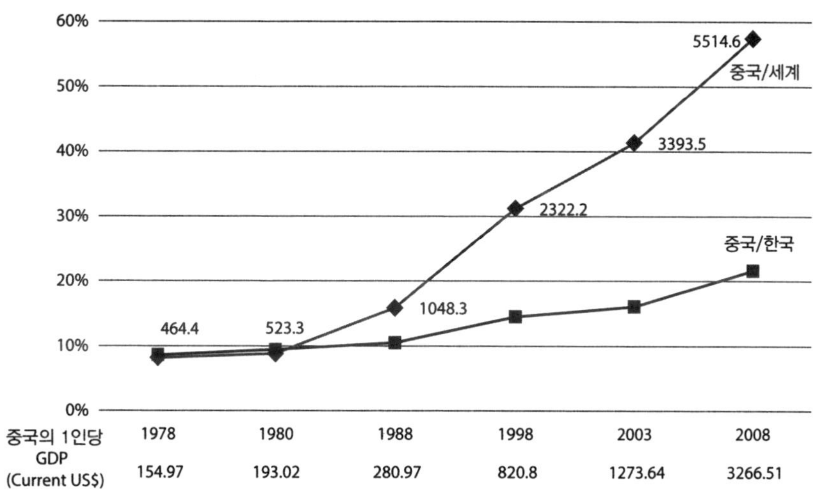

출처: Lee(2010) 및 세계은행의 WDI(World Development Indicator)에 근거하여 계산.

〈그림 4-2〉 1인당 소득수준의 비교: 중국, 한국 및 세계 평균

종합적으로, PPP로 계산한 두 나라의 1인당 소득 비율은 1978년의 9%(중국/한국)에서 2008년의 21%로 증가했다. PPP로 계산한 2005년 미국 달러 기준 중국의 1인당 소득은 5,515달러로 1980년대 초반 한국의 1인당 GDP와 비슷한 수준이었다. 따라서 중국과 한국은 1인당 소득 수준 면에서는 약 30년간의 차이를 보이고 있다

2-3. 초기 조건과 성과의 비교

〈표 4-2〉에서 보듯이 중국은 개혁 초기인 1980년대 중반부터 저축률이 이미 30%를 넘었으나 1960년대의 한국은 저축률이 10%도 채 안 되고 저축 갭이 마이너스인 상황이었다. 한국의 저축률이 30%에 달한 것은 PPP로 계산한 한국의 1인당 소득이 5,000달러를 넘어선 1980년대 중반이었다. 한국경제가 성장하기 시작한 1960년대, 한국의 저축률과 투자율은 1965년에 각각 7.3%와 15%였다. 한국의 경우, 저축 갭은 외국인직접투자(FDI)가 아닌 외국차관과 원조로 조달되었는데 1960년대 자본의 약 절반 가량이 이런 식으로 조달된 것이었다(Lee, Lin, and Chang, 2005).

이런 높은 저축률에 힘입어 중국은 개혁 초기부터 방대한 무역흑자를 맛보았으나 한국은 1980년대 말까지 줄곧 무역적자를 기록했다. 1960년대 초, 한국의 수입 대비 수출 비율은 1:9로 무역적자가 엄청났다.

중국은 대량의 외국인직접투자를 흡수할 수 있었으나 한국은 시장이 작은 관계로 1980년대 중반까지 외국인직접투자가 별로 흘러 들지 못했다. 반면에 중국은 국내로부터 오는 저축과 외국에서 흘러 들어오는 직접투자로 튼튼한 투자 자금을 마련할 수 있었다.

〈표 4-2〉 경제구조의 비교: 중국, 베트남 및 한국

	중국			베트남			한국		
	1995	1993	1980	1995	1993	1980	1980	1995	1993
I. 기본 지표									
1인당 GNP	620			240			1,520	9,700	
인구(100만 명)	1,200.2			73.5			38.2	44.9	
II. 생산구조									
농업 부가가치가 GDP에서 차지하는 비율(%)	21		30	28			15	7	
공업 부가가치가 GDP에서 차지하는 비율(%)	48		49	30			40	43	
서비스 부가가치가 GDP에서 차지하는 비율(%)	31		21	42			45	50	
III. 수요구조									
민간소비가 GDP에서 차지하는 비율(%)	46		51	77			64	54	
국내 총 투자가 GDP에서 차지하는 비율(%)	40		35	27			32	37	
국내 총 저축이 GDP에서 차지하는 비율(%)	42		35	16			25	36	
IV. 무역과 국제수지									
무역(GDP에서 차지하는 비율)	40		13	83			74	67	
수출(GDP에서 차지하는 비율)	21		6	36			34	33	
가공품(수출에서 차지하는 비율)		81	48				90		93
GNP대비 대외부채 비율	17.2		2.2	130.2					

V. 고용과 인적자본									
농업노동력 비율(%)	74		76	72		73	37	18	
공업노동력 비율(%)	15		14	14		13	27	35	
소득분포 하위 40%	15.3	22(1987)		19.2			17.3(1970)		
소득분포 상위 20%	47.5	38(1987)		44			46.2(1970)		
성인의 문맹률(%)	19			6				5% 미만	
여학생의 초등학교 진학률(%)		51	37			40	74		92
남학생의 중고등학교 진학률(%)		60	54			44	82		93
대학교 진학률(%)		4	1		2	2	15		48
도시인구비율(%)	30		19	21		19	57	81	

출처: Lee, Lin, and Chang(2005)을 기본으로 재작성: 원자료는 세계은행, *World Development Report*,1997.
주: 베트남의 고용비율 수치는 1980년의 수치가 아닌 1995년과 1990년의 수치임.
괄호 안의 연도는 해당 데이터에 대응하는 연도를 가리킴.

3. 중국의 발전 모델의 국제 비교와 베이징 컨센서스

3-1. 한국과 대만의 기술발전 모델[1]

제1세대 동아시아 모델인 한국과 대만 사이에는 일정한 차이가 보인다는 면에서 두 가지의 추격 모델의 존재 가능성을 시사하여 준다. 하나는 대만이 취한 경로이고, 다른 하나는 한국이 취한 경로다.

한국 모델은 재무, 생산, 마케팅(브랜드) 등의 주요 측면에서 다국적 기업으로부터 상대적으로 독립적인 전략을 취한 몇몇 토착 대기업에

1 아래 한국 대만 모델의 개념은 Lee(2005)를 참조함.

의해 주도되었다. 물론, 아주 초기 단계(1970년대)에 이들 민간기업들은 정부연구기관의 도움으로 이들 공공기관의 R&D성과를 무상 혹은 저가로 획득하였다. 그러나 이들은 80년대 중반 이후 사내 R&D 능력 제고에 나섰고 궁극적으로 확보하여 나갔다. 비록 이들 대기업들이 대규모 R&D 컨소시엄과 고위험 부담의 프로젝트를 수행하는 데 정부의 도움을 필요로 하긴 했지만 기업들은 결국 독립적 기술 리더로서 자리잡게 되었다.

한국의 민간 대기업은 다국적 기업의 하청업체도 아니고 다국적 기업이 주식을 소유하는 자회사도 아니었다는 점에서 독립적이고, 다국적 기업 주도의 글로벌 생산 네트워크의 하부 참여자가 아니었다. 하지만, 이들은 구체적인 기술 도입, 판매 허가, 공동 개발 그리고 수평적 협조의 형식 등의 방식으로 새로운 지식을 얻기 위해 R&D 기업, 소규모 기술 기업들, 다국적 기업들과 같은 선진국의 다양한 기업들에 의존하였다. 다른 한편, 재벌들은 또한 서로 간에는 협력이나 지식 교환 없이 각자 독립적 전략을 유지하였었다. 각 재벌들은 각자가 함장 기업(flagship)으로 행동하며 산하에 중소 협력 기업들을 하도급이나 하청 등의 방법으로 편입 유지하였다.

대만식 추격 모델은 금융, 생산, 마케팅(브랜드)의 면에서 다국적 기업들에 통합된 많은 중소기업 주도라고 볼 수 있다. 이런 중소기업들은 아주 초기에는 다국적 기업들의 주문자 상표 부착 생산자(OEM: Original Equipment Manufacturing)로서 시작하였으며, 다국적기업으로부터 신기술을 전수받으면서 점차 역량을 제고하여, 글로벌 생산 네트워크 내에서 한 단계씩 상위 단계로 업그레이드하여 나갔다(Hobday, 2000). 그들 중 일부는 자체 설계 생산자(Original Design Manufacturing, ODM)를 지나 일부는 자체 브랜드 생산자(Original Brand Manufacturing, OBM)라는 최종단계까지 성장할 수 있었다.

하지만 Acer와 같은 대만의 대표적 기업조차도 아직 다국적 기업들과 많은 하도급 계약을 맺고 있다. 이런 기업들의 R&D 활동들은 앞장에서 분석한 대로, 상대적으로 높은 전유가능성과 낮은 누적성을 나타내는 기술분야에서 더욱 활발하였다. 다른 한편, 더 큰 자본과 위험을 요구하는 부문에서는 국책연구소 등 외부의 새로운 지식원천의 도움을 받았다. 또한, 대만의 중소기업들은 상호간 강한 협력관계를 유지하고 지식을 확산 교환하는 데 적극적이었다. 특히 전자 산업에서 관찰되는 전형적인 대만의 네트워크는, 상호간에는 하청 계약 관계가 아니면서 독립성을 유지한 수평적 네트워크이며, 가까운 거리에 위치한 일종의 지리적 집약체라고 볼 수 있다(Amsden and Chu, 2003). 근거리의 생산라인의 집약으로 얻은 공동주문이나 거래상의 이점은 단가를 낮출 수 있다는 면에서 이들의 비교 우위의 원천 중의 하나였다.

이렇게 볼 때 한국과 대만의 주요 차이점은 외국 지식에 접근하는 방식에 있다고 볼 수 있다. 대만기업들은 OEM, ODM, 그리고 OBM 단계를 순서에 따라 밟았다. 반면에 한국 재벌들은 그 경로를 따르지 않고, OEM을 하다가 설계능력을 제대로 갖추지 않고 바로 일찍부터 자신의 고유한 브랜드로 사업을 시작하였다. 어떤 면에서는 한국 재벌은 대부분의 핵심 자본재 및 중간재를 일제로 아웃소싱하면서 최종재의 조립생산에 특화하였다는 면에서 ODM 단계를 건너뛰고 바로 OBM으로 넘어간 것이라고 볼 수 있다. OECD(1996: 27)는 이에 대해서 "중대한 변화가 1980년대 후반에 이루어졌다"고 하였다. 즉, "많은 한국 수출 산업은 OEM 생산에서 탈피하여 자신의 고유한 브랜드(OBM)로 세계 시장에 뛰어들었다. 이런 제품들의 대부분은 저가, 저질의 표준화된 상품이다"(같은 곳). 한국 기업들은 OBM으로 수출을 많이 해 보고 나서야, 사후적으로 제품의 차별화와 품질 향상의 중요성을 인식하게 되었다.

이는 현대자동차가 1980년대 중반 처음 미국 시장에 수출해서 일시적으로 큰 성공을 거두지만 곧 품질에 대한 문제로 90년 초반에 추락한 사례에서 알 수 있다(Guillen, 2001). 따라서 1990년대부터, 현대자동차는 품질 향상을 위한 시간을 확보하기 위해 라틴아메리카, 동유럽, 그리고 동남아시아와 같은 신흥국가 경제로 시장을 전환해야만 했다. 2000년대부터 비로소 현대자동차는 미국시장에서 유의미한 모멘텀을 얻게 되었다. 이것은 확실한 설계 능력 없이 자사 브랜드로 수출을 하는 것이 얼마나 위험한 일인지를 보여 준다. 그러나 딜레마는 OEM을 고수하는 일이 장기적인 해결책이 될 수 없다는 데 있다. 1980년대의 다른 두 자동차 기업(대우와 기아)의 OEM 경험은 OEM 수출이 자동적으로 기업의 기술능력 발전과 마케팅 능력을 올려 주지는 않는다는 것을 보여 주고 있다(Guillen, 2001).

3-2. 중국의 발전 모델

한국과 대만의 추격 모델과 비교의 관점에서 보면, 중국은 한국과 대만의 모델이 동시에 존재하는 혼합형 제3의 모델이라고 볼 수 있다. 우선 중국에는, 대만, 홍콩, 그리고 싱가포르 등에서 들어온 화교계 외자기업들이 주도하는 중소형 기업들이 많이 성장하고 있다. 이들 중소 기업들은 OEM, ODM 그리고 OBM이라는 대만식 점진적인 추격 단계를 충실히 밟아 가고 있는 듯하다. 그러나 다른 한편으로 중국에는 레노보(Lenovo Group Co., Ltd., IBM의 PC사업 인수), 하이얼(Haier Group Co., Ltd., 세계 최대의 냉장고 생산업체), 창홍(Sichuan Changhong Electrics), TCL(TCL Communication Equipment Stock Co., Ltd), 콩카(Kongka Manufacturer Co., Ltd.), 화웨이(Huawei Technologies) 등과 같은 상당수의 토착 대기업들이 자라나고 있다. 이들 기업들은 중국의 브랜드 리더이긴 하지만 설계 능력은 아직 부족하다. 그래서 최종 조립자로서 중요 부품이나 중간재들을 한국이나 일본에 의존하고 있다. 그러나 이들은 한국의 재벌이 밟은 경로 즉, OEM에서 ODM을 건너뛰고 바로 OBM으로 가는 경로를 밟을 것으로 예상된다. 즉 한국과 같은 비약을 이룰 수 있을지가 관심거리다.

중국은 그 외의 점에서는 한국과 대만 및 워싱턴 컨센서스와 대비되는 베이징 컨센서스라고 부를 만한 자기만의 독특한 특성을 가지고 있기도 하다. '워싱턴 컨센서스'는 성공적인 경제성장을 위해서 취해야 할 10가지 정책 패키지로서, IMF와 세계은행을 중심으로 한 워싱턴 시에서 나왔기에 붙은 말이다. 그러나 이를 그대로 따라한 남미의 경제성과가 초라해지자 이에 대한 비판이 일었고 지금은 위세가 많이 꺾인 상태다. 워싱턴 컨센서스에 대한 최근의 결정타는 바로 중국의 경제 기적이다. 경제적 성취에 자신감을 얻은 중국 사회에서는 이제 소위 '베이징 공식'(공식은 공통인식이란 뜻으로 컨센서스의 중국어 표현)이란 단어가 유행하고 있다.

워싱턴 컨센서스의 10가지 정책을 동시에 추진한 남미의 경제성적은 좋지 않은 반면, 뒤 5가지의 개방자유화는 나중에야 추진한 한국과 대만의 성적은 좋았다는 면에서 동아시아식 단계적 모델이 더 적절한 전략이라는 주장이 하버드 대학교의 로드릭 교수 등에서 나왔다. 이에 대해 필자는 동아시아의 성공은 이 10가지 이외에도 기술혁신 및 고등교육 강조라는 두 요소를 추가해서 보아야 한다고 주장한 바 있다(Lee, 2006). 실제로 80년대 초에 한국과 남미는 GDP 대비 연구개발 투자가 똑같이 0.5% 정도였으나 지금 한국은 2.7%인 반면 남미는 아직 1% 벽을 못 넘고 있다. 연령대비 대학생 비율도 한국과 남미는 80년대 초 같은 수준이었으나 지금 한국은 70%를 넘은 반면 브라질은 20%가 안 된다.

그런데 1인당 소득이 남미의 1/3도 안 되는 중국의 연구개발 비율이 벌써 1.5%를 넘어서고 있다. 대학생 수도 98년 이래 매년 20%씩 증가하여 늘려 이제 연령대 비율이 20%를 넘어서고 있다. 워싱턴 컨센서스의 10가지 정책 측면에서도 중국은 자유화 등을 점진적으로 하고 있어 워싱턴 컨센서스보다는 동아시아 모델 쪽에 가깝다. 즉, 소위 워싱턴 컨센서스로 대표되는 10개의 대표적 경제정책 중 기본적 거시안정과 인프라 건설 관련 앞 5개 정책을 먼저 실시한 반면, 민영화, 무역자유화, 자본자유화, 규제완화 등을 나중에 혹은 아직 하고 있지 않다는 점에서도 한국과 대만식의 '동아시아 컨센서스'를 따른다고 볼 수 있다(Lee, Jee, and Eun, 2011). 그런데 이런 한국과 대만식 모델의 요소 외에 중국에만 발견되는 몇 가지 특징이 있다는 면에서 중국은 일종의 베이징 컨센서스를 추구한다고 볼 수 있는 측면이 있다. 이는 다음의 세 가지 정책/전략을 볼 때 그렇다(같은 책).

첫째, 중국은 외국기업을 유치한 후 이를 통해 기술 흡수의 통로로 삼아서 같은 분야에 토착기업을 육성하는 병행 학습(parallel learning: Eun, Lee, and Wu, 2006) 전략을 쓰고 있다.

둘째, 중국은 한국과 대만식으로 외국제품을 모방하는 제품을 만드는 역엔지니어링(reverse engineering) 전략을 쓰기도 하지만, 학교나 연구소의 지식을 바로 이용하여 산업화하여 기업을 설립하는 전방위 엔지니어링(forward engineering) 전략을 사용하기도 한다. Eun, Lee, and Wu(2006)에서 잘 설명되었듯이, 중국의 대표적 기업인 레노보, 팡정, 동팡 등이 바로 학교 기업에 속하고 이미 40여 개의 기업들이 성공하여 상장되어 있다.

셋째, 경제성장의 이른 단계에서부터 거대한 현금동원력을 바탕으로 활발히 외국기업들을 인수 합병하여 이를 통해 기술, 브랜드 등을 확보하여 추격의 시간을 줄이려는 전략을 피고 있다. 상하이차의 한국의 쌍용차 인수, 레노보의 미국 IBM 싱크패드 인수 등이 그 사례다.

앞으로 '베이징 공식'이 정말 성공할지는 크게 보아 중국이 남미와 같은 중진국 함정에 빠질 것인가가 관건이고, 나아가서 한국이 넘었던 몇 가지 산, 즉, 설계기술의 확보, 부품소재의 국산화, 자기브랜드의 육성 등이 산을 넘느냐에 달려 있다. 이에 대해 지켜볼 일이다(Lee, Jee, and Eun, 2011).

3-3. 토착기업 및 기술 육성 문제

후진타오 정부가 외국인투자에 의존하는 성장 전략의 한계를 극복하기 위해 토착기업과 토착기술을 강조한 이래, 토착산업의 발달은 중국경제의 성공적 진화를 판단하는 중요한 지표가 되고 있다. 중국기업들의 혁신능력 향상을 반영하는 하나의 지표로 특허 신청건수를 살펴볼 수 있다. 즉, 비교 가능한 지표는 중국이 일본, 한국 및 대만이 과거에 보여준 세 가지 중요한 추격(catch-up)을 달성하고 있는지 여부다. Lee and Kim(2009)에서 논의하였던 세 가지의 기술추격이란, 첫째 해당국가의 토착 특허 건수가 외국인 특허 건수를 초과하고 있는지, 둘째, 발명 특허건수가 실용신안 건수를 초과했는지, 셋째, 기업특허 건수가 개인발명가의 특허 건수를 초과하고 있는지 여부다. 한국의 경우 기업특허 건수가 개인발명가의 특허 건수를 초과한 것은 1986년이고, 발명특허 건수가 실용신안 건수를 초과한 것은 1989년이며 궁극적으로 국내특허가 외국인 특허를 초과한 것을 1993년이다. 이러한 세 가지 패턴이 중요한 체크 포인트인 것은 바로 일본, 한국 및 대만 모두 이 세 가지 추격을 실현한 반면 다른 어떤 후발개도국도 이를 달성하지 못하였기 때문에 중국이 이를 달성하느냐 여부는 중요한 지표가 될 수 있다. 일반적인 후발개도국의 경우 출원되는 특허의 대부분은 외국인이나 비거주자들이 소유하고 있다(Lee and Kim, 2009).

그런데 이러한 세 가지 추격은 2000년대 중반 중국에서 모두 나타났다(Lee, 2010). 특허신청 건수의 경우, 2003년 국내기업의 특허 건수가 외국기업보다 많아졌고(Lee, 2010 중 그림 2), 2004년에는 발명특허 건수가 실용신안 건수를 초과하였으며, 2007년에는 기업 특허 건수가 개인 특허건수를 초과하였다.

이상은 총체적 차원의 추격 성과이지만, 중국기업들의 빠른 성장과 관련된 여러 정황적 증거들이 존재한다.[2]

첫째, 많은 중국 토종기업들이 OBM단계 진입 및 국제적인 경쟁력을 가진 기업으로 업그레이드되고 있다. Xie and Wu(2003), Mathews(2008)가 분석했던 소비자 가전분야의 Konka가 좋은 예다. 한국과 대만의 기업들의 과거와 유사하게, Konka는 OEM업체로 출발하였고 홍콩상장사인 Ganghua전자와 JV를 설립하여 1980년 초부터 1991년까지 GE, Emerson Radio 및 Thomson에 제품을 공급하였다. 그러다가, 1987년부터는 자체브랜드로 외국업체들과 국내시장에서 경쟁하기 시작하였고, 이후 2007년이 되면 Konka는 중국 컬러 TV 시장에서 24%의 점유율을 기록하였다. 현재, 전 세계적으로 9,000명의 직원을 고용하고 60여 개 국가에 진출하는 등 다양한 소비자 가전제품을 생산하는 주요 업체로 성장하였다(Xie and Wu, 2003; Mathews, 2008). Konka와 같은 사례는 한국과 대만업체들에게서 관찰된 많은 특징들을 반복하고 있다. 특히 아웃소싱 계약을 통한 기술력 향상 및 OEM에서 ODM으로, 또다시 OBM으로 업그레이드하는 양상을 보이고 있다(Mathews and Cho, 2000; Hobday, 2000; Lee, 2005).

또 다른 유사한 사례로, 중국이 현재 Lenovo, Haier, Changhong, TCL, Konka, Huawei와 같은 많은 대기업들을 육성하고 있음을 지적할 수 있다.

---

2 이하는 Lee, Jee, and Eun(2011) 참조.

또한 Zeng and Williamson(2007)의 연구에서 보여 주듯이 일부 중국업체들의 경우 자국시장에서 선두에 있을 뿐만 아니라 글로벌 시장에서도 광범위한 산업분야에서 활약하고 있다. 전 세계 컨테이너운송산업의 55% 이상을 점유하고 있는 중국 국제 해양컨테이너그룹(CIMC)이 흥미로운 사례다. 이 기업의 가장 큰 특징은 로우엔드(low-end)에서 출발하여 궁극적으로 냉장컨테이너, 제품 이동 추적 시스템, 폴딩 컨테이너 등 하이엔드(high-end)까지 모든 분야에 진입하였다. 이런 하이엔드는 유럽 컨테이너 메이커들이 방어할 수 있다고 생각했던 제품 영역이었다(Zeng and Williamson, 2007: 3). 이 회사의 전략을 "저비용 혁신(cost innovation)"이라고 하는데, 이 회사는 자신의 저비용 구조를 이용하여 매우 낮은 가격을 제시함으로써 거대한 물량을 확보하였다. 이러한 "저비용 혁신"이 놀라운 점은 단순히 이것이 낮은 임금에 기반한 것이 아니라 로우엔드 제품에 새로운 제품과 프로세스 혁신을 적용했다는 것이다. 이 회사는 바로 이 점을 가지고 중국 국내시장에서 다른 많은 경쟁상대들을 이길 수 있었던 것이었다. 이 회사는 성장과정에서 라이센싱과 한국 및 유럽 기업들에 대한 M&A 등 다양한 방식에 의존하였다.

이러한 중국기업들의 굴기는 Nolan(2002)의 1990년대 중국기업에 대한 회의적인 묘사와는 너무나도 대조적이다. 그는 중국기업의 경우 당시 UK R&D 스코어 보드, 『파이낸셜 타임즈』 500대 기업, 『비즈니스 위크』 100대 브랜드에 아무도 이름을 올리지 못했고 10개 기업만이 『포춘』 글로벌 500대 기업에 등재되었다고 지적했다. 현재 상황을 같은 기준으로 체크해 보면 획기적인 변화를 볼 수 있는데, 〈표 4-3〉에서 보다시피, 중국은 『파이낸셜 타임즈』 500대 기업에 23개 기업이, 『포춘』 500대 기업에는 괄목할 만하게 46개 기업이 올라 있다. 그 외에, TOP 300 UK R&D 스코어보드에 3개 기업이 있다. 다만, 『비즈니스 위크』 100대

브랜드 기업에만 아직 이름을 올리지 못했을 뿐이다. 하지만 『비즈니스 위크』 100대 브랜드의 경우 한국은 2개 기업만, 영국은 4개 기업만 올라와 있다. 『포춘』 500대 기업의 경우 중국은 미국 및 일본 다음으로 세 번째로 많은 기업을 가진 나라가 되었다. 즉, 프랑스(39), 독일(37), 영국(29)과 같은 주요 유럽 국가들을 뛰어넘었다.

Nolan(2002)과 Zeng and Williamson(2007)은 사례연구에서 서로

〈표 4-3〉 국가별 글로벌 기업 수(2000~2010)

		2000	2004	2007	2008	2009	2010
FT 500 (시가총액 기준순위)	미국	218	231	184	169	181	163
	일본	77	55	49	39	49	42
	중국	–	–	8	25	27	23
	인도	3	2	8	13	10	16
	한국	5	3	6	5	5	6
	독일	20	19	20	22	20	19
	프랑스	26	28	32	31	23	27
	영국	46	42	41	35	32	32
Fortune Global 500	미국	179	189	162	153	140	139
	일본	107	82	67	64	68	71
	중국	10	15	24	29	37	46
	인도	1	4	6	7	7	8
	한국	12	11	14	15	14	10
	독일	37	34	37	37	39	37
	프랑스	37	37	38	39	40	39
	영국	38	35	33	34	26	29

출처: Lee, Jee, and Eun(2011)에서 전재 후 재구성.

다른 샘플 기업을 다뤘는데 물론 이 연구들이 자체 샘플링에서 편향되었을 가능성이 있을 수도 있지만 토착기업의 성공 스토리가 갈수록 많아지고 있고 위에서 언급한 성과들이 중국기업 성과 비하에 대한 강력한 반론이 될 수 있다. 이는 중국기업들은 더 이상 low-end나 OEM제품을 만드는 단계에 머물러 있지 않고 higher-end 브랜드제품으로 업그레이드하고 있을 뿐만 아니라 전기자동차와 모바일 폰, 노트북 등에 사용되는 2차전지 글로벌 업체인 BYD사례에서 보여 준 바와 같이 신생기술영역으로도 도약하고 있음을 보여 준다.

그러나 이러한 성과에도 불구하고, 아직 몇 가지 점에서 개선할 점이 남아 있다. 가령, 중국기업의 기술력 한계를 보여 준 흥미로운 사례는 Lee, Cho, and Jin(2009)에 소개된 중국 이동전화 시장에서의 토착기업의 추격 및 재후퇴라는 역동적인 스토리다. 1990년대 모토롤라, 에릭슨, 노키아 등 외국계 휴대폰 제조업체들은 선진적인 기술력과 브랜드를 무기로 중국시장의 거의 100%를 점유하였고 1990년대 후반에 와서야 Kejian, Konka, Bird, TCL과 같은 중국 브랜드 휴대폰들이 시장에 나타나기 시작하였다. 중국 신식산업부(MII)는 토종 휴대폰업체를 지원하는 여러 가지 정책을 출시하였는데, 그중 핵심정책이 바로 라이센스 정책이다. 즉 모든 휴대폰 제조업체들은 중국에서 휴대폰을 판매하기 위해 MII로부터 라이센스를 취득해야 한다는 것이다. 이 정책은 외국계 휴대폰 제조업체의 시장진입을 제약하였고 그 이후부터 중국 토종 휴대폰 업체들의 시장점유율은 급격히 상승하여 2003년에는 드디어 시장의 50% 이상을 토종 휴대폰 업체가 점유하였다. 하지만 2003년 최고점을 기점으로 토종업체들의 시장점유율은 다시 하락하여 2007년에는 34%로 하락하였다.

중국기업들의 이러한 추격과 추락의 과정은 한국과는 대조되는데, 한국에서는 추격이 유지되어서 추락 현상이 발생하지 않았다(Lee, Cho, and Jin, 2009). 중국 휴대폰 토종메이커의 추락 스토리는 향후 중국에서 어떠한 것들이 이루어져야 할지를 시사하고 있다. 현재 중국 메이커들에게 남겨진 병목은 잦은 혁신의 발생과 제품수명의 단축, 급격한 시장 변화에 능동적으로 대처할 수 있는 사내 연구개발 능력이다. 즉, 아웃소싱 전략만으로는 한계가 있다.

이러한 한계는 중국 내 특허 출원을 상세히 들여다보면 일부분 보이기도 한다. 즉, 중국 내 발명 특허 건수가 1990년대 말부터 전반적으로 급속히 늘어나기 시작하였으나, 첨단 산업 분야에서는 외국인에 의한 특허 출원이 아직도 과반수를 차지한다. 특히, 전기회로, 전시 장치, 핵물리학, 반도체 등 하이테크 산업에서의 외국인 비율은 70% 혹은 그 이상이다. 이에 반해 내국인 발명자는 주로 식품이나 전통 의약품, 농업과 같이 저기술산업에서 우위를 보이고 있다.

4. 중국은 중진국 함정으로부터 자유로울 것인가

1960년 한국의 1인당 소득은 150달러로 필리핀(257달러), 말레이시아(300달러), 칠레(554달러), 브라질(208달러), 남아공(422달러) 등 대부분 나라들의 소득보다 낮았고 나이지리아(105달러)와 비슷한 수준이었다. 그러나 1980년 초, 한국은 칠레나 아르헨티나와 같은 중간 소득층 국가들을 따라잡았고 심지어 필리핀처럼 과거에 부유했던 나라들을 초월하였다. 이러한 추세는 당해 가격으로 계산한 1인당 GDP로 보든 불변 가격으로 계산한 1인당 GDP로 보든 마찬가지다. 2000년, 한국의 1인당 GDP는 거의 3배로 늘어나 1만 달러를 넘어섰다. 이에 반해 비슷한 수준이던 브라질이나 아르헨티나 같은 라틴아메리카 나라들은 소득수준에 별 진전이 없어 불변 가격으로 계산한 1인당 GDP가 3,000달러에서

4,000달러 사이를 맴돌았다. 예를 들면 2000년 미국 달러 기준으로 계산한 1980년 브라질의 1인당 GDP는 3,255달러였는데 2000년에도 역시 비슷한 수준인 3,538달러에 머물러 있었다. 이런 국가들은 중진국 함정에 빠졌다고 볼 수 있다.

만약 한 나라가 중진국 함정에 빠졌다고 할 때 그 나라 소득의 정체 현상을 어떻게 설명할 수 있을까? Lee and Kim(2009)은 이에 대한 하나의 가능한 해답을 주고 있는데 그것은 바로 R&D와 대학교육에 대한 투자가 부족하기 때문이다. Lee and Kim(2009)은 국가 간 회귀분석을 통해 한 나라가 저소득층 국가에서 중간소득층 국가로 이행할 때에는 제도나 초중고등 교육과 같이 보다 기본적인 요인들이 중요하게 작용하지만 중간소득층 국가에서 고소득층 국가로 이행할 때에는 대학교육이라든가 기술혁신과 같이 보다 고급적인 요인들이 유효하게 작용함을 발견하였다.

경제성장의 결정 요인에서 기술혁신은 늘 홀대시되곤 하지만 사실 기술혁신이야말로 많은 국가들, 특히 라틴 아메리카의 중간소득층 국가들에게는 가장 중요한 병목 중의 하나다. 최근 세계은행이 1990년대의 10년간 개혁에 대해 발포한 평가보고서에 의하면 경제가 성장하려면 적어도 하나의 효율적인 자원을 이용해야 하고 기술추격이나 보다 빠른 축적을 위한 위험부담의 격려 등과 같은 성장 지향적인 정책들을 필요로 한다(World Bank, 2005: 11). 아래에서는, 한국의 경험을 통해 이를 좀 더 구체적으로 알아보도록 하자.

다른 개도국들과 마찬가지로 한국도 1960년대와 1970년대에 무역적자 등 대외불균형에 처해 있었다. 1970년대 중반부터 정부는 기술발전을 중요시하기 시작하였는데 1970년대에는 정부의 R&D 투입을 늘리고 성과는 민간 기업에 돌렸으며, 1980년대에는 세금 인센티브를 통해 민간 기업들의 R&D 투자를 촉진하는 한편 크고 위험적인 프로젝트에서는 정부와 민간의 합작 R&D를 추진시키기도 하였다. 1980년대 초 한국의 R&D/GDP 비율은 이미 1%를 넘었고 민간 R&D 비율도 높아 1990년대에는 민간 R&D 비율이 무려 80%에 달하였다. 정부의 영향으로 1980년대 중반에 대학생 수도 두 배로 급속히 늘어났는데 대학 진학률은 1980년의 14.7%에서 1985년에는 34.1%로 급등하여 선진국의 평균 수준을 초월하였다(Lee and Kim, 2009, 표 1).

R&D 지출 강화와 대학 교육에 대한 중시는 지식기반 성장의 기초를 마련하였는데 이는 한국인이 미국에서 출원한 특허 건수의 증가에서 잘 나타난다. Lee and Kim(2009)의 표 1D에서 보듯이 1980년대 초반 한국인의 미국특허 출원 건수는 기타 개도국들의 미국 특허 출원 건수 범위(약 50건)를 초과하지 못했으나 1980년대와 1990년대를 거쳐 그 수는 급속히 증가하여 기타 중진국들의 평균 출원 건수의 10배를 초과했다. 이에 반해 기타 중진국들은 제자리에 머물러 있었다. 2000년, 한국과 대만은 5,000건이 넘는 미국특허를 출원하였으나 기타 중진국 혹은 저소득층 국가들은 한 해의 출원 건수가 500건이 채 안 되었다. 간과되기 쉬운 정책의 추진으로 한국은 1980년대 말 역사적으로 처음 성공적인 무역흑자를 맛보았고 1990년대 중반부터는 안정적으로 무역흑자를 기록함으로써 장기간 지속되어 온 대외무역불균형 또는 무역과 개혁의 스톱고(stop and go) 사이클을 극복하였다. 한국과 달리 대부분의 라틴아메리카 나라들은 R&D 지출을 늘리지 않아 심지어 2000년까지도 R&D/GDP비율이 1%를 넘는 나라는 하나도 없었다. 이에 반해 한국의 R&D/GDP 비율은 1990년대 초반에 벌써 2%를 넘겼고 민간 R&D 지출비율이 80%를 차지하였다.

한 나라가 중간소득층 국가에서 고소득층 국가로 이행함에 있어 R&D와 대학교육이 중요하다고 볼 때 중국은 이 면에서 아주 잘 해나가고 있다. 우선, 중국은 R&D에 대한 지출을 많이 늘려 2000년에는

R&D/GDP 비율이 1%를 넘어 라틴아메리카의 중진국들보다 더 빨리 1%라는 문턱을 넘어섰는데, 이 비율은 1995년에는 0.6%에 불과했으나 2003년에는 1.3%, 현재는 1.5%를 넘어섰다. R&D/GDP 비율의 연 평균치 역시 개혁의 전기인 1990~96년 사이에는 0.68%밖에 안되었으나 후기인 1997~2003년에 와서는 0.97%로 크게 증가했다. 특히 2000년 이후 R&D 지출이 크게 증가되었는데 R&D/GDP 비율의 증가율을 보면 전기(1990~1996)에는 -2.65%였으나 후기(1997~2003)에 와서는 12%로 대폭 증가되었다. 현재 중국의 R&D 지출액은 940억 달러로 미국, 유럽연합 및 일본에 이어 세계에서 4번째다(OECD STI Outlook, 2006). 그 결과 국내 발명 특허 증가율이 전기의 17%로부터 후기에는 49%로 대폭 늘어났다(표 4-4). 국내 특허 건수는 2002년에는 5,868건, 2003년에는 1만 1,404건, 그리고 2004년에는 1만 8,241건이었다.

중국의 대학교 진학률을 보면 1990년에는 3.4%로 1980년의 9개 중간소득층 국가들의 평균인 13.5%보다 현저히 낮은 수치였으나 최근에는 20%에 가까워 2000년의 9개 중간 소득층 국가들의 평균과 비슷한 수준이다. 이 같은 중대한 진보는 1990년대 말의 교육개혁 및 1998년 이후 대학교에 진학하는 대학생수가 연 20%씩 증가하는 것과 관련이 있다.

고등교육에 대한 중시는 과학 논문 수, 즉 과학인용지수(SCI) 저널에 출판된 중국인 저자 논문 수의 증가를 가져와 1988년에는 6,000편이던 것이 2005년에는 10배인 6만 편으로 늘어났다(표 4-6). 과학 논문 수의 연평균 증가율은 전기(1988~96)에는 11.56%였고 후기(1997~2005)에는 16.5%였다. 현재 중국의 과학 출판물이 세계에서 점하는 비율은 미국, 일본, 영국, 및 독일에 이어 5번째다. Zhou and Leydesdorff(2006)는 지난 10년간 중국과 한국을 포함한 몇 개 주요국들의 과학 출판물을 역사적으로 비교한 결과 세계에서의 비율이 기하급수적으로 증가한 나라

〈표 4-4〉 중국의 지식/혁신 지수: 발명특허, 논문

	연도	발명특허(내국인+외국인)		허가된 발명특허(외국인)			과학논문 수	과학논문 증가율(%)
		발명특허건수	증가율(%)	외국인 발명 특허건수	외국인 특허비율	증가율(%)		
전기	1988	1,025	0	408	(39.80)	0	6,428	
	1989	2,303	124.68	1,220	(52.97)	199.02	7,286	13.35
	1990	3,838	66.65	2,689	(70.06)	120.41	8,357	14.70
	1991	4,122	7.40	2,811	(68.20)	4.54	8,278	−0.95
	1992	3,966	−3.78	2,580	(65.05)	−8.22	9,667	16.78
	1993	6,556	65.31	3,922	(59.82)	52.02	10,302	6.57
	1994	3,883	−40.77	2,224	(57.28)	−43.29	11,175	8.47
	1995	3,393	−12.62	1,863	(54.91)	−16.23	13,531	21.08
	1996	2,976	−12.29	1,593	(53.53)	−14.49	15,218	12.47
	연평균증가 (1988～96)	전체	24.32%			36.72%		11.56%
		(허가된 발명 특허, 내국인)	17.14%					
후기	1997	3,494	17.41	1,962	(56.15)	23.16	18,013	18.37
	1998	4,733	35.46	3,078	(65.03)	56.88	19,851	10.20
	1999	7,637	61.36	4,540	(59.45)	47.50	23,174	16.74
	2000	12,683	66.07	6,506	(51.30)	43.30	25,357	9.42
	2001	16,296	28.49	10,901	(66.89)	67.55	29,684	17.06
	2002	21,473	31.77	15,605	(72.67)	43.15	33,867	14.09
	2003	37,154	73.03	25,750	(69.31)	65.01	40,864	20.66
	2004	49,360	32.85	31,119	(63.04)	20.85	46,141	12.91
	2005	N/A	N/A	N/A	N/A	N/A	59,543	29.05
	연평균증가 (1997～2004)	전체	43.31%			49.18%		16.5%
		(허가된 발명 특허, 내국인)	49.29%					

출처: 각 연도의 중국통계연감; NSI(National Science Indicators), Thomson Scientific; Jin, Lee & Kim(2008)에서 재인용.

는 중국밖에 없음을 발견하였다. 한국도 과학 출판물의 대폭적인 증가를 가져오긴 했지만 한국의 증가는 기하급수적이 아닌 선형이었다. 일본, 영국 및 프랑스는 상대적으로 안정적인 추세를 보였고 독일의 경우 1995~98년 사이 통일의 영향으로 증가되었다. 유럽 연합 15개국의 출판물(논문, 논평, 보고, 및 주해)이 세계에서 점하는 비율은 1994년에 이미 미국을 초월하였다(King, 2004). 중국 논문의 인용 정도 역시 기하급수적인 증가를 보이고 있는데(같은 곳), 1997~2001년 사이 중국 논문의 인용 비율 증가율은 세계에서 4위를 차지하였다

Jin, Lee, and Kim(2008)의 논문에 의하면 중국의 성장 엔진은 과거의 외국인직접투자와 비국유화 및 수출에서 혁신으로 전환하였다고 한다. 중국의 성간 회귀분석을 통하여 그들은 개혁의 초기에는 수출, 외국인직접투자 및 국유비중의 감소가 중요한 성장 엔진이었으나 후기에 와서는 지식과 기술이 더욱 중요한 변수로 새롭게 등장하였음을 발견하였다. 또한 전통적인 정책 변수들 중 수출 비율은 여전히 유의하나 외국자본과 국유비중은 최근 그 유의성이 사라졌음을 발견하였다.

5. 핵심적 장기 이슈

중국경제의 장기적 운명을 결정지을 핵심적 장기 이슈는 몇 가지가 있다. 부정부패나 일당독재 등 정치적 문제를 제외하고 경제적 이슈에 한정하면 결국 가장 중요한 문제는 상대적으로 낙후소득 계층(농민)의 생계 문제이고, 인민 간의 소득 격차 문제다. 이런 문제는 도농 간의 이동 문제가 그 격차 발생의 핵심 원인이라는 면에서 도시화와 연결되어 있으며, 그런 면에서 아직도 정부가 통제하고 있는 거주이전의 자유(호적 문제)와 도시화율은 중국경제의 장기적 운명을 결정짓는 핵심적 변수다.

중국정부는 현재 농촌에 존재하는 1억 5,000만 정도의 잉여인구를 줄이고 않고서는 농민소득 증대가 불가능하다고 보고 있다. 그래서 이들을 도시에 취업시키는 것이 낫다고 보고 도시화율을 현재의 40% 내외에서 2020년에 60%까지 허용하려고 한다. 이에 따라 호구제도의 완화가 예상된다. 실제로 중국은 1996년 이후 매년 도시화율을 1%씩 증가시키는 정책을 추진하였다. 그 결과, 이 추세가 2005년까지 유지되었다가, 2008년에는 1% 미만으로 떨어졌으나, 2009년에 다시 1%를 회복한 바 있다(정영록, 2010).

이근 · 김병국(2006)의 추정에 따르면, 60% 정도 수준의 도시화율을 허용하더라도, 농촌에는 여전히 작게는 7,000만에서 많게는 1억 4,000만 정도의 잉여노동력이 남게 되며 따라서 농민소득을 어떻게 올리는 것은 여전히 과제로 남는다. 이러한 잉여노동의 잔존은 최근의 농업생산성 향상이 미래에도 계속된다는 가정하에서 나온 것으로 새로이 자연 증가하는 농촌인구와 생산성 향상이 방출하는 잉여노동이 추가로 생기기 때문이다.

이농문제는 도시 실업 문제와 직결되어 있다. 최근의 중국의 도시의 실질 실업률은 10% 이상일 것으로 추산되며, 1억 명 이상의 농촌 잉여노동력 또한 이후 이농이 예상되어 도시 실업 문제가 심각해질 것을 예상케 해 준다(이근 · 김병국, 2006). 즉, 중국의 실업을 증대시키는 노동공급 측 요인으로는 인구증가와 도농 간의 소득 격차에 따른 농촌의 잉여노동력 이주를 들 수 있다. 실업에 대한 노동수요 측 요인은 국유기업 구조조정에 따라 잉여인력이 감축되었고, 중국의 산업구조가 경쟁격화에 따른 생존전략으로 점차 기술 및 자본집약적 산업으로 재편됨에 따라 성장의 고용창출효과가 감소된 점을 들 수 있다.

중국정부는 거시 경제정책 측면에서 높은 경제성장률을 유지함으로써 충분한 취업기회를 제공하려고 하는 정책을 실시하고 있다. 그러나 제조업을 중심으로 고용 창출력이 급감하고 있다는 것은 중국 당국이 제조업에만 의존해서 고용을 확대하려는 정책에는 한계가 있다는 것을 보여 주고 있는 것이다. 중국정부는 기업고용제도 개혁과 노동시장 취업체제 수립을 추진하는 동시에 실업보험제도의 수립과 완벽화를 가속화하여 실업 후의 기본생활 보장과 실업자들의 재취업을 지원하며 국유기업 정리해고자들의 기본생활보장과 실업보험의 병합을 추진하고 있으나 아직 정책의 효과는 초기 수준에 머물러 있다.

그래서 중국정부는 고용창출을 늘리기 위해 서비스 산업을 전략적으로 육성하고 있다. 그러나 현재 중국의 서비스 산업은 상대적으로 낙후되어 있고, 전체 고용에서의 비중도 2009년에 34%에 머무르고 있다(정영록, 2010). 현재 2차산업의 GDP에 대한 고용탄력성이 거의 0에 가까울 정도로 고용흡수력을 보이지 못하고 있고, 갈수록 증대되는 경쟁의 여파로 산업의 기술, 자본집약도가 계속 높아지고 있는 상황에서 2차산업의 고용흡수효과가 증대될 것이라는 기대를 할 수 없기 때문이다. 그러나 서비스 산업이 새로이 늘어나는 도시인구를 전부 부양할 수 있을지 여부는 도시화율에 달려 있다. 즉, 이근 · 김병국(2006)은 2020년 도시화율이 60%를 넘을 경우 부양 곤란인구 규모가 7,000만 명 이상이 될 것으로 추산된다. 중국 사회과학원 추산에 따르면, 2027년이면 65세 인구가 전체의 14%인 2억을 넘어서고, 2028년이면 고령인구가 미성년 인구보다 많아질 것이며, 2036년이면 인구의 20%인 3억이 65세 인구일 것이라고 한다(최윤식 · 배동렬, 2010).

물론 중국의 경제활동인구는 2015년 이후에는 증가되지 않고, 2020년 이후에는 오히려 감소하게 되어 실업문제는 장기적으로 일정 정도 자연 해결되는 측면이 존재한다. 그러나 일단 2015년까지는 경제활동인구가 꾸준히 증가하기 때문에 현재 및 향후 장기적이고 근본적인 실업 및 고용대책을 어떻게 확립하는가 하는 문제가 중국의 향후 안정에 크게 영향을 미친다고 볼 수 있다.

농촌과 농민의 절대적 및 상대적 빈곤과 도시화율의 핵심적 장기 이슈라고 한다면, 또 하나 보다 더 장기적일 수 있는 변수는 중국경제의 성장이 지속가능한가 여부다. 즉, 시장경제의 확산과 에너지 과소비형 공업화로 야기된 환경문제는 중국의 지속적 경제성장에 걸림돌로 작용하고 있다. 중국정부는 심각한 수준인 도시와 농촌의 양극화 문제를 해결하기 위해 농촌인구의 이동을 유도하는 도시화를 추진 중에 있지만, 도시화는 에너지 및 물 소비의 증가로 환경문제를 가속화할 위험성을 안고 있다. 농민소득 증대를 위한 비료 과소비형 환금작물의 재배 장려나 환경규제와 관련된 중앙 및 지방정부의 통제력 약화 등은 중국의 환경문제를 심화시키고 나아가서 지속적 경제성장도 위협하는 요인으로 작용할 수 있다.

6. 요약과 결론

1978년 PPP로 계산된 2000년 미국 달러 기준 중국의 1인당 GDP는 세계 평균의 9% 수준밖에 안 되었으나 개혁한 지 30년이 지난 지금, 1인당 소득은 세계 평균의 절반 수준으로 뛰어올랐다. 초기단계 중국의 추격은 한국과 비교하면 훨씬 좋은 조건에서 진행되었고 성과도 훨씬 좋은 편이다. 중국은 30%라는 높은 저축률을 보이고 있으나 한국의 경우 1960년대 저축률은 10%도 채 안 되었고 저축 갭은 마이너스였다. 중국은 처음부터 안정적이고 근사한 무역흑자를 기록하였으나 한국은 1980년대 말까지 지속적인 무역적자에 시달렸다. 중국은 대량의 외국인직접투자를 흡수했지만 한국은 시장이 작다 보니 1980년대 중반까지 외국인직접투자가 얼마 흘러들지 않았다. 그러나 소득분배에 있어서 중국은 한국보다 못한데 중국의 지니계수는 증가 추세를 보이고 있고 최근에는 0.5에 달한다. 이주에 대한 당국의 제한과 2030년까지는 사라지지 않을 대량의 잉여노동력으로 인해 중국의 불균형 정도는 향후 얼마간은 계속 확대될 것이다.

비록 서구에서는 중국의 정치 독재가 중국의 창조력과 혁신을 저해하는 큰 약점으로 작용할 것이라 지적하고 있지만 중국의 혁신은 좋은 성과를 보이고 있다. 중국인의 미국특허 출원은 세계에서 가장 빠른 증가를 보이고 있고 중진국들의 장기 추격을 전망하는 중요한 기준의 하나인 R&D/GDP 비율도 1.7%를 넘어섰다. 이 밖에 대학교 진학률도 최근 20%를 넘고 있어 2000년 9개 중진국들의 평균과 비슷한 수준이다. 중간소득층 국가들의 고소득층 국가에로의 이행을 가늠하는 또 다른 기준인 대기업 수를 보면 중국은 2010년 60여 개 기업이 Fortune Global 500대 기업에 들어가 2000년 초의 14개와 비교하면 크게 진보한 셈이다. 혁신에 많은 자원을 투입하고 국내 대기업 수를 유지하는 것은 중진국 함정에 빠진 나라들이 함정을 벗어나는 중요한 대안이다. 이 점에서 볼 때 중국의 성장은 일시적이 아니며 이는 내부적인 요인으로 볼 때 더욱 그러하다. 물론 중국은 글로벌 안정성 등 아직 해결해야 할 과제는 있다. 또한 중국의 기업들은 사내 R&D 능력이 부족한데 이는 하이테크 산업에서의 외국인 독점에서 잘 드러난다.

종합적으로 중국의 초기 단계 추격은 한국의 동일 단계(1960년대)보다 많이 우월하다. 그러나 30년 뒤의 성과를 비교하면 중국은 한국보다 민주화와 소득불균형이라는 두 가지 측면에서 떨어진다. 크기와 복잡성, 그리고 중앙정부와 지방정부 간 복잡다단한 역사 등의 큰 차이를 고려할 때 중앙집권은 한국보다 중국에서 더 필요하다. 소득불균형이라든가 환경문제, 그리고 부패 등으로 인한 경제적인 문제는 만약 중앙집권이 아니라면 더 심각해질 수도 있다. 만약 한국이 완전한 민주화를 실현한, PPP로 계산한 1인당 GDP가 약 1만 달러인 시점을 하나의 판정 기준으로 삼는다면 중국은 완전히 민주화되기까지 아직도 약 15년 정도는 걸려야 할 것이다.

민주주의가 경제성장에 선행하는지의 여부가 경제학에서의 하나의 논쟁거리라고는 하지만 한국이나 대만, 싱가포르와 같은 동아시아에서는 모두 먼저 경제가 일정한 단계까지 성장한 다음 다시 민주주의가 찾아왔다. 이 나라들의 경험은 서구식의 민주주의가 경제성장의 필수조건은 아님을 잘 보여 주고 있다. 그러나 설령 민주주의가 경제성장의 후기 단계에 온다고 할지라도 민주주의에로의 이행은 늘 혼란을 동반하기 마련이다. 이는 향후 중국이 직면해야 할 크나큰 위험이다. 종합적으로, 향후 중국이 직면한 도전은 경제부문이 아닌 비경제부문 혹은 경제성장의 부수적 효과에서 올 것이다.

| 참고문헌 |

이근, 2010, 「중국경제의 도약과 한국에의 시사」, 『우리에게 중국은 무엇인가: 현대 중국의 분야별 진단』, 경제인문사회연구회.

이근 · 김병국, 2006, 『2020 중국 리스크』, 나남출판사.

정영록, 2010, 「2020년 중국 경제 규모 예측과 한국」, 『지식의 지평』, 9호.

최윤식 · 배동렬, 2010, 『2020 부의 전쟁 in Asia』, 지식노마드.

Amsden, Alice and W. Chu, 2003, *Beyond Late Development: Taiwin's Pgrading Policies*, MIT Press.

Eun, Jong-Hak, K. Lee, and G. Wu, 2006, "Explaining the 'University-run Enterprises' in China: A Theoretical Framework for University-Industry Relationship in Developing Countries and Its Application to China," *Research Policy,* 35(9): 1329-46.

Guillen, M., 2001, *The Limits of Convergence: Globalization and Organizational Change in Argentina, South Korea, and Spain*, Princeton: Princeton University Press.

Hobday, M., 2000, "East versus Southeast Asian Innovation Systems: Comparing OEM- and TNC-led Growth in Electronics," in L. Kim and R. Nelson (eds.), *Technology, Learning and Innovation*, Cambridge: Cambridge University Press.

Jin, Furong, 2009, "Foreign Direct Investment and Income Inequality in China," *Seoul Journal of Economics*, 22(3): 311-339.

Jin, Furong, K. Lee, and Y. Kim, 2008, "Changing Engines of Growth in China: From Exports, FDI and Marketization to Innovation and Exports," *China and the World Economy*, 16(2): 31-49.

King, D. A., 2004, "The Scientific Impact of Nations," *Nature*, 430(6997): 311-316.

Lee, Keun, 2005, "Making a Technological Catch-up: Barriers and Opportunities," *Asian Journal of Technology Innovation*, 13(2): 97-131.

Lee, Keun, 2006, "The Washington Consensus and East Asian Sequencing: Understanding Reform in East and South Asia," in J. Fanelli and G. McMahon (eds.), *Understanding Market Reforms Volume 2: Motivation, Implementation and Sustainability*, Gordonsville, US: Palgrave MacMillan, pp. 99-140.

________, 2010, "30 Years of Catch-up in China: A Comparison with Korea," edited by Ho-Mou Wu and Yang Yao, *Reform and Development in China: What Can China Offer the Developing World*, Routledge.

Lee, Keun and B-Y. Kim, 2009, "Both Institutions and Policies Matter But Differently at Different Income Groups of Countries: Determinants of Long Run Economic Growth Revisited," *World Development*, 37(3): 533-549.

Lee, Keun and John Mathews, 2012, "Korea and Taiwan: Upgrading in the Same Industry and Successive Entries in New Industries for Sustained Catch-up," Ed Amann and John Cantwell (eds.), *The Innovative Firms in the Emerging Market Economies*, Oxford University Press.

Lee, Keun and Y. Kim, 2010, "IPRs and Technological Catch-up in Korea," in H. Odagiri, A. Koto, Tsuname, and R. Nelson (eds.), *IPRs and Technological Catch-up*, Oxford University Press.

Lee, Keun, Byung-Yeon Kim, Young-Yoon Park, and Elias Sanidas, 2013, "Big Businesses and Economic Growth: Identifying a Binding Constraint for Growth with Country

Panel Analysis," *Journal of Comparative Economics*, May, 41(2): 561-582.

Lee, Keun, Justin Lin, and H. Chang, 2005, "Late Marketization vs. Late Industrialization: Convergence or Divergence in East Asia," *Asia-Pacific Economic Literature*, 19(1): 42-59.

Lee, Keun, M. Jee, and J. Eun, 2011, "Assessing China's Catch-up at the Firm-Level and Beyond: Washington Consensus, E. Asian Consensus and Bejing Model," *Industry and Innovation*, 18(5): 487-507.

Lee, Keun, Sung Jae Cho, and Jia Jin, 2009, "Dynamics of Catch-up in China's Automobile and Mobile Phone Industries," *China Economic Journal*, 2(1): 25-53.

Mathews, John A., 2008, "China, India and Brazil: Tiger Technologies, Dragon Multinationals and the Building of National Systems of Economic Learning," *Asian Business & Management*, 8(1): 5-32.

Mathews, J. A. and D. S. Cho, 2000, *Tiger Technology: The Creation of a Semiconductor Industry in East Asia*, Cambridge: Cambridge University Press.

Nolan, Peter, 2002, "China and the Global Business Revolution," *Cambridge Journal of Economics*, 26(1): 119-137.

OECD, 1996, *Reviews of National Science and Technology Policy: Republic of Korea*, Paris: OECD.

Riskin, C., R. Zhao, and Li Shi (eds.), *China's Retreat from Equality: Income Distribution and Economic Transition*, New York: M. E. Sharpe, pp. 25-43.

World Bank, 2005, *Economic Growth in the 1990s: Learning from a Decade of Reform*, Washington, DC: The World Bank.

Xie, W. and G. Wu, 2003, "Differences between Learning Processes in Small Tigers and Large Dragons: Learning Processes of Two Color TV (CTV) Firms within China," *Research Policy*, 32(8): 1463-1479.

Zeng, Ming and Peter Williamson, 2007, *Dragons at Your Door: How Chinese Cost Innovation Is Disrupting Global Competition*, Boston: Harvard Business School Press.

Zhou, Ping and Loet Leydesdorff, 2006, "The Emergence of China as a Leading Nation in Science," *Research Policy*, 35(1): 83-104.

제5장

인도의 서비스 산업 주도의 경제추격: 추격인가 비약인가?

옥우석 인천대학교 무역학부 교수

1. 서론
2. 서비스화에 대한 기존 가설
3. 인도경제의 서비스화 특징
4. 기술비약(technological leapfrogging)의 관점에서 본 인도경제의 서비스화
5. 결론

1. 서론

잘 알려진 바와 같이 인도경제의 성장에서 가장 두드러진 특징은 1990년대 이후 성장이 주로 서비스업 위주로 이루어졌다는 점이다. 특히 최근 타타(Tata)그룹과 같은 인도의 거대 다국적 서비스 기업이 거둔 성과는 많은 연구자들과 정책입안자들의 주목을 받고 있다. 이러한 인도 서비스 산업의 성과는 동아시아의 인도가 다른 나라들과는 다른 추격모형을 따르고 있다는 심증을 가능하게 한다.

서비스 산업 주도의 인도 경제성장의 요인은 서비스 산업화와 관련하여 존재하는 기존 가설로 설명하기가 어렵다. 수요편향가설(Fisher, 1939; Clark, 1940), 생산성편향가설(Baumol, 1967), 중간재로서의 서비스 수요가설(Francois and Reinert, 1996; Pilat and Wolfl, 2005) 등 기존의 가설은 주로 공업화가 이미 진전된 선진국들 및 선발 개도국들을 대상으로 한 가설로 공업화 과정을 뛰어넘은 채 서비스 산업으로 직접 진입하여 성공을 거둔 인도경제의 경험을 설명하기 힘들기 때문이다. 마찬가지로 1990년대 정책전환으로 이루어진 무역개방과 인도경제의 비교우위요소들을 통하여 인도경제의 서비스화를 설명하는 경우도 흔히 눈에 띄는

데(Arora et al., 2001; Sridharan, 2002), 이러한 시도도 값싼 노동력을 보유한 다른 개발도상국들은 왜 서비스산업에서 인도와 같은 성과를 보이지 못하는지, 혹은 값싼 노동력이 이점이 될 수 있는 다른 산업에서 인도경제는 왜 성공을 거두지 못했는지 등에 대해서는 충분한 해답을 제공하지 못한다.

이 글에서는 기술추격문헌에 나타나는 "비약론"에 근거하여 서비스 주도의 인도경제성장을 설명하려 한다. 비약론의 요체는 제품생명주기에서 도입기에 특정한 조건을 갖춘 후발국의 기업들이 선진국 기업들에 대해서 상대적으로 진입장벽이 낮을 수 있다는 것이다(Perez and Soete, 1988). 이렇듯 도입기에 시장에 진입함으로써 선진국 기업들을 추격하는 경우 추격 모델은 선도기업의 경험을 답습하기보다는 경로를 단축하거나 혹은 새로운 경로를 창출하는 것이 될 수 있다(이근, 2007). 이러한 설명은 주로 기업이나 산업 단위의 기술추격을 설명하는 것이지만, 서비스 주도의 인도경제추격을 설명하는 데도 유용할 것으로 기대된다.

제2절에서는 경제의 "탈산업화" 혹은 서비스화에 대한 기존의 가설을 검토한다. 제3절에서는 인도경제의 서비스화 특징을 국제비교와 함께 살펴봄으로써 기존의 서비스화에 대한 가설이 인도의 경우에는 제대로 적용되지 않음을 보이는 동시에, 인도의 추격과정이 특히 다른 추격국들의 추격과정과는 다른 새로운 모형을 시현하고 있음을 보인다. 제4절에서는 인도 IT서비스 산업의 발전을 기술비약론의 관점에서 조명한다. 제5절은 결론이다.

2. 서비스화에 대한 기존 가설

공업 중심의 경제가 서비스업 중심 경제로 이행하는 소위 탈산업화(de-industrialization) 현상을 설명하는 기존의 가설은 크게 세 가지로 분류될 수 있다. 첫 번째 가설은 수요편향가설(demand bias hypothesis)로 재화에 대한 수요는 소득에 대하여 비탄력적인 반면, 서비스에 대한 수요는 소득에 대하여 탄력적이므로 1인당 소득이 증가함에 따라 전체 수요에서 차지하는 재화의 비중이 줄고 대신 서비스의 비중이 증가한다는 것이다(Fisher, 1939; Clark, 1940). 두 번째 가설은 생산성편향가설(productivity bias hypothesis)로 일컬어진다. 즉, 서비스업은 제조업보다 노동집약적이기 때문에 수확체감의 현상이 더욱 뚜렷하게 나타나고, 따라서 제조업보다 생산성 상승이 느린데, 생산성의 향상이 지속적으로 늘어나는 제조업에서 노동력에 대한 수요가 감소하기 때문에 서비스업에 고용되는 노동력은 상대적으로 증가하게 된다는 것이다(Baumol, 1967). 세 번째 가설은 서비스를 최종재가 아닌 중간재로 보는 관점으로, 제조업이 보다 높은 수익성을 추구하기 위하여 생산의 전문화를 추구하는 과정에서 중간재에서 차지하는 생산자 서비스에 대한 수요가 증가하고 따라서 생산자 서비스 산업이 발달하면서 서비스 부문에 대한 고용비중도 늘어난다는 가설이다.

위의 세 가지 가설들은 서비스 산업에 특유하게 존재하는 통계상의 기술적 문제를 포함한 여러 요인들로 인하여 실증의 수준에서는 몇 가지 논란이 있기는 하지만, 일반적으로 받아들여지는 가설들이다. 이들 가설들이 함축하는 바들을 정리하면 다음과 같다.

첫째, 위의 가설들에서는 일국 내 서비스 산업의 발전에 대하여 공업 발전이 선행한다는 가정에 기초하고 있다. 특히, 생산성편향가설과 중간재로서의 서비스 수요 가설은 직접적으로 제조업에서의 변화가 서비스 부문의 확대를 설명하는 변수로서 활용되고 있다. 수요편향가설에서는 제조업의 역할이 상대적으로 애매하지만, 암묵적으로 1인당 소득의 증가가 주로 제조업에서 발생한다는 가정에 기초하고 있다.

둘째, 위의 가설들 중 생산성편향가설과 중간재로서의 서비스 수요 가설은 생산성 상승이 서비스업에서보다 제조업에서 더 빠르거나, 혹은 최소한 제조업의 생산성이 서비스업의 생산성과 동반 상승할 것이라는 가정을 전제하고 있다. 하지만, 모든 서비스 부문이 제조업보다 생산성 상승이 상대적으로 더딜 것이라는 가정은 매우 강한 가정이다.

마지막으로 가장 중요하게는 경제의 서비스화에 대한 위의 가설들은 서비스가 비교역재라는 가정에 기초한 일국적인 설명에 국한된 가설들이다. 과거 기술적 문제로 인하여 재화의 교역에서보다 서비스의 교역에서 운송비용을 포함한 거래비용이 훨씬 크다는 점 때문에 전통적인 경제학 문헌에서는 서비스를 비교역재로 간주하는 경우가 흔히 있었다. 하지만, 최근 정보통신기술의 발달로 인하여 서비스 무역에 있어 거래비용이 크게 하락하였는데, 이는 서비스 산업이 점차 무역에서 중요한 비중을 차지하고 있음을 의미한다. 이러한 상황에서는 수요편향가설이나 중간재로서의 서비스에 대한 수요 가설에서 가정하는 바와 같이 선진국에서의 소비자 수요구조 혹은 생산구조의 고도화로 인하여 창출되는 서비스에 대한 수요가 반드시 자국의 서비스 산업의 성장을 가져오리라는 보장이 없다. 오히려, 이러한 상황을 개발도상국의 관점에서 본다면 소득수준이 낮고 상대적으로 노동력이 풍부한 개발도상국들의 경우 특별히 공업화 과정을 거치지 않아도 바로 서비스 경제로 이행할 수 있다는 시나리오가 가능해진다.

위에서 서술된 가설들이 주로 산업구조가 고도화된 선진국들의 서비스화를 설명하는 가설이라고 한다면, 최근 개발도상국들 중 제조업의 성장이 없이 서비스 성장이 상대적으로 빠르게 나타나는 현상이 있음을 지적하는 연구도 있다. Dasputa and Singh(2005, 2006)는 이러한 현상이 많은 개발도상국의 제조업 부문에서의 "고용 없는 성장"으로 인하여 농업부문에서 배출된 유휴노동력이 제조업으로 흡수되지 못하고 도시 비공식 서비스 부문으로 흡수되기 때문에 발생하는 것으로 파악하고 있다. 이러한 해석은 제조업의 성장 없이 서비스 산업으로의 과도한 성장이 관찰되는 많은 개발도상국에서는 유효할 수 있지만, 생산성 편향 가설과 마찬가지로 서비스산업에서의 생산성 성장이 제조업에서보다 더 느릴 것이라는 가정을 하고 있다. 특히, 이러한 관점에서는 인도에서 관찰되는 바와 같이 컴퓨터 서비스, 통신 서비스 및 기타 사업자 서비스와 같이 상대적으로 부가가치가 높은 서비스 산업이 빠른 성장을 보이는 현상을 설명할 수 없다.

3. 인도경제의 서비스화 특징

3-1. 서비스 주도 성장

인도경제에서 서비스 산업의 성장기여율은 전 기간을 통하여 매우 높았다(〈그림 5-1〉). 이는 인도경제에서 2차산업에 비하여 서비스산업의 비중이 처음부터 매우 높았다는 사실을 반영한다. 특히 연평균 7.56%을 기록한 2001~2009년의 기간 동안 인도 경제성장의 약 75%가 서비스 산업의 성장에 의해 설명되었다. 서비스 산업의 성장기여는 1990년대 이후 가속화되고 있는 반면 2차산업의 성장기여율은 1980년대까지 느리게 상승하다가 1990년대 이후 하락하고 있다. 서비스 산업의 가파른 성장으로 1950년대 전체 경제성장의 41%를 설명하던 1차산업은 2001~2009년 기간 동안에는 겨우 8% 정도밖에 기여하지 못한 것으로

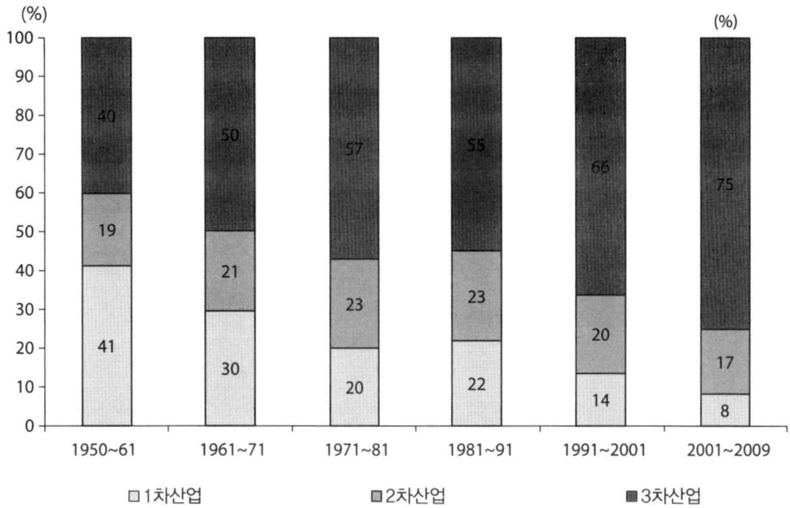

주: a) 2차산업은 광업, 제조업, 전기 · 가스 · 수도사업을 포함하고 있으며, 3차산업은 건설을 포함한 나머지 산업을 포함.

b) a산업의 성장기여율은((비교연도 a산업 실질부가가치 − 기준연도 a산업 실질부가가치)/(비교연도 실질 GDP−기준연도 GDP)) X 100(%)으로 정의됨.

출처: Reserve Bank of India, *Handbook of Statistics on Indian Economy*, www.rbi.org

〈그림 5-1〉 인도 산업별 경제성장 기여율(1950~2009)

나타났다.

인도경제는 1990년대 이후 가파른 성장률 상승을 경험한 나라들 중 하나다. 1970년에서 1990년 기간 동안 약 2.0% 정도의 연평균 성장률을 기록하였던 인도경제는 1990년에서 2006년 기간 동안에는 연평균 약 4.3% 정도 성장률을 보여 성장률이 두 배 이상 상승하였다.

이러한 1990년대 이후 인도 경제성장의 가속화 현상은 서비스 산업이 빠르게 성장하기 시작하였다는 사실에 기인한다. 이는 국가 간 횡단면 자료를 통하여 살펴볼 때, 인도의 서비스 산업은 상대적으로 높은 성장률을 보이는 가운데 1990년 이후 그 성장세가 더 빨라졌기 때문이다(〈그림 5-2〉).

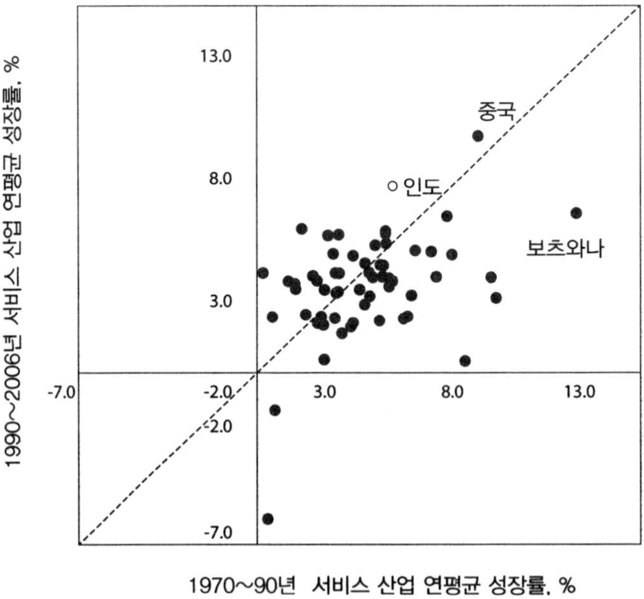

주: 세계은행은 건설업을 서비스 산업에 포함시키지 않기 때문에, 서비스산업의 비중이 인도의 통계와 약간 차이가 난다는 점을 주의해야 함.
출처: World Bank, *World Development Indicators* 2008.

〈그림 5-2〉 서비스 산업 연평균 성장률의 변화, 국가 간 비교

그러나 흔히 얘기되는 것처럼 인도 서비스 산업의 비중이 소득수준에 비하여 유난히 높다고는 볼 수 없다(그림 5-3). 선행연구들이 이미 지적하고 있듯, 발전도상국들 중 서비스 산업의 비중이 애초부터 높은 개발도상국들이 많이 존재할 뿐 아니라, 이들 국가들 가운데는 서비스업의 성장이 빠르게 나타나는 예도 많이 발견되기 때문이다(조충제, 2007; Dasgupta and Singh, 2005; 2006).

다시 말하면 서비스 산업의 비중이 크다는 사실은 인도와 같이 빠른 성장을 경험하지 못하고 있는 다른 많은 발전도상국가들에서도 흔히 발견되는 현상인 것이다.

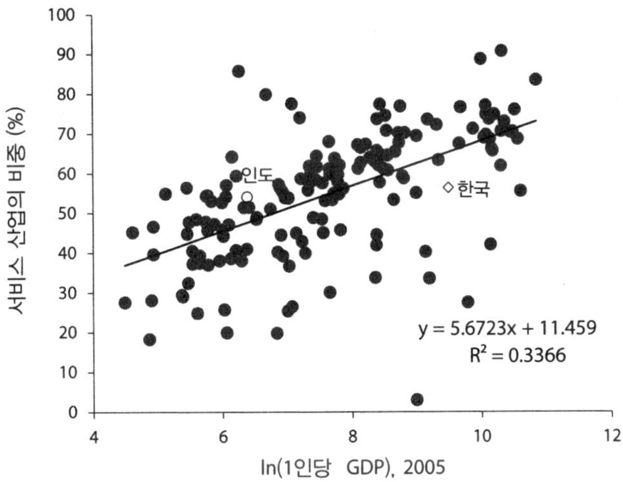

주: 세계은행은 건설업을 서비스 산업에 포함시키지 않기 때문에, 서비스 산업의 비중이 인도의 통계와 약간 차이가 난다는 점을 주의해야 함.

출처: World Bank, *World Development Indicators* 2008.

〈그림 5-3〉 소득수준과 서비스 산업 비중의 관계, 국가 간 비교(2005)

한편, 2001~2009년 기간 동안 서비스 산업 내에서의 성장기여율은 교역 · 호텔 · 운송 · 통신부문이 36.5%로 가장 높다(〈표 5-1〉). 두 번째 높은 성장기여율을 보인 부문은 금융 · 보험 · 부동산 · 사업서비스 부문이며, 건설부문이 9.1%로 가장 낮은 성장기여율을 보였다. 처음의 두 부문은 경제성장 기여율이 클 뿐만 아니라 해당 기간 동안의 빠른 성장을 반영하여 시간이 지남에 따라 경제성장 기여율이 가파르게 상승하고 있음을 확인할 수 있다.

반면 지역 · 사회 · 개인서비스 부문은 성장기여율은 높지만, 이는 많은 부분 애시당초 해당부문의 비중이 컸었다는 점을 반영하며, 연평균 성장률은 앞의 두 부문에 비하여 현저하게 낮았다는 점을 확인할 수 있다.

서비스 산업을 더욱 세분화하여 살펴보면, 1993~2000년 기간과

〈표 5-1〉 서비스 산업 내 세부 산업의 성장기여율과 연평균 성장률, 1950~2009

	건설	무역 · 호텔 · 운송 · 통신	금융 · 보험 · 부동산 및 사업서비스	지역 · 사회 · 개인 서비스
성장기여율(%)				
1950~1961	8.0%	16.7%	5.6%	9.8%
1961~1971	9.0%	18.6%	6.4%	15.8%
1971~1981	6.5%	25.1%	9.4%	16.1%
1981~1991	5.4%	19.6%	15.1%	14.8%
1991~2001	5.4%	27.8%	16.4%	16.6%
2001~2009	9.1%	36.5%	17.0%	12.6%
연평균 성장률(%)				
1950~1961	6.1%	5.2%	2.9%	3.6%
1961~1971	5.4%	4.9%	3.4%	5.2%
1971~1981	3.0%	4.7%	4.0%	3.9%
1981~1991	4.5%	5.7%	8.7%	5.7%
1991~2001	4.9%	7.4%	7.5%	6.3%
2001~2009	10.1%	10.4%	8.8%	6.4%

출처: Reserve Bank of India, *Handbook of Statistics on Indian Economy*, www.rbi.org.

2000~2008년 사이 통신, 건설, 부동산 및 사업서비스, 철도, 저장, 기타 운송 등의 산업에서는 성장의 속도가 빨라지고 있는 반면, 금융산업과 호텔 및 식당 산업에서의 성장률 둔화가 발견되고 있다(그림 5-4).

인도 서비스 산업 중 최근 가장 빠른 성장률을 보이고 있는 것은 통신산업이다. 통신산업은 그 자체의 성장뿐만 아니라 인도가 IT서비스의 글로벌 공급자로서의 지위를 유지하기 위한 인프라 역할을 한다는 점에 있어서도 매우 중요하다. 나아가 통신산업은 최근 수출뿐 아니라 인도 내에서의 텔레커뮤니케이션과 인터넷 서비스 소비의 증가로 극적인 성장을 경험하고 있다. 1992년 이동통신산업이 자유화된 후 인도의 통신산업은 빠른 속도로 확대되었다. 2000년대 초반 이동전화 가입자 수는 연평균 85%의 가파른 성장을 경험하였으며, 그중 민간업체에 가입한 가입자의 수는 연평균 200%에 가까운 성장을 경험하였다(Walter et al., 2007).

그 결과 전체 전화가입자 중 민간업체의 비중은 1999년 5%에서 2009년 79%로 민간 서비스업체의 비중이 급격하게 상승하였으며(Ministry of Finance, 2009), 인도는 중국에 이어 세계에서 두 번째로 큰 이동통신시장을 형성하게 되었다. 인터넷 사용자의 수는 2000년에서 2005년 사이 거의 10배가 증가하여 2005년에는 거의 5,600만 명에 달하였지만, 이 시기까지 브로드밴드 가입자의 수는 75만 명 정도에 불과

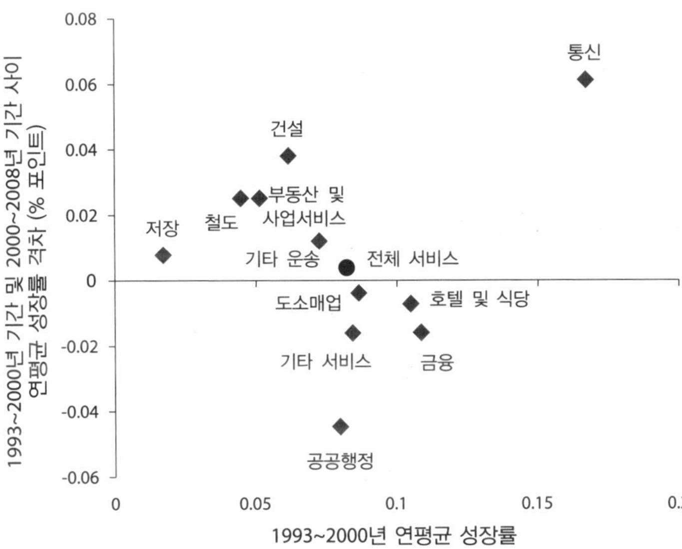

주: 1993~2000년 기간은 1993~94년 기준 고정가격, 2000~2008년 기간은 1999~2000년 기준 고정가격을 적용하였음.

출처: Ministry of Statistics and Programme Implementation, *National Accounts Statistics*, 2004 and 2009.

〈그림 5-4〉 서비스 세부산업의 성장률 변화

하였다(Walter et al., 2007). 그러나 그 이후 브로드밴드 가입자 수도 급격히 증가하여 2009년에는 약 569만 명에 달하고 있다.

〈그림 5-4〉에서는 분명히 드러나지는 않았지만, 인도 서비스산업의 성장을 선도하는 부문은 역시 IT서비스 부문이다. 비즈니스 서비스 부문은 1991~2001년 사이 연평균 19.05%, 2001~2008년 사이 연평균 15.98%의 성장률을 기록하였으며, 이 중 컴퓨터연관 서비스부문만 따로 떼어 놓고 보면 2000~2008년 기간 동안 연평균 25.0%의 성장률을 기록하였기 때문이다(Joseph et al., 2009). 인도의 IT 서비스 산업의 성장은 기본적으로 세계적으로 IT서비스 및 소프트웨어에 대한 수요증가와 더불어 비즈니스 프로세스에 대한 아웃소싱이 급증한 데 기인한다. 1990년대 Y2K 문제와 관련하여 기하급수적으로 증가하는 IT서비스에 대한 수요를 기존의 세계 IT산업이 감당할 수 없게 되자, 인도의 IT산업은 이 기회를 활용하였으며, 이후 정보의 디지털화, 전송 및 프로세싱에서의 급속한 비용하락을 십분 활용하면서 성장하였다고 할 수 있다(Friedman, 2005).

3-2. 제조업과 서비스업의 디커플링 현상

인도경제의 성장은 서비스 산업이 주도하였는데, 그 과정에서 제조업 도약이 선행함 없이 곧바로 '3차산업화(tertiarization)'가 이루어지는 특이한 양상을 보이고 있다. 인도에서 서비스 산업의 비중은 빠르게 상승하고 있다(〈그림 5-5〉). 제1차 5개년계획이 시작되기 직전인 1950~51년에는 1차산업의 비중이 전체 GDP의 55.3%로 가장 컸으며, 제2차 산업의 비중은 10.6%였던 반면, 서비스 산업은 전체 GDP의 약 34.1%를 차지하고 있었다. 영국 식민지로부터의 독립 직후에도 서비스 산업의 비중은 매우 컸는데, 이는 인도의 영국 식민지로서의 역할이 교역, 운송

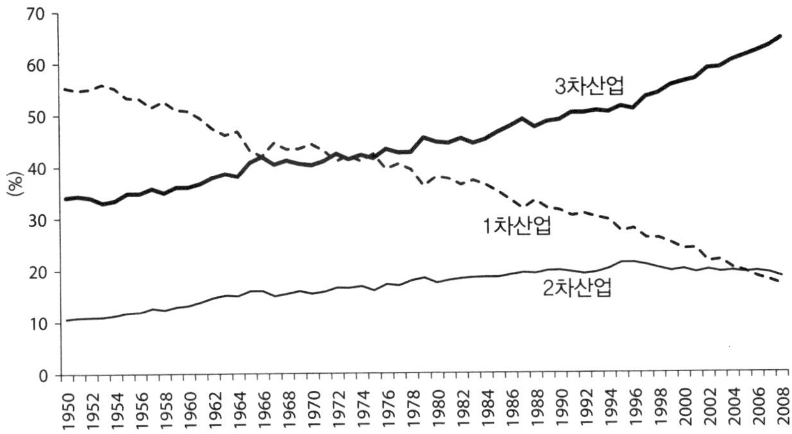

주: 1차산업은 농업 및 관련산업, 2차산업은 광업, 제조업, 전기 · 가스 · 수도사업을 포함하고 있으며, 3차산업은 건설을 포함한 나머지 산업을 포함.

출처: Reserve Bank of India, *Handbook of Statistics on Indian Economy*, www.rbi.org

〈그림 5-5〉 인도경제의 구조변화(1950~2009)

및 개인서비스 부문에 치중되어 있었기 때문이다. 2008~2009년에 이르러 1차산업의 비중은 17.0%로 감소한 반면, 서비스 산업은 64.5%로 증가하였다. 반면 2차산업의 비중은 겨우 18.5%로 1850~51년 이후 겨우 8% 포인트 정도 상승하였다.

서비스부문 비중이 증가하는 현상은 특히 1990년대부터 가속화되는 경향을 보이고 있다. 1950~51년에서 1990~91년의 40년의 기간 동안 서비스 산업의 비중은 14.7% 포인트가 증가한 반면, 1990~91년에서 2008~2009년 18년 동안에 이 비중은 15.7% 포인트 증가하였기 때문이다. 더욱이 2차산업은 첫 번째 기간 동안에는 느리지만 꾸준한 상승을 보였지만 두 번째 기간 동안에는 거의 정체 상태를 보이고 있는바, 두 번째 기간 동안 1차산업 비중의 감소는 거의 대부분이 서비스 산업 비중의 증가로 완전히 설명된다. 이러한 측면에서 2차산업의 발전이 없는 '3차산업화'는 1991년 이후의 시기 동안에 진행되었다고 할 수 있다.

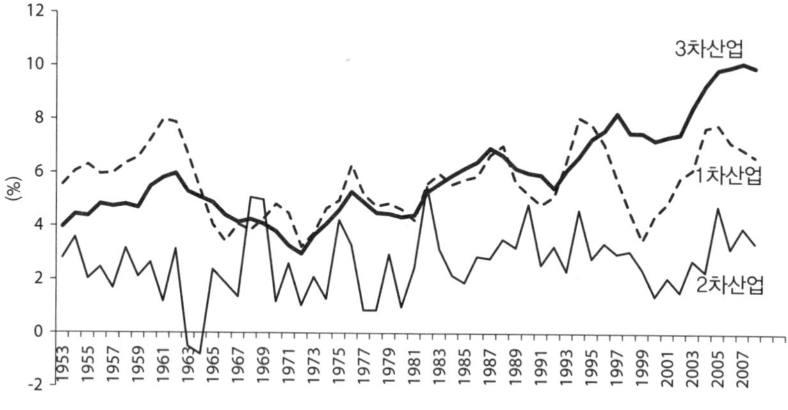

주: 1차산업은 농업 및 관련산업, 2차산업은 광업, 제조업, 전기 · 가스 · 수도사업을 포함하고 있으며, 3차산업은 건설을 포함한 나머지 산업을 포함.

출처: Reserve Bank of India, *Handbook of Statistics on Indian Economy*, www.rbi.org

〈그림 5-6〉 인도 산업별 성장률의 추이, 5개년 이동평균(1950~2009)

서비스산업과 2차산업의 디커플링 현상은 산업 부문별 성장률을 살펴보는 경우 더욱 분명하게 드러난다(〈그림 5-6〉). 1951~70년 기간과 1970~90년 기간 동안 2차산업의 연평균 성장률은 각각 5.8%와 5.2%를 기록하여 4.6%와 5.0%를 기록한 서비스 산업의 성장률을 상회하였으나, 이러한 경향은 1990~2009년 기간 동안에는 완전히 역전되었는바, 서비스 산업은 연평균 7.7% 성장하여 연평균 5.9%를 성장한 2차산업보다 훨씬 더 빠른 성장세를 보였다. 특히, 1990~2009년 기간 동안 제조업 성장률과 서비스업 성장률 사이의 상관계수가 이전의 두 기간에 비하여 현저하게 낮아진 것에서 알 수 있듯이, 처음의 두 기간 동안에는 서비스 산업의 성장이 제조업의 성장과 동반하는 경향을 보였으나, 해당 기간 동안에는 이러한 상관관계가 현저하게 약화되었음을 알 수 있다(〈표 5-2〉).

〈그림 5-7〉은 제조업의 성장기여도와 서비스 산업의 성장기여도 사이의 관계를 국가 간 횡단면 자료를 통하여 비교하고 있다. 인도는 동

〈표 5-2〉 2차산업과 3차산업 성장률 간 상관계수(1951~2009)

	1951~70	1970-90	1990~2009
2차산업 연평균 성장률	5.8%	5.2%	5.9%
서비스 연평균 성장률	4.6%	5.0%	7.7%
상관계수	0.587	0.553	0.386

주: 2차산업은 광업, 제조업, 전기 · 가스 · 수도사업을 포함하고 있으며, 3차산업은 건설을 포함한 나머지 산업을 포함.

출처: Reserve Bank of India, *Handbook of Statistics on Indian Economy*, www.rbi.org

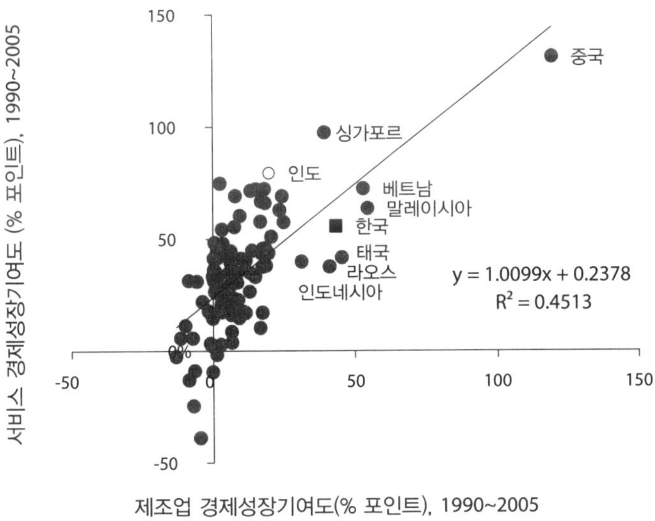

주: a산업의 성장기여도는((비교연도 a산업 실질부가가치 - 기준연도 a산업 실질부가가치)/(기준연도 실질 GDP)) X 100으로 정의됨.

출처: World Bank, *World Development Indicators* 2008.

〈그림 5-7〉 제조업 및 서비스 산업 성장기여도의 국제비교(1990~2005)

아시아의 신흥공업국가들과는 완연히 다른 성장 패턴을 보이고 있음을 알 수 있다. 즉, 한국, 싱가포르, 말레이시아, 인도네시아, 태국, 베트남 등 동아시아 국가들은 제조업이 전체 경제성장을 견인하고 있으며, 그

나마 서비스 산업의 성장기여도가 매우 큰 싱가포르의 경우에도 인도와는 달리 빠른 제조업 성장이 동반되고 있다. 반면 인도의 경우는 제조업의 성장기여도가 상대적으로 작은 가운데, 서비스 산업이 경제성장을 주도해 왔음을 알 수 있다. 제조업의 성장기여도가 매우 큰 몇몇 동아시아 국가들을 제외하고는 인도는 데이터가 존재하는 모든 나라들 중 서비스 산업의 성장기여도가 가장 큰 것으로 나타났다.

제조업과 서비스업의 성장기여도가 모두 크지만, 제조업이 경제성장의 엔진 역할을 해 온 다른 동아시아 국가와는 달리 인도에서 서비스 산업의 성장기여도가 유독 큰 것은 앞에서 살펴본 바와 같이 인도에서 제조업의 성장과 서비스 산업의 성장 사이에 연관관계가 매우 약하다는 점에 기인한다. 이는 국가 간 횡단면 자료에서도 확인된다. 〈그림 5-8〉에서 볼 수 있듯, 초기 경제발전의 수준이 상대적으로 낮은 중국, 인도네시아, 필리핀, 태국 등의 나라에서는 제조업과 서비스업 성장률 사이의 상관관계가 매우 높은 반면, 한국, 싱가포르 등 서비스화가 시작된

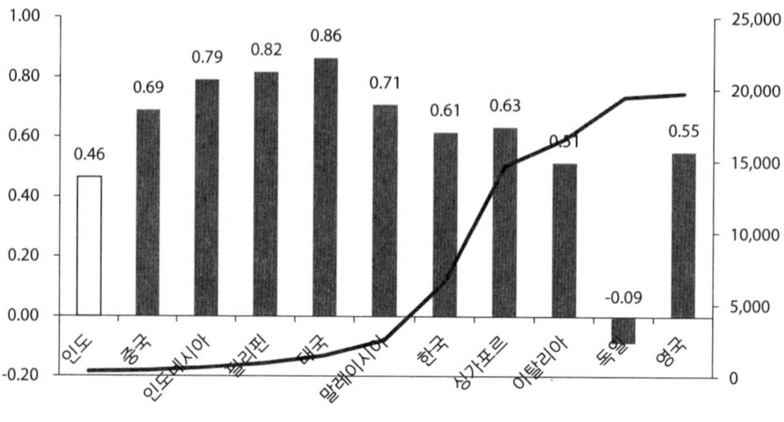

자료: World Bank, *World Development Indicators* 2008.

〈그림 5-8〉 제조업 및 서비스 산업 간 성장률 상관관계 국제비교

나라들에서는 제조업성장률과 서비스업 성장률 사이의 상관관계가 약하여 선진국의 패턴에 유사하게 접근하고 있다. 반면, 인도 경제는 비교국가들 중 1인당 국민소득이 가장 낮았음에도 불구하고 제조업 성장률과 서비스업 성장률 사이의 상관관계가 0.46에 불과하여 이탈리아, 영국 등 선진국과 매우 흡사한 패턴을 보이고 있음을 알 수 있다.

3-3. 제조업보다 더 빠른 생산성 성장

그러나 인도 서비스 산업의 특징은 다른 많은 발전도상국에서와 같이 서비스 산업의 성장이 현대적인 2차산업의 성장 부진으로 인하여 전통적인 1차산업의 유휴인력을 흡수하면서 나타난 결과라기보다는, 생산성 상승이 근로자들에게 제조업에 비하여 상대적으로 높은 보수를 지급할 수 있게 됨으로 인한 결과다.

일반적으로 서비스 산업이 노동생산성이 낮고 생산성의 상승도 느리다는 일반적인 경향과 달리, 인도 서비스 산업은 다른 부문에 비하여 상대적으로 높은 노동생산성 수준을 보이고 있을 뿐만 아니라 그 성장률도 더 가파르다. 〈그림 5-9〉에서 볼 수 있듯이, 인도 서비스 산업의 노동생산성은 전체 산업 평균의 두 배 이상이며, 이는 다른 아시아 국가들과도 큰 차이를 보인다. 특히 인도와 발전단계가 비교적 유사한 ASEAN-4(인도네시아, 말레이시아, 필리핀, 태국)나 중국과 비교하면 이러한 차이는 더욱 두드러진다. 중국과 ASEAN-4 국가들의 경우 서비스 산업 노동생산성은 전체 평균과 거의 비슷한 수준에 머물러 있는 반면, 2차산업의 생산성 수준이 월등히 높기 때문이다. 반면 인도의 경우, 2차산업의 상대적 노동생산성이 다른 나라에 비하여 상대적으로 낮다. 인도 서비스 산업의 노동생산성 수준이 다른 산업에서보다 높은 현상은 최근의 성장에만 기인하는 것이 아니라, 1970년대부터 존재하던 현상이다(정무섭 · 박번순, 2009). 이는 인도의 2차산업이 제조업 내 전통적인 가내수공업 방식을 따르는 비조직화 섹터(unorganised sector)의 비중은 매우 큰 반면, 통신, 사업서비스, 금융업 등 서비스업의 경우에는 자본투자가 매우 크기 때문인 것으로 보인다.

인도 서비스 산업은 다른 산업보다 노동생산성의 수준이 높았을 뿐만 아니라, 노동생산성의 성장률 역시 더 높았다. 정무섭 · 박번순(2009)은 1972~2002년 동안 1차산업과 2차산업에서의 노동생산성의 연평균 성장률이 각각 1.7%, 2%에 그쳤던 반면 3차산업에서는 약 2.9%를 기록하였음을 보고하고 있다. 또한 IMF(2006)는 아시아 여러 나라들의 도약기(take-off) 이후 최근까지(1997년 금융위기를 경험한 나라들은 1996년까지) 산업별 노동생산성 성장을 비교하면서 제조업과 농업의 생산성 상승이 서비스 산업보다 더 빨랐던 많은 일반적인 경우와는 달리, 인도

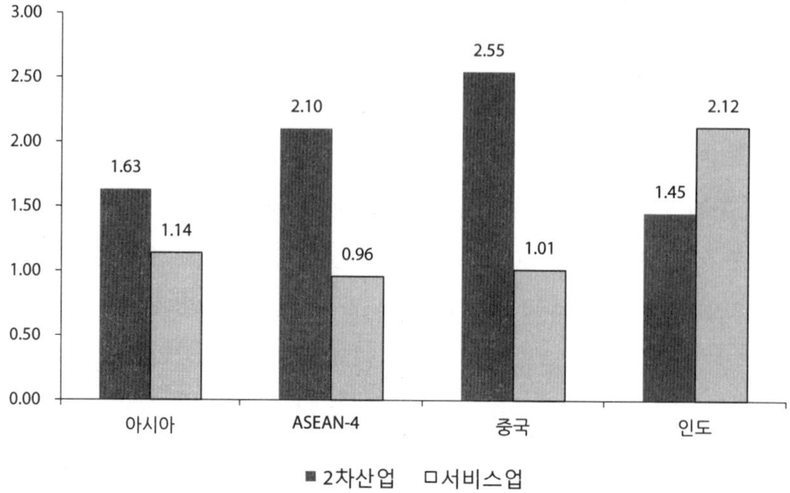

주: ASEN-4는 인도네시아, 말레이시아, 필리핀 및 태국을 포함. IMF(2006)는 당시 데이터가 존재하는 가장 최근 자료를 활용하여 비교하였음.
출처: IMF(2006)로부터 계산.

〈그림 5-9〉 서비스 산업의 상대적 노동생산성(전 산업 = 1)

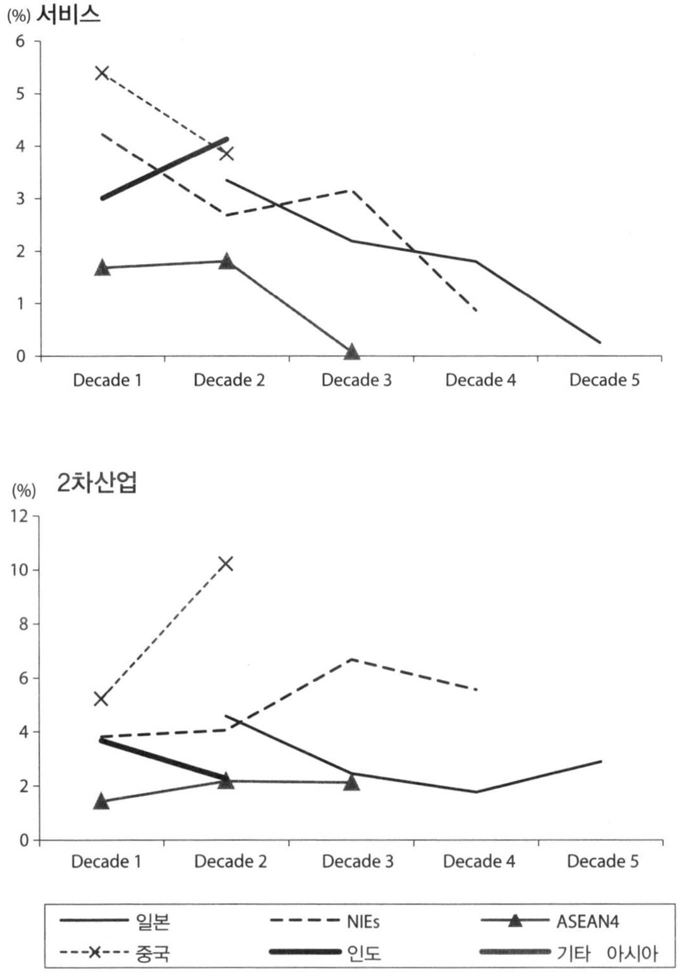

주: a) ASEN-4는 인도네시아, 말레이시아, 필리핀 및 태국을, NIEs는 데이터가 존재하는 한국과 싱가포르를 포함.
b) 도약시기는 일본은 1955년, NIEs 국가들은 1967년, ASEAN-4는 1973년, 중국은 1979년, 인도는 1982년으로 가정.

출처: IMF(2006)로부터 계산.

〈그림 5-10〉 아시아 국가들의 도약기 이후 산업별 생산성 성장 패턴 비교

에서는 1980~2004년 사이 1차산업과 2차산업에서 노동생산성의 성장률이 각각 2.05%, 2.98%에 머물렀던 반면, 3차산업에서의 노동생산성 성장률은 3.71%를 기록하여, 생산성의 상승이 서비스 산업에서 가장 빨랐다는 결과를 보인 바 있다.

인도 서비스 산업의 발전에서 더욱 흥미로운 점은 경제 도약 이후, 서비스 산업의 생산성 성장이 가속화되고 있다는 점이다. 〈그림 5-10〉에서 볼 수 있듯, 아시아 제1세대 공업국가들이나 중국의 경우 도약기 이후 2차산업에서 생산성 상승 가속화 현상이 나타나는 동시에 일반적으로 서비스 산업의 생산성 상승률은 하락하는 패턴을 보였다. 이는 대부분의 아시아 국가들에서 생산성 추격의 동력은 2차산업이었으며, 서비스 산업에서는 추격에 한계를 노정하고 있음을 보여 준다. 반면, 인도에서는 대부분의 아시아 국가들과는 정반대의 패턴을 보이고 있다. 즉, 1990년대 이후 서비스 산업에서의 생산성 상승은 연평균 4%를 상회하여 이전 시기보다도 생산성 상승이 가속화된 반면 2차산업에서의 생산성 상승률은 연평균 2.3% 정도로 현저하게 둔화되었다.

3-4. 수출주도적 서비스화

인도 통신 서비스 및 컴퓨터서비스 산업의 성장에서 가장 큰 역할을 한 것은 무엇보다도 수출이었다. 특히 서비스 산업의 수출산업화 과정에서 최근 인소싱(insourcing)의 역할은 가히 독보적이다. 〈그림 5-11〉에서 확인할 수 있듯, 1990년대 중반 이후 인도의 서비스산업에서 수출이 총부가가치에서 차지하는 비중은 약 4.5%에서 2006년에는 16.6%로 4배 이상 증가하였다. 특히 서비스 산업의 수출에서 정보통신관련 서비스 수출이 다른 서비스보다 매우 빠른 속도로 증가하였는데, 세계은행의 통계에 의하면 정보통신관련 서비스 및 기타 사업자 서비스 수출이 총

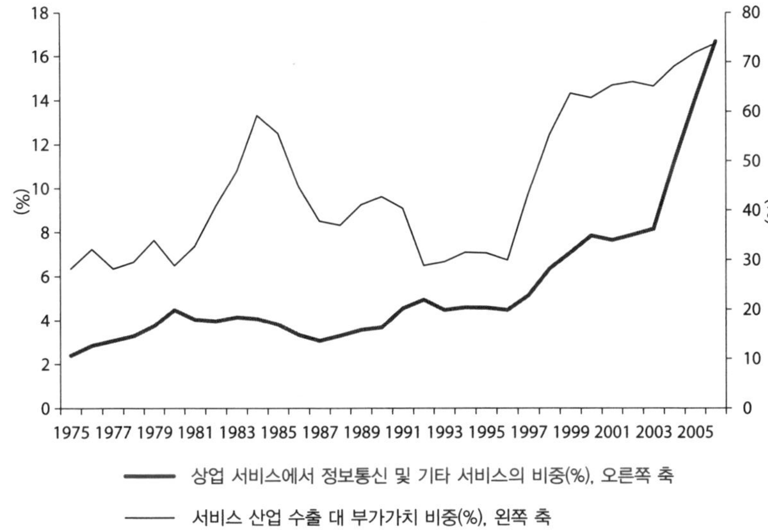

자료: World Bank, *World Development Indicators* 2008.

〈그림 5-11〉 정보통신관련 서비스 수출과 서비스의 수출산업화

상업서비스 수출에서 차지하는 비중은 1990년대 중반 약 30% 수준에서 2006년에는 약 74%로 급속하게 확대되어 서비스 수출의 확장을 주로 이 부문이 견인하였음을 알 수 있다.

서비스 수출이 이렇게 인도경제 성장에서 중요한 역할을 한 데에는 1990년대 단행된 경제자유화 조치가 큰 역할을 한 것으로 보인다. 1991년은 여러 가지 측면에서 인도경제의 전환점을 이루는 시기로 간주될 수 있다. 1990년 국제수지위기로 이어진 1980년대의 불안정한 재정정책으로 인하여 당시 인도경제정책에 관한 지배적인 견해는 통제 및 명령에 기초한 폐쇄경제에서 민영화, 자유화 및 세계화에 초점을 맞추는 방향으로 이동하였으며, 이러한 아이디어가 새로운 경제정책에서 분명하게 드러나기 시작하였다. 그 결과, 1991년 이후 인도경제는 급속한 세계화 과정을 경험하게 되었으며, 인도경제의 서비스화는 이러한 세계화 과정과 동시에 진행되었다. 이러한 현상을 바탕으로 인도 서비스 산업의 성장은 경제개방과 연결되어 있으며, 내수시장에 대한 기여 없이 해외의 재화 및 서비스 산업에 대한 중간재 공급역할을 수행해 왔다는 주장이 제기되고 있다.

그 결과 인도는 세계 서비스 무역 시장에서 주요 인소싱(insourcing) 국가들 중의 하나로 떠올랐다. 아웃소싱이나 인소싱에 대한 엄밀한 통계적 정의는 투입산출표와 같이 중간재 사용 여부를 가늠할 수 있는 자료를 사용하여야 하겠지만, 현재에는 국가 간 비교가 가능한 데이터가 존재하지 않으므로 여기서는 Amiti and Wei(2004)의 정의를 따라 정보서비스, 컴퓨터서비스 및 기타 사업자서비스 수출 및 수입을 서비스 아웃소싱 및 인소싱의 대리 변수로 활용하였다. 〈표 5-3〉은 세계 서비스 무역에서 가장 중요한 인소싱 국가들을 보여 주고 있다. 2006년 현재 인도는 해당 부문에서 약 510억 달러를 수출하여 세계에서 11번째로 큰 인소싱 국가로 나타났다. 인도의 2001년 순위가 17위였다는 것을 감안하면 가파른 순위 상승을 겪고 있음을 알 수 있다. 기타 사업자 서비스 부문을 제외하고 통신서비스 및 컴퓨터 서비스 분야를 따로 놓고 보면 2006년 현재 인도는 세계에서 4번째로 큰 인소싱 국가로 부상하였다.

〈표 5-3〉에서 알 수 있듯 서비스 인소싱 국가들 중 상위 순위에 위치한 나라들은 중국과 인도를 제외하면 모두 소득수준이 높은 나라들이다. 특히 동아시아 신흥공업국가들 중에서는 홍콩, 싱가포르 및 한국 등 제1세대 신흥공업국들만이 상위에 위치하고 있다. 한국의 경우 2001년에는 16위를 기록하고 있었지만, 2006년에는 그 순위가 21위로 하락하였다. 2006년도 통신서비스 및 컴퓨터 서비스의 인소싱만을 고려한다면 한국의 순위는 30위로 기타 사업자 서비스에 비하여 이들 부문에서의 실적이 저조하였음을 알 수 있다.

요약하면 다른 나라들과 비교하여 인도 서비스 산업의 두드러진

〈표 5-3〉 세계 서비스 인소싱 국가 순위(2001~2006)

(100만 US달러)						
	2001		2006			
순위	국가	인소싱 총액	국가	인소싱 총액	국가	정보통신 서비스
1	독일	97,580	독일	276,436	아일랜드	82,226
2	영국*	74,297	네덜란드	161,369	독일	53,535
3	미국	62,309	아일랜드	141,114	네덜란드	32,751
4	네덜란드	58,177	이탈리아	133,711	**인도**	**31,150**
5	프랑스	56,475	프랑스	125,115	프랑스	21,836
6	이탈리아	56,390	일본	102,297	벨기에	19,137
7	일본	47,610	벨기에	86,758	스웨덴	18,724
8	스웨덴	34,773	미국	86,252	미국	17,953
9	홍콩	26,448	스웨덴	85,182	이탈리아	15,840
10	오스트리아	24,114	싱가포르	60,918	룩셈부르크	13,919
11	캐나다	23,387	**인도**	**51,066**	캐나다	11,950
12	싱가포르	20,333	오스트리아	44,527	덴마크	7,375
13	아일랜드	16,033	노르웨이	42,305	노르웨이	7,036
14	덴마크	12,621	홍콩	41,240	핀란드	6,467
15	스페인	12,383	캐나다	39,432	루마니아	6,214
16	**한국**	**11,936**	덴마크	35,467	스페인	5,412
17	**인도**	**10,855**	중국	32,669	체코.	4,600
18	중국	9,180	룩셈부르크	28,848	일본	4,255
19	노르웨이	7,313	스페인	27,261	싱가포르	3,848
20	이스라엘*	7,164	핀란드	26,871	중국	3,696
21	호주	5,742	**한국**	**19,723**	쿠웨이트	3,397

주) 영국과 이스라엘에 대한 2006년 데이터가 없음.
출처: UN, United Nations Service Trade Statistics Database.

특징은 첫째, 서비스 산업의 비중이 클 뿐만 아니라 그 성장률도 높아 성장기여도가 크다는 점, 둘째, 성장기여도 및 성장의 측면에서 제조업과 서비스 산업의 동반성장이 관찰되지 않았다는 점, 셋째, 서비스 산업의 노동생산성이 제조업보다 높을 뿐 아니라 그 성장 속도도 더 빠르다는 점, 그리고 마지막으로 서비스 산업의 성장은 수출주도로 이루어졌다는 점 등으로 요약될 수 있다.

인도 서비스 산업 성장 과정에서 나타난 이러한 특징들을 종합해 보면 가장 먼저 수요편향가설이나 생산성편향가설, 그리고 개발도상국을 대상으로 한 "비공식부문 가설"은 인도경제의 서비스화에 대한 적절한 설명을 제공하지 못함을 알 수 있다. 제2절에서 논의한 바와 같이 수요편향가설과 생산성편향가설은 제조업이 서비스 산업보다 선행하여 발전하고, 서비스 산업과 비교하여 제조업에서의 생산성 성장이 더 빠르다는 결과를 함축하고 있기 때문이다. 일국적인 관점에 한정하여 살펴본다면 중간재로서의 서비스 수요 가설도 비슷한 관점에서 비판할 수 있다. 다만, 중간재로서의 서비스 수요 가설을 일국적 관점에서 벗어나 개방경제의 관점에서 해석한다면 인도 서비스 산업 발전과정의 특징과 상당히 부합하는 결론을 얻을 수 있다. 다시 말하면 세계적으로 서비스 중간재에 대한 수요가 확대되는 동시에 이러한 새로운 수요가 전통적인 서비스와는 달리 "교역재"의 성격이 강한 서비스들을 중심으로 창출되면서, 국내 제조업의 발전이 없이도 서비스 산업의 독자적인 발전이 가능하게 되었다는 것이다.

이처럼 인도의 서비스 주도 경제성장은 해외로부터의 서비스 중간재 수요의 확대와 불가분의 관계를 맺고 있긴 하지만, 왜 다른 나라들과는 달리 인도가 특히 서비스 중간재 수요에 적절하게 부응할 수 있었는지, 그리고 왜 통신 및 IT서비스와 같은 분야를 중심으로 발전이 이루어졌는지에 대해서는 여전히 설명이 필요하다. 이에 대한 해답을 구하기 위해 다음 절에서는 인도 서비스 산업 발전의 이러한 특징을 IT서비스 산업에 초점을 맞추어 "기술비약(technological leapfrogging)론"의 관점에서 좀 더 자세히 설명하고자 한다.

4. 기술비약의 관점에서 본 인도경제의 서비스화

4-1. 기술비약론과 인도의 서비스 주도 경제추격

인도경제는 1차산업 → 2차산업 → 3차산업의 순서로 이행하는 전통적인 구조변화의 과정을 거치지 않고, 2차산업의 도약이 없이 바로 서비스 경제로 이행하는 현상을 보이고 있다. 본 연구에서는 이러한 현상을 기존의 서비스화에 대한 가설과 관점을 달리하여 기술추격의 관점에서 인도경제의 서비스화 현상을 설명하고자 한다.

Gerschenkron(1962)은 일찍이 새로운 생산기법이 출현한 이후 그것이 충분히 성숙되어 대규모 자본에 기초한 효율적인 대량생산이 가능한 시점에서 후발국의 기업들이 선진국의 기업들에 비하여 "후발자의 이득(latecomers advantage)"이 존재한다는 점을 강조한 바 있다. 그러나 이러한 논리로는 성숙한 기술에서의 추격을 설명할 수는 있지만, 새로운 기술 혹은 새로운 산업에서의 후발국 기업들의 기술추격은 설명하기가 힘들다(이근, 2007).

새로이 성장하는 산업에서 후발 추격기업의 이점을 설명하는 모형은 Perez and Soete(1988)에 의해 제시된 바 있다. 이들의 주장은 생산을 시작하여 생존에 충분한 시장을 확보하는 데 소요되는 "진입비용"이 새로운 산업이나 기술에서는 해당 기업의 여건이나 조건에 따라 성숙한 산업에서보다 더 낮기 때문에 해당 국가의 기업에 "기회의 창(windows of opportunity)"을 제공한다는 것이다. 진입비용은 공장이나 장비에 대한 고정투자비용, 과학 및 기술적 지식을 취득하기 위한 비용, 경험 및 숙련을 획득하기 위한 비용 및 (주요 장비 공급자 및 지식 공급자와의 거리 등) 지리적 조건에 의한 외부성의 결핍으로 인하여 발생하는 비용으로 구성되며, 이 비용은 제품생산주기(product life cycle)에 따라 변화한다.

새로이 성장하는 산업에서 고정투자비용과 경험 및 숙련을 획득하기 위한 비용은 후발국의 추격기업에 대하여 이점으로 작용하는 반면, 필요한 과학 및 기술적 지식을 취득하기 위한 비용과 지리적 조건에 따른 외부성의 결핍으로 인하여 발생하는 비용은 후발기업의 경우 선발기업보다 더 큰 경향이 있어 진입장벽으로 작용할 수 있다. 여기서는 IT서비스 산업의 제반 특징들, 당시의 기술적 환경과 시장상황 및 인도 자체가 보유한 특징들이 상대적으로 후발자의 이점은 극대화하는 반면, 후발자로서의 비용은 상대적으로 낮추어 주는 경향이 있었다는 점에 착안하여 논의를 진행한다.

4-2. "기회의 창"과 인도 IT서비스 산업의 발전

인도 IT서비스 산업 모델은 새로이 형성되어 가는 산업에서의 진입전략으로서 낮은 비용조건을 활용한 후, 해당 산업에서 점차 세련된 조직적 능력을 축적해 가면서 주어진 기회를 활용하여 사업을 확장해 나가는 과정으로 묘사될 수 있다(Athreye, 2005; Ethiraj et al., 2005). 인도 IT서비스 기업들이 고기술 기업들로 분류될 수 있는지에 대해서는 의문의 여지가 많다. 이들 기업이 주목받을 수 있었던 것은 새로운 기술을 빠르게 흡수하고, 고객의 요구에 단시간 내에 부응할 수 있는 내적 능력을 끌어올리고, 동시에 적절한 품질의 서비스를 납품할 수 있는 능력이 었기 때문이다. 하지만, 이러한 능력을 활용하여 인도 서비스 기업들은

“Fortune 500 기업”까지 탄생시키는 능력을 선보였다.

인도 IT서비스 산업은 1970년 Tata 계열사인 Tata Consultancy Service(TCS)가 소프트웨어 산업에 진입하면서 시작되었다. 당시에는 거의 대부분의 개발활동이 고객사를 통해 이루어졌다. 여기에는 몇 가지 이유가 있었는데, 첫째, 당시 컴퓨터 수입정책으로 인하여 컴퓨터 수입에 있어 오랜 기간이 소요되었기 때문에 오프쇼어링 모델이 불가능하였고, 둘째, 당시 통신수단이 발달하지 않아 적절한 통신수단이 존재하는 경우에도 그 비용이 매우 비쌌고 안정성이 떨어졌기 때문이다. 마지막으로 인도의 기업들은 아직 복잡한 소프트웨어 프로젝트를 인도에서 수행할 만한 프로젝트 관리 능력이 없었기 때문에 소프트웨어 제작 능력에 대한 신뢰를 쌓기 위해서는 시간이 필요하였다.

1990년대 초반에 이르러, 전 세계적으로 정보통신혁명이 진행되면서 새로운 기술패러다임이 발생하고 새로운 시장이 창출되었으며, 이러한 변화는 인도 IT서비스 산업의 가파른 성장을 가능하게 한 주요한 계기로 작용하였다. 특히 하드웨어 기술이 클라이언트-서버 시스템으로 전환됨에 따라, 메인프레임 컴퓨터를 위해 고안되었던 응용 소프트웨어들에 대한 마이그레이션 혹은 리엔지니어링을 위한 새로운 시장이 생겨났다. 기존 메인프레임과 새로운 클라이언트-서버 네트워크 사이의 시스템 인테그레이션도 매우 중요한 분야가 되었다. 미국 대기업들은 이러한 기술적 이행을 위하여 컨설팅 회사들을 활용하였지만, 컨설팅회사들은 이러한 임무를 수행할 수 있는 인력이 부족하였다. TCS 등 인도기업들은 이러한 컨설팅 회사들에 숙련 IT서비스 인력의 공급자가 되었으며, 그 결과 ‘보디쇼핑(body-shopping)’모형이 성행하게 되었다. 그리하여 이 시기에 세계적인 컨설팅 회사는 컨설팅과 시스템 디자인을 담당하고 인도 서비스 기업들은 코딩, 테스트 및 소프트웨어 유지 · 관리를 수행하는 국제 노동분업이 출현하기 시작하였다. 이것이 발판이 되어 1990년대 중반에는 고품질 IT서비스 공급자로서의 인도의 지위가 널리 인정되었고 유수의 다국적기업들이 인도 내에 개발센터를 설립하게 되었다. 현재 Hewlet Packard, Oracle, Sony, Sharp, LG, Bosch, Daimler Chrysler 및 정보통신에 많은 비중을 투자하고 있는 다국적 기업들의 대부분이 인도 내에 개발센터를 운용하고 있다.

1990년대 후반에는 Y2K문제와 인터넷 붐이 인도 IT서비스 산업의 도약을 위한 결정적인 계기를 제공하였다. 소위 '닷컴붐'은 인도 출신 유수의 기술자들이 실리콘 밸리에서 기업가, CTO, 벤처사업가 등으로 성장하는 기회를 제공하였으며, 이는 다시 인도 IT서비스 산업이 평판을 제고하고 더욱 많은 사업기회를 창출할 수 있는 능력을 축적할 수 있게 도와주었다. 세계시장에서의 닷컴 거품의 붕괴와 함께 인도 IT서비스 산업도 일시 정체를 경험하는 듯하였으나, 인도의 IT 산업은 여전히 연평균 20% 이상의 성장률을 기록하는 호조를 보였다. 이는 세계시장의 주요 기업들이 불황에 대처하기 위하여 비용을 절감하기 위한 새로운 방법을 모색하는 과정에서, 인도기업들이 양질의 소프트웨어 및 관련 서비스를 낮은 비용으로 공급할 수 있었기 때문에 가능하였다. 또한 해당 시기 인도 IT서비스 기업들의 프로젝트 관리능력이 성숙하였고, IT서비스 산업의 비즈니스 모델은 오프쇼어링을 활용하는 방식으로 급격하게 변화하였기 때문이다.

이러한 환경 속에서 인도 IT서비스 기업은 꾸준한 혁신을 통하여 새로운 시장을 성공적으로 선점해 나갔다. 첫째, 이 시기 인도의 IT서비스 기업들은 품질인증(quality certification)의 획득에 있어서 선점적인 지위를 차지하였다. 품질인증은 원거리에 있는 고객들이 공급자의 발전과정을 직접 관찰할 수 없기 때문에 매우 중요한 역할을 한다. 인도기업들은 SEI-CMM 3,4,5급 인증을 가장 먼저 획득한 기업들 중에 속하며, 2002년에는 SEI-CMM 5급 인증을 보유한 기업의 60%가 인도에 위치하고 있었다(Nasscom, 2002). 둘째, 인도 IT서비스 기업들은 소프트웨어 개발에서 고부가가치화를 위한 시도를 진행하였다. 하지만 아이러니하게도 이 시기에 현저하게 나타난 변화는 비즈니스 프로세스 아웃소싱으로 '하강'하는 것이었다. 그 결과 소프트웨어 생산품을 개발하려는 노력은 그리 많지 않았고(Krishnan and Prabhu, 2002), 컨설팅으로 이행하려는 시도는 광범하게 이루어졌지만 그리 성공적이지 못하였다. 인도 IT서비스 기업들은 제품시장을 지향하는 전략보다는 일반적으로 기업 거버넌스의 투명성, 인적자원관리에서의 혁신 및 품질인증 등을 통하여 스스로를 차별화하려고 시도하였다. 셋째, 인도 IT서비스 기업들은 자신들의 경쟁적 지위를 강화하기 위하여 전략적, 조직적 혁신을 효과적으로 활용하였다. 전략적 혁신으로는 고객사의 글로벌 가치사슬 속에 적절하게 결합함으로써 고객사와의 결합도를 강화하기 위하여 비즈니스 프로세스 아웃소싱으로 이동하는 것이었고, 조직적 혁신으로는 역외개발센터(Offshore Development Centers: 고객사가 소유권과 통제권을 향유하고 있다는 느낌을 제공하기 위한 특정 고객사에 전속된 소프트웨어 개발센터) 및 근접개발센터(Proximity Development Centers: 고객사의 요구에 적절하게 부응하기 위한 고객사에 지리적으로 인접한 개발센터)의 창출이었다. 이들 기업들은 또한 일찍이 General Electric, Citibank 및 Reebok 등 글로벌 초국적 기업들과의 상호작용을 통하여 프로세스와 품질의 중요성을 일찍 체득하였으며, 이를 바탕으로 납품과 품질에 있어서 세계적인 표준을 창출하게 되었다. 소규모 인도기업들은 대기업들로부터 학습하였다.

4-3. 인도가 '기회의 창'을 열 수 있었던 요인들

Perez and Soete(1988)에 의하면 새로운 기술패러다임의 도입기에 후발국가들은 과학 및 기술적 지식 관련 비용의 측면에서는 선발국가에 비해 불리하지만, 규모의 경제 및 경험/숙련 관련 비용의 측면에서는 상대적으로 유리한 측면이 존재한다. 인도의 기업들이 새로운 IT서비스 시장에 성공적으로 진입할 수 있었던 것은 한편으로는 IT서비스 산업의 고유한 특징으로 인하여 후발자의 이득이 상대적으로 강하게 실현되는 반면 후발자의 불이익이 상대적으로 작다는 점과 다른 한편으로는 인도경제가 지닌 특수한 국가 우위요소로 인하여 이러한 진입비용의 상당 부분 완화되었다는 점에 기인한다. 이러한 시각에서 보면 왜 다른 나라가 아닌 인도가, 그리고 왜 다른 산업이 아닌 IT서비스 산업에서 추격이 이루어졌는지를 이해할 수 있다. 사실 인도 IT서비스 산업의 성공을 설명하는 데에는 예를 들면 한국이나 대만과 같은 제조업 기업들의 추격을 설명하는 모형이 잘 적용되지 않는다. 인도 IT서비스 기업들은 소프트웨어 개발과 엔지니어링 프로세스에서 의심할 바 없는 선도자이며, 따라서 Wong(1999)의 분류에서 공정능력 전문기업에 가장 가깝다고 할 수 있기 때문이다. 보다 자세한 설명은 다음과 같다.

첫째, 새로운 기술 패러다임의 도입기에는 가격경쟁력이나 생산성보다는 제품 생산능력 그 자체가 중요하기 때문에 생산량이 작을 수밖에 없고, 그 결과 규모의 경제와 관련된 진입장벽이 성숙기에 비하여 낮다. 물론, 규모의 경제와 관련된 진입장벽은 같은 기술의 제품생산주기 상에서 상대적인 것이지 절대적으로 낮다는 것은 아니다.

이러한 관점에서 볼 때, 고정투자비용과 관련된 후발자의 이점은 제조업에 비하여 대규모 고정투자의 필요가 상대적으로 덜한 IT서비스 산업에서 더욱 두드러지게 나타난다. 예를 들어 반도체 생산은 자본집약적이며 제조능력을 확대하기 위한 사전적인 대규모 투자를 수반한다. 반면, IT서비스 산업은 거대 투자를 필요로 하지 않으며, 점진적인 생산능력 확대가 가능하다. 따라서 반도체나 IT서비스의 주요 시장은 기본적으로 사업자들을 대상으로 하지만, IT서비스 시장은 반도체 시장보다 훨씬 더 세분화되어 있다. 그 결과 가격하락의 압력이 반도체의 경우보다 훨씬 약하다.

둘째, 도입기에는 설계자, 장비 기술자, 관리자 및 수요자 모두에 있어 학습의 과정이 될 수밖에 없으며, 따라서 경험 및 숙련을 획득하기 위한 비용에 있어 선발자와 후발자 사이 진입장벽의 격차가 상대적으로 작다. 특히 기술적 복잡성을 관리해야 하는 제조업과는 달리 IT서비스 산업에서 요구되는 숙련은 인적 자원을 관리하는 능력이며, 이는 제조업에서와는 다른 새로운 종류의 숙련을 요구한다. 예를 들어 반도체 산업에서의 혁신과 생산에 있어서는 기술적 복잡성을 관리하는 것이 가장 중요한 과제인 반면, IT서비스 산업에 있어서는 사람들을 관리하는 것이 가장 중요한 과제다. 따라서 반도체의 경우 추격의 주요 장벽은 기술적 능력의 부족이지만, IT서비스의 경우에는 조직 프로세스와 분야별 지식(domain knowledge)이다. 또한 IT서비스 산업에서의 경쟁은 소프트웨어 개발의 품질, 분야별 지식(domain knowledge) 및 고객사 재화 및 서비스에 가치를 부가할 수 있는 능력 위주로 이루어지며, 고객과의 장기적 관계가 반도체의 경우보다 더 중요하다.

이러한 산업적 특성과 더불어 인도 자체가 보유한 우위 요소도 중요한 역할을 한 것으로 보인다. 공학과 수학을 중시하는 전통, 광범위한 영어 능력의 존재, 그리고 Tata그룹 계열사의 초기 시장 진입 및 Indian Institute of Technology at Kanpur(IITK) 졸업생들에 의해 축적된 초기 경험은 이와 관련된 인도 IT서비스 기업들의 진입비용을 한 층 더 낮추는 데 상당한 기여를 하였다. 특히 학술 연구분야에서의 하드웨어와 소프트웨어의 개발은 Tata Institute of Fundamental Research에서 1950년대에 이미 시작되었다. 미국의 지원으로 설립된 Indian Institute of Technology at Kanpur(IITK) 역시 1960년대에 컴퓨터관련 교육을 발전

시켰으며, 1970년에 이르러서는 많은 IITK 졸업생들이 직무수행을 위하여 컴퓨터 시뮬레이션을 활용하였다. TCS와 또 다른 Tata계열사인 Tata Burrough Ltd.(이후 Tata Unisys Ltd.로 개칭하였으며 지금은 Tata Infotech Ltd.로 알려져 있음)는 서서히 프로젝트 실행에서의 경험을 축적하였으며, 엔지니어링 전공 대졸 신규 사원들을 단기간의 사내 훈련 후 미국의 유수 기관들에 파견함으로써 평판을 쌓아 나갔다.

셋째, 선진국의 선발기업과의 과학 및 기술적 지식의 격차를 줄이기 위한 비용은 기술이 성숙할수록 점점 더 작아지는 경향이 있다. 따라서 새로이 성장하는 산업에서 후발국의 기업들의 진입비용은 상대적으로 높을 수밖에 없다. 따라서 이러한 비용은 후발국 기업이 진입하는데 있어 장벽으로 존재할 수밖에 없다. IT 서비스 산업 중 특정한 분야는 새로운 산업이기는 하지만 과학집약적 산업으로 분류하기에는 어려운 측면이 있어, 후발국의 진입비용을 상대적으로 낮게 만들어 주는 경향이 있다. 예를 들면, 기술적 관점에서 새로운 세대의 반도체를 제조하기 위해서는 생산물과 생산공정 양자 모두에 있어서 중요한 변화가 필요하며 이들 변화 사이에 밀접한 연관을 유지해야 한다. 반면, IT서비스는 새로운 기술을 수반하긴 하지만, 이러한 기술변화는 기술 개발 그 자체보다는 채택이나 응용과 관련되어 있다. 또한 소프트웨어 개발의 "기술"—대규모 소프트웨어 프로그램을 작성하가 위한 소프트웨어 엔지니어링과 프로젝트 관리—은 반도체에 비하여 서서히 변화한다.

인도의 국가특수적 우위요소의 측면을 살펴보면 1970~80년대 인도 IT인력이 해외로 다량 유출되었던 경험은 과거에는 두뇌유출(brain drain)의 우려를 낳았지만, IT 서비스 산업이 성장하면서 역으로 인도 서비스 산업의 성장에서 필요한 숙련 및 인적 네트워크를 형성하는 데 커다란 기여를 한 것으로 보인다. 특히 고객사에 인도 국적 숙련기술자가 상위 직급에 근무한다는 사실 역시 인도 서비스 기업들이 미국기업들로부터 주문을 확보하는 데 중요한 역할을 하였다.

넷째, 장비공급자, 지식의 원천, 그리고 고객과의 접근성 등 외부성을 발생시키는 지리적 환경에서의 비용은 관련 생산자들의 수가 적고 시장이 제대로 형성되어 있지 않은 후발국의 경우에 상대적으로 크다. 하지만, 이러한 관점에서 인도의 서비스 산업은 시장환경과 기술환경 변화의 혜택을 크게 누렸다. 가장 먼저 선진국의 대기업들은 생산비용을 절감하고 유연성을 확보하기 위해 '핵심능력(core capability)'에 초점을 맞춘 채 주변 생산과정이나 서비스를 점차 아웃소싱이나 오프쇼어링을 통하여 시장에서 공급하는 경향이 발생하였는데, 이 과정에서 세계시장에서 서비스 산업의 국제화가 빠른 속도로 확대되었다. 뿐만 아

〈표 5-4〉 기술적 '비약론'의 관점에서 본 인도 서비스 산업의 성장

정보통신기술의 변화 및 발달, 아웃소싱의 확산, Y2K 문제 ⇒ 새로운 시장의 형성			
진입비용	도입단계 후발자의 상대적 진입비용	산업특수적 우위요소	국가특수적 우위요소
규모의 경제 관련 진입비용	Low	대규모 초기투자 불필요 • 산업의 세분화 • 대규모 설비투자 불필요	
경험 및 숙련 관련 비용	Low	(제조업 대비) 새로운 숙련 요구 • 기술적 복잡성보다는 인적 자원 관리가 중요(조직 프로세스와 domain knowledge)	풍부한 인적 자원 • 풍부한 영어 구사력 • 초기 경험 • 공학, 수학을 중시하는 전통
과학 및 기술적 지식 관련 비용	High	낮은 과학집약도 • 제품개발 그 자체보다는 채택 및 응용과 관련	해외(미국 내) 인도기술자 그룹의 존재
외부성 비용 (지리적 여건)	High	지식원천에 대한 접근의 상대적 용이성	소통능력 (영어, 문화적 친화성)
⇒ 단계생략형 혹은 경로개척형 추격 경로의 발생(이근, 2007)			

니라, 정보통신분야에서의 기술적 발전은 기존의 제품 및 서비스 생산에서의 정보 디지털화, 전송 및 가공에 있어서의 비용하락을 가져옴으로써 생산과정의 해체를 가속시켰으며, 많은 서비스가 지리적으로 멀리 떨어진 전문공급자들에 의해 공급되는 것을 가능하게 하였다. 마지막으로, 인도 선두기업들이 글로벌 시장에서 핵심적인 지위를 차지하게 되면서 의사결정 네트워크에 점진적으로 침투할 수 있게 되었다. 여기에 더하여 인도 사람들의 영어 능력, 커뮤니케이션 기술 및 문화적 적응능력은 이러한 과정을 더욱 용이하게 하였다.

경제추격과정의 과정은 나라마다 다르고, 일국 내에서도 산업마다 다른 형태를 띤다. 그러나 최근의 기술추격문헌은 추격의 과정을 정해져 있는 경로를 따라가는 상대적인 속도의 문제로 이해해서는 안 되며, 후발자들이 단순히 선진국의 기술발전경로를 답습하는 것이 아니라 종종 몇 단계를 뛰어넘거나 다른 독자적인 경로를 창출하기도 한다는 점을 지적하고 있다(이근, 2007). 이러한 측면에서 이근(2007)은 기술추격의 패턴을 경로추종형 추격, 단계생략형 추격 및 경로개척형 추격의 세 가지로 구분하고 있다.

물론 이러한 분류는 기업별 혹은 산업별 분석에서 더 유효하겠지만, 인도경제의 성장과정이 다른 성공적인 후발 추격국과는 달리 공업화 과정을 생략하고 서비스 산업에서의 추격이 먼저 일어났다는 점에서 단계생략형 추격 혹은 경로개척형 추격의 예로 들 수 있을 것이다. 예를 들어 한국기업들의 기술 추격 과정은 가전이나 자동차와 같은 산업에서 성공적으로 이루어졌다. 삼성과 같은 재벌그룹들은 점차적으로 DRAM과 같이 생산공정의 성숙도가 높은 동시에 과학집약도가 높은 우상단에 위치하는 산업으로 이동하였다. 물론 가장 최신의 반도체 칩의 생산을 위해서는 생산공정의 혁신이 필요할 수도 있다. 또한 한국기업들은 생산공정의 성숙도가 낮고 과학집약도는 높은 생명과학과 같은 새로운 분야로 이동하기도 하였는데, 이 분야는 기술추격이 가장 어려운 분야이며, 연구 및 학술기관의 총괄적 체계와 역동적인 국가기술체제가 결정적인 역할을 하는 분야다. 반면 인도기업들이 IT서비스 산업에 진입하였을 때 해당산업은 낮은 생산공정 성숙도와 낮은 과학집약도를 보이고 있었다. 하지만, 시간이 흐름에 따라 인도 서비스 기업들은 IT서비스를 '제품화(productionising)'하는 데 결정적인 역할을 하였다. 뿐만 아니라, 소프트웨어 프로세스 능력은 기업 조직에 체화되어 있다는 점, 해당 산업에서 성공하기 위해서는 인적자원 관리 능력, 분야별 지식(domain knowledge) 및 고객관리 등과 같은 또 다른 능력들이 필요하다는 점, 그리고 인도 IT서비스 기업들의 성장이 수요측면에서의 주요 변화를 선점하였다는 점 등을 고려한다면 시간이 흐를수록 이 산업에서 신규 기업들에 의한 기술 추격은 점점 더 어려워지게 되었다. 이러한 점들을 종합적으로 생각해 볼 때 왜 인도의 대규모 IT서비스 기업들이 중소기업들보다 훨씬 더 빨리 성장했는지, 왜 다른 나라의 IT서비스 기업들의 성과가 상대적으로 부진했는지를 이해하는 데 도움이 된다. 요약하면 인도기업들은 IT서비스 및 일반 제약 등 과학집약도가 낮은 산업들에서는 성공적인 성과를 거두었지만, 현재까지 연구개발 집약적 제약이나 생명과학 산업 등과 같은 과학집약적 산업에서는 여전히 고전하고 있다.

5. 결론

1990년 이후 인도경제의 성장은 단순히 서비스업 주도형 경제성장으로만 정의될 수 있는 것이 아니라, 2차산업과 서비스 산업 사이에 현저한 디커플링이라는 다소 특이한 패턴을 보이고 있다. 그 결과 2001~2009

년 기간 동안 인도 서비스 산업은 전체 경제성장의 약 2/3 가량을 설명하고 있는 반면, 제조업의 성장기여율은 17%로 축소되었다. 한편으로, 인도경제의 서비스화 현상은 인도와 비슷하게 서비스 산업의 비중이 높은 다른 많은 발전도상국에서 제조업의 부진으로 인하여 농촌의 유휴인력이 서비스 비공식 부문으로 유입되는 현상과는 차이가 나는데, 이는 인도의 서비스 산업의 평균적인 노동생산성이 제조업 평균에 비하여 월등히 높고 생산성 성장의 속도도 더 빠르기 때문이다. 다른 한편으로 인도는 1980년 경제가 도약한 이후, 서비스 산업의 생산성 상승은 가속화되고 있는 반면, 2차산업에서의 생산성은 둔화되고 있다. 이러한 현상은 다른 동아시아 추격들의 추격과정과 완연한 차이를 보이고 있다. 또한 인도는 국민소득수준이 상대적으로 낮음에도 불구하고 제조업과 서비스업 사이의 성장률의 상관관계가 1세대 신흥공업국가들 및 몇몇 선진국보다도 더 낮다는 특징을 보이고 있다. 이러한 패턴은 최근 세계시장에서 생산의 국제화와 정보통신기술의 발전에 힘입어 서비스 부문에 새로운 시장이 창출됨으로 인함이며, 그 결과 인도에 기존의 추격국과는 다른 추격 경로를 따를 수 있는 기회가 주었다는 사실과도 연관이 있다.

본 연구에서는 서비스화와 관련된 기존 가설들이 이러한 인도 경제의 서비스화 과정을 설명하기 어려움을 보인 뒤 이를 기술 비약의 관점에서 설명하려 시도하였다. 즉, 하드웨어 기술이 클라이언트-서버 시스템으로 전환됨에 따라 IT서비스와 관련된 국제시장이 새로이 창출되면서, 인도의 IT서비스 산업은 도입기 기술의 초기 물적 투자와 숙련 및 기술 취득 비용과 관련된 낮은 진입비용의 혜택을 누렸다. 뿐만 아니라, 산업의 특성상 대규모 투자가 불필요하며, 영어에 익숙한 노동력이 풍부하다는 점, 그리고 초기 컴퓨터 관련 기술인력에 대한 투자 등이 인도 IT서비스 산업에서의 진입비용을 낮추는 데 크게 기여하였다. 또한 과학 및 기술적 지식 취득 비용 및 외부성 창출을 위한 지리적 여건 등과 같은 도입기 후발자에게 불리한 측면들은 제조업에 비하여 상대적으로 낮은 비용을 수반하였는데, 이는 IT서비스 산업이 다른 신성장 산업과는 달리 과학기술 및 연구개발에 의존하는 정도가 약할 뿐 아니라, 다른 한편으로는 정보통신분야에서의 기술발전은 원거리에서도 지식원에 접근하고 고객과의 장기적 관계를 지속하는 것을 가능하게 하였기 때문이다.

국제시장에서 IT서비스 산업에 성공적으로 진입한 선도적 인도 서비스 기업들은 이후 관련 분야 제품인증에서도 선도적인 지위를 점하고, 역외개발센터, 근접개발센터 등 전략적, 조직적 혁신을 활용하여 자신들의 경쟁적 지위를 강화해 나갔으며, 해당 산업이 점차 성숙해짐에 따라 고유의 숙련 및 경험을 축적하게 되었는데, 이는 인도가 IT서비스 산업에 진입할 당시 존재하였던 정도의 수요 측면의 호조건이 다시 발생하기 어렵다는 점과 함께 후발자에 대한 경쟁우위를 지속할 수 있도록 도와주었다.

그러나 인도의 경제추격에 대한 새로운 해석을 제안한다는 긍정적인 기여에도 불구하고 '비약론'에 대한 국제비교의 관점에서 일반화된 직접적인 증거가 불충분하다는 점은 이 연구의 한계로 남아 있다. 정무섭(2009)에서 시도된 바와 같은 기업 수준의 기술추격 연구는 이러한 공백을 매울 수 있는 좋은 연구결과이며, 더 나아가 국가 간 경제추격의 유형화를 위한 정량적 분석 역시 필요하다. 이러한 분석들은 차후의 과제로 남겨 둔다. 다른 하나의 연구과제는 임덕순 외(2005) 및 임덕순 · 한지은(2006)에서 시도하고 있는 바와 같이 인도 서비스 산업의 추격 및 비약을 국가혁신체제의 틀 내에서 다시 재해석하고 엄밀하게 분석해 보는 것이다.

| 참고문헌 |

이근, 2007, 『동아시아와 기술추격의 경제학』, 박영사.

임덕순 · 이명진 · 이춘근 · 김기국 · 홍성범 · 최은정, 2005, 「BRICs 국가들의 부상과 과학기술정책적 대응방안」, 과학기술정책연구원.

임덕순 · 한지은, 2006, 「BRICs 국가들의 부상과 과학기술정책적 대응방안(인도)」, 과학기술정책연구원.

정무섭, 2009, 「한국, 인도 IT 서비스기업의 생산성 비교 및 경쟁력 원천 분석」, 경제추격연구소 2009 정기학술대회 발표자료.

정무섭 · 박번순, 2009, 「인도경제의 이중구조와 활용방안」, *SERI Issue Paper* 2009.11.20.

조충제, 2007, 『인도경제의 서비스화와 특징』, 남아시아 경제연구회.

Amiti, M. and S.-J. Wei, 2004, "Fear of Service Outsourcing: Is It Justified?," *NBER Working Paper Series* 10808.

Arora, A., V. S. Arunachalam, J. Asundi, and F. Ronald, 2001, "The Indian Software Services Industry," *Research Policy*, 30(8): 1267-87.

Athreye, S. S., 2005, "The Indian Software Industry and Its Evolving Service Capability," *Industrial and Corporate Change*, 14(3): 393-418.

Baumol, W. J., 1967, "Macro-economics of Unbalanced Growth: "The Anatomy of Urban Crisis," *American Economic Review*, VII: 415-426.

Clark, Colin, 1940, *The Conditions of Economic Progress*, London: Macmillan.

Dasgupta, S. and A. Singh, 2005, "Will Services Be the New Engine of Indian Economic Growth?," *Development and Change*, 36(6): 1035-58.

________, 2006, "Manufacturing, Services and Premature Deindustriali-zation in Developing Countries: A Kaldorian Analysis," UNU-WIDER Research Paper no. 2006/49.

Ethiraj, S. K., P. Kale, M. S. Krishnan, and J.V. Singh, 2005, "Where Do Capabilities Come from and How Do They Matter? A Study in the Software Services Industry," *Strategic Management Journal*, 26: 25-45.

Fisher, A. G. B., 1939, "Primary, Secondary, Tertiary Production," *Economic Record*, June: 24-30.

Francois, J. F. and K. A. Reinert, 1996, "The Role of Services in the Structure of Production and Trade: Stylized Facts from Cross-Country Analysis," *Asia-Pacific Economic*

Review, 2(1).

Friedman, T., 2005, *The World Is Flat: A Brief History of the Twenty-first Century*, New York: Farrar, Straus and Giroux.

Gerschenkron, Alexander, 1962, *Economic Backwardness in Historical Perspective*, Cambridge: The Belknap Press of Harvard University Press.

IMF, 2006, *World Economic Outlook: Financial Systems and Economic Cycle*, September 2006.

Indian Ministry of Finance, 2009, Economic Survey 2008-2009 http://indiabudget.nic.in/

Joseph, K. J., V. Abrahm, and H. Mallick, 2009, "Service Sector in India's Economic Resurgence," mimeo.

Krishnan, R. T. and PG. N. Rabhu, 2002, "Innovation in the Indian Information Technology Industry: A Study of the Software Product Development Process," *Science, Technology & Society*, 7(1): 91-115.

Krishnan, R. T. and K. Kumar, 2003, "Emerging Market Companies Ascending the Value Curve: Rationale, Motivation & Strategies," Paper presented at the Strategic Management Society Mini-conference on *Strategic Management in Emerging Economies: Challenging the Conventional Wisdom*, Hong Kong, December 18-19, 2003.

Mathews, J. A., 2002, *Dragon Multinational: A New Model for Global Growth*, New York: Oxford University Press.

Mowery, David C., 1999, "The Computer Software Industry," In David C. Mowery and Richard R. Nelson (eds.), *Sources of Industrial Leadership: Studies of Seven Industries,* Cambridge: Cambridge University Press, pp. 133-168.

Nasscom, 2002, *Software Industry in India 2001-02,* New Delhi: National Association of Software and Service Companies.

Perez, C. and L. Soete, 1988, "Catching Up in Technology: Entry Barriers and Windows of Opportunity," in G. Dosi (ed.), *Technical Change and Economic Theory*, London and New York: Pinters Publishers.

Pilat, D. and A. Wolfl, 2005, "Measuring the Interaction between Manufacturing and Services," *OECD STI Working Paper* 2005/5.

Porter, Michael E., 1990, *The Competitive Advantage of Nations,* New York: Macmillan.

Sridharan, E., 2002, "The Capacity for Innovation and the Trajectory of the Indian IT Industry," *Science, Technology & Society*, 7(1): 3-11.

Walters, R., T. Stapleton, and R. Andrews, 2007, *India's Services Sector: Unlocking Opportunity*, Austrialian Government, Department of Foreign Affairs and Trade.
Wong, P-K., 1999, "National Innovation Systems for Rapid Technological Catch-up: An Analytical Framework and a Comparative Analysis of Korea, Taiwan and Singapore," Paper presented at the DRUID Summer Conference, Rebild, June 9-12.

제2부

비아시아 주요 국가의 흥망성쇠

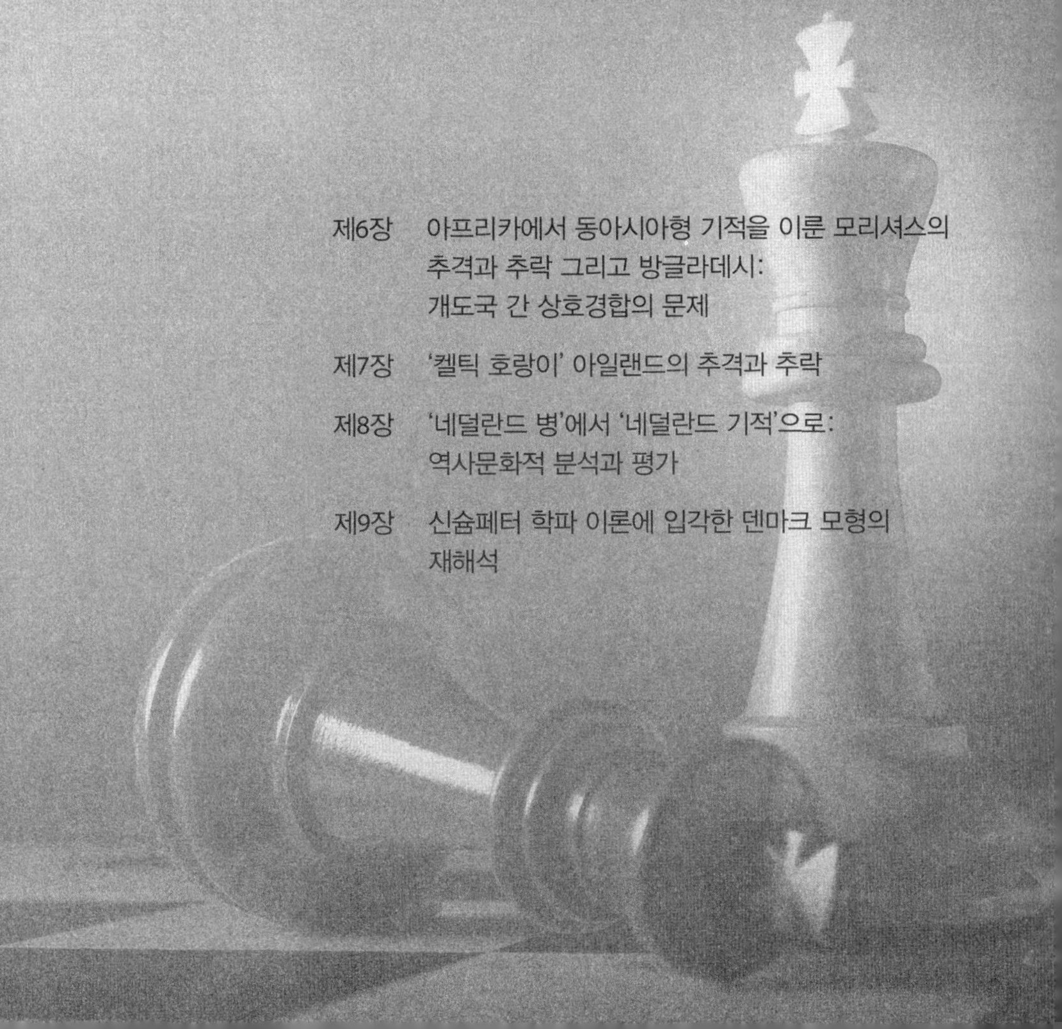

제6장

아프리카에서 동아시아형 기적을 이룬 모리셔스의 추격과 추락 그리고 방글라데시: 개도국 간 상호 경합의 문제

Sanika Sulochani Ramanayake 서울대학교 경제학부 박사과정

박준기 서울대학교 경제학부 석 · 박사통합과정

이근 서울대학교 경제학부 교수

1. 서론
2. 두 가지 가설: 제도가 중요한가 수출성장이 중요한가
3. 모리셔스의 경제발전
4. 모리셔스의 섬유의류산업
5. 요약과 결론

1. 서론

1960년대를 시작으로 1990년대까지 이어진 모리셔스(Mauritius)의 경제 추격에 대해 Subramanian and Roy(2001)는 아프리카 버전의 동아시아의 기적이라며 격찬한 바 있다. 모리셔스의 눈부신 경제성장은 다른 많은 연구에서도 흥미로운 관심 대상이었고, 많은 학자들은 그 경제성장을 주변의 아프리카 국가들뿐만 아니라 라틴아메리카 및 아시아의 많은 국가들에서도 보기 드문 성취로 평가해 왔다. 1990년대 초반까지 모리셔스가 매우 강력한 보호주의 경제체제였던 것을 고려하여, 그 경제성장은 비대칭적 개방정책(heterodox opening: 수입은 제한 수출은 개방) 혹은 동아시아 식의 무역체제 덕분이라는 견해들이 있다. 반면 수브라마니안과 로이는 모리셔스 경제 기적의 근간에는 안정적인 민주주의 정치체제와 민족적 다양성과 같은 좋은 제도들이 중요한 역할을 했다고 주장한다. 반면에 섬유의류산업에 대한 비대칭적 보호 정책과 같은 요인들은 상대적으로 덜 중요했다고 주장한다. 그러나 2000년 이후 모리셔스 경제는 추락하는 실질 GDP 성장률과 1인당 GDP 성장률, 섬유의류산업을 필두로 한 수출성장률의 뚜렷한 감소 추세 등 각종 지표에서 성장둔화와 경제쇠퇴의 징후를 보이고 있다. 여전히 '좋은' 제도들이 유지되고 있음에도 불구하고 모리셔스의 기적이 사라지고 침체의 길을 걷고 있다는 것은 제도적 요인을 강조했던 기존의 수브라마니안과 로이의 이론만으로는 모리셔스 경제의 부침을 설명하기에 충분하지 않다는 것을 시사한다.

역사적 사실에 비추어 볼 때 저소득 국가들이 저임금의 저부가가치 산업을 통한 수출에 기대어 어느 수준 정도까지 경제추격을 하는 것은 그다지 희귀한 사례는 아니다. 모리셔스 역시 섬유의류산업과 거대 규모의 설탕산업을 촉매로 경제성장을 달성하였고, 최근 방글라데시의 경우 역시 그들의 경제부상 뒤에는 섬유의류산업이 자리잡고 있다. 하지만 이런 방식의 경제성장은 종종 머지않아 수그러들고 만다. 산업이 발전할수록 임금은 계속 상승하고 종국에는 생산비용의 상승으로 이어져 동일산업 내 다른 경쟁국들과의 수출경쟁에서 살아남기 힘들기 때문이다. 산업 구조 업그레이딩 없이 저부가가치 산업만을 통해서는 경제성장을 지속하려 해도 일정 수준 이상으로 발전하기 어려운 이유가 바로 여기에 있다.

이 장에서는 모리셔스의 경제발전 경험과 최근 약진하는 방글라데시의 성장을 비교하며 개도국들 간의 소위 '상호경합문제(adding-up problem; Spence, 2011)'를 보이고자 한다. 상호경합문제는 비교우위가 저부가가치 상품 생산에 있는 개발도상국들이 국제시장에 같은 종류의 제품을 동시에 쏟아낸다면 결국 그 제품의 상대가격은 하락하고 관련 산업의 이윤은 낮아지게 되는 현상을 일컫는다. 이 개념은 서로 비슷한 제품을 생산하는 개발도상국들이 제 살 깎아먹기 식으로 자신의 임금을 낮추어 경쟁할 수밖에 없어 중진국 함정(middle income countries trap)에서 헤어나올 수 없는 현상을 설명할 수 있다. 이 함정을 성공적으로 극복한 한국과 대만의 선례(Lee and Mathew, 2012)를 보면 낮은 부가가치에 머무르는 기존 산업들을 좀 더 높은 고부가가치 단계로 발전시킬 뿐 아니라 지속적으로 잠재력이 있는 새로운 산업들을 발굴하여 진입하는 것이 중요함이 시사된다.

이 장에서는 먼저 한때 기적이라 칭송받은 모리셔스 경제발전에 대해 대립되는 두 가지 관점, 즉 제도지상주의 관점(Institution-supremacy View)과 수출중시주의 관점(Export growth-matter view)에 대해 다룬 후, 모리셔스 경제의 과거 발전사와 현재의 쇠락을 조명한다. 이후 모리셔스 섬유의류산업의 부침을 방글라데시 섬유의류산업의 약진과 비교조명하고, 그 시사점을 정리한다.

2. 두 가지 가설: 제도가 중요한가 수출성장이 중요한가

2-1. 제도지상주의: 기존의 학설

수브라마니안과 로이(Subramanian and Roy, 2001)는 『번영을 찾아서(*In Search of Prosperity*)』에서 모리셔스의 경제기적을 소개하며, "1960년과 1990년 사이의, 특히 1970년대 이후의 모리셔스 경제성장은 예외적으로 아주 뛰어난 것"이라고 평가하였다. 또한 모리셔스의 비대칭적 개방전략의 중요성을 논의하면서 "1970년대부터 90년대까지의 대부분의 시기에 수입은 매우 통제되었으며, 이런 수입제한에도 불구하고 수출이 잘 유지되었다는 것이 독특한 점이었다"고 평가하였다. 이처럼 세계시장으로의 수출개방과 전략적 수입제한정책, 그리고 자유로운 노동시장 등이 모리셔스의 경제기적을 가져온 한 요인임에는 분명하나, 이것만으로는 예외적으로 눈부셨던 모리셔스의 경제성장을 설명하기에 불충분하다고 보았다.

그들의 핵심 주장은 무역정책이나 성공적 무역환경, 수출가공지역 설정 등과 같은 제도는 결코 모리셔스만의 독특한 점이 아니었으며, 비슷한 기회가 주어지고 유사한 정책을 펼쳤던 다른 개도국들은 실패한 가운데 모리셔스가 성공할 수 있었던 것은 그 이상의 무언가가 있었다는 것이다. 그 비결은 바로 독립 이래로 내려오던 탄탄한 각종 참여형 제도 및 민주정부와 같은 좋은 제도들이야말로 "모리셔스 성장 기적의 근본"이라고 주장하였다. 또한 모리셔스의 민족적 다양성과 지리적 요인 역시 성장에 중요한 요소였다고 평가하였다. 다양성은 참여정치제도에 대한 요구를 낳고 여러 가지 긍정적 외부효과를 창출하여 지속적인 안정성 유지, 법과 질서의 확립, 법에 의한 지배 및 갈등 중재의 전통을 꽃 피웠으며 이를 통해 외부 세계와의 연결고리를 탄탄히 할 수 있었다.

수브라마니안과 로이는 모리셔스의 민족적 다양성과 수출가공지역이 외국인직접투자(Foreign Direct Investment, FDI)를 유치하는 데 긍정적이었다고 주장한다. 일례로 홍콩의 기업가들은 홍콩에 할당된 수출쿼터 한도를 회피할 목적의 대안 투자처로 모리셔스를 택하였는데, 이 과정에서 모리셔스에 거주하던 소수의 중국계 주민들이 중요한 가교가 되었다. 그리고 이렇게 시작된 홍콩의 직접투자를 시발점으로 모리셔스에 외국인 투자바람이 불어왔다. 이러한 민족적 다양성의 혜택은 중국계뿐 아니라 인도계 이주민에 의한 금융부문 성장의 예에서도 잘 드러났다.

또한 그들은 모리셔스의 경제성장에 그들의 민주주의가 얼마나 혁혁한 공헌을 해 왔는가에 대해서도 설명하였다. 그들의 주장에 따르면 모리셔스에는 가나나 나이지리아와 같은 아프리카 국가들과 달리 경제적 권력과 정치적 권력이 한 집단에 의해 장악되어 있지 않고 공생적인 관계를 이루며 적절히 분할되어 있었다. 일례로 모리셔스의 설탕산업의 경우 주로 인도계 주민이 장악하고 있는 정치권력과 비(非)인도계 주민들이 주도하는 경제 엘리트들 사이에서 적절한 이익분배가 이루어져 그

산업이 성공할 수 있었다. 나아가 강력한 개입, 막대한 보조금 지급, 수출가공지역으로 대표되는 표적 육성정책 등 다른 국가에서는 쉽사리 따라하기 힘든 국제화 전략의 핵심 요소 뒤에는 개입주의 정책을 관철시키고 성공할 수 있도록 구름판이 되어 준 모리셔스의 수준 높은 제도와 정치과정이 전제되었기 때문이라고 주장한다.

2-2. 수출 유지의 중요성

왜 경제성장은 대개 장기간 지속되기 어려운가? 왜 성장은 오래지 않아 이내 막을 내리고 마는가? 보통 한 국가가 높은 경제성장률로 빠르게 선진경제를 추격을 하는 경우 그 국가 내의 임금 역시 함께 상승한다. 그러므로 같은 산업 내에서 더 이상 이전과 같은 낮은 수준의 임금을 지불하는 것이 불가능하게 된다. 저임금 기반의 저부가가치 수출산업으로 이루어진 모리셔스 역시 그 한계가 명백하게 드러났다. 노동집약적 산업의 성장과 함께 모리셔스의 임금 또한 상승하였는데 그 수준은 현재 어느 다른 개발도상국보다도 높아 자국 상품의 가격경쟁력을 떨어뜨리고 있다. 2000년 이후 모리셔스는 격화되는 세계경쟁과 경쟁국에 비하여 높아지는 자국의 임금에 부딪혀 수출이 둔화되기 시작했다. 그리고 바로 이 시기부터 국가 전체의 경제성장도 쇠락의 길을 걷게 되었다. 이렇듯 수출의 둔화와 모리셔스의 쇠락 간의 관계는 개도국에서의 수출성장률 변화는 선진국에 있어서보다 더욱더 중요함을 시사한다.

그렇다면 왜 개도국에서 수출 성장이 더욱 중요한 것일까? 모든 나라에 있어 투자는 아주 중요한 성장의 결정요인으로 알려져 있다. 하지만, 앞의 1장에서 설명하였듯이, 투자재(investment good)를 생산할 능력이 사실상 없는 대부분의 개도국은 해외로부터의 수입에 의존하여 이를 얻는 방법 외에는 뾰족한 수단이 없다. 수입을 위해서는 외환이 필요할 것이고 이는 결국 자국 생산품의 수출을 통해서 얻는 방법밖에 없다. 이 때문에 개도국의 성장에서는 수출이 매우 중요한 것이다.

3. 모리셔스의 경제발전

3-1. 모리셔스의 역사

모리셔스는 인도양의 서쪽 바다(아프리카 대륙의 동부 연안)에 위치한 아프리카의 작은 섬나라다. 100만을 조금 넘는 주민들이 약 2,040km^{2}의 작은 섬에 모여 사는 모리셔스 공화국은 방글라데시나 홍콩, 싱가포르에 견줄 만큼 높은 인구 밀도를 자랑한다. 종교적으로는 힌두교가 대다수를 이루며, 가톨릭, 이슬람, 성공회가 병존하고 있다. 주요 민족 역시 대다수를 차지하는 힌두교계에 이어 프랑스계 모리셔스 인, 흑인 크레올(Creole)계, 무슬림, 화교 등으로 구성되어 있다.

모리셔스는 1658년 네덜란드에 의해 처음 식민지가 되었으며, 그 당시 네덜란드의 지배자인 모리스 반 낫소(Maurice Van Nassau) 왕자의 이름을 따 모리셔스라 명명되었다. 이후 1722년 프랑스가 잠시 이 섬의 주인이 되었고, 곧이어 나폴레옹 전쟁 시기 이 섬의 소유권을 두고 프랑스와 영국 간의 전쟁이 반복되었다. 육지와 바다를 오가는 많은 전쟁 끝에 1810년 모리셔스를 비롯한 인근 해역의 섬들은 영국의 지배 하에 놓이게 된다.

그 후 한 세기 반이 흘러 1968년 3월 12일 모리셔스는 비로소 독립을 쟁취하였다. 독립을 얻어내는 데는 주민의 대부분을 차지하는 힌두교계의 노력이 컸다. 이때 힌두교계를 이끌던 지도자 시우사구르 람굴람 경(Sir Seewoosagur Ramgoolam)은 1968년 독립 이래 1982년까지 초대 수상으로서 나라를 이끌었다. 이후 1982년부터 1995년은 애너루드 주그너스 경(Sir Anerood Jugnauth)이, 1995년에서 2000까지는 초대 수상의 아들인 나빈 람굴람(Navin Rangoolam)이, 그리고 2000년 이래로 지금까지는 애너루드 주그너스 경이 대통령, 나빈 람굴람이 수상직을 맡아 나라를 이끌어 오고 있다.

훗날 국부(國父)가 된 시우사구르 람굴람 경은 분열된 다민족을 특징으로 하는 모리셔스에 독립 직후 헌법에 의거한 민주정치를 도입하여 정치 시스템을 놀랍도록 안정적으로 유지하였다. 통상 다민족 국가에서 정치적 안정성을 도모하는 것은 쉽지 않은 일이고 더욱이 이를 기초로 경제적 안정까지 이루는 것은 매우 어려운 일이다. 그러나 모리셔스는 지속적으로 민주주의와 정치적 안정성을 확립해 나가 '기적의 경제'를 이루는 토대를 마련했다. 수브라마니안과 로이는 자신들의 연구에서 모리셔스의 경제적 성공은 민족적 다양성, 정치적 안정, 그리고 민주주의 덕분이었다고 평가하였으며 모리셔스는 이러한 요소들을 지금까지도 잘 유지하고 있다. 그리고 현재 모리셔스는 세계은행(World Bank) 기준으로 상위 중소득 국가(upper-middle income country)에 해당한다.

3-2. 모리셔스의 경제구조와 성장

1968년 영연방으로부터 독립한 모리셔스는 1인당 GDP가 260달러 정도에 불과한 저소득국가였다. 그러나 불과 20년 만에 2,100달러 수준의 1인당 GDP를 달성하여 중진국에 진입하였고, 2005년에는 4,500달러 수준에까지 도달하였다. 다양한 산업이 모리셔스 경제에 영향을 주었지만 그중에서도 설탕산업, 섬유의류산업, 그리고 관광산업이 가장 중요했고 이들 세 가지 주요 산업의 변동에 따라 모리셔스 경제는 부침을 거듭하였다. 독립 이전부터 이미 막대한 수출 역량을 갖췄던 설탕산업은 1968년 GDP의 35%를 차지하고 전체 수출의 96%를 차지할 만큼 모리셔스를 지탱하는 핵심 산업이었다(Jeetah, 2005). 당시 전 국토의 경작지의 90%는 사탕수수 재배에 사용되었고 대략 수출소득의 5분의 1이 줄곧 그로부터 나왔다(Subramanian and Roy, 2001). 유럽과의 특혜무역협정(Preferential Trade Arrangements)을 통해 세계시장가격에 비해 세 배나 높은 설탕 가격을 수년간 보장받았던 것은 이 작은 섬에 큰 선물이었다(Ackbarally, 2006). 덕분에 모리셔스가 수 차례 경기변동을 겪어 오는 동안에도 설탕산업은 고용을 창출하고 수출신장을 달성하며 초기 모리셔스 경제발전의 중요한 선두주자가 되었다. 이 산업이 곧 오늘날의 모리셔스를 있게 한 시작이다.

한편 60년대 초기 도입된 수입대체전략(import substitution strategy)은 실업을 방지하고 삶의 질을 향상시켰으며 빈곤을 경감시켰다. 이후 국가의 경제전략은 수출지향전략(export-oriented strategy)과 경제의 다각화에 초점이 옮겨졌다. 그 결과 1971년 수출가공지역(Export Processing Zones, EPZs)이 설치되었고, 동시에 관광산업 발전 역시 촉진되었다(Jeetah, 2005). 수출가공지역은 거의 30여 년 간 다양한 변화를 거치며 발전해 왔고 모리셔스 경제에서 가장 중요한 역할을 담당해 왔다. 수출가공지역의 변천사는 곧 모리셔스 섬유의류산업의 발전과 성공 그 자체였다.

수브라마니안과 로이는 모리셔스의 수출가공지역이 섬유의류산업에 가져온 엄청난 영향을 다음과 같이 설명하였다.

> 1973년에서 1999년 사이 모리셔스의 실질 GDP 성장률은 한 해 평균 5.9%에 이르는 대단한 성장세를 보였다. 같은 기간 아프리카 대륙의 평균 성장률은 2.4%에 불과하였다는 사실에 비추어 볼 때, 40여 년 간에 걸쳐 3.5배에 달하는 평균 소득의 증가를 달성한 모리셔스 경제의 성과는 가히 눈부신 것이었다. 모리셔스는 1970년대까지는 괜찮았지만 낮은 성

장률을 보여 왔다. 그러나 1970년대 후반과 1980년대 초를 거치며 매우 높은 성장률을 구가하기 시작하였는데 그 비결 중 하나가 바로 수출가공지역이었다. 그리고 수출가공지역의 투자와 수출의 80% 가량과 일자리의 90%는 섬유의류산업으로부터 나온 것이다. 수출가공지역의 황금기는 바야흐로 1980년에 시작된 것이다.

수출가공지역 설립과정에서 필요했던 초기 투자자금은 설탕산업에서 나온 이익잉여금으로 충당하였다. 수출가공지역이란 구역 내에서 가공처리 및 생산된 수출품에 세제 혜택을 제공하는 동시에 그 생산과정에 필요한 수입원료 및 재료에도 관세를 부가하지 않는 보세 혹은 면세 기구의 일종이다. 문자 그대로 외국인에 특혜를 주어 투자를 적극적으로 유치하고 수입원료를 들여와 재가공 후 수출하는 특수산업지역인 것이다. 따라서 외부의 많은 국내 정책들이 이 지역 안에서는 유효하지 않고, 그 지역만을 위해 고안된 정책들이 독립적으로 시행 가능하다. 이와 같은 모리셔스의 노력은 결실을 맺어 수출가공지역 내의 섬유의류산업의 엄청난 성장을 낳았다. 현재까지도 이 산업이 모리셔스 제조업 중 제1의 산업이며 다음 절에서는 이 산업의 흥망과 모리셔스 경제의 쇠락을 집중적으로 조명한다.

한편 모리셔스의 관광산업 역시 중요한 공헌자였다. 그러나 그 기여는 시간이 지남에 따라 점차 감소하였다. 가베이(Gabbay, 1988)의 연구에 따르면 모리셔스의 관광산업은 여러 부침을 거듭했는데, 특히 관광산업의 특수성 상 세계경제의 위기 시기에는 산업 자체가 수축하기도 했다. 그중에서도 1973년 첫 번째 석유파동은 엄청난 타격을 남겼다. 위기직전인 1973년 한 해, 도착 관광객 수의 성장률이 39.3%에 이를 정도로 성황을 이룬 모리셔스의 관광업은 그해 말 석유파동의 타격을 입고 이듬해 7.2% 감소한 후 80년대 내내 정체상태를 보였다.

그 밖에 모리셔스의 경제변수들 역시 비슷한 경로를 보이며 변화해 왔다. 수브라마니안과 로이에 따르면 모리셔스의 기대수명은 1965년 61세에서 1996년 71세로 증가하였고, 이후 세계은행 자료에 의하면 2000년에는 72세, 2008년은 73세로 안정적인 단계에 이르렀다. 한편 초등교육률은 1980년 93%에서 1996년 107%로 증가하여 같은 기간 아프리카 평균 초등교육률이 78%에서 75%로 감소한 것과 극명한 대비를 이룬다. 소득불평등도 역시 인상적인 개선을 보였는데, 지니계수로 평가하면 1962년 0.5에서 1975년 0.42를 거쳐 1986~87년에는 0.37 정도까지 개선되었다.

3-3. 2000년 이후 모리셔스 경제성장의 쇠퇴

〈그림 6-1〉은 모리셔스의 1인당 GDP 성장률의 변화를 보여 주고 있다. 높은 성장률을 구가하던 모리셔스는 90년대 초 하락 추세로 반전하여 시간이 지날수록 성장률이 낮아지고 있다. 그리고 2000년 이후에는

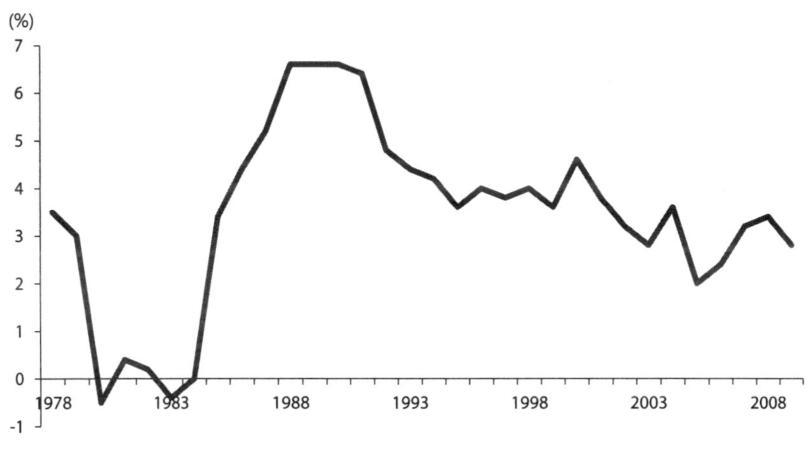

출처: 세계은행 세계발전지수(World Development Indicator)를 사용하여 산출.

〈그림 6-1〉 모리셔스의 1인당 실질 GDP 성장률 변화(5년 이동 평균)

결국 3% 이하의 성장률로 추락하였다. 〈표 6-1〉은 모리셔스 경제의 기적시기(2000년대 이전)와 그 이후의 시기(2000년대 이후)의 장기성장률을 보여 주고 있다. 1973년부터 1999년까지 기적의 시기 동안 연 환산 장

〈표 6-1〉 모리셔스의 장기성장률 변화

기간	1990년대 이전 (1977~1989)	1990년대 (1990~1999)	2000년대 이전 (1977~1999)	2000년대 이후 (2001~2009)
1인당 GDP 성장률(%)	3.2	3.9	3.5	2.7

출처: 세계은행 세계발전지수(World Development Indicator)를 사용하여 산출.

〈표 6-2〉 1976~2009년간 1인당 실질 GDP와 구매력으로 평가한 1인당 GDP의 변화

연도	1인당 GDP (미국 달러)	1인당 GDP (구매력 기준)	연도	1인당 GDP (미국 달러)	1인당 GDP (구매력 기준)	연도	1인당 GDP (미국 달러)	1인당 GDP (구매력 기준)
1976	1,627		1988	2,339	5,546	2000	3,861	9,154
1977	1,706		1989	2,425	5,749	2001	3,917	9,288
1978	1,743		1990	2,579	6,115	202	3,966	9,403
1979	1,776		1991	2,669	6,328	2003	4,069	9,646
1980	1,573	3,729	1992	2,805	6,651	2004	4,266	10,113
1981	1,643	3,895	1993	2,905	6,887	2005	4,284	10,158
1982	1,713	4,061	1994	2,981	7,068	2006	4,419	10,476
1983	1,702	4,036	1995	3,083	7,309	2007	4,634	10,987
1984	1,767	4,190	1996	3,222	7,639	2008	4,839	11,472
1985	1,878	4,452	1997	3,363	7,973	2009	4,917	11,658
1986	2,043	4,844	1998	3,530	8,369			
1987	2,207	5,233	1999	3,576	8,479			

출처: 세계은행 세계발전지수(World Development Indicator).

참고: 1인당 실질 GDP는 2000년 미국 달러 기준, 구매력기준으로 평가한 1인당 실질 GDP는 2005년 미국 달러 기준임.

기경제성장률은 3.5%였고 특히 90년대는 연 환산 3.9%의 장기성장률을 구가하였다. 하지만 이러한 고성장의 분위기는 2000년대 들어 연평균 2.7%로 추락하고야 만다. 무엇이 2000년대 이후 모리셔스 경제성장의 쇠퇴를 야기한 것일까? 그 원인을 찾기 위해 모리셔스 경제에서 가장 중요했던 섬유의류산업 및 그 수출의 변화에 대해 면밀히 살펴보도록 하자.

2000년대에 들어 모리셔스의 섬유의류산업은 외관상 큰 변화를 보였다. 먼저 전체 수출가공지역(EPZ)의 수출액 중 섬유의류산업의 수출액 비중, 전체 수출액 중 섬유의류산업의 수출액 비중, 전체 수출액 중 수출가공지역의 수출액이 차지하는 비중, 그리고 섬유의류산업 전체 수출액(〈그림 6-2〉) 모두 2000년에 그 정점을 찍고 하락하게 된다. 또한 2005년 이후 모리셔스 경제 전체의 수출성장률 역시 지속적으로 감소하게 되는데, 2008년, 2009년, 2010년 모리셔스의 수출성장률은 각각 2%, -5%, -4% 수준까지 쇠퇴하였다.

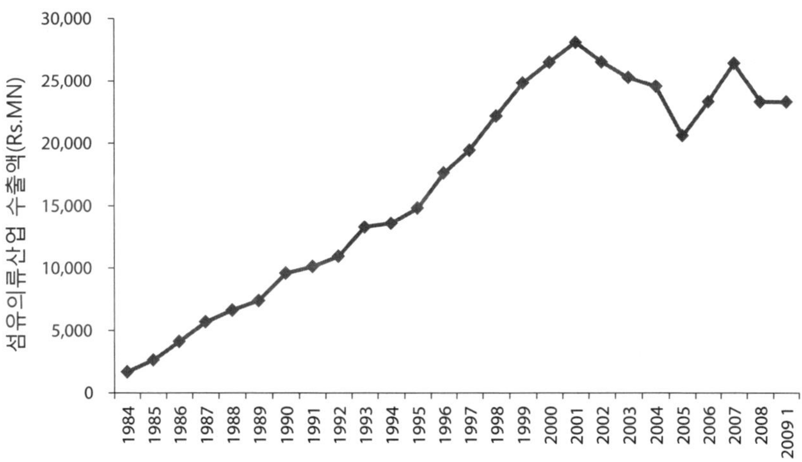

출처: 모리셔스 통계국(Statistics Bureau Mauritius).

〈그림 6-2〉 모리셔스의 섬유의류산업의 수출액(1984~2009)

둘째로 〈그림 6-3〉에서 나타나듯 수출가공지역 내 섬유의류산업의 기업 수는 지속적으로 감소하고 있다. 다만 의복부문은 그 감소 시점이 모리셔스가 한창 성장하던 1988년이었고, 직물용 실과 섬유 부문은 2001년 이후인 차이가 있다. 성장기의 기업 수의 증가세는 대단하였다. 의복부문의 기업 수는 1980년 42개였으나 불과 10년도 지나지 않은 1988년에는 408개로 급성장하였다. 그러나 2009년에 이르러 158개 수준으로 쇠퇴하였다. 직물용 실과 섬유를 생산하는 기업들 역시 1980년 9개로 시작하여 2001년 그 숫자가 최고 47개까지 성장하였으나 2009년에는 31개 수준으로 감소하였다.

셋째로 〈그림 6-4〉에서 보듯 수출가공지역이 창출했던 많은 일자리가 1990년대를 기점으로 남녀 구분 없이 모두 정체되었고 2001년 이후에는 급격한 하락세를 보여 이 지역의 고용창출능력이 크게 저하되고 있다는 사실이 잘 드러난다. 이처럼 위의 여러 증거들이 보여 주듯 모리

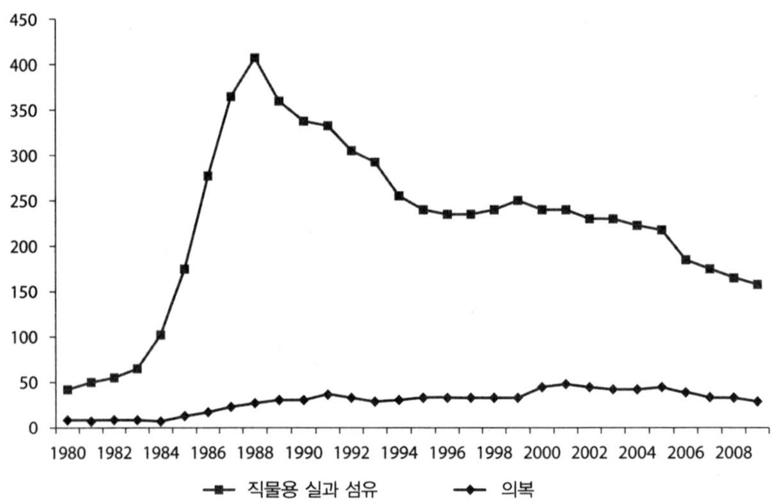

출처: 모리셔스 통계국(Statistics Bureau Mauritius).

〈그림 6-3〉 수출가공지역 내의 직물용 실과 섬유(Textiles Yarns and Fabrics) 및 의복(Wearing Apparel) 부문 기업 수의 추이(1980~2009)

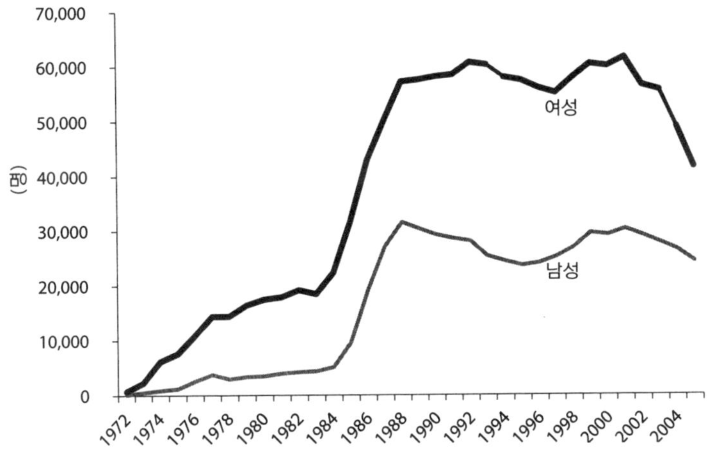

출처: 모리셔스 중앙통계청(Central Statistics Office).

〈그림 6-4〉 수출가공지역 내의 성별 고용 실태(1972~2005)

셔스는 자국의 제1의 제조업인 섬유의류산업 몰락과 함께 경제 전체도 급격한 쇠퇴의 길을 걷게 된다.

4. 모리셔스의 섬유의류산업

4-1. 모리셔스의 섬유의류산업 몰락의 원인

최근 섬유의류산업의 몰락의 일면에는 다자간섬유협정(Multi Fiber Agreement, MFA) 철폐의 영향이 있었다. 다자간섬유협정에 의한 쿼터제는 2006년 1월 1일부터 폐지되었는데, 모리셔스 상공회의소에 따르면 그해 섬유의류산업의 실질 성장의 감소가 -14.7%에 달할 정도로 치명적이었다. 맥나마라(McNamara, 2008)는 모리셔스 섬유의류산업에 가장 중대한 위협은 다자간섬유협정의 종말이었다고 평가했다. 각종 혜택을 가져다주던 쿼터제가 사라진 새로운 세상에서 경쟁력을 상실한 모리셔스 기업들은 떠오르는 아시아의 경쟁자들에 대항할 방법을 찾아야만 하는 거대한 압력을 받게 되었다.

그러나 다자간섬유협정의 종말과 쿼터제 없는 세계시장의 도래는 모리셔스뿐 아니라 수출가공지역과 섬유의류산업에 기반하여 성장해 온 다른 많은 개발도상국에게도 동일한 외부 조건이었다. 하지만 흥미롭게도 몇몇 국가들만이 쿼터제도폐지 이후 시기의 글로벌 시장경쟁 속에서 살아남았다. 방글라데시와 같은 뛰어난 생존자들은 다자간섬유협정의 종말에도 불구하고 오히려 수출이 증가하기도 하였다. 모리셔스 경제의 성장과 쇠락 뒤에는 수출가공지역이나 다자간섬유협정과 같은 제도의 유무가 아니라 그 이외의 요인이 있었던 것이다. 그것은 바로 모리셔스의 상대임금수준이었다.

모리셔스의 섬유의류산업이 무너지기 시작한 데에는 내부요인으로서 높은 국내 임금 수준이 치명적이었고, 동시에 외부 요인으로는 저임금 기반의 수출산업을 적극 육성한 방글라데시, 중국, 베트남 등 개발도상국이 대두하고 경쟁이 심화되어 세계 섬유의류산업이 한계화된 것이 큰 타격이었다(McNamara, 2008). 〈그림 6-5〉는 모리셔스를 포함한 몇몇 개발도상국의 월 단위 임금 수준을 제조업 부문에 한하여 1970~2008년까지 나타낸 것이다. 80년대 중반부터 모리셔스의 임금 수준이 급격하게 상승하고 있음이 잘 드러난다. 또한 중국, 인도, 파키스탄, 인도네시아, 필리핀 등 경쟁국에 비하여 모리셔스 국내 제조업의 임금 수준은 상당히 높다. 본래 빠른 속도로 성장하기 전까지는 모리셔스의 임금수준은 다른 개발도상국과 큰 차이가 없었다. 하지만 빠르게 경제추격을 하던 80년대 후반부터, 90년대를 지나 2000년대에 이르기까지 그 격차는 계속해서 증가하였고, 섬유의류산업의 쿼터 시스템이 이러한 격차를 지탱하던 버팀목이었다. 그러나 이러한 쿼터 시스템이

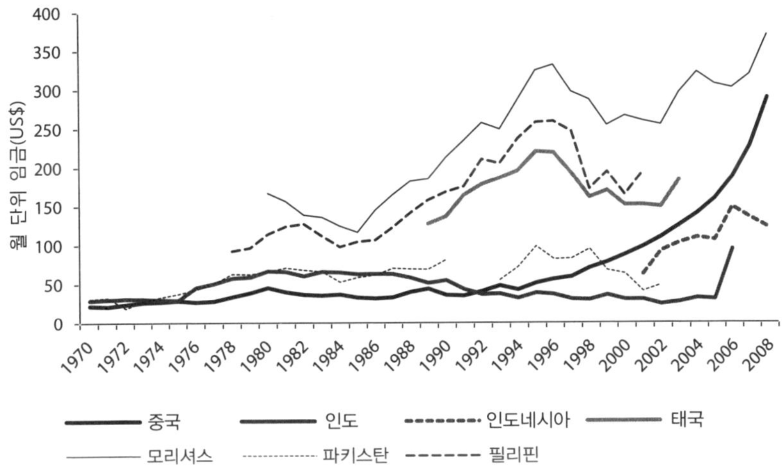

출처: 국제노동기구(International Labor Organization) 자료로 산출.

〈그림 6-5〉 여러 개발도상국 제조업 부문의 월 단위 임금

철폐되자 높은 임금 수준 하에서 모리셔스는 더 이상 세계시장에서 경쟁력을 유지할 수 없게 되었다.

높은 임금에 따른 파괴적인 영향은 종업원 1,300명 규모의 모리셔스 내 중국인 소유 회사인 'Tara Knitwear'의 사례에서도 잘 드러난다. 노동비용이 점차 더 비싸지자 1997년 Tara Knitwear는 노동력이 더 저렴한 마다가스카르의 의류 공장에 투자하게 된다(McNamara, 2008). 또 다른 문헌은 모리셔스가 완전 고용을 달성한 이후 임금 상승 속도를 따라잡을 만큼 충분한 생산성 향상이 이루어지지 않은 것이 가장 큰 문제점이라고 지적했다(World Bank, 1995). 게다가 비효율적이고 미숙한 노동력에 대해서도 모리셔스 기업경영자들의 불만이 컸고 결과적으로 중국, 스리랑카, 방글라데시 등으로부터 노동력을 수입하는 상황에 이르렀다(McNamara, 2008).

증가하는 국내 임금과 생산비용은 외국 투자자들에게도 큰 부담으로 다가왔다. 모리셔스의 외국 투자자들은 생산비용이 높은 국가로부터

사업을 철수하여 저렴한 노동력이 풍부하여 비용대비 효율성이 좋은 국가로 자본을 재배치하였다. 수브라마니안과 로이도 동의하듯 모리셔스의 수출가공지역(EPZ) 정책은 외국인 투자를 촉진시킴으로써 모리셔스의 기적을 가져왔었다(Romer, 1992). 그러나 쿼터시스템 폐지 이후 그 흐름은 역전되어 외국인직접투자의 대부분이 모리셔스를 빠져 나갔다. 높은 국내 임금으로 인해 더 이상 투자자들의 구미를 가져올 만한 저렴한 비용과 효율성을 제공해 줄 수 없게 되자 수많은 투자 자금이 이 아프리카의 작은 섬을 빠져 나간 것이다. 당시 상황을 맥나마라는 다음과 같이 서술했다.

> 처음 모리셔스를 떠난 것은 홍콩의 기업들이었다. 쿼터협정 폐지를 예상하고 그들은 공장을 중국으로 이전하였다. 오직 홍콩기반의 의류제조업체 하나만이 남았다. 거의 모든 외국인 소유의 기업들은 모리셔스로부터 철수하였고 작은 규모의 많은 현지 기업들 역시 문을 닫았다. 모리셔스는 방글라데시나 인도와 같은 저비용 제조업 국가들과의 높아오는 경쟁의 파고에 직면하였다(McNamara, 2008).

반면에 중국과 방글라데시와 같이 섬유의류산업을 육성하고자 하는 열망을 가진 개발도상국들은 저렴한 노동력을 무기 삼아 모리셔스로부터 빠져 나온 외국인직접투자를 유치하였다. 그중에서도 특히 방글라데시와 같은 나라들은 낮은 비용으로 고품질의 섬유의류를 생산할 수 있는 능력이 있었기에 많은 투자를 받을 수 있었다. 이미 쿼터제도가 폐지되기 이전에도 모리셔스의 현지 기업들 역시 국내 대비 노동생산성이 40% 이상 높은 중국, 방글라데시, 스리랑카의 우수한 노동력을 3년 계약 형식 등으로 수입해 왔다(McNamara, 2008). 그러나 섬유의류시장의 제반 환경 변화와 급격한 중국 섬유의류시장의 성장, 그리고 특히 다자간섬유협정(MFA)의 폐지는 많은 노동력이 중국으로 되돌아가는 현상을 촉발하였다.

생산의 질을 유지하면서도 임금 등 생산 비용을 지속적으로 낮게 유지하려는 경쟁도 개발도상국 간에 대두되기 시작하였다. 쿼터제도가 사라지면서 바이어들과 소비자들은 품질이 높으면서도 저렴한 상품을 찾는 경향이 두드러졌고, 이에 따라 기존의 생산수요는 낮은 비용으로도 양질의 물건을 생산할 수 있는 국가들 중심으로 재편되기 시작했다. 쿼터제가 사라진 세계 시장에서는 시장의 가격기능이 회복되어 한 국가의 임금상승은 즉각 그 국가가 수주한 주문량에 부정적 영향을 미치게 되었고, 이 과정에서 저렴한 비용으로 양질의 섬유의류를 생산하는 방글라데시는 유럽과 미국으로부터 막대한 양의 주문을 얻을 수 있었다. 자연히 모리셔스는 쿼터제도 없는 새로운 시대에서 기회를 잃고 중국, 인도, 인도네시아, 방글라데시와 같은 거대한 섬유의류 생산자들에게 그 자리를 내어주고 말았다. 모리셔스처럼 쿼터제도 철폐 이후 섬유의류 수출의 어려움을 겪거나 극단적으로 아예 그 산업이 붕괴되어 버린 나라에는 두바이, 사이판, 몰디브, 마다가스카르, 오만, 네팔, 브루나이, 바레인, 아랍에미리트 등이 있다(World Bank, 2004).

〈그림 6-6〉은 다자간섬유협정(MFA) 폐지 이후 미국이 몇몇 의류 생산국으로부터 수입한 제품의 단위가격 변동 추이를 나타내고 있다. 이 그림은 모리셔스 섬유의류산업이 왜 경쟁력을 상실하였는지 그 원인을 잘 드러내 준다. 모리셔스의 의류생산품은 높은 생산비용으로 인해 다른 생산국가들에 비하여 그 가격이 상당히 높았으며, 특히 다자간섬유협정 폐지 이후에도 비슷한 가격 수준을 유지한 제1의 대(對) 미국 의류수출국가인 중국과 네 번째 국가인 방글라데시와 비교할 때 그 경쟁력의 열위가 뚜렷하게 드러난다. 2009년 의류 1kg당 가격이 세계평균 16달러 20센트였던 반면, 모리셔스의 생산품은 26달러 96센트에 달

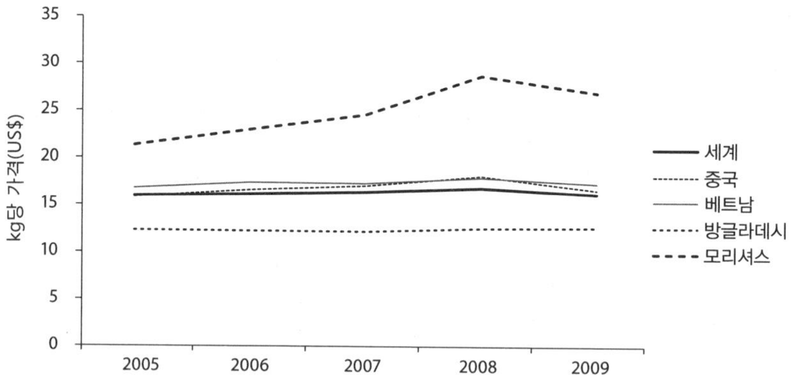

출처: 국제섬유의류기구(International Textile and Clothing Bureau; www.itcb.org).

〈그림 6-6〉 다자간섬유협정 폐지 이후 여러 의류생산국의 대(對) 미국 의류수출품 단위가격 변화(2005~2009)

하였다. 세계평균보다도 상당히 높은 수준이었으며 방글라데시의 12달러 66센트에 비교할 때 두 배 이상 비쌌던 것이다. 게다가 모리셔스 의류생산품 단위가격은 2005년 이후에도 꾸준히 상승했던 반면 이미 세계평균가격이나 중국에 비해서도 낮은 가격으로 의복을 생산할 수 있던 방글라데시는 지속적으로 최저가격 수준을 유지해 왔다. 맥나라마(2008)는 모리셔스의 가장 큰 섬유의류 제조업체인 'Star Knitwear'의 예를 들며 쿼터 폐지 이후 살아남기 위해 몸부림치던 당시의 상황을 잘 보여 주었다. 당시 Star Knitwear의 CEO는 인터뷰에서 "(우리 회사는) 방글라데시에 (가격적인 면에서) 전혀 상대가 될 수 없었다"라고 고백하기도 했다.

4-2. 방글라데시의 약진과 모리셔스의 쇠락

방글라데시는 남아시아에 속한 국가로 영국의 식민지를 거쳐 1947년 파키스탄의 한 주로 독립하였고 1971년에는 파키스탄으로부터 독립을 쟁취했다. 초기 방글라데시의 경제는 쌀, 황마 및 삼베, 밀, 담배 등 농산품에 크게 의존하고 있었다. 산업화를 통한 경제성장을 촉진하기 위해 방글라데시 정부는 외국인 투자를 끌어들이기 위한 '개방정책(Open Door Policy)'을 채택하였다. 그러한 노력의 일환으로 1980년 방글라데시 수출가공지역 관리청(Bangladesh Export Processing Zones Authority, BEPZA) 법령을 공포하였고 세계은행 부의장 로버트 맥나마라(Robert McNamara)의 조언에 따라 관련 법령에 의거 방글라데시의 수출 가공지역을 설치, 운영 및 총괄하는 정부기관으로 수출가공지역 관리청을 신설하고 운영에 들어갔다. 현재 방글라데시에서 운영되고 있는 수출가공지역은 총 8곳이며 2곳이 추가적으로 제안된 상태다. 수출가공지역은 방글라데시의 수출과 외국인직접투자의 급증, 고용 창출, 기술 이전, 각종 산업의 발전을 이끌며 경제 전체의 활기를 가져오고 있다(Yussuf, 2008).

방글라데시의 수출가공지역은 여러 공산품을 생산하고 있는데, 그중에서도 특히 '섬유의류생산'이 돋보인다. 국제섬유의류기구(International Textile and Clothing Bureau)에 따르면 방글라데시는 전체 수출품의 절반 이상이 섬유와 의류관련상품이고 대외적으로 보아도 세계 4위의 섬유의류 생산국이다. 방글라데시 섬유의류산업의 추격은 1980년대부터 시작되었고 지난 15년간 연평균 15% 이상의 성장률을 보였다. 해마다 섬유의류산업이 벌어들이는 외화와 고용창출은 두 자리 수 이상의 증가율을 보이며 성장했다(Haider, 2007). 1976년 방글라데시가 수출로 벌어들이던 총 이득의 0.001%에 지나지 않았던 미약한 산업이 2005년에는 75%에 육박할 정도로 엄청나게 성장한 것이다.

모리셔스의 경험에서 보았듯 2005년은 전 세계 섬유의류 생산국에게 매우 중대한 해였다. 모리셔스 섬유의류산업의 몰락처럼 다자간섬유협정 폐지 이후 방글라데시의 섬유의류 기업들도 같은 길을 걷게 될 것처럼 보였다. 그러나 그들은 살아남았고 오히려 인상적인 수출성과를 보이며 지속적으로 성장했다. 2004년 -0.43% 감소로 정체를 보였던 방글라데시의 의류수출 성장률은 2005년 69.07%의 기록적인 성장률을 보이는 기염을 토해냈다. 또한 섬유수출의 성과 역시 2004년 -18.5%의 성장률에서 2005년 29.9%의 성장률로 대반전하여 방글라데시 섬유의류산업의 성장을 이끌었다. 모리셔스나 다른 나라들처럼 방글라데시 역시 자신의 쿼터를 상실한 위기상황에서 이룬 쾌거이기에 더욱 놀라운 일이었다.

능력 있는 생산자에게 섬유의류시장의 쿼터제가 사라진다는 것은 곧 적극적으로 투자를 유치할 수 있는 절호의 기회나 다름없었다. 투자자들은 품질과 생산비용의 두 가지 관점에서 투자처를 물색하였고 외국인 투자자들의 구미를 가장 당기는 곳이 바로 방글라데시였다. 투자자들은 다자간섬유협정 폐지 전후로 모리셔스와 같은 나라에서 투자자금을 회수하여 투자매력이 높은 중국, 인도, 방글라데시에 재배분하였다. 1993년 방글라데시로 흘러 들어온 외국인직접투자의 규모는 1,400만 달러에 불과했지만 1995년 9,200만 달러 수준으로 증가하였고 2008년에는 무려 10억 달러 이상에 육박하였다.

실로 2005년의 다자간섬유협정 폐지는 세계 섬유의류시장의 혁명이었다. 자유무역시장의 개막으로 방글라데시의 지배적 수출산업인 의류산업과 그 후방산업인 직물산업은 전 세계의 생산자들과의 격렬한 경쟁에 그대로 노출되었다. 많은 연구들은 쿼터제도가 폐지된 이후 제3세계의 많은 저소득 국가들이 혜택을 보았듯이 세계시장에서의 경쟁력은 임금 등 생산비용을 낮춤으로써 유지할 수 있다고 보았다. 반면 최근 연구에서는 방글라데시처럼 생산비용을 낮게 유지하면서 동시에 높은 품질도 보장하는 생산능력도 중요하다고 보았다(Saxena and Salze-Lozac'h, 2010). 방글라데시 니트웨어 제조수출협회(Bangladesh Knitwear Manufactures and Exporters Association, BKMEA)의 회장인 파즈럴 하크

(Fazlul Haq)는 적시운송, 가격, 품질 등 모든 면에서 방글라데시가 다른 경쟁국에 비해 매력적이었고, 그 것이 바로 성공의 비결이었다고 답변하였다(Saxena and Salze-Lozac'h, 2010). 그러나 그중에서도 방글라데시가 경쟁국들을 물리치고 세계시장을 석권해 나갈 수 있던 가장 중요한 경쟁력은 역시 저렴한 생산비용이었다. 방글라데시의 한 섬유의류 공장주는 다음과 같이 자국의 가격경쟁력을 자랑했다.

> 수입업자들은 가장 적은 비용으로 생산한 저렴한 물건을 수입하고 싶어한다. 그리고 방글라데시는 그들에게 경쟁력 있는 가격을 제시할 수 있다. 임금의 상승에 따라 중국의 생산비용은 이미 가파르게 상승하고 있고, 다른 나라들의 의류생산비 역시 크게 다르지 않다.

〈그림 6-6〉에서도 볼 수 있듯 세계적으로 보아도 매우 낮은 방글라데시의 생산비용은 세계시장의 경쟁에서 살아남을 수 있는 강력한 무기이고, 최근 많은 연구와 자료에서 보듯 세계 제1의 거대한 섬유의류 생산자인 중국에게도 큰 압력을 가하고 있다.

지금까지 살펴보았듯 방글라데시 섬유의류산업이 이룬 쾌거는 모리셔스의 쇠락에 비추어 볼 때 더욱 두드러진다. 그리고 양국 간의 운명을 가른 결정적 요인은 명백하게 실질임금이었다. 그러나 오늘의 모리셔스는 내일의 방글라데시의 모습일지 모른다. 방글라데시의 발전 전략은 과거 모리셔스의 그것과 크게 다르지 않다. 결국 지금 모리셔스가 뛰어넘어야 할 장애물이 바로 질주하는 방글라데시가 언젠가는 맞닥뜨리게 될 운명일 수 있다.

5. 요약과 결론

모리셔스는 아프리카 판(版) 동아시아의 기적이었다. 모리셔스 경제의 눈부신 성장은 수브라마니안과 로이를 비롯한 많은 경제학자로부터 기적으로 칭송받았다. 그러나 이번 장에서 제시한 모든 자료, 사실, 분석 결과가 일관되게 말하듯 모리셔스의 경제성장은 둔화되었다. 과거 모리셔스 기적의 비결로 평가되던 좋은 제도와 정책들이 그대로 유지되고 있음에도 불구하고, 2000년대 이후에 들어서는, 1인당 GDP 성장률을 비롯하여 수출성장률, 섬유의류산업의 성장 등 많은 경제 성과들이 일제히 하향세를 가리키고 있다. 이러한 면에서 기존의 제도지상주의(institution supremacy view)만으로는 개발도상국의 장기적 성장 경로를 설명하는 데 한계가 있다고 볼 수 있다.

모리셔스의 경험은 저부가가치 상품과 저렴한 노동력에 기반한 수출 주도 성장 전략의 한계라고 볼 수 있다. 2000년대에 이르러 모리셔스는 자국의 임금 및 생산비용 상승, 값싼 노동력으로 무장한 경쟁국가의 대두와 세계 섬유의류시장의 경쟁 격화, 외국인직접투자의 유출과 방글라데시와 같은 경쟁국가로의 투자 유출 등 일련의 난관을 겪으며 점차 섬유의류시장에서의 입지를 상실하였다. 그리고 경제 전체 역시 쇠락의 길을 걷게 되었다. 이와 대조적으로 방글라데시는 값싼 노동력과 저렴한 생산비용을 필두로 섬유의류산업에서 번영을 이루고 있다. 그러나 빠른 경제추격을 하고 있는 방글라데시 역시 훗날에는 비슷한 문제에 봉착하여 지금의 모리셔스와 같은 길을 걷게 될 가능성이 크다.

모리셔스와 방글라데시의 경험은 상호경합문제(adding-up problem; Spence, 2011)의 전형적 사례다. 섬유의류산업과 같은 노동집약적 산업육성을 성장전략으로 삼은 개발도상국들이 비슷비슷한 상품으로 세계시장에 동시에 쏟아져 나오는 경우 상품의 상대가격 하락과 이윤감소에 봉착하게 되는데, 따라서 더욱 저렴한 임금 및 생산비용을 유지하기 위한 제 살 깎아먹기 식의 경쟁이 발생하는 것이다. 이것이 많은 개발도상국들이 중진국 함정에 빠지는 원인일 것이다.

상호경합문제와 같은 진퇴양난 상황을 타개할 해법은 명백하다. 바로 자국의 산업을 더 고부가가치 부문으로 업그레이드하거나 새로운 고부가가치 산업으로 진입하는 것이다(Lee and Mathews, 2012). 1980년대 한국과 대만 역시 임금상승으로 비슷한 문제를 겪었으나 성공적인 산업 업그레이드로 난관을 극복하고 선진국에 진입하였다. 중국 역시 현재 중진국 함정 속에 갇히게 될지 아니면 성공적으로 극복할지 그 기로에 진입한 것으로 보이는데 점차적으로 이 난관을 극복하고 있는 것으로 보인다(Lee, Eun, and Jee, 2011). 세계적 차원의 상호경합 문제를 해소하기 위해서는, 대표적인 저가품 생산국인 중국 같은 나라가 하루 빨리, 업그레이드 과정으로 나아가서, 남은 다른 후발국가들과의 경쟁 상황으로부터 자유로워지는 것이 필요하다. 그렇지 않으면 이는 다른 개도국들에게 재앙이다.

| 참고문헌 |

Gabbay, R., 1988, "Tourism," in R. T. Appleyard and R. N. Ghosh (eds), *Indian Ocean Island Development*, Canberra: National Centre for Development Studies, Australian National University, pp. 205–33.

Haider, Ziaul M., 2007, "Competitiveness of the Bangladesh Ready-made Garment Industry in Major International Markets," *Asia-Pacific Trade and Investment Review*, June, 3(1): 1-190.

http://www.highbeam.com/doc/1p1-130963758.html

Jeetah, R., 2005, "Honourable Minister of Industry, Small and Medium Enterprises, Commerce and Cooperative," Speech for Workshop on Textile and Apparel Industry: Meeting the Challenges of a Changing Industry, University of Mauritius, August 2005 (http://www.gov.mu/portal/site/industry-site/menuitem.83c13291f2973a4db3347524e2b521ca/ accessed on 16 September 2005).

Lee, K., M. Jee, and J-H. Eun, 2011, "Assessing China's Economic Catch-Up at the Firm Level and Beyond: Washington Consensus, East Asian Consensus and the Beijing Model," *Industry and Innovation*, 18: 487-507.

Lee, K. and J. Mathews, 2012, "Firms in Korea and Taiwan: Upgrading in the Same Industry and Entries into New Industries," edited by J. Cantwell and Ed Amann, *The Innovative Firms in the Emerging Market Economies*, Oxford University Press.

McNamara, K., 2008, "The Global Textile and Garments Industry: The Role of Information on and Communication Technologies (ICTs) in Exploiting the Value Chain," *InfoDev* (www.infodev.org/en/document, 582).

Romer, Christina D., 1992, "What Ended the Great Depression?," *Journal of Economic History*, December 1992, 52: 757-84.

Saxena, S. B. and V. Salze-Lozac'h, 2010, "Competitiveness in the Garment and Textile Industry: Creating a Supportive Environment, a Case Study of Bangladesh," *The Asia Foundation*, Occasional paper, No. 1, July 2010, pp. 1-53.

Spence, Michael, 2011, *The Next Convergence: The Future of Economic Growth in a Multispeed World*, New York: FSG Books.

Subramanian, A. and D. Roy, 2001, "Who Can Explain the Mauritian Miracle?: Meade, Romer, Sachs or Rodric?," D. Rodrik (eds.), *In Search of Prosperity*, Prinston University Press, New Jersy 08540, Chapter 8, pp. 205-243.

Wellisz, S., and P. Lam Shin Saw, 1993, "Mauritius," in R. Findlay and S. Wellisz (eds.), *The Political Economy of Poverty, Equity, and Growth: Five Small Open Economies*, Oxford University Press.

Wikipedia.com, 2011-01-05, Mauritius, www.wikipedia.org

World Bank, 1995, "Findings: 23105," *Mauritius: Sustaining the Competitive Edge, African Region*, April Number 37, pp. 1-5.

________, 2004, *Patterns of Africa–Asia Trade and Investment: Potential for Ownership and Partnership*, Washington, D.C.: Africa Region, Private Sector Unit.

Yussuf, A. A., 2008, “Exports Processing Zones (EPZs) in Bangladesh: An Attractive investment Destination,” Bangladesh Export Processing Zones Authority (BEPZA).

제7장

'켈틱 호랑이' 아일랜드의 추격과 추락

기지훈 서울대학교 경제학부 박사과정

김경준 KDB 산업은행

권재현 두산인프라코어

김지연 IBK경제연구소 연구위원

1. 서론
2. 외국인직접투자 유치와 켈틱 호랑이의 등장: 역량 형성과 기회의 창의 결합
3. 외국인직접투자의 변화와 켈틱 호랑이의 추락
4. 결론 및 시사점

1. 서론

세계적인 경제 주간지 『이코노미스트(*The Economist*)』는 1988년 아일랜드에 대한 보고서 "A survey of the Republic of Ireland"를 발간하면서 표지 제목을 "부국(富國) 사이의 최빈국(Poorest of the rich)"이라 붙이고, 아이를 안고 있는 여성이 길거리에 앉아 구걸하고 있는 모습을 표지 사진으로 실었다. 그러나 그로부터 불과 10년이 채 지나지 않은 1997년, 『이코노미스트』는 "유럽의 빛나는 불꽃(Europe's shining light)"이라는 표지 제목과 함께 아일랜드의 놀라운 경제성장을 특집으로 다루었다. 1990년대에 빠른 경제성장을 이룬 아일랜드는 '켈틱 호랑이(Celtic Tiger)'라는 별명을 갖게 되었다. 이는 1960년대부터 1990년대까지 높은 경제성장과 산업화를 기록한 '아시아의 4마리 호랑이(Four Asian Tigers: 대만, 싱가포르, 한국, 홍콩)'에 빗댄 표현이다. 2000년대에 들어서도 아일랜드 경제는 비교적 높은 성장률을 기록하였다. 그러나 이 시기의 경제성장은 1990년대의 경제성장과 구별할 필요가 있다(Teague, 2011). 1990년대는 외국인직접투자(Foreign Direct Investment, FDI)로 인한 컴퓨터/전자, 제약과 같은 제조업의 성장과 상품 수출 증가가 경제성장의 원동력이었다.

반면, 2000년대의 경제성장은 일부 외국인 투자가 저비용 국가를 찾아 아일랜드에서 철수하고, 아일랜드의 수출 증가율은 크게 둔화한 가운데, 소프트웨어, 금융 및 기업 서비스 산업의 성장과 부동산 가격 상승에 따른 건설 경기 호황에 의한 것이었다. 2000년대 초부터 켈틱 호랑이 추락의 씨앗이 싹트고 있었던 셈이다. 그리고 그 추락은 2007년 부동산 시장 거품 붕괴와 함께 시작되었다. 1996년부터 약 10년간 평균 5배 이상 상승했던 아일랜드 주택가격[1]은 2007년부터 급락하며 부동산 시장 거품 붕괴의 서막을 올렸다. 이 여파로 아일랜드는 금융위기와 재정위기를 잇따라 겪었으며, 아일랜드 정부는 결국 2010년 11월 21일 EU와 IMF에 850억 유로 규모의 구제금융을 요청하였다. 아일랜드 경제도 2008년부터 추락을 시작하여 3년 연속 마이너스 경제성장률을 기록하였다.

제7장에서는 아일랜드의 1980~90년대의 경제 추격, 그리고 2000년대 이후 추락의 요인을 분석한다. 이 분석에서 외국인직접투자를 빼놓을 수 없다. 아일랜드의 1990년대 고성장은 수출지향적인 외국인직접투자를 전략적으로 유치한 결과이기 때문이다(Barry and Bradley, 1997; Sachs, 1997; Breathnach, 1998; Gorg and Ruane, 2000; Enterprise Strategy Group, 2004 - Horner and Aoyama, 2009에서 재인용). 그런 점에서 '1990년대 아일랜드의 성공적인 경제 추격 원인이 무엇인가'라는 질문은 '아일랜드가 어떻게 외국인직접투자를 성공적으로 유치할 수 있었는가'라는 질문으로 구체화된다. 2000년대에 들어서 아일랜드의 경제에 발생한 변화 역시 1990년대 아일랜드 경제성장의 원동력이었던 외국인직접투자의 변화에서 비롯되었을 것이라고 짐작할 수 있다. 실제로 2000년을 전후로 외국인직접투자 입지(立地)로서 아일랜드의 위상에는 중대한 변화가 있

1 아일랜드 수도 더블린 기준, 출처: permanent tsb/ESRI House Price Index (http://www.esri.ie/irish_economy/permanent_tsbesri_house_p, 접속일: 2013년 2월 18일).

었다. 아일랜드를 찾는 외국인직접투자의 산업 분야가 달라졌으며, 외국기업이 아일랜드에 진출하는 이유, 즉 아일랜드에서 펼치는 기업 활동의 종류도 크게 바뀌었다. 외국인직접투자에 관련한 이와 같은 변화 속에서 1990년대의 높은 경제성장 속도가 2000년대에 들어서 크게 둔화되었고, 더 나아가 2008년 추락 이후 경제 회복이 지연되고 있다는 점은 외국인직접투자 유치를 통한 경제 추격의 성과와 한계를 암시한다. 따라서 아일랜드가 유치한 외국인직접투자가 1990년대와 2000년대에 어떻게 달라졌는지, 그 원인이 무엇인지 살펴봄으로써 1990년대 이후 아일랜드 경제가 보여 준 추격과 추락의 원인과 과정을 이해하고, 더 나아가 소위 '외국인직접투자 모델'이라고 부를 수 있는 아일랜드 경제 추격 모델의 성과와 취약점에 대한 평가를 시도한다. 이를 통해 외국인직접투자 유치를 통해 경제 추격을 꾀하는 후발국가들이 많은 교훈을 얻을 수 있을 것이다.

외국인직접투자에 의존한 경제추격의 취약점은 토착 기업의 역량(capability) 형성 문제에 뿌리를 두고 있다. 이러한 판단은 제1장에서 언급한 "개방 또는 외자 도입을 통해서 어떻게 하면 그것을 토착 기업의 능력 형성을 위한 학습의 도구로 삼을 것인가가 중요하다"는 견해와 맥락을 같이한다. 따라서 우리는 아일랜드가 외국인직접투자 유치를 활용하여 추격하는 과정에서 토착기업의 역량이 어느 정도 형성되었는지 확인할 것이다.

연구의 이론적 분석틀로는 제1장에서 제시된 역량 형성, 기회의 창 및 경로 창출의 개념을 이용한다. 그러나 아일랜드는 전략적인 외국인직접투자 유치를 통해 추격했다는 사실을 고려할 때 접근 방법에 변형이 필요하다. 제1장에서 언급한 역량은 토착 기업의 역량을 의미하지만, 외국인직접투자 유치를 통해 추격을 꾀한 아일랜드의 사례에서는 '외국인직접투자를 유치하는 역량'도 후발국의 역량으로 해석해야 하기 때문이다(Paus, 2012a; Prime, 2012). 따라서 외국인직접투자 유치 역량이 어떻게 형성되었는지를 먼저 분석하고, 이렇게 유치한 외국인직접투자가 토착기업의 역량 형성으로 이어졌는지 여부를 그 다음에 다룬다. 기회의 창의 개념도 아일랜드 사례에 맞게 변형하여 성공적인 외국인직접투자 유치를 가능하게 한 기회의 창을 확인한다. 한 국가의 경제 발전이 일반적으로 자국 기업의 성장을 통해 이루어진 것을 고려할 때 아일랜드의 외국인직접투자 유치를 통한 경제성장은 방법적인 면에서 새로운 경로를 창출한 것으로 이해할 수 있다.

이 장의 구성은 다음과 같다. 2절에서는 아일랜드 경제 추격 과정과 외국인직접투자를 성공적으로 유치할 수 있었던 원인을 분석한다. 3절에서는 2000년대에 들어서 외국인직접투자에 생긴 변화 및 아일랜드의 '외국인직접투자 모델'의 취약점을 살펴본다. 마지막으로 4절에서는 내용을 요약하고 시사점을 제시한다.

2. 외국인직접투자 유치와 켈틱 호랑이의 등장: 역량 형성과 기회의 창의 결합

『이코노미스트(*The Economist*)』가 1988년 아일랜드에 대한 보고서 "A Survey of the Republic of Ireland"에서 아일랜드를 "부국(富國) 사이의 최빈국(Poorest of the rich)"이라고 표현할 당시 아일랜드의 1인당 GDP는 유럽공동체 12개 국가(EC-12) 평균의 73%에 머물렀고, 실업률은 17.4%로 유럽공동체 평균인 9.4%의 두배에 육박하였다.[2] 그러나 그 이후 약

2 1인당 GDP는 실질구매력평가(PPP) 기준, 출처는 OECD.Stat Extracts. 실업률 산정 시 독일은 제외, 출처는 World Bank Database(http://data.worldbank.org/, 접속일: 2013년

10년간 아일랜드의 1인당 GDP는 유럽공동체 평균보다 2배 이상 빠른 속도로 증가하여 1997년 『이코노미스트』가 아일랜드를 "유럽의 빛나는 불꽃(Europe's shining light)"이라고 칭했을 당시에는 1인당 GDP가 유럽공동체 평균에 이르렀다. 특히, 1995~2000년에 아일랜드는 연평균 9.2%의 높은 경제성장률을 기록하였다.[3] 그 결과 2000년까지 아일랜드는 1인당 GDP에서 대부분의 유럽 국가들을 추월, 유럽에서 가장 잘 사는 나라 중 하나가 되었다. 〈그림 7-1〉을 보면 2000년 아일랜드의 1인당 국민 소득은 유럽연합 15개국 중에서 네덜란드에 이어 두 번째로 높다.[4,5] 경제성장과 더불어 실업률이 크게 감소하였다. 1990년대 초까지 15%를 넘나들던 실업률은 점점 하락하여 2000년에는 4%대에 이르렀다.

이와 같은 경제 성과는 아일랜드를 생산 기지로 삼은 외국계 기업으로부터 나왔다. 아일랜드 산업을 들여다보면, 2000년 기준으로 외국계 기업은 아일랜드 제조업 생산의 78%, 총 수출의 88%를 차지하고 있다. 1990년대 켈틱 호랑이의 주력 산업은 컴퓨터/전자/통신, 제약, 의료기기 산업이었다. 이들 산업이 아일랜드 산업 생산에서 차지하는 비중은 1995년 44%에서 2000년에는 51%까지 증가하였으며, 제품 수출

2월 18일).

3 PPP 기준, 출처: OECD.Stat Extracts.

4 룩셈부르크를 제외한 순위. 포함할 경우 세 번째가 된다.

5 외국기업 비중이 큰 아일랜드의 GDP 해석에는 주의가 필요하다. 아일랜드에 진출한 외국기업들의 자본 본국 송환(capital repatriation)이 점점 증가하여, 2000년의 경우 GNI는 GDP의 89% 수준을 기록하였다(출처: Central Statistics Office(CSO) Ireland). 이로 인해 1인당 GDP는 아일랜드 국민들의 실질적인 소득을 과다하게 나타낼 수 있음을 고려하여, 다른 국가들과의 1인당 GDP 비교 시 아일랜드는 1인당 GDP 대신 1인당 GNI를 사용하는 것이 더 적절할 수 있다(Kirby, 2010: 33). 이 경우, 2000년 유럽연합(EU-27)의 1인당 GDP를 100이라고 할 때, 아일랜드의 1인당 GNI는 99.3으로 유럽연합 평균을 밑돈다(Kirby, 2010: 34). 하지만 매년 GDP와 GNI의 성장과 하락은 대체로 같은 방향으로 이루어졌고, 1995년부터 2000년까지 GDP가 63% 상승하는 동안 GNI도 55% 상승하였다는 점을 고려하면, 2000년 아일랜드의 1인당 GNI가 유럽연합의 1인당 GDP를 밑돌지라도 1990년대 아일랜드 경제 추격의 의미가 퇴색되지 않는다.

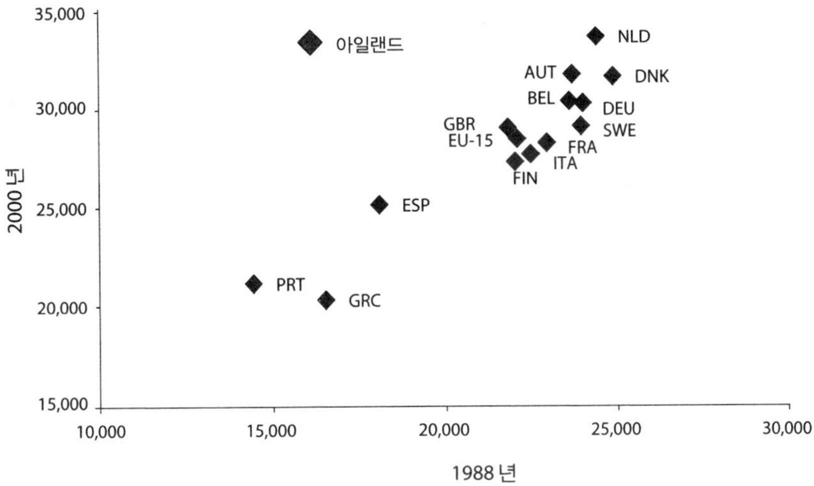

출처: OECD, Stat Extracts(http://stats.oecd.org/), 필자 계산.

비고: 1) 룩셈부르크 제외

〈그림 7-1〉 아일랜드의 추격: 유럽연합 15개국(EU-15)[1] 1인당 GDP(실질PPP) 변화, 1988년 2000년(US$)

에서 차지하는 비중은 같은 기간 48%에서 67%까지 증가하였다.[6,7] 이

6 산업 생산에서 차지하는 비중은 산업 전체 총부가가치(Industry Gross Value Added at 2010 Constant Factor Cost)에서 화학/의약품(Chemicals and pharmaceuticals), 컴퓨터/계측장비(Computers and instrument engineering), 의료기기(Medical and dental instruments and supplies)가 차지하는 비중을 계산하였다(출처: CSO Ireland). 참고로 아일랜드 생산이나 수출 총계에서 화학제품(Chemicals)으로 분류되는 제품은 대부분 제약 또는 생명공학 산업과 관련된 화합물이다.

7 제품 수출에서 차지하는 비중은 상품 수출 항목 분류(Standard International Trade Classification Revision 4, SITC4)에서 아래의 분류 항목에 해당되는 수출액을 아일랜드전체 수출액으로 나눈 것이다: 유기화학물(Organic chemicals, 51), 의약품(Medicinal and pharmaceutical products, 54), 사무기기/자동데이터처리장치(컴퓨터 포함)(Office machines and automatic data processing equipment, 75), 통신, 녹음 및 재생 장치(Tele-communications and sound recording, reproducing equipment, 76), 전기기기 및 제품(Electrical machinery, appliances etc., n.e.s., 77), 전문 과학/제어 장비(Professional, scientific and controlling apparatus, 87). 괄호 안의 숫자는 SITC4 차상위 분류항목(Division)을 뜻한다. 한 산업의 수출품과 특정한 SITC4 분류항목이 완벽하게 대응하는 것이 아니다. 이런 점은 6번 각주의 총부가가치(GVA) 비중 계산에서도 동일하게 적용된다. 이에 대해서는 본 연구자들이 통계의 표면적인 의미 이상의 것을 다른 문헌을 통해 확인하여 제시한 것으로 이해하면 좋겠다. 예를 들어, 상품 분류 통계만 봐서는 유기화학물

〈표 7-1〉 아일랜드 주력 수출품 생산에서 외국계 기업의 생산 비중

산업	제품	2000년
컴퓨터/전자/통신	전자, 광학 장비	94%
	라디오, TV, 통신 장비	94%
	전자 장비	90%
	기타 전자 제품	78%
	사무실, 회계용 컴퓨터 시설	97%
의약품	의약품	96%
	화학 제품	96%
의료장비	의료 측정, 광학 기기	90%

출처: OECD, Stat Extracts(http://stats.oecd.org, 접속일: 2013년 2월 17일), 필자 계산.

세 가지 산업에서 외국계 기업의 생산 비중은 대부분 90%가 넘는다(〈표 7-1〉). 이와 같은 사실은 외국계 기업, 즉 외국인직접투자가 아일랜드 경제와 산업의 중추로 자리잡고 있음을 여실히 보여 준다. 이와 같이 외국인직접투자가 아일랜드 경제성장의 핵심 엔진으로 자리 잡을 수 있었던 요인은 무엇일까?

(Organic chemicals, 51)에 속하는 아일랜드의 수출품 모두가 제약 산업과 관련되었는지 알 수 없다. 하지만 다른 문헌 조사를 통해 아일랜드의 산업을 이해한 후, 해당 유기화학물은 대부분 의약품 제조와 관련된 것으로 간주할 수 있음을 확인하였다.

2-1. 외국인직접투자 유치를 위한 정부의 주도적인 노력: Industrial Development Agency(IDA)와 각종 세제 혜택[8]

아일랜드 정부의 외국인직접투자 유치 노력은 오랜 역사를 가지고 있다. 1959년 1차 경제발전계획(First Programme for Economic Expansion, 1959~63)을 수립하면서, 1932~59년에 강력히 추진해 온 보호무역주의(protectionism)와 수입 대체 산업화(Import Substitution Industrialization, ISI) 정책을 버리고, 수출 장려, 외국인 투자 유치를 경제 정책 기조로 삼았다. 외국인직접투자 유치를 담당했던 기관이 Industrial Development Agency(IDA)이다.[9] IDA는 1949년에 상공부(Department of Industry and Commerce) 내 하나의 부서로 설립되었다. 당시 설립 목적은 수출 기업을 지원하고 육성하는 것이었으며, 지원 대상은 토착 기업, 외국계 기업 모두를 포함했다. IDA가 본격적으로 두각을 나타낸 시기는 1950년대 후반 보호무역주의 기조를 버리고 난 뒤였다. 1960년대에 들어서 IDA는 독립적인 권한을 가진 정부 기관으로 변모하였고, 아일랜드 산업 발전 정책을 총괄하는 기구가 되었다. 이와 같은 IDA의 위상과 역할은 1960년대 한국의 국가 경제개발 정책을 총괄한 경제기획원의 것에 비유할 수 있다. IDA의 독립적인 권한은 고용 면에서 두드러진다. 다른 공공기관과는 달리 IDA는 산업과 국제 업무 경험이 풍부한 인재를 자율적으로 채용할 권한을 부여받았다. 또한 정부 최상위층에 직접 업무 보고를 할 수 있는 권한을 부여받았는데, 권한은 IDA에 대한 신뢰성과 정책 실행력을 높이는 밑거름이 되었다.

8 이 절에서 IDA에 관한 내용은 Barry(2007a), Mac Sharry and White(2001)을 참고하였다. 특정 내용에서 다른 문헌을 참고한 경우에는 해당 참고문헌을 표기하였다.

9 1949년 설립 당시 명칭은 Industrial Development 'Authority'였으며, 1994년 Industrial Development 'Agency'로 바뀌었다. 그러나 약자는 동일하며, 보통 IDA Ireland라고 불린다.

외국인직접투자 유치는 IDA의 핵심 업무였다. IDA는 외국인직접투자를 유치할 산업을 선정하고, 선정한 산업에서 두각을 나타내는 외국계 기업을 유치했다. 특히 기술 발전 단계 초기에 있거나 새로운 제품 개발이 막 완료된 산업과 핵심 기업을 유치하는 데 초점을 맞췄다(Bradley, 2002: 41 — Kirby, 2010: 37에서 재인용). 1960년대에는 의류와 섬유 산업을 선정하여 Wrangler, Bluebell, Farah Jeans, Burlington Industries와 같은 당대 주요 기업들을 유치했으며, 1970년대에는 그 당시 떠오르는 컴퓨터 산업과 부품소재 산업을 선정하여 General Electric, Ecco, Core Memories, Digital 같은 기업들을 유치하는 데 성공하였다(Kirby, 2010: 37). 1980년대에는 유치 목표 산업에 전자, 컴퓨터 소프트웨어를 추가하여 1980년에 Apple의 유럽 공장, 1989년에는 Intel의 주요 시설을 성공적으로 유치하였다(Kirby, 2010: 37). Apple과 Intel 이외에도 Microsoft, HP, Dell, IBM이 아일랜드에 둥지를 틀었다. 이 기업들은 컴퓨터 하드웨어와 소프트웨어 산업 분야에서 핵심 기업들이었다. 이 같은 핵심 기업 유치에 성공하자 키보드, 하드 디스크, 마우스, 프린터, 케이블과 같은 컴퓨터 주변기기 또는 부품 기업은 더 손쉽게 유치할 수 있었다(Kirby, 2010: 37). 제약 산업도 IDA의 주요 유치대상이었으며, 제약 산업의 유치는 생명공학, 의료기기 제조 산업까지 연결되었다. 이 분야에서 대표적인 기업들인 Takeda, Pfizer, GlaxoSmithKline, Merck, Genzyme, Gilead, Medtronic, Boston Scientific, Abbot 등이 아일랜드에 진출했다(구동현, 2008: 74). 어떤 시점부터는 이전에 들어온 외국계 기업과 산업이 성공적으로 정착한 것이 이유가 되어 새로운 기업과 산업이 추가로 들어오는 긍정적인 상승작용(positive feedback) 효과가 발생하였다. 따라서 이처럼 풍성한 산업 클러스터의 시발점이 되는 유치 대상 산업과 기업의 선정은 매우 중요한 일이었는데, IDA는 성장성과 파급효과가 큰 산업과 기업을 매우 성공적으로 선정, 유치한 것으로 평가할 수 있다.

IDA는 유망 산업을 유치하는 데 필요한 하부구조와 특정 프로그램을 구축하도록 정부를 설득하였다. 이와 같은 과정은 중요한 정부정책의 입안 단계에 IDA가 참가하는 것을 통해 이루어졌는데, IDA는 전통적으로 산업 정책의 영역이 아니라고 여겨진 영역의 정책에도 관여하였다. 예를 들면, 전자, 정보통신 분야 외국계 기업의 고급인력 수요를 충족시키기 위해 지역 기술 전문학교(Regional Technical Colleges, RTC)에 전자, 정보통신 분야 교육프로그램 개설을 요구했다(이동원, 2004).

정리하면, IDA는 아일랜드의 경제성장 과정에서 유망 산업을 발굴하고, 그 산업의 주요한 외국계 기업을 유치하고, 이를 위해 이에 필요한 제도와 정책들을 갖추는 데 기여한 것으로 평가할 수 있다. 이와 같은 노력의 결과 1970년부터 2000년까지 아일랜드의 산업구조는 농업 중심에서 벗어나 제조업과 서비스 산업으로 변화되었다. 그중에서도 전자, 컴퓨터, 정보통신, 제약, 금융 등 각 시기의 고부가가치 또는 지식산업이 아일랜드 제조업과 서비스 산업의 중심을 이루게 되었다.

한편, 아일랜드 정부는 1970년 초에 제조업종에 있는 기업에게 20년 동안 10%의 법인세를 적용하는 특혜를 도입하였고, 2003년부터는 모든 회사에게 12.5%를 일괄적으로 적용하는 것으로 바꾸었다(Kirby, 2010: 37). 이웃 유럽 국가들의 법인세율이 대부분 25% 이상인 것에 비하면 매우 낮은 세율이었다(〈표 7-2〉). 또한 자본이득세, 배당소득세 등의 세제도 투자 유치에 도움이 되도록 정비했으며, 연구개발세액 공제 제도와 이중과세방지협정도 외국계 기업에게 매우 우호적으로 갖추었다(구동현, 2008: 60). 이 외에도 풍부한 현금 보조금 제도도 외국인직접투자를 유치하는 데 강점으로 작용하였다(구동현, 2008: 63). 이와 더불어 아일랜드는 세계적인 수준으로 평가받는 지적재산권 제도를 보유하고 있는데, 지재권 보호는 고급 기술이 집적된 제품을 생산하는 외국계 대기업

〈표 7-2〉 주요 국가 법인세율 비교(2004년 기준, %)

국가	아일랜드	영국	네덜란드	벨기에	프랑스	스페인	독일	미국
법인세율	12.5	30	31.5	33	34.93	35	38.9	39.5

출처: Duff(2007).

(특히 제약 기업)들이 중요하게 생각하는 부분이다(구동현, 2008: 59-60).

2-2. EU 가입: 거대한 단일 시장과 보조금

아일랜드는 1973년 영국, 덴마크와 함께 유럽경제공동체(EEC)에 가입하였다. EEC는 유럽연합(EU)의 전신으로 아일랜드의 가입 당시 벨기에, 프랑스, 서독, 이탈리아, 룩셈부르크, 네덜란드가 가입되어 있었다. EEC의 주요 목적은 회원국 간의 무역에 있어서 관세 면제 등을 통하여 단일 시장을 형성하는 것이었다. 이 당시 EEC 멤버에 유럽에서 인구가 많은 국가인 서독, 영국, 프랑스, 이탈리아가 포함되어 있었는데, 아일랜드의 EEC 가입으로 아일랜드에서 생산한 제품은 관세 혜택과 함께 이들 국가가 포함된 거대한 단일 시장에 판매될 수 있었다. 아일랜드에 진출한 외국계 기업들이 목표로 하는 시장도 아일랜드 국내 시장이 아니라 바로 유럽 연합의 거대 시장이었다. 이 거대 시장에 저렴한 생산비용으로 접근할 수 있는 거점이 필요했다는 점에서 1973년 EU(당시 EEC) 가입은 아일랜드의 외국인직접투자 입지로서의 매력을 높였다.

EU 가입을 통해 아일랜드가 누린 또 다른 혜택은 EU 구조 기금(structural fund)과 결속 기금(cohesion fund)의 지원을 받게 되었다는 점이다.[10] 이 자금은 EU 회원국 간의 경제 및 생활 수준 격차를 줄이기 위해 발

10 이 문단은 Gerald(1999)를 참고하였다.

전 수준이 낮은 국가들에게 제공되었는데, 아일랜드가 이 자금의 혜택을 크게 받은 국가다. 아일랜드는 이 자금을 주로 교육 및 사회 인프라 투자 재원으로 유용하게 사용하였다. 이와 같은 사용은 아일랜드 정부가 EU보조금을 외국인직접투자 유치 역량 향상을 위해 전략적으로 지출하였음을 드러낸다. 아일랜드는 외국인직접투자 유치에 도움이 되는 도로, 통신 시설과 같은 사회 기반 시설과 교육 시스템에 EU보조금을 집중적으로 투자하여 경제적으로 발전하는 시기에 보조금의 효용을 극대화시켰다. EU보조금은 특히 1980년대 후반부터 90년대에 대규모로 유입되었다(Duff, 2007). 이 시기는 외국인직접투자의 유입이 가속화되기 시작하던 때다. 따라서 산업 인프라 확충이 필요했는데, 대규모의 EU자금을 활용하여 외국인직접투자 유치 및 경제 추격에 인프라를 구축하였던 것이다. 1989~93년, 94~99년 두 차례에 걸친 국가 발전 계획(National Development Plan, NDP)의 소요 자금 중 각각 30%, 41%가 EU의 구조 기금과 결속 기금으로 충당되었다.[11]

2-3. 노동 공급: 양질(良質)의 노동력 공급과 노사관계 안정

외국인직접투자 유치를 고려한 인력 양성[12]

아일랜드 교육 시스템의 발전은 '외국인직접투자 유치를 통한 성장 동력 확보'라는 산업 전략과 일치하는 방향으로 진행되었다. 아일랜드가 유치하려는 컴퓨터/정보통신, 제약 등의 하이테크 산업에서 필요한 인력을 육성할 수 있도록 교육 제도와 정책, 필요 기관의 설립과 재편을

11 출처: IMPACT OF THE EU STRUCTURAL FUNDS IN IRELAND(1989-2006)(http://www.iro.ie/EU-structural-funds.html, 접속일: 2013년 2월 18일)

12 이 내용은 Barry(2007b)를 참고하였다.

〈표 7-3〉 3차 교육 유형별 비중 변화(등록 기준, %)

	1965/66	1970/71	1980/81	1990/91	1997/98
종합대학	75	75	55	54	54
직업, 기술 교육 및 전문대학	5	9	26	39	37
기타	21	16	19	7	9

출처: Barry(2007b).

추진하였다. 그 결과, 아일랜드는 고등 교육을 받은 인구 비율이 유럽이나 기타 선진국에 비해 매우 높은 수준에 도달하였다. 25~34세 인구 중 고등 교육을 받은 인구 비율이 거의 50%에 이르는데 이는 일본이나 한국, 미국, 핀란드 등의 선진국보다 높은 수치다(Barry, 2007b). 더 중요한 점은, 고등 교육을 받은 인력 중에 외국계 기업의 수요가 높은 과학, 기술 졸업생 비중이 높다는 점이다(Barry, 2007b).

아일랜드 정부는 1965년 이후 고등 교육 확대와 함께 직업 교육, 기술 교육 등 실무 교육 비중을 점차 늘려 나갔다. 〈표 7-3〉을 보면 1965년에는 전통적인 대학 교육 비중이 75%로 압도적이었으나, 점차 전통적인 대학 기관의 비중이 줄어들고 직업 교육, 기술 교육 등 직업, 실무와 관련한 고등 교육기관이 늘어난 것을 알 수 있다. 이는 아일랜드가 북유럽의 고등 교육 모델처럼 전통적인 대학 교육과 실용적인 대학 기관을 동시에 유지하는 정책(binary-type system)을 수립한 것에서 그 원인을 찾을 수 있다.

실용적인 교육체계의 핵심은 1970년 이후 설립된 지역 기술 전문학교(Regional Technical Colleges, RTC)라고 할 수 있다. 애초 목적은 고등 교육을 제공하는 것이 아니었으나, 1970년에 5개의 RTC를 설립한 것을 시작으로 공학, 건축, 비즈니스, 실용과학, 예술과 디자인 등 산업과 연계된 실용적인 교육을 제공하기 시작하였다. 1971~77년 사이 4개의

RTC가 추가적으로 설립되었다. RTC의 특징은 대다수 과정이 국가인증 수료증이 주어지는 2년의 짧은 교육기간을 가진다는 것이다. 이외에도 1년의 교육기간으로 운영되는 인증 교육, 3년 과정의 국가학위 프로그램과 함께 제한적으로 4년의 교육과정을 제공하기도 한다. 이와 더불어 지역에 기반을 두는 RTC뿐만 아니라 수도 더블린에 존재하던 기존 5개의 College에서도 고등 직업교육을 제공하였다. 그리고 1978년, 이 교육기관들이 통합되어 Dublin Institute of Technology가 설립되었다.

1970년대 후반 이후, 종합대학 역시 IDA의 요구에 응하여 산업에 필요한 인력자원을 공급하는 데 노력을 기울였다. 종합대학은 경영, 과학, 정보통신 분야 교육을 확대하였다. 이 결과 종합대학 입학자의 전공 선택에서 경영학이 차지하는 비중은 1971년 10.3%에서 2003년 15.3%로, 과학과 정보통신 분야의 비중은 11.7%에서 19.5%로 증가하였다.

이와 같은 교육 시스템 변화의 결과, 실제 고등 교육 졸업생들의 취업이 외국인직접투자를 제공하는 외국계 기업으로 집중되는 경향을 보였다. 공학과 자연과학 졸업생들은 대다수가 외국계 기업이 지배하는 제조업 분야로 진출하는 경향이 뚜렷하였고, 경영학의 경우 외국계 기업의 외국인직접투자를 지원받는 서비스산업으로 많이 진출하였다.

사회연대협약(Social Partnership)을 통한 노사(勞使) 관계 안정[13]

1980년대 중반 극심한 노사 갈등 속에서 임금 수준 상승, 기업 수익성 저하, 경기 부진 심화 및 실업률 상승으로 이어지는 악순환이 지속되었다. 이에 노사 모두 경제의 고비용 축소에 대한 공감대를 형성하게 되었고, 그 결과 1987년 사회연대협약을 체결하기에 이른다. 사회연대협약은 1987년 제1 야당인 통일 아일랜드당(Fine Gael)의 앨런 듀크스(Alan

13 이 내용은 이동원(2004: 17-20)을 참고하였다.

Dukes) 당수와 아일랜드 최대 노조인 전국노조연합(Irish Congress of Trade Unions, ICTU)이 제안한 것으로, 노 · 사 · 정 간 임금 안정, 소득세율 인하, 사회 보장제도 개선, 고용 증대 등을 주요 내용으로 하고 있다. 구체적으로 연간 임금 상승률을 2.5% 내로 억제하고, 개인 소득세율 및 사회보장기여부담률을 1980년대 말 28%에서 1990년대 말 24%로 낮추기로 하였다. 이 협약은 3년마다 총 6차례에 걸쳐 체결되었는데 1~3차 협약은 경제성장과 위기극복, 4~6차 협약은 사회결합, 분배 및 형평에 초점을 맞추었다.

사회연대협약에 따라 아일랜드는 유럽 내에서 낮은 임금 수준을 유지할 수 있었다. 그 결과 기업의 수익성이 향상되었으며, 외국인직접투자도 증가하였다. 뿐만 아니라, 사회연대협약은 노조를 정책 파트너로 참여시킴으로써 상호신뢰 구축을 통한 노사 관계를 정립시키는 데 이바지하였다. 특히 사회연대협약에 의해 정책 집행이 이루어졌으므로 이에 따라 정권이 바뀌어도 일관성 있는 경제 정책 실행이 가능했고, 정치적, 사회적 안정성을 높여 외국인직접투자 유치에 긍정적인 영향을 미쳤다.

2-4. 기회의 창: 1980~90년대 컴퓨터, 정보통신 산업의 발달

1980년대는 개인용 컴퓨터(PC)를 중심으로 컴퓨터 산업이 폭발적으로 성장한 시기다. 미국의 세계적인 시사주간지 『타임(*Time*)』은 1982년 '올해의 인물'로 컴퓨터를 선정하였는데, 1927년 시작되어 반세기가 넘는 역사를 가진 올해의 인물이 사람이 아닌 물체를 올해의 인물로 선정한 것은 처음 있는 일이었다. 1990년대에는 반도체, 통신, 전자 기술이 크게 발달하고, 인터넷이 등장하면서 정보통신의 시대가 열렸다. 여기서 주목할 것은 80년대의 컴퓨터 산업, 90년대의 정보통신 산업이 미국에서 주도적으로 발전했다는 점이다. IBM, Apple, Microsoft, Intel, Dell, HP 등 1980~90년대 주요 컴퓨터/정보통신 기업들은 모두 미국 기업이다. 이 기업들에게는 유럽공동체의 거대한 단일시장에 관세 없이 접근하기 위해 생산을 포함한 기업 활동 근거지가 유럽 공동체 회원 국가 내에 필요했는데, 이 기업들은 외국인직접투자 입지로서 여러 가지 장점을 가진 아일랜드로 모여들기 시작하였다. Apple은 1980년부터 아일랜드에서 생산을 시작하였으며, Intel은 1989년, Dell은 1990년 아일랜드에서 생산을 시작하였다. Microsoft는 1985년에 아일랜드에 진출하여 유럽시장 판매를 위한 소프트웨어 패키지를 생산하였다. HP도 아일랜드 진출 40년의 긴 역사를 가지고 있다. 컴퓨터, 정보통신이라는 새로운 산업이 등장하고, 이 산업 발전이 미국을 중심으로 이루어졌다는 점은 아일랜드에게 기회의 창이 된 셈이다. 만약 반대로 유럽에서 IBM이나 Microsoft와 같은 컴퓨터/정보통신 기업이 성장해서 미국 시장에 진출을 해야 하는 상황이었다면 이 기업들이 아일랜드에 생산기지를 만들 유인은 감소한다. 자국에서 생산하거나, 미국 현지에서 생산하는 것이 더 적합할 수 있기 때문이다. 결국 컴퓨터/정보통신 산업이 미국에서 번창했다는 점이 아일랜드의 FDI 입지로서 가치가 부각되는 계기가 되었다.

1960년대까지 거슬러 올라가는 IDA의 외국계 기업 유치 노력, 1973년 EU 가입으로 인한 유럽 단일 시장 접근성 확보, EU보조금을 통한 사회 기반 시설 확충, 그리고 양질의 노동력 공급을 통한, 아일랜드의 외국인직접투자 유치 역량 형성은 외국계 기업에게 매력적 요소였다. 그러나 이와 같은 내부적인 요소가 가진 잠재성이 실현될 수 있었던 것은 새로운 기술 패러다임인 1980년대 개인용 컴퓨터와 90년대 인터넷의 등장이라는 기회의 창이 아일랜드의 외국인직접투자 입지로서의 형성된 역량과 절묘하게 결합되었기 때문이다.

3. 외국인직접투자의 변화와 켈틱 호랑이의 추락

켈틱 호랑이는 1995~2000년의 연평균 9.2%의 고성장에 이어, 2001~2007년에도 연평균 5.0%의 비교적 높은 경제성장률을 기록하였다. 연평균 5.0%의 경제성장률은 여전히 같은 기간 유럽연합(EU-15) 경제성장률 평균의 두 배가 넘는 수치이지만, 1995~2000년 기간의 수치(9.2%)의 약 절반에 불과할 뿐 아니라, 실상을 들여다보면 추락의 조짐이 나타나고 있었다고 해도 과언이 아니다.[14] 적지 않은 수의 외국계 기업이 특히 제조업 분야에서 다른 저비용 국가로 이전하였다. 이는 아일랜드 경제가 외국인직접투자를 기반으로 성장하였음을 고려할 때 성장 동력 훼손이 우려되는 변화다. 이와 같은 배경 속에 아일랜드의 수출 증가율 또한 연평균 18.3%(1995~2000년)에서 5.6%(2001~2007)로 크게 감소하였다. 특히 상품 수출의 경우 증가세 둔화가 두드러졌다. 심지어 2003, 2006년 상품 수출은 이전 연도에 비해 감소하기도 하였다(각각 -4.0%, -0.3%). 그 결과 2000년부터 2007년까지 총 수출에서 상품 수출이 차지하는 비중은 66%에서 53%로 13%p 감소하였고, 그 대신 서비스 수출 비중이 34%에서 47%로 증가하였다. 한편, 고용 면에서도 변화가 나타났는데, 고용의 원동력이 제조업에서 건설, 서비스 부문으로 바뀌었다.

---

14 2000년대 초 세계 경기 침체를 고려하여 1990년대 후반(1995~2000)과 세계 경기가 침체에서 벗어난 시기(2004~2007)의 아일랜드와 유럽연합(EU-15)의 연평균 경제성장률을 비교하면 2000년대 아일랜드 경제성장 속도의 둔화가 더욱 확실히 보인다. 아래 표를 보면 유럽연합은 2000년대 초 세계 경기 침체기 이후인 2004~2007년에 90년대 후반 성장률의 90% 수준까지 회복한 반면, 아일랜드는 55% 수준에 머무르고 있다.

	1995~2000(A)	2004~2007(B)	B/A
아일랜드	9.2%	5.1%	55%
유럽연합(EU-15)	2.9%	2.6%	90%

출처: OECD, Stat Extracts(http://stats.oecd.org/), 필자 계산.
비고: 성장률은 해당 기간의 산술평균.

〈표 7-4〉 산업별 취업자 수 변화(2000~2006)(1,000명)

산업	2000년 4분기	2006년 4분기	변화량	변화율
농림수산업	121	109	−12	−9.8%
제조업	319	303	−17	−5.2%
건설업	168	270	+102	+60.4%
서비스업	1,097	1,404	+308	+28.1%
전체	**1,715**	**2,091**	**+376**	**+22.0%**

출처: Central Statistics Office(CSO) Ireland, 필자 계산.

〈표 7-4〉를 보면, 2000~2006년 사이 전체 취업자 수는 38만 명이 증가하였는데, 이 중 제조업 취업자 수는 오히려 1만 7,000명이 감소하였다. 반면, 건설업과 서비스업의 고용인원이 크게 증가하는데, 특히 건설업 종사자 수는 6년 사이에 60%가 증가하여, 건설업이 2000년대에 가장 빠르게 팽창한 산업임을 잘 보여 준다. 이는 2000년대 부동산 버블이 점점 더 커지고 있었음을 암시한다.

2007년, 미국의 비우량 주택담보대출 사태(Subprime Mortgage Crisis)로 촉발된 국제 신용경색은 모든 것을 바꾸어 놓았다. 1996년부터 약 10년간 평균 5배 이상 상승했던 아일랜드 주택가격[15]은 2007년 말부터 급락하며 부동산 시장 거품 붕괴의 서막을 올렸다. 이 여파로 아일랜드는 금융위기와 재정위기를 잇따라 겪었으며, 결국 아일랜드 정부는 2010년 11월 21일 EU와 IMF에 850억 유로 규모의 구제금융을 요청하였다. 아일랜드 경제도 2008년부터 추락을 시작하였는데, 그 시작과 규모가 주목할 만하다. 아일랜드는 유로화 국가들 중에서 가장 먼저 경기 침체에 진입하여 2008년부터 2010년까지 3년 연속 마이너스 경제성

15 아일랜드 수도 더블린 기준, 출처: permanent tsb/ESRI House Price Index.

장률을 기록하였다. 2008년 이후 아일랜드 이외에 다른 나라에서도 부동산 거품 붕괴와 경기 침체를 경험하였지만, 3년 연속 마이너스 경제성장률을 기록한 나라는 유럽 연합 27개국 중에서도 아일랜드, 그리스, 라트비아에 불과하다. 따라서 비록 2007년의 부동산 시장 거품 붕괴가 아일랜드 경제의 추락을 촉발했지만, 이처럼 깊은 추락의 근본적인 원인은 2000년대 초부터 아일랜드 경제와 산업에 나타난 변화에서 찾을 필요가 있다. 이 절에서는 아일랜드 경제 추격의 핵심엔진이었던 외국인직접투자에 2000년대에 들어서 어떤 변화가 발생했는지 살펴보고 그 변화를 평가한다. 또한 외국인직접투자를 통한 토착 기업의 역량 형성 여부를 평가한다. 이를 바탕으로 부동산 버블과 2008년 이후 경제 추락의 요인을 분석한다.

3-1. 외국인직접투자의 이탈

경제가 성장함에 따라 인건비를 비롯한 생산 비용이 상승하는 것은 자연스러운 현상이다. 1990년대 고성장을 경험한 아일랜드도 그랬다. 하지만 이러한 자연스러운 변화가 외국인직접투자 입지로서의 경쟁력을 훼손하는 것도 불가피했다. Horner and Aoyama(2009)의 연구에 따르면, 2004~2005년 발생한 외국계 기업의 철수 사례 44건 중에서 57%가 비용을 철수 이유로 들었다. 이 비율은 1984~85년의 22건, 1994~95년의 17건의 철수 사례에서 비용을 이유로 든 비율(각각 32%, 30%)보다 두 배에 가까운 수치다. 새로운 외국인직접투자 입지로 부상(浮上)한 국가는 중국, 인도 및 새롭게 EU에 가입한 동유럽 국가들(헝가리, 폴란드 등)이다. 중국, 인도는 저렴한 노동력뿐만이 아니라 대규모 신규 시장으로서 가치도 있었다. 새로이 EU에 가입한 동유럽 국가들은 아일랜드와 마찬가지로 유럽 단일시장에 접근할 수 있다는 장점을 가지고 있었다. 즉,

2000년대는 지금까지 아일랜드가 외국인직접투자 입지로서 가졌던 이점이 많이 사라진 시기가 되었다. 특히, 생산 원가 경쟁을 바탕으로 하는 저부가가치 제조업에서 외국인직접투자를 신규로 유치하거나 유지하기 어려운 상황이 펼쳐졌다.

그 결과, 2000년대에 들어서는 1990년대 켈틱 호랑이를 이끌었던 컴퓨터/전자/통신 제조업의 이탈이 2000년대에 들어 심각했다. 아일랜드 전체 수출에서 컴퓨터/전자/통신 제품이 차지하는 비중은 2000년 38%에서 2007년 21%로 크게 감소했으며,[16] 이 부문의 외국계 기업의 고용 규모도 2000년대에 들어서 계속 감소하였다. 〈표 7-5〉는 주요 산업의 외국계 기업 근로자 수 변화를 나타낸다. 컴퓨터/전자 산업의 외국계 기업은 2001년에는 2만 2,000명을 고용하여 제조업 및 서비스업을 통틀어 고용 규모가 가장 컸으나, 2007년까지 약 5,000명이 감소(-22%)하였다. 한 산업의 이탈의 여파는 그 산업으로만 한정되지 않는다. 컴퓨터 제조업과 연관성이 큰 소프트웨어 개발업에서도 같은 기간 약 2,600명이 감소(-13%)했다(〈표 7-5〉). 다른 주요 산업의 근로자 수는 대부분 증가하는 가운데서 이와 같은 감소가 발생했음을 고려할 때, 이와 같은 변화는 컴퓨터/전자 제조업에서 아일랜드의 외국인직접투자 입지로서의 경쟁력 약화를 보여 준다.

Dell, HP와 같은 기업들이 비용을 이유로 아일랜드를 떠났다. 이와 같이 큰 규모의 생산 시설이 해외로 이전될 경우 그 충격은 더 크다. Dell의 경우 2009년 생산공장을 폴란드로 옮기면서 1,900명을 해고하였다. Dell과 연관된 부품 업체들을 고려하면 고용 감소는 1,900명 이상

16 이 비중은 SITC4의 차상위 분류 항목(division) 중에서 Office machines and automatic data processing equipment(75), Telecommunications and sound recording, reproducing equipment(76), Electrical machinery, appliances etc., n.e.s.(77)의 수출액을 총 수출액의 나눠서 구했다. 수출 통계 출처는 CSO Ireland.

〈표 7-5〉 외국인직접투자 집중 산업의 외국계 기업 근로자[1] 수 변화(명)

	2001	2003	2005	2007	2001~7년 변화량	2001~7년 증감률
산업 전체	162,688	151,342	153,392	156,297	-6,391	-3.9%
제조업	108,396	97,926	96,959	93,584	-14,812	-13.7%
화학(제약, 생명공학 포함)	19,983	20,803	21,315	21,443	1,460	7.3%
컴퓨터, 전자, 광학 장비	22,165	17,636	17,303	17,207	-4,958	-22.4%
의료기기	14,924	16,133	18,924	19,920	4,996	33.5%
서비스업	54,113	53,298	56,332	62,612	8,499	15.7%
컨설팅	16,387	16,208	15,898	16,931	544	3.3%
IT 서비스	7,777	8,266	9,526	8,860	1,083	13.9%
소프트웨어 개발	19,813	17,053	16,660	17,186	-2,627	-13.3%
금융 서비스	6,876	8,769	11,249	15,671	8,795	127.9%

출처: Forfas Annual Employment Survey 2010 Appendix 38쪽, 필자 계산.
비고: 1) 정규직, 전일제(permanent, full-time) 근로자 기준

으로 볼 수 있다. 그런데 당시 Dell은 2,400명 규모의 물류(logistics), 제품 개발(R&D), 지원 업무(support operation)는 아일랜드에 남겨 두었다(Horner and Aoyama, 2009). 〈표 7-5〉에서도 제약/생명공학, 의료 기기, 비즈니스 및 금융 서비스에서 외국계 기업의 고용이 증가하였음을 확인할 수 있다. 이와 같은 변화가 아일랜드의 외국인직접투자 입지로서의 역량 향상을 의미한다고 볼 수 있을까? 이에 대해서는 아래에서 다룬다.

3-2. 외국인직접투자 입지로서 발전의 실상

2000년대에 들어서 컴퓨터/전자 산업에서 외국계 기업의 철수가 두드러진 대신 제약/생명공학, 의료기기, 비즈니스 서비스(물류 관리 및 고객

센터) 및 금융 서비스 산업에서 외국인직접투자가 증가하였고, 그에 따라 해당 부문의 고용도 증가하였다(〈표 7-5〉). 수출에서도 2000년부터 2007년까지 총 수출에서 서비스 수출 비중은 34%에서 47%로 증가하였다.[17] 또한, 전체 상품 수출에서 화학 제품(의약품 포함)이 차지하는 비중은 2000년 33%에서 2007년 49%로 크게 증가하였고, 2011년에는 무려 66%를 차지하였다.[18] 한편, 기업 활동 측면에서 보면 외국계 기업이 생산 기지는 아일랜드에서 다른 저비용 국가로 이전하더라도 유럽 지역 본부나 R&D 센터, 고객/기술 지원 센터, 물류 센터는 아일랜드에 위치시키는 경우가 많았다. IDA도 2000년대에 들어서 고부가가치 지식 기반 산업, 하이테크(High-tech) 산업을 유치하고, 산업 내에서도 가치 사슬(value chain)의 상위 단계의 기업 활동을 유치하고자 노력하였다.[19] 이에 대해서 한편으로는 외국인직접투자 입지로서 발전이 이루어졌다고 평가할 수도 있다.

하지만 이와 같은 종류의 외국인직접투자를 새로운 경제성장의 엔진으로 삼기에는 한계가 있었다. IDA Annual Report의 외국인직접투자 유치 통계를 보면 2000~2007년 사이 신규 외국인직접투자 유치 건수는 60~70건 수준에서 유지되었으나, 외국인직접투자를 통해서 신규로 창출되는 일자리 숫자는 감소세를 보였다. 금융위기 이전 아직 경제성장 기조가 5%로 유지되던 2007년 외국계 기업의 신규 고용은 9,216명으로 2000년 2만 2,593명 대비 40% 수준에 불과했다.[20] 일자리 순증(신규 일자리—사라진 일자리) 지표는 더 안 좋은 모습을 보인다. 1995년 외국계 기업을 통한 일자리 순증이 5,000명을 돌파한 후, 2000년 1만

17 출처: CSO Ireland, 필자 계산.
18 출처: CSO Ireland, 필자 계산.
19 출처: IDA Annual Report(2001: 3, 6).
20 전일제(Full-time job) 기준.

4,305명으로 사상 최고치를 기록하였다. 그러나 그 이후 5,000명을 넘어선 적이 없으며 2007년에는 765명에 불과했다.[21]

이와 더불어, 외국계 기업의 기업활동이 아일랜드 경제에 기여하는 정도는 계속 감소하였다. 아일랜드 통계에 '경제 내 직접 지출(Direct Expenditure in the economy)'이라는 지표가 있는데, 이 지표는 아일랜드 내에서의 기업활동이 1) 임금지급, 원자재 구매, 2) 국내 서비스 이용, 3) 아일랜드 내에 이익을 유보하여 아일랜드 경제 활동에 기여하는 정도를 계산한다. 외국계 기업의 판매액 대비 경제 내 직접 지출 금액 비중(Total Direct Expenditure in the Irish Economy as a Percentage of Sales in Foreign-Owned Companies)을 보면, 2000년대 초 22% 수준이었으나 지속적으로 감소하여 2007년 이후 15% 수준에 머물고 있다.[22] 이 기간에 외국계 기업의 매출액은 640억 유로(2001년)에서 1,185억 유로(2007년)로 거의 두 배가 되었는데, 경제 내 직접 지출액은 같은 기간 140억 유로에서 180억 유로로 약 30% 증가하는 데 그쳤다.[23] 이것은 아일랜드가 외형적으로는 외국인직접투자 입지로서 역량이 향상되어 고부가가치 산업(생명공학, 금융/비즈니스 서비스) 또는 가치 사슬(value chain) 상위의 활동(연구개발, 유럽 본부, 물류 관리)으로 이동한 것처럼 보이지만, 경제성장의 엔진으로서 외국인직접투자의 효과는 오히려 감소하고 있음을 보여 준다.

3-3. 토착기업의 역량 형성 부재

외국인직접투자를 통한 경제 추격 효과가 감소할 때 이를 대체하기 위해 필요한 것이 바로 토착기업의 비중 확대 및 역량 향상이다. 외국인직

21 출처: IDA Annual Report, various years.

22 출처: IDA Annual Report, various years.

23 출처: IDA Annual Report, various years.

접투자에 의존한 경제 추격은 시간이 갈수록 한계를 드러낼 가능성이 높다는 점과 외국인직접투자는 더 유리한 입지조건을 가진 국가가 등장하면 언제든지 떠날 수 있다는 점을 고려할 때 외국인직접투자 유치 기간은 토착 기업의 역량 형성의 기회로 삼아야 한다. 그러나 아일랜드는 그렇게 하지 못했다. 2007년 기준 Fortune Global 500대 기업을 살펴보면, 아일랜드 기업은 CRH(293위)와 Bank of Ireland Group(490위) 두 개에 불과했다. CRH는 건설자재 공급업체이며, Bank of Ireland Group은 금융기업으로 두 기업 모두 켈틱 호랑이를 가능하게 했던 컴퓨터/전자, 제약 또는 의료기기 산업과는 거리가 멀다. 오히려 CRH는 2000년대 부동산 버블을 바탕으로 성장한 건설업체다. 좀 더 기업 범위를 넓혀 Forbes Global 2,000대 기업 목록(2010년 기준)을 살펴보면 아일랜드 회사가 16개 존재한다(〈표 7-6〉). 그러나 그중에서도 아일랜드가 외국인직접투자를 유치한 핵심 산업인 컴퓨터/전자 분야의 토착 기업은 찾아볼 수 없다. 수출 면에서도 아일랜드 정보통신기술(ICT) 산업 수출 상위 15대 기업에서 아일랜드 토착 기업은 단 한 기업도 찾아볼 수 없다(2010년 기준).[24] 세계적인 컴퓨터 기업인 HP, Microsoft, Dell, IBM, Intel 등을 유치했음에도 불구하고 해당 부문의 토착 기업이 세계적인 기업으로 성장한 사례는 찾아볼 수 없는 것에 주목할 필요가 있다. 또 다른 중심 산업인 제약 산업의 경우도 상황이 별반 다르지 않다. 〈표 7-6〉에서 발견할 수 있는 제약 회사 Shire와 Warner Chilcott은 각각 영국과 미국 기업으로 단지 법인 본부(Corporate Headquarters)를 아일랜드에 두고 있어

24 수출 상위 15개 기업은 다음과 같다(순위 순). Microsoft, Google Ireland, Intel Ireland, Oracle Emea, IBM Ireland, Apple Cpmputer, Kingston Technology, Symanted, Adobe Systems Software, Sandisk International, Yahoo Communications Europe, Hewlett Packard, Amdocs Software Systems, eBay Ireland, Dell Products. 출처는 Irish Exporters Association의 보고서 Top Exporters in Ireland and Northern Ireland, 2011, 6쪽.

〈표 7-6〉 Forbes Global 2,000대 기업 중 아일랜드 기업(2010년 산업 순)

순위	기업	산업
301	CRH	Construction
339	Accenture	Software & Services
402	Covidien	Health Care Equipment & Svcs
518	Ingersoll-Rand	Conglomerates
951	Bank of Ireland	Banking
970	Allied Irish Banks	Banking
1,076	Cooper Industries	Capital Goods
1,105	Willis Group Holdings	Insurance
1,123	Irish Life & Permanent	Diversified Financials
1,186	Shire	Drugs & Biotechnology
1,248	Kerry Group	Food, Drink & Tobacco
1,256	Experian Group	Business Services & Supplies
1,353	Warner Chilcott	Drugs & Biotechnology
1,443	Smurfit Kappa Group	Materials
1,580	Ryanair Holdings	Transportation
1,874	DCC	Conglomerates

출처: Forbes.

서 Forbes Global 2000대 기업 통계에서 아일랜드 기업으로 국적이 나올 뿐이다.[25] 1998년에서야 토착기업의 육성을 전담으로 지원하는 정부기관 Enterprise Ireland를 IDA에서 분리하여 설립하였다는 점도 아일

25 가장 순위가 높은 Accenture 역시 사실상 미국기업으로서 세금과 법률적인 목적으로 2009년에 아일랜드에 법인을 설립했을 뿐이다. 그전에는 버뮤다(Bermuda)에 법인이 있었다.

〈표 7-7〉 산업별 외국기업의 생산 비중 변화(%, %포인트)

산업(제품 분류)	1991~93(A)	2005~07(B)	증감(B-A)
전자, 광학 장비	93	96	3
라디오, TV, 통신 장비	92	92	0
전자 장비	86	90	4
기타 전자 제품	79	86	7
사무실, 회계용 컴퓨터 시설	97	98	1
의약품	91	97	6
화학 제품	86	97	11
화학 물질	82	94	12
의료 측정, 광학 기기	94	94	0

출처: OECD, Stat Extracts(http://stats.oecd.org/), 필자 계산.

랜드 정부가 토착기업 육성을 외국인직접투자 유치보다 소홀히 했음을 시사한다.

〈표 7-7〉을 보면, 외국인직접투자를 적극적으로 유치했던 전자, 정보통신(ICT), 제약/생명공학, 의료기기 산업의 경우 1990년대 초반부터 2000년대 후반까지 외국기업의 생산 비중이 80~90%에서 변화가 거의 없거나 오히려 더 상승하여 대부분이 95% 이상에 이르고 있음을 알 수 있다. 이 사실은 Fortune 500이나 Forbes 2,000 기업목록에 속할 만큼 대기업이 아니더라도 토착기업들의 비중 자체가 해당 산업에서 증가하지 않았음을 암시한다.

대기업의 존재는 경제성장에 기여한다(Lee et al., 2013). 하지만 아일랜드의 경우 그 역할을 여전히 외국계 기업이 하고 있어, 이들이 다른 나라로 이전할 경우 그 공백이 고스란히 남게 된다. 외국인직접투자는 보통 국내 자본보다 더 유동적이고, 투자 철수(divestment)와 재이전

(relocation)하는 경향도 더 크다(Bernard and Sjoholm, 2003; Görg and Strobl, 2003; Benito, 2005 – Horner and Aoyama, 2009에서 재인용). 토착기업이 대기업으로 성장하고 존재하는 것이 중요한 이유는 토착기업이 대기업으로 성장하는 과정에서 국내 경제에 계속 영향을 미치기 때문이다. 외국계 대기업은 다른 나라에서 대기업으로 성장한 결과물이 외국인직접투자로 다른 나라에 입지하는 것이다. 따라서 입지한 국가의 국내 경제와의 '연결 고리'가 약하다. 여기서 연결 고리는 원자재 구매, 부품생산 의뢰, 국내 서비스 이용뿐 아니라 이익을 입지 국가 내에 유보하여 재투자하는 것을 포함하여 해당 기업과 그 기업을 둘러싼 경제 생태계(economic ecosystem)와의 유무형적인 연관성을 의미한다. 토착기업이 국내에서 대기업으로 성장한다면 성장과정에서 이와 같은 연결고리가 단단히 형성되며, 이 기업이 점점 더 성장할수록 이 연결고리를 통해서 자국 경제성장에 기여하는 정도도 더 커지게 된다. 하지만 외국계 기업은 이런 연결 고리가 성장하는 시기를 다른 국가에서 보내기 때문에 입지 국가 경제 발전에 미치는 영향이 토착기업보다 작을 수밖에 없다. 아일랜드의 경우도 '경제 내 직접 지출 지표(Direct Expenditure in the economy)'가 이를 뒷받침한다. 2010년대 외국계 기업의 판매액 대비 경제 내 직접 지출은 15%에 불과한 반면, 토착기업은 63%로 네 배 이상이다.[26]

토착기업 역량 형성에 정부와 민간 모두가 소홀히 했다는 사실은 여러 지표를 통해 확인된다. 〈그림 7-2〉를 보면, 아일랜드의 GDP 대비 R&D 지출 비중이 아일랜드와 비슷한 규모 또는 소득 수준의 유럽 국가들의 것에 비해 낮으며, 1970년대부터 2000년대 후반까지 증가 속도 또한 상대적으로 느린 것을 알 수 있다. 민간 기업(토착+외국계 기업)

26 출처: Forfas Annual Business Survey of Economic Impact 2010.

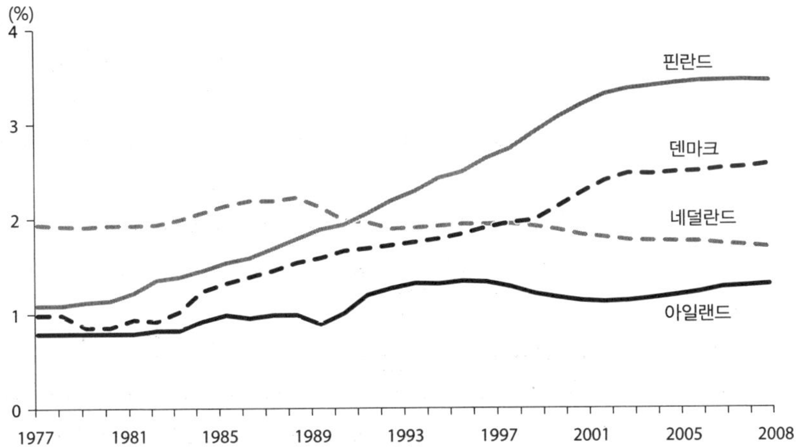

출처: R&D 지출은 UNESCO, GDP는 World Bank의 자료를 이용하여 보론장의 필자인 박준기가 계산.
비고: 매년 수치는 해당 연도를 중심으로 5개 연도의 것을 평균 낸 것.

〈그림 7-2〉 GDP 대비 R&D 지출 규모 국가별 비교

R&D 지출의 경우, 1995년 약 5억 유로에서 2009년 약 19억 유로까지 4배까지 증가했지만, 외국계 기업의 비중이 2/3 수준으로 지속되고 있다.[27] 즉, 켈틱 호랑이 시절 이후에도 토착기업의 R&D 활동이 외국계 기업의 것에 대비해서 확대되지 않았다.

특허도 기술 역량 배양 결과를 나타내는 지표다. 아일랜드의 켈틱 호랑이 시절과 그 이후인 2000년대 미국특허 점유율을 유럽의 비슷한 규모 또는 소득수준의 국가와 비교한 결과가 〈그림 7-3〉이다. 아일랜드의 미국특허 점유율은 절대적인 수준도 낮으며, 증가세 역시 매우 완만하다. 아일랜드의 인구 100만 명당 삼극특허 패밀리(Triadic Patent Families)[28] 수 또한 2009년 기준 16.5개로 OECD 28개국 평균인 34개

27 출처: National Competitiveness Council의 보고서 Ireland's Competitiveness Scorecard 2012, 126쪽.

28 삼극특허 패밀리(Triadic Patent Families)란 미국, 유럽, 일본 모두에 특허신청이 이뤄진

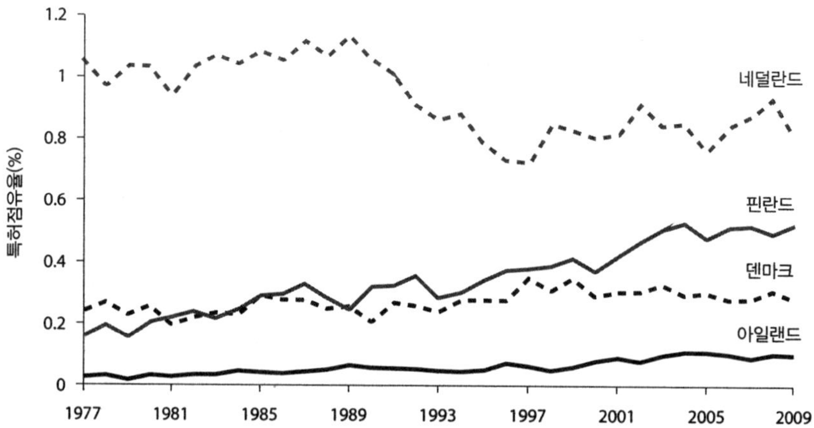

출처: US Patent and Trademark Office(PTO)의 자료를 이용하여 보론장의 필자인 박준기가 계산.

〈그림 7-3〉 국가별 미국특허 점유율 변화

의 절반 수준에 불과하며,[29] 2011년 자국 특허출원의 경우에도 88%가 여전히 외국인에 의한 것이다.[30]

3-4. 아일랜드 경제의 추락

2008년, 미국 비우량 주택담보대출 사태로 촉발된 국제 신용경색이 전 세계를 강타한 가운데 아일랜드의 부동산 거품이 붕괴하였다. 1996년

특허를 의미한다(홍정표, 2008).

29 출처: National Competitiveness Council의 보고서 Ireland's Competitiveness Scorecard 2012, 127쪽. 'OECD 28개국'은 데이터 확보 등의 이유로 빠진 국가를 제외한 OECD 국가들이다(28개국: Australia, Austria, Belgium, Canada, Czech Republic, Denmark, Finland, France, Germany, Greece, Hungary, Iceland, Ireland, Italy, Japan, Korea, Luxembourg, Netherlands, New Zealand, Norway, Poland, Portugal, Slovak Republic, Spain, Sweden, Switzerland, UK and the US).

30 출처: *Irish Patent Office Annual Report 2011*, 12쪽. 국적은 특허 출원인 중 첫 번째 출원인의 거주지(place of residence) 기준.

부터 2007년 2분기까지 약 10년간 5배 넘게 상승했던 주택가격은 그 이후 급락하기 시작, 2010년 말까지 최고점이었던 2007년 2분기 대비 45% 하락하였다.[31] 이 여파로 아일랜드는 금융위기와 재정위기를 잇따라 겪었으며, 아일랜드 정부는 2010년 11월 21일 EU와 IMF에 850억 유로 규모의 구제금융을 요청하였다. 경제도 추락을 시작하여 경제성장률이 2008년부터 2010년까지 3년 연속 하락하였다(〈그림 7-4〉). 2011년에 이르러 경제성장률이 금융위기 이후 처음으로 상승하였다. 그러나 경기침체와 함께 급증하기 시작했던 실업률은 2011년에도 여전히 상승하였으며, 2012년 2월에는 1994년 3월 이후 사상 최고치인 14.8%를 기록하였다. 실업률만 놓고 보자면 마치 켈틱 호랑이 이전 시절로 돌아간 듯한 모습이다(〈그림 7-4〉).

2000년대에 들어 외국인직접투자를 통한 성장이 둔화된 가운데 아일랜드 경제의 양적인 성장을 보충해 준 것 중 하나가 바로 건설업이었다. 1990년대 아일랜드는 고성장, 인구 증가 및 이민자 유입을 바탕으로 부동산 경기가 활황을 이루었다. 여기에 1999년 유로존(Eurozone) 결성이 기름을 부었다. 이때부터 아일랜드 금리는 유럽중앙은행(ECB)의 결정에 따르게 되었는데, ECB의 금리는 유로존의 중심 국가였던 독일, 프랑스의 경기 침체를 반영하여 낮게 책정되었고, 이로 인해 아일랜드 금리도 크게 낮아지게 되었다(〈표 7-8〉). 〈표 7-8〉에서 보면 유럽통화연맹(EMU) 가입 이후 아일랜드 실질금리는 마이너스가 되었으며, 회원국 중에서 가장 금리가 많이 떨어진 나라 중 하나였다. 그 결과, 아일랜드는 인위적인 저금리 상태에 놓이게 되였고 이는 대출 부담이 낮아지는 주요한 요인이 되었다.

경제성장으로 인한 자가주택 보유 욕구, 인구 및 이민자 증가, 도

---

31 아일랜드 수도 더블린 기준, 출처: permanent tsb/ESRI House Price Index.

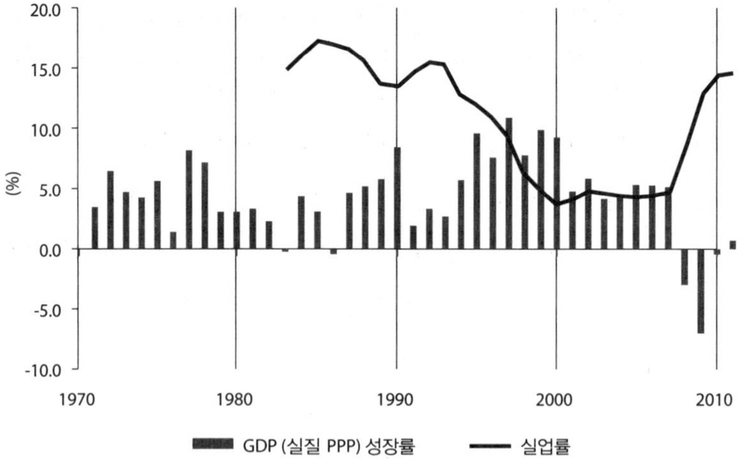

출처: GDP 성장률은 OECD, Stat Extracts(http://stats.oecd.org/), 실업률은 CSO Ireland(www.cso.ie/) 자료를 이용하여 필자 계산.

비고: 실업률은 각 연도 12월 계절 조정 표준(Seasonally Adjusted Standardised) 실업률.

〈그림 7-4〉 아일랜드 GDP 성장률과 실업률(1971~2011, %)

〈표 7-8〉 유럽통화연맹(EMU) 시행 전후 실질 금리 비교(%, %포인트)

국가	1993~98(A)	1999~2004(B)	증감(B-A)
오스트리아	2.5	1.2	−1.3
벨기에	3.1	1.2	−1.9
프랑스	3.9	1.4	−2.5
독일	2.5	1.7	−0.8
이탈리아	4.9	0.8	−4.1
룩셈부르크	3.1	0.9	−2.2
네덜란드	2.1	0.7	−1.4
핀란드	3.7	1.6	−2.1
그리스	7.4	1.0	−6.4
아일랜드	4.5	−0.6	−5.1
포르투갈	4.7	0.2	−4.5
스페인	4.3	0.0	−4.3

출처: Lane(2006).

시 집중화 등으로 부동산 수요가 증가하고, 소득 향상 및 대출 금리 인하 등으로 자금 마련이 용이해진 덕분에 부동산에 대한 수요는 더욱더 증가하였으며, 이는 2000년대 건설업 호황으로 이어졌다. 건설업의 고용인원은 1998년 1분기 11만 8,000명으로 전체 노동인구의 8%에 머물렀으나, 부동산 버블이 최고조에 달하던 2007년 2분기에는 27만 명이 건설업에 종사하여 전체 노동인구의 13%에 육박하였다.[32] GDP 대비 건설업 비중도 9.9%로 유로지역 평균(6.4%)을 상회한다(강유덕 외, 2000).

유로존에 속한 까닭에 부동산 경기가 과열되는 도중에도 아일랜드(중앙은행)는 금리 정책을 임의대로 조절할 수 없었다. 이는 금리 인상을 통한 대출수요 억제를 시도할 수 없었음을 의미한다. 하지만 더 중요한 것은 정부의 억제 의지도 미약했다는 점이다. 아일랜드 정부는 부동산 취득세를 통한 세수 증가의 달콤한 과실을 누리고 있었고, 오랜 기간 지속된 건설업 호황 과정에서 형성된 여당 Fianna Fáil과 건설업과의 긴밀한 관계도 부동산 버블 과열에 일조하였다(Paus, 2012b). 경제에서 건설업이 차지하는 비중이 크게 증가한 상태에서 부동산 시장의 붕괴는 치명적이었다. 방만한 대출로 은행위기가 발생하자 자국은행은 예금 및 부채를 보증해 주려고 했던 정부까지 재정위기를 겪고, 결국 아일랜드 정부는 EU와 IMF에 구제 금융을 요청하였다. 한편, 건설업에서는 대규모 실업이 발생하여, 2007년에 27만 명을 넘어섰던 건설업 종사자는 2012년 10만 명 수준으로 감소하였다. 이 수치는 아일랜드 통계청(CSO Ireland)이 1998년부터 관련 통계를 집계하기 시작한 이후 최저 수준이다.

최근의 경제 추락 및 침체의 지속은 부동산 거품 붕괴에 표면적인 원인이 있다. 그러나 아일랜드가 외국인직접투자를 통해서 경제 추격을

32 출처: CSO Ireland.

하는 가운데 토착기업과 산업이 성장하지 못하였고, 2000년대에 들어서 고용 등의 측면에서 국내 경제에 대한 파급력과 연관성이 떨어지는 산업 부문 및 비즈니스 활동 중심으로 외국인직접투자가 변모하였던 점이 더 근본적인 원인이다. EU평균을 웃도는 출산율 지속에 따른 인구 자연 증가와 경제 호황으로 인한 해외 이민자 귀국 및 외국인 노동자 유입 증가로 노동 가능 인력은 증가하였으나, 외국인직접투자가 창출하는 고용은 점점 감소하고, 토착기업이 성장하지 못한 까닭에 다른 산업에서 흡수되지 못한 노동력이 건설업으로 몰리게 되었다. 즉, 2000년대에 들어 경제 전체에서 건설업이 차지하는 비중이나 종사자 수가 과도하게 증가한 점은 다른 산업의 성장이 부진한 가운데 건설업만 비대해졌음을 의미한다. 이러한 상황은 2008년 추락한 경제 회복이 지연되고 있는 요인과도 관계가 있다. 2000년대 들어 발생한 외국인직접투자의 변화로 외국인직접투자의 아일랜드 경제에 대한 파급력이 예전보다 작아졌고, 주력 산업에서 성장한 토착기업이 극소수인 까닭에 추락한 아일랜드의 경제 회복을 강하게 이끌 동력이 부족한 것이다.

4. 결론 및 시사점

이 글에서는 역량 형성 및 기회의 창의 관점에서 아일랜드 경제의 추격과 추락의 원인을 분석하였다. 외국인직접투자가 아일랜드 경제 추격의 핵심 동력이었음을 고려하여, 아일랜드가 유치한 외국인직접투자의 특징을 살펴보고, 아일랜드가 외국인직접투자를 성공적으로 유치할 수 있었던 요인을 확인하였다. 아일랜드에 유입된 외국인직접투자는 컴퓨터/전자/통신, 제약, 의료기기 산업에 집중되었다. 1960년대부터 아일랜드 정부는 외국인직접투자 유치를 통한 경제성장을 결정하고 정부 산하의 IDA를 외국인직접투자 유치 첨병으로 내세웠으며, 관련 세제와 규제를 정비하였다. 1973년에는 EU에 가입하여 유럽 단일 시장에 대한 접근성을 확보하고, EU 보조금을 활용하여 도로, 통신 시설 등 산업 기반 시설을 확충하여 외국인직접투자 입지로서의 매력을 더하였다. 노동 공급 측면에서는, 외국계 기업의 인력 수요에 맞게 육성된 인력들이 다른 유럽 국가들에 비해 저렴한 임금으로 충분히 공급될 수 있었다.

이러한 내부적인 노력들이 빛을 발할 수 있었던 것은, 1980~90년대 컴퓨터/IT시대의 도래라는 패러다임 변화가 기회의 창이 되어 외국계 기업, 특히 유럽 시장에 진출하고자 하는 미국기업들이 아일랜드를 외국인직접투자 입지로 선택했기 때문이다. 즉, 아일랜드의 성공적인 외국인직접투자 유치는 외국인직접투자 입지로서의 역량 형성을 위한 다양한 노력과 아일랜드가 가질 수 있었던 특별한 이점(EU 단일시장과 보조금), 그리고 기회의 창이 모두 연관되어 상호작용을 일으킨 결과물이다. 그렇기 때문에 다른 후발국이 아일랜드의 사례를 보고 일부 요인을 따라했을 때 이 후발국도 아일랜드처럼 외국인직접투자 입지로 자리잡을 수 있을지에 대해선 매우 신중하게 생각해야 한다. 더 중요한 것은, 아일랜드가 1960년대부터 외국인직접투자 유치를 산업 발전 정책의 핵심으로 놓았지만, 무려 30년 후인 1990년대 후반에 들어서 그 결실을 맺었다는 점도 주목해야 한다. 이것은 단지 외국인직접투자 입지로서의 내부적인 역량 형성만으로 될 일이 아니며, 기회의 창이 필요함을 시사하는 것이다. 또 그 기회의 창이 주어지고 난 이후에도 성과가 발생하는데 오랜 시간이 필요할 수도 있음을 뜻한다.

한편, 부동산 시장 거품 붕괴가 2008년 이후 아일랜드 경제의 추락을 촉발했지만, 추락의 보다 근본적인 원인은 2000년대 초부터 아일랜드 경제와 산업에 나타난 변화에서 찾는 것이 더 적절함을 확인하였다. 2000년대 초부터 아일랜드는 외국인직접투자 입지로서, 특히 생산기지로서 매력이 감소하면서 추락의 조짐을 보이기 시작했다. 임금 상승으로 인해 전자/컴퓨터 분야의 외국인이 투자한 생산시설이 중/동유럽 국가들, 중국 등지로 이동하였다. 그로 인해 아일랜드의 수출이 감소하고, 경제성장률이 둔화되었다. 외국인직접투자를 둘러싼 환경 변화를 감지한 아일랜드는 고부가가치 산업 또는 R&D 센터와 같이 가치 사슬(value chain)의 상단에 위치하는 기업 활동의 유치에 주력하였다. 그 결과, 제약/생명공학, 의료기기, 비즈니스/금융 서비스 부문의 외국인직접투자가 증가하였고, 유럽 지역 본부, R&D 센터, 고객/기술 지원 센터, 물류 센터와 관련된 외국인직접투자가 증가하였다. 그러나 이들 산업과 활동은 고용 창출 등 국내 경제에 미치는 효과가 상대적으로 작은 것들이었다. 더 문제가 되는 것은 켈틱 호랑이 시절 유치한 외국인직접투자가 토착기업들의 역량 형성 및 성장으로 이어지지 못하였다는 점이다. 그 와중에 닥친, 2000년대 후반의 경기 침체는 외국인직접투자에 의존하여 성장한 아일랜드 경제의 취약점을 드러내었다.

외국인직접투자를 통해 경제 추격을 추구할 때 보통 외국인직접투자 입지로서의 이점은 비용 면에서 부각된다. 특히 저렴한 인건비가 가장 큰 장점이 된다. 하지만 외국인직접투자를 성공적으로 유치할수록 외국인직접투자가 더 이상 머물기 힘들게 되는 환경으로 변한다. 경제가 성장할수록 노동 비용이 올라가고, 저렴한 노동비용을 가진 또 다른 국가가 출현하기 마련이기 때문이다. 이를 극복하기 위해 고부가가치 외국인직접투자를 유치하는 방법이 있다. 즉 외국인직접투자 입지로서의 역량을 향상시키는 것이다. 그러나 아일랜드의 경우, 2000년대 이후 고부가가치 지식 기반 산업이나 서비스 산업, 그리고 한 산업 내에서 가치 사슬(value chain) 상위의 활동에 대한 외국인직접투자 유치가 아일랜드 경제 전반에 충분한 파급력을 가질 정도로 아직 성공하지 못하였다. 또한, 외국인직접투자가 진행되는 동안 토착기업이 성장하여 이후 외국인직접투자가 떠나더라도 그 빈자리를 메우는 것도 충분하지 못하였다. 결국, 아일랜드의 사례는 외국인직접투자만으로는 경제 추격의 영원한 원동력이 되기는 어렵다는 점과 후발국은 외국인직접투자를 토착기업 역량 형성의 기회로 삼아야 한다는 점을 시사한다.

| 참고문헌 |

강유덕 · 오태현 · 오현정, 2010, 「아일랜드 구제금융의 배경과 위기확산 가능성 전망」, 『오늘의 세계경제』, 대외경제정책연구원.

구동현, 2008, 『세계 최강소국 아일랜드의 경제성장 전략』, FKI미디어.

이동원, 2004, 「아일랜드의 고성장 배경과 향후 전망」, 한국은행 조사국 해외조사실.

홍정표, 2008, 「OECD의 특허통계」, 『Patent』 21, 80(07/08), 8-13.

Teague, Paul, 2011, 「아일랜드의 경제위기」, 『국제노동브리프』, 9(6): 5-12.

Barry, F., 2007a, "Foreign Direct Investment and Institutional Co-Evolution in Ireland," *Scandinavlan Economic History Review*, 55(3): 262-88.

______, 2007b, "Third-Level Education, Foreign Direct Investment and Economic Boom in Ireland," *International Journal of Technology Management*, 38(3): 198-219.

Barry, F. and J. Bradley, 1997, "FDI and Trade: The Irish Host-country Experience," *The Economic Journal*, 107(445): 1798-1811.

Benito, G. R., 2005, "Divestment and International Business Strategy," *Journal of Economic Geography*, 5(2): 235-251.

Bernard, F. B. and F. Sjoholm, 2003, "Foreign Owners and Plant Survival," *NBER Working Paper 10039*, Cambridge, MA: National Bureau of Economic Research.

Breathnach, P., 1998, "Exploring the 'Celtic Tiger' Phenomenon: Causes and Consequences of Ireland's Economic Miracle," *European Urban and Regional Studies*, 5(4): 305-316.

Duff, Marc C., 2007, "Ireland's Economic Progress," *The Taxpayers Network*.

Enterprise Strategy Group, 2004, *Ahead of the Curve: Ireland's Place in the Global Economy*,

Dublin: Forfa's.

Gerald, John Fitz, 1999, "Understanding Ireland's Economic Success," *ESRI Working Paper*, The Economic and Social Research Institute.

Görg, H. and F. Ruane, 2000, "European Integration and Peripherality: Lessons from the Irish Experience," *The World Economy*, 23(3): 405-421.

Görg, H. and E. Strobl, 2003, "'Footloose' Multinationals?," *The Manchester School*, 71(1): 1-19.

Horner, Rory and Yuko Aoyama, 2009, "Limits to FDI-Driven Growth in Ireland: A Newspaper Content Analysis for Investment, Upgrading and Divestment," *Irish Geography*, 42(2): 185-205.

Kirby, Peadar, 2010, *Celtic Tiger in Collapse: Explaining the Weaknesses of the Irish Model*, New York: Palgrave Macmillan.

Lane, Philip R., 2006, "The Real Effects of Emu," *IIIS Discussion Paper*, Dublin: Institute for International Integration Studies, Trinity Colleage.

Lee, Keun, Byung-Yeon Kim, Young-Yoon Park, and Elias Sanidas, 2013, "Big Business and National Economic Growth: Finding a Binding Constraint for Growth by a Country Panel Analysis," *Journal of Comparative Economics*, 41(2): 561-582.

Mac Sharry, Ray and Padraic White, 2001, *The Making of the Celtic Tiger*, Mercier Press.

Paus, Eva, 2012a, "Confronting the Middle Income Trap: Insights from Small Latecomers," *Studies in Comparative International Development (SCID)*, 47(2): 115-38.

______, 2012b, "The Rise and Fall of the Celtic Tiger: When Deal-Making Trumps Developmentalism," *Studies in Comparative International Development (SCID)*, 47(2): 161-84.

Prime, Penelope, 2012, "Utilizing FDI to Stay Ahead: The Case of Singapore," *Studies in Comparative International Development (SCID)*, 47(2): 139-60.

Sachs, J., 1997, "Ireland's Growth Strategy: Lessons for Economic Development," A. Gray (ed.), *International Perspectives on the Irish Economy*, Dublin: Indecon, pp. 54-63.

제8장

'네덜란드 병'에서 '네덜란드 기적'으로: 역사문화적 분석과 평가

주경철 서울대학교 서양사학과 교수

1. 서론

1980년대 중반 "네덜란드는 선진 자본주의 세계에서 가장 심각한 고용 실패를 찾아볼 수 있는 곳"으로 지목되었다. 사실 1984년 네덜란드의 실업자 수는 경제활동 인구의 14%에 해당하는 80만 명이라는 기록적인 수준에 달했다. 더군다나 광의의 실업 개념을 적용할 경우 실업률은 경제활동 인구의 27%에 달했다. 또 이 나라는 '노동 없는 복지'의 두드러진 사례였다. '네덜란드 병'이라는 말이 과도한 비용이 소모되고 지속적인 유지가 불가능한 복지정책을 지칭하는 말로 사용될 정도였다.

그로부터 10년 뒤 네덜란드는 전혀 다른 방향에서 국제적인 주목을 받았다. 스웨덴 식 복지국가 모델에 대한 환상이 깨진 후 새로운 '인간적인' 자본주의 모델을 찾고자 할 때 네덜란드의 '기적'이 가장 주목받는 사례가 되었다. 많은 사람들은 일자리 창출과 사회보장 시스템 유지를 위해 복지정책 개혁과 보수적인 재정정책을 추진한 네덜란드의 정책에 찬사를 보냈다. EU 회원국 중 그 이전 10년 동안 실업률을 반감시킨 국가는 네덜란드뿐이었다. 1984년 14%에 달했던 실업률이 1997년 6% 수준으로 떨어졌는데, 이는 11%에 달하는 EU 평균 실업률에 비

〈표 8-1〉 네덜란드와 유럽연합의 경제적 성과 비교(1991~96)

	네덜란드	유럽연합
국내총생산 증가	2.2%	1.5%
민간소비 증가	2.3%	1.5%
투자 증가	1.3%	-0.2%
고용 증가	1.5%	-0.5%
실업률	6.2%	11.1%
취업자 수/인구	64.2%	60.6%

출처: 네덜란드 중앙은행 1996년 보고서; OECD, Employment Outlook.

해 거의 절반 수준이었다. 『이코노미스트』지는 이런 네덜란드의 성공에 대해 "좌파와 우파 그리고 중도파를 모두 절충한 정책 결합에 성공하였고, 이것은 경제성장 둔화와 실업 증가, 재정위기 등으로 신음하는 유럽 대륙의 복지국가 모델로부터 탈피하는 의미 있는 출발점"이라고 평가했다(피서르, 2004: 11).

〈표 8-1〉에서 정리한 대로 1991~96년의 6년 동안의 경제 성과를 보면 네덜란드가 EU의 다른 어느 나라들보다 더 큰 성공을 거두었음을 확인할 수 있다. 게다가 이는 국내총생산 대비 재정적자 비중을 1996년까지 2.2%로 낮추는 과정에서 이룬 것이다. 정부 총지출이 1996년까지 4년간 연이어 축소되었고, 이에 따라 국내총생산에서 차지하는 조세 및 사회보장부담금의 비율도 1970년대에 47.3%, 1980년대에 57.2%에 달했던 데 비해 1996년에는 44.4%로 상당히 낮아졌다. 그 이전 10년간 평균 물가상승률도 2.5%에 불과하였다(피서르, 2004: 14). 요약하면 이 나라는 1970~80년대에 매우 심각한 중병(重病)에 걸렸다가 1980년대 초반을 기점으로 극적인 치유를 경험한 셈이다.

이러한 네덜란드의 경험은 진지한 분석을 시도해 볼 가치가 있다.

복지병에 시달리고 있는 선진국이든, 혹은 선진국 진입을 목표로 경제 성장에 매진하는 중진국 혹은 개발도상국이든 네덜란드의 사례는 매우 흥미롭고도 중요한 시사점들을 제공할 것이다. 물론 1980년대 이후 네덜란드가 거둔 성과가 곧 이 나라를 유토피아로 만들어 준 것은 결코 아니다. 또 이 나라의 방식을 다른 나라가 모방하려 한다 해서 똑같이 성공을 거두는 것도 결코 아니다. 과연 이 나라가 거둔 경제적 성과 지표 뒤의 실상은 무엇이며, 그 사회적 의미가 무엇인지, 또 그런 방식이 이 나라에서 성공할 수 있었던 배경이 무엇인지에 대해서도 알아볼 필요가 있다.

그런 점에서 이 글에서 특히 주목하여 살펴보고자 하는 것은 역사적 · 문화적 요인이다. 사실 네덜란드의 경제 기적이라 불리는 현상이 어떤 것인지에 대해서는 이미 상당히 많은 분석이 이루어졌다. 우리가 이 글에서 묻고자 하는 것은 네덜란드에서는 왜 그것이 가능했을까 하는 점이다. 이 문제는 순전히 경제적 요인만으로는 설명하기 힘들며, 장기간의 역사적 과정 속에서 형성되어 오늘날까지도 지속적으로 영향을 미치는 사회와 문화 전반의 요인들, 간단히 이야기하면 이 나라 역사의 특징을 알아야만 이해 가능하다는 것이 이 글에서 강조하려는 바이다.

네덜란드의 역사는 매우 독특하다. 특히 우리의 관점에서 흥미로운 점은 이 나라의 경제가 역사적으로 급격한 성장과 몰락, 그에 이은 회복의 연속이었다는 점이다. 16세기에 뒤늦게 건국된 이 나라는 황금기라 불리는 17세기에 세계 최강의 부국으로 성장했지만, 18세기 후반 이후 산업혁명의 흐름에 뒤처져 19세기에는 유럽 내에서 상대적으로 빈국의 지위로 하락했다(킨들버거, 2004; 브로델, 1995~97). 19세기 말 독일의 급격한 산업화의 연계효과로 빠른 성장을 이루었지만 그와 동시에 심각한 사회 문제에 봉착했다. 여기에서 다른 어떤 나라와도 다른 지주화(支柱化)라는 특이한 사회 조직 방식이 발전하였는데, 이 방식의 형성과 해체가 현대 네덜란드에 결정적으로 큰 영향을 미쳤다(Hooker, 1999). 우리가 살펴보려는 20세기 중반의 위기와 그것의 극복은 이런 역사적 맥락 속에서만 제대로 이해할 수 있다. 네덜란드는 선진국이 경제 위기를 맞아 심각한 경제 후퇴를 겪었다가 어떻게 다시 선두 진영으로 복귀하는지 보여 주는 흥미로운 사례다.

이 글에서는 우선 1970~80년대에 네덜란드가 경제적으로 거의 몰락했다가 매우 독특한 방식으로 이를 극복하는 경험을 서술하고(2절), 그런 특징적인 발전이 어떤 배경에서 나왔는지를 이 나라의 역사 경험 속에서 살펴볼 것이다(3절).

2. '네덜란드 병'과 '네덜란드 기적'

2-1. 네덜란드 병: 1980년대 초반까지

제2차 세계대전 이후 네덜란드의 경제 부흥은 매우 불리한 환경 속에서 시작되었다. 네덜란드는 세계대전 후반기에 최대 격전지였기 때문에 거의 모든 기반 시설이 붕괴되었다. 나치 독일은 전쟁 수행을 위해 이 나라에서 지독한 수탈을 자행하여, 공장 전체를 해체해 갔는가 하면 심지어 군수품 생산을 위해 교회 종과 기차 레일에 이르기까지 모든 쇠붙이들을 실어 갔다. 독일군이 물러갔을 때의 상황은 철도, 항구, 교량, 운하 등 모든 것이 고장난 상태였다. 여기에 1944~45년의 악명 높은 '기근의 겨울(hongerwinter)'은 사람들을 극심한 고난으로 몰아갔다(주경철, 2003: 330).

해방 후 네덜란드의 경제 부흥에는 우선, 마셜 플랜을 통한 미국의 유럽 원조가 씨앗을 제공했다. 전후 미국이 서유럽에 뿌린 자금은 116

억 달러에 달하는데, 총액으로는 네덜란드가 프랑스나 영국에 못 미치지만 1인당 금액으로는 네덜란드가 가장 많았다. 또한 미국은 각국의 노동자, 관리자, 노조원 등을 미국에 데려가 과학적 · 기술적 요소들을 배우게 하였는데, 이런 프로그램을 가장 충실하게 따른 나라가 네덜란드였으며, 그 결과 유럽 각국 중 최선의 경제발전을 이룰 수 있었다.

그러나 미국의 지원이 중요한 역할을 했다고는 하지만 그것만으로 전후 네덜란드의 경제 부흥을 모두 설명할 수는 없다. 외적인 지원을 잘 활용할 수 있는 경제 주체들의 운영 능력과 그런 목표를 이루기 위해 사회적 합의를 이끌어낼 수 있는 정치적 · 문화적 배경이 중요했다. 당시 네덜란드의 경제구조는 노동집약형 산업생산 위주였으므로, 임금인상을 억제하여 국제적으로 가격경쟁력을 높이는 것이 경제 부흥의 중요한 전략이었다. 그렇다면 그와 같은 국가적 목적을 위해 임금 인상을 억제하는 노사 간 합의가 가능하냐가 성공의 관건이었다.

전후 네덜란드에서는 정부의 임금중재위원회에 의해 주어진 임금 가이드라인을 노사가 모두 잘 따르고 있었다. 그 결과 주변국들에 비해 20~25% 낮은 수준의 임금이 유지되었고, 그 대신 거의 완전고용에 가까운 고용상태가 유지되었다. 1945~59년까지 이 방식이 큰 반대 없이 이루어졌다는 것은 매우 놀라운 일이었다. 다른 국가들에서는 이처럼 장기간 임금 억제가 이루어진 예가 없었다(피서르, 2004: 130-3). 이와 같이 네덜란드에서는 경제 주체들 간에 상호 합의를 통해 중요한 의사결정이 이루어진다는 의미에서 조합주의가 매우 유효하게 작동했다. 다름 아닌 이 요인이 1980~90년대 경제 위기 탈출의 핵심 요인이라는 점에 주목할 필요가 있다. 네덜란드 병의 극복은 완전히 새로운 방식의 도입을 통해 이루어진 것이 아니라 과거에 이미 존재했던 방식을 찾아내 새롭게 적용시킨 것이었다.

그렇다면 2차대전 이후 네덜란드에서 경제 주체들이 중요한 문제들에 대해 그처럼 유효적절한 합의에 이를 수 있었던 이유는 무엇일까? 이는 단순히 노동자들과 경영인들이 사태의 심각함을 깨닫고 현명한 선택을 했던 것이 아니라, 그러한 합의가 가능한 사회 구조가 마련되어 있었다는 점에 주목해야 한다. 이는 이 나라 특유의 '지주제(支柱制, verzuiling)'를 고려하지 않으면 설명이 불가능하다. 이는 대부분의 국민들이 어떤 특정한 종류의 집단 질서들 중 하나에 편입되어 살아가는 방식을 뜻한다. 각 집단 내에서 고위 지도자들은 높은 수준의 통제력을 보유하며, 이 지도자들 간에는 국가와 사회 전체에 관련된 사항에서 서로 협조하며 합의를 추구한다(이에 대해서는 다음 장에서 자세히 설명하기로 한다). 이런 독특한 시스템이 전후에도 상당히 오랫동안 유지된 것이 네덜란드의 조합주의가 효율적으로 작동하는 근간이 되었고, 장기간의 '자발적' 임금억제도 가능하게 했던 것이다.

그렇지만 지나치게 오랫동안 임금을 통제하다 보니 사실 내부적으로는 긴장이 고조되어 가고 있었다. 1960년대 초 저임금의 노동력 공급이 드디어 한계에 이르렀고, 외국인 노동자들이 대거 유입되기 시작했다. 네덜란드 경제가 번영하면서 저급한 일들을 할 저임금 노동력이 필요하게 된 것이다. 노동력 공급이 바닥나는 지경이 되자 사업장마다 더 많은 노동력을 확보하기 위해 이면계약(black wage)을 하는 식의 편법으로 수당을 지급하기 시작했고, 결국 임금통제가 허물어졌다(류만희, 2002: 263). 이제 노조와 경영자 단체 간 자유로운 협상이 이루어지면서 임금이 폭발적으로 상승했다. 임금 인상률은 1963년 13%, 1964년 15%, 1965년 10%에 달했다. 정부의 통제도 무력화되었으며, 이렇게 된 이상 노조는 과거 체제로 돌아가려 하지 않았다. 1960년대 말 네덜란드의 임금은 서독과 벨기에 수준으로 올랐고, 그 결과 기업의 순수입에서 임금이 차지하는 비중도 과거 70% 미만이었던 수준에서 1970년에는 80%로, 1973년에는 83%로 올랐다(피서르, 2004: 132). 산업 구조는 여전히 노동집약적인 가운데 임금이 급격히 상승하자 기업의 경쟁력이 무너져 갔다.

임금 관련 합의체제가 무너진 것은 1956년이 분수령이었다. 이 해에 임금과 물가가 크게 오르면서 합의가 무너졌고, 이런 격변 속에서 1958년에 드레이스 정권이 붕괴했다. 전후 점차 자리 잡아 가던 복지 시스템도 이런 상황에서 불안정하게 되었으나, 마침 1959년에 슬로히테른(Slochtern) 지역에서 엄청난 규모의 천연가스전(田)이 개발되어 막대한 국고 수입을 얻는 것이 가능해졌고, 그 결과 국가 재정에 여유가 생겨 오히려 복지국가 시스템을 상당히 오랫동안 공고하게 유지할 수 있었다(주경철, 2003: 346). 그러나 역설적으로 이것이 차후 네덜란드 병을 심화시키는 결정적 요인으로 작용했다. 임금 인상은 기업의 경쟁력을 약화시켰고, 결과적으로는 실업을 유발했는데, 이로 인한 문제 해결을 국가의 복지 시스템에 의존했기 때문이다. 그 결과는 '노동 없는 복지' 현상으로 나타났다. 가스 개발 사업의 성장은 또한 산업 구조의 왜곡을 불러왔다. 가스 관련 산업으로 자원이 과도하게 집중되어 여타 부문이 빈약하게 되었으며, 가스 수출 대금 유입으로 인해 환율이 인상되어 다른 산업 부문의 수출 경쟁력을 더욱 악화시켰기 때문이다.

1970년대부터 네덜란드의 사회 · 경제 문제가 심각해졌을 뿐 아니라, 문제를 해결할 수 있는 체제가 마비되어 갔다는 것이 더 큰 문제였다. 노조, 경영자단체, 정부 대표 모두 임금정책에 관해 자발적 협약을 이끌어낼 수 없었으므로 이제 정부의 임금중재위원회가 폐지되고 자유로운 단체협상 원칙이 회복되어야 한다고 생각했다. 그러나 실제 협상은 난항을 거듭했다. 급진 좌파가 노조 지도부에 도전하여 로테르담 항구 불법파업이 일어났고, 1972년 공장점거로 결국 공장폐쇄에까지 이른 소위 AKZO사 사태가 일어났다. 이런 일련의 사태에서 특히 중요한 사건 중 하나는 1967년에 있었던 필립스 사의 3년 단위 임금협약이었다. 이를 기점으로 이후 노조는 매년 협약임금에 물가상승률의 반영을 보장

받게 되었다. 물가상승률의 반영이라는 요인은 1980년까지 연간 임금 상승의 75%를 차지했다. 개별적인 쟁점에 대해서는 계속 양보와 타협을 추구했지만 합의에 이른 것은 거의 없었고, 기업과 정부 간, 혹은 노조와 정부 간 의견 일치를 보지 못 하고 관계가 경색되기 일쑤였다. 이처럼 1970년대와 1980년대 초반까지 교착상태가 지속되는 동안 임금은 물가상승률을 따라 자동적으로 인상되었고, 임금 수준에 연동된 사회보장 지출도 자동적으로 상승했다. 사회복지 수당의 지급수준을 민간부문의 임금인상에 연동시키는 방식 때문에 연간 정부예산 증가의 약 60%가 사전에 결정되었다. 이는 사회보장 지출이 한계에 이르도록 팽창하는 결과를 가져왔다. 당시 네덜란드의 사회보장제도는 '유지가 불가능한 수준'이라는 비난을 받았다(de Wolff, 1993). 이는 또한 결과적으로 노동자들의 소득 수준을 낮추는 악영향을 미쳤다. 1970년대 후반 사회보장부담금 및 조세 증가는 세후 임금 수준을 낮추어 근로자들에게 부담을 주었다. 이처럼 모든 요소들이 서로 맞물려 옴짝달싹 못 하는 최악의 상태로 가고 있었던 것이다.

중앙기획처의 분석에 의하면, 기업의 순수입에서 노동비용이 차지하는 비중은 1980년에 90.5%로 상승했다. 여기에 장기 이자율 상승으로 투자 수익을 얻는 것은 더 어려워졌다. 이런 상황에서 기업 측이 임금의 자동인상 조항을 폐기하라고 요구했지만 수 주일에 걸친 파업사태에 굴복했다. 결국 역효과만 내고 말았으니, 물가상승률에 연동된 임금인상 조항은 노동계의 투쟁의 성과로 '성역화'되어 변화의 가능성이 아예 없어 보였다.

이런 상황에서 1973년과 1979년의 제1, 2차 석유 위기는 네덜란드 경제에 심대한 충격을 가했다. 1981~83년 당시 국민소득은 8사분기 동안 연속 감소했고, 순투자수익률은 2% 수준으로 곤두박질쳤다. 부채 증가로 인해 제조업체 25개 중 하나 꼴로 파산에 이르렀다. 1981~83년에만 무려 30만 개의 일자리가 사라졌다. 특히 이 사라진 일자리 대부분이 제조업 정규직이라는 데에 문제의 심각성이 있었다. 실업자 수는 매월 1만 명씩 늘어나 1984년에는 80만 명까지 치솟았다. 고용근로자의 평균 가처분소득은 1981~83년 3년간 약 10% 감소했으며, 미취업자들에 대한 사회보장 혜택은 더 크게 감소했다. 그러면서도 전반적인 사회보장의 부담이 과도하여 1982년도 예산 적자는 GDP의 7%에 달했다. 이처럼 극심한 불황이 닥치고 경제가 최악의 상태로 떨어지자 모종의 극적인 변화가 필요하다는 점에 대해 모두 동의하게 되었다.

2-2. 바세나르 협약, '신노선' 그리고 '유연화와 보장'

1982년 11월 24일, 노동조합연맹과 경영자단체연합을 대표하는 빔 코크와 크리스 판 페인이 네덜란드 노동정책에 관한 중요한 협약을 체결했다. 이 협약은 페인이 사는 지역 이름을 따서 바세나르 협약(Accord of Wassenaar)이라 부른다. 이는 네덜란드의 조합주의가 살아나는 기념비적인 조약이 되었다.

이 조약은 원래 법적인 구속력이 없는 '권고' 방식으로서, 중요 사항들을 직접 결정하는 것이 아니라 가이드라인을 제공하는 방식이었다. 즉, 수많은 노동조합과 기업을 대표하는 중앙의 단체들이 협의하여 하위 단계의 임금협상에서 적용할 가이드라인을 제공하는 체제를 만든 것이다. 이런 느슨한 협약이 그토록 큰 영향을 미치며 성공을 거두리라고는 누구도 예상치 못했었다.

조약의 가장 큰 특징은 노조가 투자와 고용의 활성화를 위한 전략으로 임금인상 억제를 채택했다는 점이다. 치솟는 실업률에 자극을 받은 노조는 네덜란드 산업의 수익성을 높이는 것이 노동시장 회복에 필수 조건이라는 확신을 갖게 되었다. 이에 대한 보상으로 기업들도 노동시간 단축에 대한 반대 입장을 철회하였다. 노조가 임금인상에 대해 양보하고 기업이 노동시간 축소에 동의하는 지극히 어려운 양보가 이루어진 것이다.

이런 양보가 가능했던 이유는 그만큼 당시 경제 위기가 심각했기 때문이지만 동시에 정부가 위기 해결을 위해 직접 개입하겠다는 압박을 가했기 때문이다. 기민당과 자유당이 연합한 루버스 연합내각은 1982년 11월 22일에 정부가 직접 나서서 긴축정책 방안을 수행하겠다고 선언했다. 그러자 노조와 기업 측은 정부의 직접 개입을 용인하기보다는 그들 간에 스스로 협약을 체결하기로 결정한 것이다.

정부는 이제 노사 간에 도출된 타협안에 대해 반대할 이유가 없으므로 사회적 합의를 존중하고 그것을 정치적으로 추인하는 절차를 밟았다(주경철, 2003: 347). 이 해 12월 12일, 국회는 일자리 재분배와 근로시간 단축을 촉진하기 위해 현존하는 협약들의 효력을 인정하고 물가에 따른 임금의 자동인상 규정을 유예하는 내용의 특별법인 '포괄법(umbrella law)'을 승인했다. 더 나아가서 1984년 1월부터 공무원 임금과 최저 임금 및 사회보장 수당을 3.5% 삭감하겠다는 계획을 발표했다. 이에 대한 반발로 공공부문 노조가 2차대전 이후 최대의 파업을 벌였으나, 국민들의 비난이 거세지자 파업을 끝낼 수밖에 없었다. 이제 민간부분이나 공공부문 모두 임금인상을 억제하고 노동시간을 줄여 고용을 늘리려 노력하는 것이 시대의 대세가 되었다. 실제로 평균 실질임금이 9%나 하락했고, 기업의 순수입에서 노동비용의 비중은 1982년 89%에서 1985년 83.5%로 낮아졌다.

〈표 8-2〉를 보면 이런 합의를 통해 일자리 창출이라는 점에서 대단히 의미 있는 진전을 이루었다는 것을 확인할 수 있다. 네덜란드의 임금근로자는 1982년 550만 명에서 1996년에 680만 명으로 크게 증가했다. 15년 동안 평균 1.6%의 증가는 EU 평균인 0.4%보다 4배 높은 성과다.

〈표 8-2〉 네덜란드와 유럽연합 및 일부 OECD 국가들의 고용증가(%)

	1983~93	1994	1995	1996	1997
네덜란드	1.8	0.8	2.4	1.9	2.0
유럽연합	0.4	−0.7	0.5	0.1	0.4
벨기에	0.5	−0.7	0.3	0.1	0.5
독일*	0.7	−1.8	−0.3	−1.2	−0.9
프랑스	0.1	−0.4	0.9	−0.2	0.2
덴마크	0.2	1.2	1.6	1.0	1.3
스웨덴	−0.6	−0.7	1.6	−0.6	−0.4
영국	0.6	1.2	0.8	0.5	1.3
미국	1.8	3.2	1.5	1.4	2.3

출처: OECD, Employment Outlook(1994, 1997).
*1993년 이전까지는 서독의 경우만 분석.

네덜란드의 노조는 임금인상을 억제해서라도 일자리를 확대하는 방안에 동의한 것이다. 그렇다고 일자리 창출 효과가 곧바로 가시적으로 나타난 것도 아니었다. 네덜란드의 고용 창출은 1983년에 서서히 시작되었으나 1980년대 후반부터 두드러지게 나타났고, 1993~94년 불황으로 잠시 주춤했다가 그 이후 다시 증가세를 이어갔다.

노조는 차제에 근로시간 단축을 강하게 밀어부쳤다. 네덜란드의 노조와 기업은 단체협상을 통해 주당 노동시간을 40시간에서 38시간으로 줄이는 데 성공했다. 노조는 더 나아가서 주당 노동시간을 36시간에서 34시간, 심지어 32시간으로 단축하는 안을 차례로 제출했다. 노조의 의도는 네덜란드 사회가 직면한 최대의 문제인 실업, 특히 청년실업 문제에 대한 해결 방식으로 노동시간을 줄여 일자리를 공유하자는 것이다. 그렇지만 더 이상의 노동시간 단축안에 대해 기업들은 강력하게 저항했고, 이후 단체협상은 교착상태에 빠졌다. 이후 네덜란드의 일자리 창출 방안은 이와는 다른 방향으로 나아가게 되는데, 그것이 곧 네덜란드 모델의 독특한 강점이면서 동시에 단점이 되었다고 할 수 있다.

1988~91년 국제경제가 성장세로 돌아섰을 때 네덜란드는 일자리 창출에 큰 성공을 거두었으나, 1992년 다시 불황기로 접어들자 1992~94년에 제조업 일자리가 10만 개나 사라졌다. 그 이전 호황기에 임금인상 압박이 나타났지만 이 시기에 노조는 임금인상 동결 정책으로 되돌아갈 수밖에 없었다.

1993년 노조와 기업, 정부 간 긴장이 다시 고조되었다. 정부는 장해수당을 축소하고 지급 요건도 강화했다. 노조는 그에 따라 줄어드는 소득을 보전하는 내용을 의제로 하자고 주장한 반면, 기업은 총소득과 순소득 간 차이를 발생시키는 조세 및 사회보장부담금을 줄일 수 있는 수단을 찾는 데에 집중하자고 제안했다. 이를 지켜 보던 정부는 진행과정에 불만을 품고 직접 개입하겠다고 위협했다. 이와 같은 난항을 겪으며 결국 1993년 12월 새로운 협약이 성사되었다. '신노선 1994년 단체협상을 위한 의제'라는 이름의 이 협약을 통해 기업들은 더 많은 분권화와 유연성을 얻었고, 노조는 경영자단체 대표들로부터 노동시간 단축에 대한 반대의사를 철회하고 지역차원의 노사문제를 해결하기 위해 지역의 노조 또는 노동자협의회 대표까지 협상에 참여시키겠다는 약속을 받아냈다. 양측 모두 고용비율(고용인구/총인구)을 증가시켜야 한다는 데에 동의했다. 1982년에 이어 다시 한 번 이 나라는 임금억제를 통한 고용창출이라는 대단히 힘든 타협을 일구어냈다. 정부는 이 타협안을 지지하기 위해 조세와 사회보장 부담금을 줄여 줌으로써 노동자의 가처분소득을 올려 주는 정책을 채택했다.

이런 정책은 정치권의 변화가 있었기에 가능했다. 소위 '자주색 정권'의 성립이 그것이다. 1994년 총선에서 20세기 네덜란드 역사상 처음으로 종교 성향이 없는 정당이 정부를 구성했다. 기민당은 51석 중 20석을 잃었고 노동당은 12석이 줄었다. 이에 비해 D66당은 12석, 자민당은 6석이 늘었다. 그 결과 빔 콕 수상이 주도하는 자주색 연정이 탄생했다. 이것은 붉은색 노동당과 푸른색 자유당이 연합하여 그 중간색인 자주색이 되었다는 의미인데, 이는 정치적 좌익과 우익의 구분이 모호해진 것을 의미한다(주경철, 2003).

이런 과정을 통해 네덜란드는 다른 나라보다 훨씬 높은 고용비율을 달성했다. 1983년 네덜란드의 고용비율은 OECD 국가 중 최저 수준으로 EU 국가의 평균보다 7.45% 포인트 낮은 51.9%에 불과했지만 1996년에는 65.8%로 껑충 뛰었다. 이는 OECD 국가 중 가장 높은 증가세와 함께 EU 평균보다 6.7% 포인트 높은 수준이며, 특히 여성의 고용비율이 기록적으로 증가한 결과다(피서르, 2004: 34).

아래에서 다시 살펴보겠지만, 네덜란드가 일자리를 창출하며 위기를 벗어나는 방식은 파트타임 노동의 증가였다. 이는 필히 불안정성의 위험을 내포하고 있다. 이에 대비하는 조치가 1996년 1월부터 발효된 '유연화와 보장에 관한 법(Wet Flexibiliteit en Zekerheid)'이다. 노조 대표가 노동의 유연화를 받아들이는 대신 기간제 고용 계약 노동자와 파견노동 계약 노동자의 법적 · 경제적 지위의 보장을 요구했고. 사용자 측이 이를 수용한 것이다(김장환, 2003: 218-219).

간략히 살펴본 대로 1982년, 1993년, 1996년 세 번에 걸쳐 네덜란드는 사회적으로 중요한 합의를 이끌어 내며 일자리를 창출하고 경제성장을 이루는 동시에 사회보장의 비용을 줄여 나가는 데에 성공했다. 네덜란드는 정말로 '기적'을 이루어낸 것일까? 이 점을 알아보려면 이 나라의 고용창출이 실제 어떤 성격을 띠고 있는지 살펴볼 필요가 있다.

우선 주목해야 할 사실은 평균 노동시간이 단축되었지만 그것은 노조가 원하는 것처럼 단체협상을 통해서 이루어지 않고 노동자들이 개별적으로 추진한 결과였다는 점이다. 이는 곧 새로운 일자리가 시간제 근무의 확대 방식으로 일어난 사실과 관련이 있다.

시간제 근로와 탄력 근로는 1983년 이후 고용증가의 3/4을 차지한다. 1987년 이후 새로 만들어진 일자리의 60%가 주당 35시간 이하의 시간제 근로였다. 시간제 근로는 1979년 16.6%에 불과했던 것이 1996년에는 20% 포인트 증가한 36.5%로 상승했다. 이는 아일랜드(27.8%), 스위스(27.4%), 노르웨이(26.5%), 스웨덴(23.6%), 영국(22.1%), 덴마크(21.5%) 등 다른 유럽 국가들과 비교해 볼 때 매우 높은 편이다. 이와 관련해서 또 한 가지 중요한 사실은 시간제 근로의 3/4을 여성이 차지한다는 점이다. 또 다른 각도에서 이야기하면 여성 임금근로자의 2/3가 시간제 노동에 종사한다. 이를 정리하면 네덜란드는 시간제 노동 비율의 상승, 특히 여성의 시간제 근로 비율의 급격한 상승을 통해 고용증가를 이룬 것이다. 이는 〈표 8-3〉에서 확인할 수 있다(피서르, 2004: 40-42).

노사정 3자 간의 대타협은 결국 탄력적인 시간제 근무, 특히 여성 노동 참여의 확대 현상으로 귀결되었다. 이는 분명 비판적으로 볼 여지가 많다. 고용 기적의 실상이라는 것이 사실은 정규직 남성 노동자의 임금 억제 및 노동시간 단축을 통해 여성 파트타임 노동자가 증가한 것에 불과하며, 결국 노동력 재배분에 지나지 않는다고 말할 수 있다(김장환, 2003: 230). 네덜란드 모델에 대한 비판은 대개 이 점에 모아진다. 그런데 정작 네덜란드 내부의 시각은 외부의 비판적 견해와는 많이 다르다. 비정규직 노동의 선택이 '자발적'이라는 것이다. 전체 파트타임 취업자 중 '풀타임 일자리를 원하지 않아서' 이를 선택한 사람이 72.0%인 반면 '풀타임 일자리를 얻을 수 없어서' 선택했다는 사람은 4.3%에 불과하다는 조사가 이를 단적으로 말해 준다(류만희, 2002: 273). 말하자면 네덜란드 사회는 이런 방식을 진정으로 원했기 때문에 선택했다고 할 수 있다. 이 나라는 왜 이런 방식을 선택했을까? 이에 대해서는 경제적 논리만이 아

〈표 8-3〉 네덜란드와 유럽연합 및 일부 OECD 국가들의 성별 고용비율(%)

	남성			여성		
	1983	1990	1996	1983	1990	1996
네덜란드	69.1	76.2	76.6	34.7	47	55
유럽연합	75.8	74.2	69.8	42.9	46.7	48.4
벨기에	70.4	67.3	67.3	36.6	41	45.8
독일*	76.6	76.4	73.4	47.8	52.8	54.3
프랑스	74.4	70.4	67.2	49.7	50.6	52.1
덴마크	78.4	82.5	81.4	65.2	71.5	67.8
스웨덴	84.7	86.9	74.7	75.5	81.8	70.6
영국	78.7	83.7	77.7	55.3	63.7	64.1
미국	78.9	83.1	82.3	57.7	65.8	68.1

출처: OECD, Employment Outlook(1996, 1997).
*1993년 이전까지는 서독의 경우만 분석.

니라 사회와 문화라는 또 다른 층위의 역사적 발전 과정에 대한 분석이 필요하다.

3. 역사 · 문화적 분석

네덜란드는 지난 시대의 조합주의를 새롭게 경신하여 심각한 경제 위기를 극복했다. 이것이 어떻게 가능했는지 역사적인 고찰을 해 보도록 하자.

3-1. 네덜란드 역사의 특징: 물의 역사

네덜란드는 16세기까지 합스부르크 왕실 소속의 17개 주(province)로 존재했다가, '80년 전쟁'이라 불리는 독립전쟁을 통해 공화국으로 역사 무대에 등장했다. 국제적으로 독립을 인정받은 것은 1648년의 베스트팔렌 조약이었으니, 다른 유럽 국가에 비해 매우 늦은 시기에 형성된 국가다. 이 나라는 중세 이래 상공업이 발전하여 상당히 부유한 지역이었고, 독립 이후에는 곧바로 '세계의 창고'라는 별명으로 불릴 만큼 유럽 및 식민지 교역의 중심지로 떠올랐다. 사실상의 수도인 암스테르담은 상업과 금융 중심지이자 문화 중심지로 부상했다. 그리하여 17~18세기에 네덜란드는 유럽 내 가장 부유한 국가 중 하나로 부상했다(Barbour, 1950; Cazaux, 1983; Méchoulan, 1990). 문제는 이런 성공이 다음 시대에 덫이 되었다는 것이다. 산업혁명이 한참 진행될 때 이 나라는 그 흐름에 뒤처졌고 곧 남부의 벨기에에게도 추월당했다. 그 결과 19세기에는 유럽 내에서 상대적으로 빈한한 국가로 전락했다(킨들버거, 2004).

이러한 상승과 하락의 연쇄는 이후 역사에서도 반복된다. 19세기 후반에 비스마르크가 지휘하는 프로이센의 산업화 정책은 이 나라에도 영향을 미쳤다. 네덜란드는 라인 강을 통해 독일 경제 중심지와 연결되어 있기 때문에 연계효과를 누릴 수 있었다. 20세기에 들어와서는 앞에서 언급했듯이 2차대전 중의 파괴를 겪고, 전후에 복구 사업에서 다시 성공을 거두었다. 그리고 마지막으로 1980년대까지의 극심한 불황과 그에 뒤이은 회복이 이어졌다. 이처럼 이 나라의 경제는 장기적으로 볼 때 매우 격심한 변화를 특징으로 한다. 바꿔 말하자면 이 나라는 여러 차례의 위기를 겪었지만, 그때마다 그것을 잘 이겨 냈다고 볼 수도 있다.

바세나르 협약 이후 네덜란드가 창출해 낸 합의 모델을 '폴더 모델'이라 부르는 데에서 알 수 있듯이, 이 나라의 역사에서 물은 실제로 지극히 중요한 문제이며, 동시에 중요한 상징이기도 하다. 이 나라는 국토의 많은 지역이 해수면보다 낮은 곳들이다. 국가 이름이 말해 주듯이(Neder: 낮은, land: 땅) 국토는 전반적으로 낮고 평평하다. 이 위로 라인

강, 마스 강, 스헬데 강 등 3개의 큰 강이 유럽의 먼 지역에서부터 흘러 들어오고, 하구 지역에는 수많은 작은 지류들이 복잡하게 얽혀 있다. 많은 도시 이름들이 담(-dam)으로 끝나는 이유는 강에 댐과 제방을 쌓고 그 주위에 거주지를 만들면서 도시가 유래했기 때문이다(Lambert, 1985). 예컨대 암스테르담은 암스텔(Amstel) 강에 댐을 쌓아 사람들이 살기 시작하면서 만들어진 도시다.

땅이 낮다 보니 자연히 홍수와 해일의 피해를 많이 입을 수밖에 없다. 이 나라에는 역사적으로 수많은 홍수들이 기록되어 있다. 1287년에는 거대한 홍수의 북쪽 입구가 해일로 휩쓸려 가는 통에 바다와 바로 연결되어 민물호수였던 플레보(Flevo) 호수가 조이데르 해(Zuider zee, 남해라는 뜻)가 되었다. 역사상 가장 큰 홍수로 알려진 것은 1421년 성 엘리자베스 축일의 홍수인데, 1만 명이 죽고 20여 마을이 침수되었다(Van Gelder, 1982). 20세기에도 이런 일들이 이어져서, 1953년의 홍수에는 64만 2,000에이커가 물에 잠기고 1,835명이 사망했으며, 10만 명 이상이 집을 잃었다(주경철, 2003).

이처럼 이 나라의 역사는 물과의 전쟁으로 점철되어 있다. 이들은 제방을 쌓고 간척 사업을 하여 폴더(polder)라 불리는 간척지를 만들어 왔다. 13세기 이래 이렇게 만들어 낸 땅이 1만 km^{2}에 달하므로 현재 국토의 20%가 간척지인 셈이다. 이렇게 늘 수해의 위협 속에 살면서 오히려 그런 어려운 여건을 지혜롭게 극복한 것이 이 나라 역사의 중요한 자산이다. 언제나 물의 위험에 직면하여 살기 때문에 서로 협동하는 시스템을 만들지 않을 수 없었던 것이다. 위기 시에 갈등을 이겨 내고 합의를 도출해 낸다는 것은 네덜란드 역사에서 길러 온 매우 중요한 사회문화적 요인이라 할 수 있다.

3-2. 폴더 모델과 지주제

폴더(polder) 모델은 이해관계를 달리하는 집단 간 합의를 통한 의사결정 정책을 의미한다. '댐이 붕괴되면 모든 사람이 죽는다'는 표현이 말해 주듯이(de Ley) 더 큰 문제를 해결하기 위해 작은 문제에 대해 이해집단 간에 상호 양보를 통해 합의를 이끌어 낸다는 점이 이 모델에서 거론되는 중요한 내용이다. 그런데 19~20세기 초반에는 이해 집단들이 아예 떨어져 살면서 서로 충돌을 피하고, 어쩔 수 없이 해결해야 하는 문제들만 각 집단의 대표들이 만나서 타협하는 방식으로 진화했는데, 이것이 바로 지주제다.

예컨대 칼빈주의자들은 그들만의 주택 단지에서 살면서 그들만의 학교를 다니고, 그들만의 신문, 방송, 클럽 등을 유지하면서 산다. 즉, 거의 전적으로 그들만의 세계를 따로 구성하여 그 속에서 살아간다고 해도 과언이 아니다. 마찬가지로 가톨릭 신자들은 그들만의 주택단지, 학교, 신문, 방송, 클럽 등을 가지고 그들의 세계를 구성하면서 살아가며, 사회주의자, 자유주의자들 역시 마찬가지다. 결국 각각의 집단은 다른 집단의 사람들에 대해서는 거의 전적으로 상관치 않고 자신들만의 세계 속에서 살아가게 된다. 네덜란드 인들은 이런 방식으로 상대방을 용인하고 평화적으로 공존하는 길을 찾았다. 이렇게 자신의 주된 원칙에 근거하여 자신들만의 삶의 방식을 구현한 소세계를 그들은 '기둥(zuil)'으로 표현한다. 이 '기둥들'은 이전 시대부터 준비되어 왔지만 19세기를 경과하면서 본격적으로 만들어졌다.

네덜란드의 19세기 역사는 자유주의와 칼빈주의의 갈등으로 이해할 수 있다. 프랑스 혁명의 영향을 받아 1796년에 바타비아 공화국을 선포하였다가 나폴레옹의 몰락 이후 네덜란드 왕국이 선포되는 정치적 격변을 겪는 가운데에서도 주된 흐름은 자유주의적 개혁을 이루어 내는 것이었다. 중요한 개혁을 실현시킨 것은 3차에 걸친 토르베커 내각이었다. 이러한 정치적 변화와 함께 19세기 후반에 가속화된 산업화의 여파로 심각한 사회문제들이 생겨났는데, 이에 대한 가장 중요한 대응 중의 하나가 칼빈주의자들의 반(反)혁명주의였다. 불안한 시대에 '믿음'을 통해 삶의 근거를 만들되 그 틀은 사람들의 자치를 통해 이루어져야 하고 또 그것을 국가 제도를 통해서 보장해야 한다는 것이 이들의 주장이었다. 이것이 곧 각 집단별로 삶의 '지주'를 가져야 한다는 원칙으로 발전한 것이다(Hooker, 1999; 주경철, 2003).

'지주'의 형성과 발전에서 가장 중요한 문제는 학교 설립과 관련된 일이었다. 자유주의자들과 칼빈주의자들은 학교 문제를 놓고 첨예하게 충돌하였다. 칼빈주의자인 카이퍼(Abraham Kuyper)가 주도한 '학교투쟁(schoolstrijd)'의 결과 특정한 원칙을 주장하는 집단이 일정한 조건을 만족시키면서 학교를 설립하고자 할 때 국가가 그 설립을 의무적으로 도와주어야 한다는 원칙을 확립하였고, 이 내용이 네덜란드 헌법 제23조에 명시되었다. 이를 계기로 '지주제(verzuiling)'의 형성이 급진전되었다. 자신들이 원하는 학교를 스스로 설립할 수 있다는 원칙이 일단 확립되자 이것이 확대되어서 삶의 모든 측면에서 자신들만의 조직을 형성하게 된 것이다. 다른 집단에 대해서는 관용하고, 또 각 집단 최고층 간의 합의로 조정을 해나가는 이 나라 특유의 사회 · 문화, 곧 종교와 이데올로기에 근거한 공동체 중심 사회가 이렇게 해서 만들어진 것이다(Hooker, 1999).

'지주제'는 적어도 19세기 이후 1960년대에 이르기까지 오랜 기간 동안 네덜란드 인들의 삶을 강력하게 규정하였다. 그런데 사실 이 체제는 그 안에서 살아가는 사람의 관점에서 보면 개인의 삶을 총체적으로 규제하는 억압적인 성격이 강했다. 이 체제를 관통하는 기본 성격은 엄격한 칼빈주의 윤리였다(van der Veer, 2006: 118-119). 심지어 사회주의자와 공산주의자들의 '지주' 역시 내용은 차치하더라도 운영 방식은 칼빈주의적이었다. 즉, 놀이를 일종의 죄악으로 보고 검소한 삶과 노동 윤리를 강조하는 부르주아의 윤리가 지배적이었으며, 집단 내의 하층민은 일종의 설교 대상이 되어서 조직의 지도를 받아야만 했다. 이 안에서 개인이 한번 문제시되면 회복 불가능할 정도로 타격을 입었고, 이것은 자칫 숨 막히는 질곡으로 작용할 위험이 컸다.

'지주'가 붕괴되기 시작한 것은 1960년대였다(van der Veer, 2006: 119-120). 1950년대를 지나면서 경제가 살아나고 미국 문화와 미국식 소비주의가 확산되면서 사회의 전반적인 흐름이 과거의 칼빈주의적 체제와 맞지 않게 되었다. 이제 사람들은 지주제의 엄격한 틀에서 벗어나와 자유롭게 살아가기를 희망했다. 그러나 이는 무엇보다 개인적 차원에서 경제적 자립의 토대가 마련되어야 가능한 일이다. 지주제가 탄탄히 자리 잡고 있던 1950년대에는 모든 개인은 직업과 사회생활 및 문화의 모든 측면에서 자신이 속한 집단의 강력한 규제를 받으며 살아갈 수밖에 없었다. 만일 누군가가 지주제의 틀에서 벗어나려 하면 그야말로 삶의 근거를 잃게 된다. 여기에 변화가 찾아온 것은 복지국가 체제가 자리 잡은 이후의 일이다. 네덜란드는 경제 성과를 복지국가의 형태로 조직했는데, 여기에서 주목할 점은 애초에 이 복지 시스템을 구축할 때 기존의 지주화와 연결하였다는 점이다. 국가는 증대된 부의 많은 부분을 세금으로 환수한 뒤에 복지 프로그램 방식으로 국민에게 되돌려 주었는데, 이때 재배분의 단위가 지주였다. 각 지주에서 설립한 병원, 고아원, 양로원 등 각종 기관들이 국가의 보조를 받았으므로 개인은 자신이 속한 지주를 거쳐서 도움을 받았다. 1950~60년대 네덜란드는 점차 '페어조르깅스타트(Verzorgingstaat, 돌보는 국가)'로 발전했다. 1947년에 개발되어 1957년에 완성된 일반양로연금(Algemene ouderdomswet)이 대표적이다. 이렇게 복지 시스템이 크게 발전하자 역설적으로 개인이 지주제에 의존하지 않고도 살아갈 수 있는 기반이 마련되어 더 이상 지주제가 필요치 않게 되었다(주경철, 2003: 345-346).

국가기구를 통해서 복지 혜택을 누릴 수 있게 되어 '지주'가 아니라 다른 데에서 삶의 기반을 안정적으로 확보한 청년들이 기존 체제에 거칠게 항의하는 사건들이 터져 나왔다. 1960년대는 항의 시위, 마약, 성 혁명이 폭발하였고, 쾌락주의의 원칙에 근거한 소비 사회로 변화해 갔다. 이제 네덜란드는 극히 종교적인 사회로부터 극히 세속적인 사회로 이행해 갔으며, 청년들은 드디어 종교로부터 해방되었다는 의식을 가졌다. 이 현상은 유럽 일반에서 볼 수 있는 일이기는 하지만 네덜란드에서는 파장이 더욱 큰 혁명적인 현상으로 받아들여졌다.

3-3. 문화적인 변화와 연속성

네덜란드에서 지주제가 붕괴되고 과격한 문화 게릴라 운동(Provo) 같은 움직임이 있었던 것은 분명하다. 그러나 표면적인 변화의 기저에는 오랜 전통이 지속되고 있었다. 20세기 중반 이후에도 이 나라의 문화가 본질적으로 바뀐 것은 아니며, 16~17세기 건국 이래 유지되어 온 칼비니즘적 문화가 여전히 강력한 지배력을 행사한다고 보아야 한다. 다만 혼동하지 말아야 할 것은 이 나라 국민들이 여전히 칼빈파 종교를 그대로 수용하고 있다는 것이 아니라 칼비니즘 '문화'가 유지된다는 점이다. 17세기의 칼빈주의가 아니라 20세기 초의 칼빈주의가 지주제를 형성했듯이 20세기 말의 칼빈주의 문화가 이 나라의 특이한 경제 위기 해결 방안을 낳은 것이다. 아래에서 몇 가지 사항을 살펴보도록 하자(Janin, 1998; van der Horst, 2001).

인간은 하느님이 부여한 소명(召命, calling)을 수행하며 살아가는 존재라는 칼비니즘적 의식은 여전히 강하게 남아 있다(Schama, 1987). 네덜란드 인들은 자신의 맡은 바 일을 철두철미하게 하는 것으로 정평이 나 있는데, 이것은 단지 돈을 벌기 위해 일을 한다는 것이 아니라 자신의 존재의의를 구현한다는 유사 종교적 의미가 깔려 있다. 이런 관점에서 보면 실업자 상태는 단지 가난하게 산다는 것이 아니라 삶의 의미를 잃는 더 극심한 비극적 상태라 할 수 있다. 이 세상에서 자신이 해야 할 일을 수행하는 사람들이 모여 함께 살아가는 공동체가 이상적인 상태일진대, 나만이 아니라 자신의 동료 역시 그런 삶을 살 수 있도록 도와야 한다. 노동자들이 임금을 줄이면서 고용 확대를 하자는 데에 합의한 것은 이런 배경에서 나온 일이다. 1996년 1월부터 발효된 '유연화와 보장에 관한 법'도 이런 맥락에서 읽을 수 있다. 이 법의 내용은 비정규직 노동자들도 24개월 이상 근무할 경우 고용 지속과 연금보험을 받을 수 있다는 것인데, 이는 곧 정규직 노동자들이 해고로부터의 보호 조치를 완화하는 대신 비정규직 사회 안전망의 강화에 동의한 것이다. 즉, 이 법은 사용자와 노동자 간의 타협일 뿐 아니라 정규직 노동자와 비정규직 노동자 간의 타협이라고 할 수 있다(류만희, 2002: 218). 이처럼 어려운 타협이 가능했던 것은 칼빈주의적 인간관을 공유했기 때문이라고 해석할 수 있다.

자신의 부를 어느 정도 희생하면서 동료를 배려하도록 요구하는 것, 또 그것을 제도적으로 보장하는 것은 사실 지극히 어려운 일이다. 이것이 가능하게 된 데에는 부가 인간이 추구하는 최상의 가치와 목표여서는 안 된다는 종교적 요인이 발동했기 때문이다. 17세기 네덜란드 문화와 심성을 분석한 사이먼 샤마의 책은 부 자체에 집착하지 말라는 칼빈의 말을 인용하며 시작한다. 네덜란드 사회가 다른 서구 사회와 마찬가지로 세속화되고 쾌락을 추구하는 경향이 강해졌으면서도, 과도하게 부를 추구하고 거기에 집착하는 것을 비난하는 경향이 매우 강하다는 것은 여전히 이전 시대의 심성이 지배력을 행사한다는 것을 뜻한다.

이는 네덜란드 사회가 대단히 평등주의적인 사회가 되도록 만들었다(Janin, 1998: 35-36).

이 나라의 국민성이 실제적이라는 점도 중요한 요소다. “신이 세상을 만들었지만 네덜란드는 네덜란드 인이 만들었다”는 이 나라의 속담이 그것을 잘 말해 준다(de Ley). 이런 태도로 인해 유연한 사고방식과 타협이 가능하다. 마가렛 미드가 “네덜란드 인들은 언제나 옳다”고 한 농담도 이와 관련이 있다(Janin, 1998). 이들은 사태를 지나치고 심각하게 받아들이지 않는 미덕을 가지고 있다. 임금과 고용이 문제라면 그것에 한정하여 논의를 하고 그 결과 타협에 이를 수 있다는 것은 그런 미덕이 발현된 결과다. 사회 경제 문제가 이데올로기적이 되어 극단으로 치닫는 문화라면 그런 타협은 불가능해진다. 모든 것을 협의를 통해 결정할 수 있다는 사실을 잘 보여 주는 것이 네덜란드의 독특한 ‘오버레흐(oveleg)’라는 말이다. 이는 회의에 참가한 모든 사람이 자신의 모든 생각을 다 이야기할 수 있도록 충분히 시간을 주는 방식을 말한다. 하루 종일 걸려서라도 계속 논의하여 결국 모든 사람의 동의를 구하고, 이렇게 얻은 동의는 결정력을 가진다는 것이 그 원칙이다. 합의에 이를 수 있는 방식이 문화에 내재되어 있다고 할 수 있는 것이다(Janin, 1998).

또 네덜란드 인들이 가정의 가치를 지극히 높게 본다는 점도 매우 중요하다. 서구 사회치고는 의외라 할 정도로 이 나라는 가정에 관해 보수적인 태도를 유지한다. 가정은 지극히 소중하며, 어머니는 그 집을 지키는 역할을 해야 한다는 것이 전통적인 태도다. 아이를 키우면서 동시에 사회적 상승을 꿈꾸는 여성은 과도한 욕심을 부린다는 비난을 받기도 한다. 이 나라에서는 전통적으로 아이들이 학교에서 급식을 하지 않고 점심시간에 집에 가서 밥을 먹고 다시 학교로 돌아오는 방식이 유지되는데, 이는 곧 집에 늘 어머니가 있다는 것을 전제하는 것이다. 이로 인해 일하는 여성의 비중이 전통적으로 매우 낮게 유지되었다. 여성

근로자들은 대부분 미혼 여성들이었다. 20세기 대부분의 기간 중 거의 모든 가정은 남성의 수입과 여성의 전일 가사노동 방식으로 구성되었다. 대부분의 여성은 20대 초반에 결혼했고, 첫 출산도 평균 23세로 매우 낮았다. 1960년 인구조사에서는 4세 미만의 자녀를 가진 여성 중에서 임금근로자는 0.6%에 불과했다. 서비스업과 공공부문에서는 결혼과 동시에 고용계약이 종료되는 경우가 많았다. 여성 공무원은 결혼과 함께 퇴직하도록 하는 법이 1930년대에 제정되었고, 민간 서비스업 고용주들도 이를 따랐다(피서르, 2004: 44). 그나마 여성 노동이 다소 늘어났던 것은 1970년대 중반까지 서비스업이 계속 확대되었기 때문에 기업에서 기혼 여성을 임금인상의 압력이 적은 새로운 노동력으로 보았기 때문이다. 컴퓨터 입력과 같은 단순 업무는 아이를 가진 기혼 여성에게도 시간제 근로로 맡기곤 했던 것이다.

사회적으로 탁아 시설이 매우 부족한 문제 역시 이와 관련이 있다. 지금도 대부분의 육아는 가족이나 이웃 또는 친구들을 통해 비공식 부문에서 이루어지고 있다. 이런 상황은 역사적으로 교회 부설 탁아시설들이 빈곤층 아동만을 대상으로 삼아온 전통과도 관련이 있다. 이것은 유럽 대륙의 기민당이 지향하는 복지정책의 특징적인 유산이다. 이런 전통 하에서 가정생활과 관련된 서비스업의 발전이 지체되었다.

그러나 이제 육아와 직장생활의 병행에 반대하는 견해는 빠르게 사라져 가고 있다. 1982년에는 18~37세의 여성들 중 57%가 6세 미만 자녀의 육아와 취업을 병행할 수 없는 것으로 생각했지만, 1993년에는 26%로 줄었다. 많은 조사에서 여성근로자들은 일자리를 포기하기보다는 근로시간 단축을 선호하는 것으로 나타났다. 여성의 파트타임 취업률 증가가 높아진 것이 바로 이 때문이다. 아이를 키우면서 일하는 여성의 75%가 파트타임을 선택하고 있다. 이 현상은 곧 가정에 매우 높은 가치를 부여하는 이 나라의 전통을 반영하는 것이다.

이상에서 간략히 살펴본 것처럼 1980~90년대에 네덜란드에서 노동자들이 임금인상 억제에 동의해 주면서 일자리 창출에 적극적으로 동조한 점, 또 구체적으로는 여성의 파트타임 노동이 늘어나는 점 등은 이 나라의 사회와 문화 배경 속에서 보아야 이해할 수 있는 일이다.

4. 평가

네덜란드는 20세기 중엽에 선진국 중 가장 심각한 경제 위기에 몰렸던 국가다. 무엇보다 실업률이 지극히 높았고, 기업의 활력이 떨어졌으며, 이런 문제를 복지 시스템으로 해결하려다가 오히려 더 심각한 문제를 초래하는 막바지 상황에 내몰렸다. 이런 위기 상황에서 노사정 3자가 타협하여 극적인 개선을 이루었다. 실업률이 크게 떨어지고 물가도 안정된 가운데 정부 재정도 건실해졌다. 이것이 가능한 이유는 결국 사회적 합의를 이룰 수 있었기 때문이다. 노동자 입장에서 동료들의 취업과 안정을 보장해 주기 위해 자신의 임금을 억제하는 데 동의한다는 것은 지극히 어려운 일이다. 이것을 성공적으로 이루어 낸 것을 두고 '기적'이라는 말을 쓴 것이 그 점을 잘 말해 준다.

그러나 이 나라가 이루어 낸 성과를 분석해 보면 비판적인 평가가 가능하다. 특히 일자리 창출에 대해서는 정규직 남성 노동자의 임금을 억제하고 그 대신 여성 파트타임 노동자로 대체한 것, 즉 노동력 재배분에 지나지 않는다는 의견이 제시되었다. 파트타임 노동이 최선의 해결책이 아니라는 점은 분명하다.

또 한 가지 생각해 볼 문제는 네덜란드가 사회적으로 합의를 통해 문제 해결을 추구했다고 이야기하지만, 그 합의가 모든 사람들에게 공평한 양보를 요구한 것은 아니라는 점이다. 대개 장기 실업자, 고령 실업자, 장애 노동자, 비숙련공, 그리고 이주노동자 등 사회적으로 취약한 계층의 사회 보장은 과거에 비해 더 후퇴했다는 평가를 받는다(van Oorschot, 2002: 417; 김장환, 2003: 231). 분명 네덜란드 모델에는 약한 고리가 있다. 그 문제점을 파악해 보기 위해 이주 노동자 문제를 살펴보는 것이 도움이 될 것이다(주경철, 2007).

1960년대에는 노동력 부족 문제를 해결하기 위해 외국인 노동자들이 대거 들어오기 시작했다. 특히 무슬림 노동자들이 대거 들어오게 되어 사회 문제가 발생할 소지가 있었는데, 이 문제에 대해 정부는 다문화주의에 근거하여 온건한 이주민 정책을 마련했다. 이주민들이 그들끼리 살아가면서 그들의 문화적 정체성을 지킬 수 있도록 배려한 것인데, 이는 분명 선의에서 나온 것이라고 할 만하다. 이것은 '이슬람 지주'를 형성시킨다는 것으로 설명할 수 있다. 1980년대에는 정부 당국이 이런 철학에서 무슬림 학교들을 설립하고 모스크들을 지어 주었다. 그러면서 내심으로는 시간이 지나면 '이슬람 지주' 역시 다른 지주들과 마찬가지로 네덜란드 사회에 적응하는 과정에서 해체되고 장기적으로 네덜란드 사회에 동화되리라고 기대한 것이다. 그렇다면 네덜란드 인들은 그들 자신의 '지주'는 해체하면서 무슬림들에 대해서는 새로운 '지주'를 구성하도록 유도했고, 또 구성과 동시에 장기적인 해체를 염두에 두는 대단히 모순적인 태도를 보인 셈이다.

그러나 현실은 이런 단순한 계산과는 다르게 진행되었다. 무슬림 노동자들은 분명 그들의 고국에서 받는 것보다 훨씬 고액의 임금을 받았으며, 심지어 실직 상태라 하더라도 복지수당이 자기 나라의 풀타임 노동에 대한 임금보다도 더 높았다. 이런 점을 두고 사람들은 이주민들이 자기 조국에서보다 네덜란드 사회에서 훨씬 더 행복할 것이며, 따라서 점차 이 나라의 주류 문화에 동화되어 갈 것으로 생각했다. 그러나 실제 상황은 예측과는 정반대로 나타났다(Emmer, 2004).

2~3세대 무슬림들은 1세대보다도 더 네덜란드 사회에 적응하지 못한 채 게토에서 가난하게 살았다. 그러나 단지 가난과 실업만이 문제가 아니었다. 그들은 더 근본적인 삶의 원칙에서 네덜란드 주류 사회와 충돌하였던 것이다. 네덜란드 현대 사회의 쾌락주의(hedonism) 원칙에 대해 이슬람 문화는 비판적이었다. 무슬림들은 부분적으로 근대 사회의 쾌락에 동참하면서도 그들의 전통 문화와 괴리를 느꼈다. 그들은 유럽 사회를 허무주의적이고 퇴폐적인 물질주의(nihilistic decadent materialism)에 사로잡힌 공허한 사회로 보고, 환멸과 증오를 느꼈다. 이러한 태도는 이번에는 네덜란드 인들의 반발을 불러일으켰다(van der Veer, 2006: 119-20).

그들이 볼 때 이슬람은 그들이 추구하는 원칙, 즉 행복의 추구를 저해하는 것으로 보였다. 섹스와 소비에 대한 강한 비판은 전통적인 기독교 도덕과 상통했다. 공공장소에서 여성들의 몸을 가리는 베일(히잡, 니캅, 부르카 등)을 두르는 것이나 여성들에 대해 가해지는 각종 폭력(여성 할례를 비롯해서 강제 결혼, 명예살인 등)은 네덜란드 인들이 가까스로 해방된 이전 사회의 억압을 상기시키는 요소들이었다. 그 결과로 21세기에 들어 극단적인 외국인 배척을 표방하는 극우 정치인들이 등장하고 있다. 결국 네덜란드 현대 사회가 내놓은 해결 방안은 그들이 안고 있는 문제를 부분적으로 해결하되, 그 대신 다른 곳에서 심각한 문제를 발생시킨다고 볼 수도 있다. 이런 문제점을 놓고 볼 때 네덜란드의 기적(miracle)은 허상(mirage)에 불과하다는 주장이 제기되기도 한다. 네덜란드가 거둔 성과에 대한 상반된 평가 중 어느 것이 더 타당할까?

전반적으로는 1980~90년대 네덜란드의 성과는 분명 의미 깊은 일임을 인정하는 것이 대세다. 사실 외부의 비판적 평가와 달리 네덜란드 내부의 견해는 비교적 긍정적이다. 우리는 이 현상을 이해하기 위해 경제적인 측면만 볼 게 아니고 더 큰 맥락에서 보아야 한다는 점을 강조했다. 사회와 문화가 역사적으로 어떻게 변화해 왔으며 그것이 현대 사회에서 어떻게 영향을 미치는지 조사해 볼 필요가 있었다. 그래야만 이처럼 어려운 타협이 어떻게 가능했는지 파악할 수 있고, 또 그것이 네덜란드 내부에서 어떤 의미를 가지는지 이해할 수 있는 것이다. 상호 갈등관계에 있는 당사자들이 부분적인 양보를 한 것은 이 나라 국민들이 공유하고 있는 역사 · 문화적인 맥락에서 도출된 것인데, 그것은 노동이 단순히 생계수단이 아니라 인간존재의 기본 바탕이라는 철학, 가정에 지극히 높은 가치를 부여하는 전통, 공동체 전체에 관련된 일은 공동체 전원의 협의를 통해 결정하는 사고방식 등이 그런 요소들이다.

우리에게 네덜란드 모델이 어떤 의미를 가질 수 있는지도 이런 점에서 이야기할 수 있다. 단적으로 표현하면 네덜란드 모델은 원래 그대로 수입할 수는 없는 모델이라 할 수 있다. 우리와는 역사적 맥락이 너무 다른 풍토에서 만들어진 것이기 때문이다. 실제로 노무현 정권 때 '노사정위원회'라는 방식으로 폴더 모델을 도입하고자 했으나 여의치 않았던 경험이 있다. 따라서 우리로서는 이 모델을 그대로 수입할 것이 아니라, 이것이 어떤 역사 · 문화적 맥락에서 어떤 방식으로 작동하는지를 살펴본 연후 우리 상황에 맞는 새로운 모델을 개발하는 것이 필요하다. 현재 우리나라에서는 여성의 사회 진출, 외국인 유입과 다문화주의, 인구 고령화, 세대간 갈등, 지역 공동체의 쇠퇴, 생태환경 파괴 등 대단히 심각한 사회 변동이 진행되고 있다. 경제적 활력의 강화 방안을 찾는다면 이와 같은 사회 문제, 그리고 그 이면에 놓인 가치의 문제를 함께 고려한 다음에야 찾을 수 있을 것이다. 이는 결국 우리의 역사 · 문화적 맥락에서 훌륭한 삶(good life)이 어떤 것인가에 대한 진지한 논의를 하고 그에 대한 공감대를 만들어 가는 노력을 요하는 일이다.

| 참고문헌 |

김장환, 2003, 「네덜란드 사회경제 모델과 네덜란드 연금제도」, 『경제학연구』, 51집 2호.

류만희, 2002, 「네덜란드의 '기적'의 의미와 그 실체」, 『상황과복지』, 12호.

브로델, 페르낭, 1995~1997, 『물질문명과 자본주의』, 까치.

주경철, 2003, 『네덜란드, 튤립의 땅, 모든 자유가 당당한 나라』, 산처럼.

______, 2007, 「다문화주의에서 문화전쟁으로 이주민 통합문제」, 『이화사학연구』, 35집.

킨들버거, 찰스, 2004, 『경제강대국흥망사 1500-1990』, 까치.

피서르, 옐러, 2004, 『네덜란드의 기적』, 최남호 · 최연우 옮김, 도서출판 따님.

Barbour, Violet, 1950, *Capitalisn in Amsterdam in the Seventeenth Century*, Baltimore.

Cazaux, Yves, 1983, *Naissance des Pays-Bas*, Paris: A. Michel.

de Wolff, P., 1993, "Income Policy Development in the Netherlands," *Industrial Relations*, 22(2).

Hooker, Mark T., 1999, *The History of Holland*, Westport, Conn.: Greenwood Press.

Janin, Hunt, 1998, *Culture Shock, A Guide to Customs and Etiquette*, Portland, Oregon: Graphic Arts Center Publishing Company.

Lambert, Audrey, 1985, *The Making of the Dutch Landscape*, London: Academic Press.

Méchoulan, Henry, 1990, *Amsterdam au temps de Spinoza*, Argent et liberté, PUF.

Emmer, P. C., 2004, "Europe and the Immigration Debate," *European Review*, 12(3).

Schama, Simon, 1987, *The Embarrassment of Riches*, Vintage.

van der Horst, Han, 2001, *The Low Sky: Understanding the Dutch*, Scriptum.

van der Veer, Peter, 2006, "Pim Fortuyn, Theo van Goch, and the Politics of Tolerance in the Netherlands," *Public Culture*, 18(1).

van Gelder, Roelof, 1982, *Amsterdam, the Golden Age 1275-1795*, New York: Abbeville Press.

van Oorschot, W., 2002, "A Miracle or Nightmare?: A Critical Review of Dutch Activation Policies and Their Outcomes," *Journal of Social Policy*, 31(2).

제9장

신슘페터 학파 이론에 입각한 덴마크 모형의 재해석

이준협 현대경제연구원 연구위원

1. 서론
2. 덴마크의 경제성장과 산업구조 변화
3. 신슘페터 학파 이론에 입각한 덴마크 모형의 새로운 해석
4. 결론

1. 서론

1인당 GDP가 5만 6,115만 달러에 달하고 행복지수가 가장 높은 나라 덴마크(OECD, 2009). 하지만 덴마크는 1820년까지만 해도 1차산업 비중이 55%에 달하는 조그마한 농업국에 불과했다. 또한 덴마크 기업의 99.5%는 100인 미만의 중소기업이고, 특히 87.4%가 마이크로기업이라 불리는 '1인기업'이다(2003년 기준). 인구 550만 명에 불과한 가난한 농업국, 세계적인 대기업 하나 없는 덴마크가 세계 6위의 부자 나라로 거듭날 수 있었던 비결은 무엇일까? 그들은 어떤 기회의 창을 활용하여 도약할 수 있었을까?

지금까지 많은 사람들은 덴마크의 독특한 제도적 특징에서 그 답을 찾으려 하였다. '황금삼각형 모형(Golden Triangle Model)'이 그 결과물이다. 노동시장의 유연성과 관대한 실업보호제도, 적극적 노동시장정책이 조화를 이뤄 세계적인 부국으로 성장할 수 있었다는 것이다. 기업 차원에서 해고가 자유로워 노동시장의 유연성이 매우 높지만, 사회 전체적으로는 실업자에 대한 보호제도가 잘 갖춰져 있어 해고되더라도 생활에 큰 충격을 받지 않는다. 한편 적극적 노동시장정책을 통해 재취업할 수 있도록 적극 지원함으로써 높은 생산성이 지속될 수 있었다는 것이다.

하지만 제도적 특징만으로 덴마크 성공 비결을 설명하기에는 무리가 있다. 제도적 조합만으로는 어떻게 덴마크의 중소기업들이 세계 최고의 제품을 끊임없이 개발하고 시장에 내놓을 수 있었는지, 답할 수 없기 때문이다. 제도적 측면뿐만 아니라 경제주체의 혁신능력을 중시하는 신슘페터 학파의 분석틀—국가혁신체제(national systems of innovation)—을 통해 그 답에 한 발 다가설 수 있다. 기업을 분석의 중심에 놓고, 기업과 노동자의 혁신능력이 어떻게 축적되고 발현되는지 고찰할 수 있기 때문이다.

2절에서는 지난 50년간 덴마크의 경제성장과 산업구조를 살펴본다. 3절에서는 신슘페터 학파의 국가혁신체제에 근거하여 덴마크 모형을 재해석하며, 특히 덴마크가 도약할 수 있었던 기회의 창(windows of opportunity)을 고찰한다. 마지막으로 4절에서는 시사점을 도출한다.

2. 덴마크의 경제성장과 산업구조 변화

2-1. 경제성장

지난 50년간 덴마크는 근로시간이 줄어들었음에도 불구하고 생산성 향상과 경제활동참가율 상승으로 1인당 GDP가 꾸준히 증가하였다. 1960년부터 2008년까지 연평균 GDP성장률은 2.5%이고 1인당 GDP성장률은 2.1%이다.

1인당 평균노동시간이 1920년 2,400시간에서 2008년 1,600시간으로 줄어들었지만, 2008년 시간당 평균생산성은 1960년대보다 3배 이상 상승하였다. 경제활동참가율도 높은 수준을 유지하고 있다. 남성의 경제활동참가율은 1960년대 95%에서 현재 85%로 떨어졌으나, 여성의 경제활동참가율이 1960년대 35%에서 2008년 76%로 급상승하였다. 공공부문 팽창으로 육아와 직장생활을 병행할 수 있게 되면서, 덴마크는 여성의 경제활동참가율에서 독보적인 지위를 차지하고 있다. 2000년대 들어 경제활동참가율이 소폭 하락하고는 있으나, 고등교육 기간의 연장에 따른 것으로 우려할 수준은 아니다.

시간당 생산성 향상을 낳는 요인은 크게 자본재 투자와 인적 자본 투자를 들 수 있는데, 덴마크는 후자에 기인한다. 덴마크는 타 유럽 선진국보다 자본재 투자율이 낮다. 반면 직장에서의 숙련이 매우 높고, 다양한 형태의 직업훈련이 잘 운용되고 있다. 또한 교육수준이 꾸준히 개선되어, 교육기간이 길어지고 고등교육 비율도 높아졌다. 교육은 소비지출임과 동시에 노동력 질을 향상시키는 투자임을 감안할 때 덴마크의 생산성 향상은 지속될 것으로 보인다. 한편 높은 경제활동참가율이 유지되는 비결은 '황금삼각형 모형'이라 불리는 덴마크 모형에서 해답을 찾을 수 있다.

2-2. 경기변동

덴마크는 1960년대 이후 네 번의 호황과 네 번의 불황을 겪었다. 네 번의 불황 중 세 번은 외부충격에 의한 것이었고 한 번은 내부 요인에 따른 것이었다(〈그림 9-1 참조〉).

1960~72년 1차 호황기 때 1인당 GDP 증가율이 4.2%에 달했으나, 1973~74년 1차 오일 쇼크(1차 불황)를 겪으면서 경기변동이 심해지기 시작하였다. 1975~79년 외부충격을 딛고 2차 호황기를 맞이하였으나, 1980~81년 다시 2차 오일 쇼크(2차 불황)를 겪었다. 1987~93년의 3차 불황은 외부충격이 아닌 내수 문제였다는 점에서 특징적이다. 2차 오일 쇼

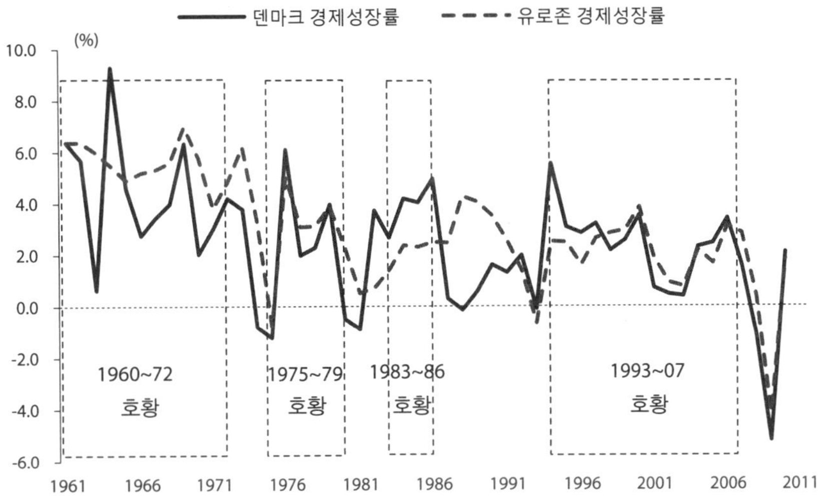

출처: World Bank Data.

〈그림 9-1〉 덴마크의 경기변동

크 이후 내수가 급팽창하였는데, 공급능력 부족과 고급 노동력 부족, 임금상승이 겹치면서 3차 불황을 맞이한 것이다. 덴마크는 구조개혁과 내수 확대로 3차 불황을 극복하고 1994~2007년의 4차 장기호황을 구가하였으나, 2008~2009년의 세계경제위기(4차 불황)를 피하지는 못하였다.

주요 거시변수 간의 규칙성(stylized facts)을 〈표 9-1〉에서 살펴보면 경기의 변동성을 좀 더 자세히 알 수 있다. 먼저 1966년부터 2008년까지 GDP의 구성비를 살펴보면, 민간소비와 정부소비, 투자는 각각 53%, 25%, 20%를 차지하고 있다. 수출과 수입은 모두 GDP 대비 33% 수준으로, 순수출은 0%에 가깝다.

다음으로 변동성을 살펴보면, 투자와 수입의 변동성이 매우 큰 반면, 소비와 수출은 변동성이 작은 편이다. GDP 대비 투자와 수입의 변동성은 각각 3.88배와 2.62배로, 민간소비(1.25배)나 정부소비(1.13배), 수출(1.60배)보다 월등히 크다. 한편 민간소비와 투자, 수입은 GDP와 상

〈표 9-1〉 1966~2008년 덴마크의 양식화된 경기변동 분석

	민간소비	정부소비	투자	수출	수입
GDP 대비 비중(%)	53	25	20	33	33
GDP에 대한 상대적 변동성	1.25	1.13	3.88	1.60	2.62
GDP와의 상관관계	0.75	0.41	0.84	0.25	0.60

출처: Andersen et al.(2010).

관관계가 높은 반면, 정부소비와 수출은 그렇지 않다. 민간소비, 투자, 수입의 GDP 대비 상관관계는 각각 0.75, 0.41, 0.60으로, 정부소비(0.41)이나 수출(0.25)보다 높다.

이것이 뜻하는 바는, 호황기나 불황기 때 민간소비와 투자, 수입은 GDP와 긴밀하게 관련되어 있는 반면, 수출과 정부소비는 그렇지 않다는 것이다. 즉 네 차례의 호황 모두 민간소비와 투자의 높은 성장세 덕분이라고 해석할 수 있다. 또한 수입은 GDP와 공행성이 매우 강한 반면 수출은 공행성이 덜하기 때문에, 순수출은 경기 역행적이다. 즉 불황기 때는 내수부문이 성장세를 둔화시켰지만 순수출이 불황의 골을 완화시켰다. 이 같은 패턴은 산업화된 선진국과 거의 일치한다(Andersen et al., 2010).

실업률과 물가상승률, 경상수지 등의 거시변수는 경기변동과 밀접한 관계가 있다. 먼저 실업률을 살펴보면, 1차 호황기(1960~72) 때 실업률은 1% 내외의 매우 낮은 수준이었으나, 1차 오일 쇼크(1973~74) 이후인 1975년부터 급격히 상승하였다. 특징적인 것은 1~2차 오일 쇼크 이후에도 실업률이 예전 수준으로 떨어지지 않은 채 지속적으로 높은 수준을 기록했다는 점이다. 1975년 3.8%에서 2차 오일 쇼크 이후인 1983년 8.1%까지 지속적으로 상승하였으며, 1986년 4.9%로 잠시 떨어지기는 하였으나 1993년에는 다시 9.5%까지 치솟았다.

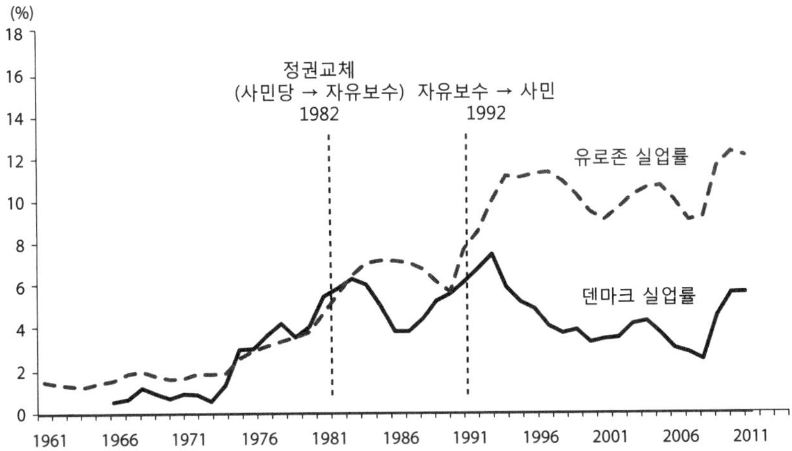

출처: Reuter.

〈그림 9-2〉 덴마크의 실업률

덴마크는 1994년부터 실업률이 급격하게 떨어지는 구조적 단절을 경험하였다. 1993년 9.5%에서 2000년 4.3%로 떨어졌으며, 2008년에는 3.2%를 기록하였다. 뒤에서 살펴보겠지만, 1991년 정권을 되찾은 사회민주당이 적극적 노동시장정책을 실시하면서 실업률이 구조적으로 하락한 것으로 해석된다.

다음으로 물가상승률을 살펴보면, 1차 호황기인 1961~72년 연평균 물가상승률은 6.8%로, 유로존 국가들의 4.7%보다 높은 수준이었다. 1973~74년 1차 오일 쇼크 때 물가와 실업률이 동시에 상승하는 스태그플레이션에 빠진 이후, 2차 오일 쇼크 때까지 높은 수준의 물가상승률이 지속되었다. 임금 상승과 물가 상승이 반복되는 악순환 고리가 형성되면서 1973~82년 연평균 물가상승률은 10.1%에 달했다.

그런데 1982년 집권에 성공한 자유보수정권이 고정환율제도를 도입하면서 물가가 안정되기 시작하였다. 1986년 물가상승률이 2.7%로 떨어졌으며, 2010년까지 25년간 연평균 물가상승률이 2.4%에 머물렀다.

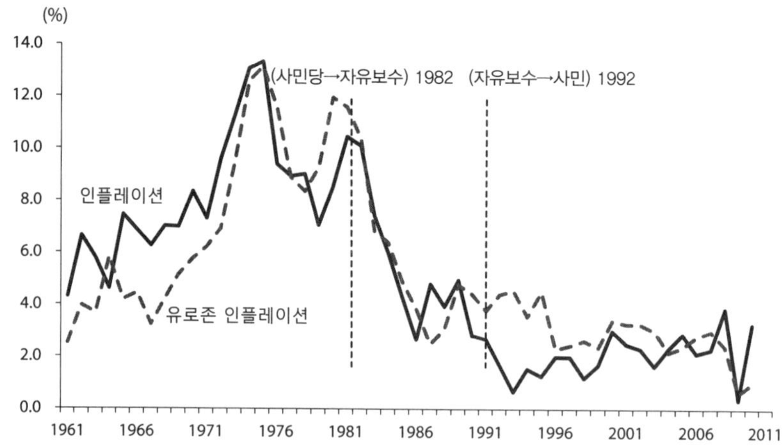

출처: World Bank, Reuter.

〈그림 9-3〉 덴마크의 물가상승률

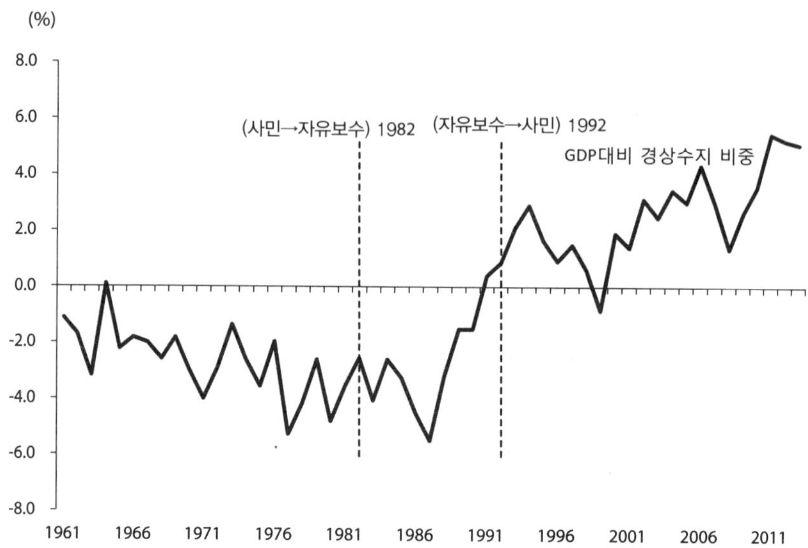

출처: Reuter.

〈그림 9-4〉 덴마크의 경상수지

경상수지는 고용과 함께 1960년대 이후 경제정책의 핵심적인 거시변수로 꼽힌다. 덴마크는 1960년부터 30년간 만성적인 경상수지 적자국이었다. 경상수지 적자가 누적되면서 국가부채가 증가하여, 1980년대 후반 GDP 대비 50%까지 상승하였다. 그런데 1990년 경상수지 흑자를 기록한 이후, 1998년 한 해를 제외하고는 지속적으로 2011년까지 흑자를 기록하고 있다. 국가부채도 2008년 GDP의 5% 수준으로 떨어졌다. 1980년대 후반부터 시작된 원유채굴이 크게 기여하였으며, 경상수지 흑자의 50% 이상을 담당하였다.

2-3. 산업구조의 변화

덴마크는 1차산업에서 2차산업, 3차산업으로 발전하는 전형적인 경로를 밟았다. 1820년 55%에 달하던 1차산업 비중은 1900년 30%, 1950년 21%, 1966년 8%, 2008년 5%로 크게 낮아진 반면, 3차산업은 같은 기간 26%, 44%, 43%, 59%, 74%로 크게 상승하였다. 2차산업 비중은 1820년 19%에서 1950년 36%로 상승하였으나, 2008년 21%로 다시 하락하였다.

산업별 고용비중과 부가가치(GVA) 비중을 살펴보면 생산성 변화를 읽을 수 있다. 1966년 1차산업의 고용비중은 12.9%였으나 부가가치

〈표 9-2〉 덴마크의 산업구조

	1820년	1900년	1950년	1966년	2008년
1차산업(%)	55	30	21	8	5
2차산업(%)	19	26	36	33	21
3차산업(%)	26	44	43	59	74

출처: Statistics Denmark.

비중은 8.3%에 불과하였다. 하지만 2008년에는 고용비중이 2.9%로 크게 줄어들었음에도 불구하고 부가가치 비중은 5.4%에 이르러, 1차산업의 생산성이 매우 높은 수준이다. 1차산업 중에서도 농수축산업의 생산성이 크게 향상되었다. 농기계, 비료, 살충제는 물론 농작물과 가축의 신기술이 지속적으로 발전했으며, 대규모화와 전문화도 병행되었다. 농수축산업은 총수출의 8%를 담당하고 있는데, 그중 목축업이 60%를 차지하고 있다. 1차산업 중 석유가스채굴업의 성장도 눈에 띈다. 1980년대 중반 북해산 원유가 채굴되기 시작하면서 생산성이 크게 상승하였다.

2차산업의 고용비중은 1966년 36.6%에서 2008년 20.5%로 떨어졌고, 이에 따라 부가가치 비중도 33.1%에서 21.4%로 하락하였다. 2차산업 중 제조업은 1960년대 중반 이후 아웃소싱이 늘면서 비중이 감소하고 있다. 특히 섬유, 의류, 기계, 장비산업의 아웃소싱 비중이 높으며, 고부가가치 산업인 화학산업과 의약산업의 아웃소싱 비중은 낮은 편이다. 육류가공업에 종사하는 Danish Crown은 덴마크에서 두 번째로 큰 기업으로서, 2만 7,000명 종업원 대부분이 자국민이다. 반면 유가공업체인 Arla Foods는 종업원 1만 6,000명 대부분이 아웃소싱 형태를 띠고 있다. 종업원이 2만 7,000명인 Danfoss와 1만 7,000명인 Grundfos(금속 · 기계 · 전기 · 전자업종)도 대부분 아웃소싱이다.

한편 덴마크 제조업의 가장 큰 특징 중 하나는 중소기업이 대부분을 차지하고 있으며, 특정 분야에 특화되어 있다는 점이다. 2003년 기준으로 덴마크 기업 20만 6,000개 중 대기업(100인 이상)은 1,000개인 0.5%에 불과하고, 나머지는 모두 중소기업이다. 마이크로기업이라고 불리는 1인기업이 18만 개(87.4%)에 이르고, 종업원이 2~50명인 소규모기업은 2만 1,000개(10.2%)이며, 종업원 51~100명 미만인 중규모기업은 4,000개(2.0%)에 불과하다. 덴마크 기업들은 틈새분야에서 세계 1~2위를 다투는 기업이 많고, 세계 최고의 기업들로부터 기술력을 인정받는 경쟁력 있는 중소기업이 다수 존재한다. 컨테이너 운송분야에서 A.P. Moller-Maer와 Sealand Line은 세계시장의 14%을 점유하면서 이 분야 세계 1위에 올라 있다. 조선기자재 중 선박엔진분야에서 1~2위를 다투는 MAN B&W, 조선페인팅분야 세계 2위인 Hampel, 선박 냉난방기기 분야의 선두주자인 York Refrigerator, 풍력발전기 날개 생산분야에서 1위인 LM Glasfiber가 있으며, 풍력발전설비분야에서 미국의 GE나 독일의 Siemens를 제치고 1위를 차지하고 있는 Vestas는 세계시장의 32%를 장악하고 있다. 부품소재분야에서는 유압전송용밸브, 믹싱밸브,

〈표 9-3〉 덴마크의 산업별 고용비중과 부가가치비중

	고용비중		부가가치비중(GVA)	
	1966	2008	1966	2008
1차산업(%)	12.9	2.9	8.3	5.4
2차산업(%)	36.6	20.5	33.1	21.4
제조업	27.3	13.5	21.6	13.9
음식료품/담배	5.3	2.3	5.0	2.1
섬유	5.8	0.3	3.2	0.2
화학	1.7	1.8	1.7	2.5
철강	9.2	6.1	7.2	6.3
기타 제조업	5.3	3.0	4.5	2.8
건설업/설비	9.3	7.0	11.5	7.5
3차산업(%)	50.5	76.6	58.6	73.2
유통/호텔/레스토랑	19.4	14.2	19.6	14.0
운송	6.7	6.3	8.0	7.8
금융/보험	1.9	3.1	5.2	5.8
부동산/임대업	0.6	1.8	4.9	10.5
사업서비스업	3.2	11.3	3.0	8.3
공공/개인서비스업	18.7	34.3	17.8	26.7
공공서비스업	–	28.4	–	22.1
총고용자 수(1,000명)	2,348	2,949		
총부가가치(10억 DKK)			71	1,481

출처: Statistics Denmark.

글로브밸브 등 각종 산업용 밸브를 생산하는 Danfoss와 Grundfos가 있다. 의료기기 및 제약분야서도 Novo Nordisk는 당뇨병 치료제인 인슐린 분야에서, Oticon사는 보청기 분야에서 1위를 차지하고 있으며. 신경안정제를 생산하는 Lundbeck, 피부치료제인 후시딘을 생산하는 Leo Phama도 경쟁력 있는 기업이다.

3차산업의 고용비중은 1966년 50.5%에서 2008년 76.6%로 상승하였고, 이에 따라 부가가치 비중도 58.6%에서 73.2%로 커졌다. 도소매업, 운송업, 통신업, 금융업, 사업서비스업 등을 포괄하는 민간서비스업의 경우, 2000년 이후 R&D 등 지식집약산업이 급성장하였으나, 저부가가치 서비스업도 다양하게 존재하고 있다. 3차산업의 대부분은 중소기업으로 구성되어 있으나 성과의 대부분은 대기업이 창출하고 있다. 종업원이 없는 1인기업이 기업수의 53%를 차지하지만 매출액 비중은 10% 채 되지 않는다. 반면 100인 이상 대기업의 수는 0.6%에 불과하나, 매출액 비중은 40%에 이른다. 3차산업의 두 번째 특징은 R&D 등 지식집약산업이 여타 산업의 기술혁신과 특화를 촉진하고 있다는 점이다. 기업의 대부분이 중소기업임에도 불구하고 작업장에서의 경험과 외부로부터의 R&D를 접목하면서 세계적인 경쟁력을 자랑하고 있다.

덴마크의 공공서비스업은 교육, 보건의료, 행정서비스 등을 제공하고 있으며, 제조업은 이미 민영화가 완료되었다. 2008년 고용비중은 36%, 부가가치 비중은 27.2%로, 노동집약적 산업임을 알 수 있다.

3. 신슘페터 학파 이론에 입각한 덴마크 모형의 새로운 해석

3-1. 덴마크 모형의 발전과정

'황금삼각형 모형'으로 널리 알려져 있는 덴마크 모형은 크게 세 가지 제도적 특징, 즉 노동시장의 유연성과 관대한 실업보호제도, 적극적 노동시장정책으로 특징지어진다. 기업 차원에서 해고가 자유로워 노동시장의 유연성이 매우 높지만, 사회전체 차원에서 실업자에 대한 보호제도가 잘 갖추어져 있어 해고되더라도 생활에 큰 충격을 받지 않는다. 한편 적극적 노동시장정책을 통해 재취업할 수 있도록 적극 지원함으로써 높은 경제활동참가율을 유지하고 생산성도 지속적으로 향상되고 있다. 하지만 이러한 세 가지 제도가 동시에 만들어진 것은 아니며, 오랜 시간에 거쳐 서서히 자리 잡았다. 노동시장의 유연성과 관대한 실업보호제도가 먼저 정립된 후에, 적극적 노동시장정책이 나중에 도입되었다.

노동시장의 유연성과 관대한 실업보호제도가 정착되기 시작한 것은 20세기 들어 노사 간 합의제도가 완성되면서부터다. 노동자단체와 사용자단체는 자율적으로 근로조건을 결정할 뿐만 아니라, 각종 노동보호 제도는 물론 대부분의 경제사회적 이슈를 노 · 사 · 정이 함께 결정한다. 노 · 사 · 정은 기업 차원에서 해고를 자유롭게 할 수 있도록 하는 대신 실업자에 대한 보호제도를 동시에 강화하는, 이른바 '유연안정성(flexicurities)'에 합의하였다.

덴마크의 산업구조도 유연안정성 제도를 도입하게 된 주된 요인 중 하나다. 독일이나 프랑스 등과는 달리, 덴마크 기업은 대부분 중소기업이어서 해고를 어렵게 하는 고용보호제도가 정착되기 어려웠다. 대신 직장을 잃은 근로자에게 소득보전을 해 주는 방향으로 노 · 사 · 정 합의가 이루어진 것이다. 유연안정성이 정착되면서 덴마크 기업은 글로벌 환경변화에 유연하게 대처할 수 있었고, 1970년대 초반까지 경제활동 참가율이 매우 높으면서도 실업률이 1% 내외에 머무는 괄목할만한 성과를 달성할 수 있었다.

그런데 덴마크의 유연안정성 제도는 1973~74년 1차 오일 쇼크를 겪으면서 위기를 맞이하였다. 1975년부터 실업률이 급등하기 시작하였고, 1990년대 초반까지 7~9%대의 높은 실업률이 지속되었다. 더 이상 유연안정성 제도가 작동하지 않자, 1992년 재집권에 성공한 사민연립 정부는 노사정 합의하에 적극적 노동시장정책을 도입하였다. 관대한 실업급여 제도를 유지하되 지급 기간을 축소하고, 직업훈련이나 구직활동 등 엄격한 재취업 노력을 해야만 실업급여를 받을 수 있도록 하였다. 대신 유급휴직제도 등의 추가적인 사회보호제도를 마련하고, 재정확장정책에 나섰다. 노사정 합의로 도입된 적극적 노동시장정책은 기존의 유연안정성 제도와 조화롭게 작동하였으며, 실업률을 다시 떨어뜨리는 데 크게 기여하였다. 이렇게 해서 노동시장 유연성과 관대한 실업보호제도, 적극적 노동시장정책이 조화를 이루는 덴마크 모형이 완성되었다.

3-2. 신슘페터 학파 이론에 입각한 덴마크 모형의 새로운 해석

덴마크 모형에 대한 기존의 해석은 노동시장의 유연성과 관대한 실업보호제도, 적극적 노동시장정책이 상호작용하면서 덴마크의 사회경제발전을 이끌어 낸 점에 주목한다. 조절이론(regulation theory)과 제도경제학에 뿌리를 둔 기존의 해석은 제도적 측면을 분석틀 내로 끌어들였다는 점에서 매우 고무적이나, 그 근저에 놓인 기업과 노동자의 혁신능력 축적 과정을 빼놓은 채 제도적 측면만 강조한다는 점에서 한계가 있다.

국가혁신체제(national systems of innovation)라는 분석틀을 제시한 신슘페터 학파는 블랙박스로 간주되던 기업을 분석의 중심에 놓고서 덴마크 모형을 재해석한다. 기업 내에서 어떻게 지식이 환류하고 혁신이 이루어지는지, 그 과정에서 기업의 혁신능력과 근로자의 혁신능력이 어떻게 증진되는지 고찰한다. 유연한 노동시장이나 관대한 실업보호제도, 적극적 노동시장정책과 같은 국가 차원의 제도뿐만 아니라, 혁신의 주체인 기업과 근로자를 분석틀에 끌어들임으로써 덴마크가 지속적으로 생산성을 향상시키고 높은 수준의 경제활동참가율을 유지하게 된 비결을 온전하게 밝혀 낼 수 있다.

룬드발(Lundvall) 교수는 덴마크 올보르그 대학의 국가혁신체제 연구(DISKO study)를 통해 덴마크 모형을 '능력개발형 국가혁신체제(national systems of competence building and innovation)'로 재해석하였다. 1996년부터 1999년까지 이 연구를 책임졌던 그는 "기술수준이 낮은 덴마크가 어떻게 세계에서 다섯 손가락 안에 드는 부유한 국가로 도약할 수 있었는가?"에 대해 집중 연구했고, 덴마크의 성공으로부터 다음 여섯 가지 교훈을 추출해 냈다(Lundvall et al., 2002). 첫째, 성장(growth)과 평등(equity)이 동시에 달성될 수 있으며, 둘째, 노동시장의 유연성(flexibility)과 안정성(security)도 동시에 달성될 수 있다. 셋째, 기술수준이 낮은 분야에서도 혁신을 통해 최고의 경제성과를 낳을 수 있으며, 과학기반형 혁신(science-based innovation)이 아닌 경험기반형 혁신(experience-based innovation), 급진적 혁신이 아닌 점진적 혁신을 통해서도 좋은 성과를 낼 수 있다. 넷째, 산학연 연구조직이 미약한 덴마크가 혁신에 성공할 수 있었던 것은, 경험기반형 혁신을 가능케 한 다층적인 네트워크가 작업 패턴에 긍정적으로 영향을 끼쳤기 때문이다. 다섯째, 새로운 능력을 끊임없이 창출하는 학습조직(learning organization)을 가진 기업이 더 높은 혁신과 생산성과를 이뤄 냈다. 여섯째, 이 모든 것이 가능할 수 있었던 것은 신뢰 높은 사회적 자본(social capital)이 기업과 노동자의 혁신능력 개발을 뒷받침했기 때문이다. 룬드발의 '능력개발형 국가혁신체제'는 경제성장과 사회통합, 고용창출을 동시에 달성하는 하나의 사례를 제시하고 있다.

Jensen et al.(2007)도 신슘페터 학파 이론에 입각하여 덴마크 기업과 종업원의 혁신능력이 탁월한 원인을 밝혀냈다. 덴마크 기업의 상당수는 형식지(explicit knowledge)와 암묵지(tacit knowledge)를 융합하는 학습조직을 갖추고 있기 때문에, 과학기반형 혁신(science-based innovation)과 경험기반형 혁신(experience-based innovation) 모두에서 좋은 성과를 보이고 있음을 실증분석을 통해 증명하였다. 여기서 형식지 전파를 원활하게 하는 과학기반형 학습은 R&D투자와 깊이 연관되어 있으며, 암묵지를 전파하는 경험기반형 학습은 작업장 내 작업을 통한 학습(learning by doing), 소비자-공급자 간 네트워크를 통한 학습(learning by using, interacting) 등을 뜻한다.

노동시장의 유연성과 실업보호제도, 적극적 노동시장정책이 잘 발달되어 있는 덴마크에서는 업종 내에서 인력 이동이 잦기 때문에, 한 기업의 암묵지가 다른 기업으로 전파되기 용이하다. 여기에 R&D를 담당하는 지식집약산업이 크게 발달함에 따라, 덴마크 기업들은 고유한 암묵지에 형식지를 외부로부터 흡수하면서 경쟁력을 키울 수 있었던 것이다.

3-3. 기회의 창 1: 정권교체와 경제정책 변화

노·사·정 합의의 전통이 깊은 덴마크는 1982~92년을 제외한 대부분의 기간을 사민연립정부가 집권하였다. 1982년 정권이 자유보수연립정부로 넘어갈 때와 1992년 정권이 다시 사민연립정부로 이양될 때 커다란 정책변화가 있었는데, 그때마다 덴마크의 구조적인 경제문제가 조금씩 개선되었다. 1982년 정책 전환으로 고공행진을 거듭하던 물가상승률이 떨어지고, 1992년 정책 전환은 실업률을 낮추는 데 크게 기여하였다. 정권 교체가 경제 체질을 강화하는 기회의 창으로 작동한 것이다.

1960년대부터 1970년대 중반까지 덴마크의 1차 호황기를 이끌었던 사민연립정부의 경제정책은 'bridging policy(총수요확장정책)'로 대표된다. 불황은 일시적이며 총수요확장정책을 통해 조절할 수 있다는 믿음에서 출발한 이 정책은, 1973~74년 1차 오일 쇼크를 겪으면서 한계를 드러내기 시작했다. 실업률과 물가가 동시에 상승하는 스테그플레이션에 빠진 것이다. 사민연립정부는 이를 극복하기 위해 1970년대 중반부터 'switching strategy', 즉 실업과 경상수지 적자 문제를 동시에 해결하기 위해 수입비중이 높은 민간수요를 수입비중이 낮은 공공수요로 전환하는 정책을 구사하였다. 이에 따라 증세, 공공고용 프로그램 활성화 대책이 마련되었고, 공공수요가 증가하기 시작했다. 하지만 경상수지 적자와 높은 실업률은 지속되었고, 인플레이션과 정부부채가 늘어나는 부작용이 나타나면서, 1982년 정권을 자유보수연립정부로 넘겨 주게 되었다.

1982년 집권에 성공한 자유보수연립정부는 세계경쟁에 맞설 수 있는 민간부문을 확장해야만 덴마크의 경제문제를 해결할 수 있다고 믿었다. 그들의 경제정책은 고정환율제도를 통한 인플레이션 완화정책과 엄격한 재정정책으로 대표되는데, 이러한 정책 전환은 정부정책의 중심이 취업자 수(employment level)에서 노동시장으로 이동되었음을 뜻한다. 자유보수연립정부의 정책 전환은 매우 성공적이었다. 물가가 안정되면서 경제 분위기가 살아나고 민간소비와 GDP가 증가하면서, 1983년부터 1986년까지 실업률이 5~6%대로 떨어지는 3차 호황을 구가하였다. 하지만 민간소비와 투자가 크게 늘면서, 생산능력이 이를 따라가지 못하고 양질의 노동력을 확보하지 못하는 상황이 발생하였다. 임금이 상승하면서 인플레이션 압력이 커지고, 경상수지도 악화되었다. 당시 노동력 부족상태임에도 불구하고 실업률은 매우 높았다. 실업률이 8%에 달하는데도 임금인상이 이루어진 것으로 보아, 노동시장에서 심각한 미스매치 문제가 있었던 것으로 보인다.

1992년 다시 정권을 잡은 사민연립정부는 고통을 나누기 위해 유급휴직제도를 시행하였고, 동시에 실업급여 지급 기간을 축소하고 직업훈련을 강화하는 적극적 노동시장정책을 도입하였다. 또한 일자리창출을 위해 세율은 낮추되 세원을 확장하는 재정확장정책을 펼쳤다. 재정확장정책은 경제활동을 활성화시키고 실업률을 낮추는 데 크게 기여하여, 실업률이 3~4%대로 떨어졌다. 실업률의 구조적 단절(break)은 지난 10년간의 정책과 관련되어 있는 수동적 자세를 변화시켰다. 고용증가는 문제해결을 위해 무언가 할 수 있다는 믿음을 낳았고, 적극적인 정책을 뒷받침하였다.

3-4. 기회의 창 2: 전통산업을 기반으로 한 고부가가치산업 창출

농업국가였던 덴마크는 뒤늦게 산업화에 뛰어들었기 때문에 선발국에 비해 전통산업의 비중이 높다. 특히 목축업과 해상운송산업이 대표적인 전통산업이다. 연관 산업을 포함한 광범위한 분류방법(Resource Area Statistics)에 따르면, 음식 관련 R&D를 포함한 농수목축업, 음식가공업, 농업기계 등으로 구성된 식품분야는 고용의 1/4, 수출의 1/4를 차지하고 있다. 또한 해상운송이 주를 이루는 운송분야는 고용의 1/4 미만, 수출의 1/4을 차지하고 있다.

덴마크는 전통산업인 식품분야와 운송분야를 고부가가치 산업으로 전환하는 데 성공하였다. 그 비결은, 앞서 능력개발형 국가혁신체제에서 설명하였듯이, 덴마크 기업들이 잘 발달된 학습조직을 갖추고 있어 경험기반형 혁신능력과 과학기반형 혁신능력을 동시에 갖추고 있었기 때문이다. 낙농업 등 비첨단기술 분야에서 그들만의 암묵지가 잘 발달되어 있었고, 외부 R&D를 통해 형식지가 융합되면서 고부가가치 산업으로 거듭날 수 있었던 것이다. 이를 튼튼하게 뒷받침하는 것이 바로 황금삼각형으로 불리는 덴마크 모형이었다.

4. 결론

한국과 덴마크는 경제성장 과정이 크게 다르다. 덴마크는 전통산업을 고부가가치산업으로 전환하는 데 성공한 반면, 농업국이었던 한국은 전혀 새로운 2차산업을 중심으로 경제발전을 이루었다. 덴마크는 틈새시장에서 1~2위를 다투는 수많은 강소기업이 성장을 견인한 반면, 한국은 소수의 대기업을 중심으로 성장하였다. 덴마크는 목장에서 터득한 암묵지를 기반으로 외부의 형식지를 결합하여 의약산업에서 빛을 발했지만, 한국은 외부로부터 기계와 기술을 도입하는 방식으로 혁신능력을 축적하였다. 또한 노 · 사 · 정 협의의 전통을 지닌 덴마크와는 달리 한국의 노사관계는 대립적이고 후진적이다. 따라서 덴마크의 성공담을 한국에 곧바로 적용하는 데는 많은 어려움이 있다. 그럼에도 불구하고 덴마크로부터 아래의 시사점을 도출할 수 있다.

첫째, 한국 기업의 혁신능력을 배양하기 위해서는 형식지뿐만 아니라 암묵지도 잘 환류 · 증폭될 수 있도록 학습조직을 강화해야 한다. 한국 기업은 전통적으로 형식지를 기반으로 하는 과학기반형 혁신에는 강하나, 암묵지를 기반으로 하는 경험기반형 혁신에는 약한 측면이 있다. 암묵지를 전파하는 경험기반형 학습조직, 즉 작업장 내 작업을 통한 학습과 소비자-공급자 간 네트워크를 통한 학습을 강화해야만 더 좋은 성과를 낳을 수 있다.

둘째, 중소기업의 혁신능력을 배양하기 위해서는 특화된 분야에서 고숙련 노동자의 암묵지를 최대한 활용하여야 한다. 1970년대부터 중화학공업을 육성한 한국은 고도의 R&D 능력뿐만 아니라 수십 년간의 노하우를 지닌 고숙련 노동자가 풍부하다. 정부는 중소기업에 혜택을 주는 정책에 머물 것이 아니라, 중소기업들이 특정 분야에서 R&D 능력과 고숙련 노동자의 노하우를 접목시킬 수 있도록 제도적으로 뒷받침하여야 한다.

셋째, 첨단기술 분야뿐만 아니라 비첨단기술 분야의 전통산업에서도 지속적인 혁신이 일어날 수 있도록 기업과 정부는 혁신정책을 강화하여야 한다. 덴마크는 비첨단산업인 낙농업에서 그들만의 암묵지를 접목시켜 세계 제1의 낙농국가로 성장하였고, 의약산업에서도 괄목할 만한 성과를 거두고 있다. 한국의 산업정책도 저부가가치의 전통산업을 포기하고 새로운 산업으로 옮겨 가는 것에만 집중할 것이 아니라, 저부가가치의 전통산업에 내재된 우리만의 노하우를 개발하고 R&D 능력이 접목시키는 방안을 강구하여야 한다.

마지막으로 기업과 노동자의 혁신능력을 동시에 제고하는 방향으로 노 · 사 · 정 대타협을 이끄는 방안도 모색할 필요가 있다. 대기업 중심으로 발전한 한국경제는 해고가 어렵고 노동시장이 경직되어 있다. 또한 사회 전체적으로 실업자에 대해 보호제도가 발달되어 있지 않다는 측면에서 덴마크와 대조적이다. 하지만 매우 다른 제도적 특성이 어쩌면 새로운 노 · 사 · 정 대타협의 출발점이 될 수도 있다. 만약 기업과 노동자의 혁신능력을 동시에 강화함으로써 기업의 생산성도 높이고 노동자의 고용기회도 확장될 수 있다면, 고용주와 정부가 실업보호제도와 적극적 노동시장정책을 강화하는 대신 노동자가 노동시장 유연화에 동의하는 대타협이 불가능한 것만은 아닐 것이다. 물론 노 · 사 · 정이 충분한 대화와 타협을 통해 뜻을 모을 때 가능하다.

| 참고문헌 |

김세종, 권혁찬, 2005,『덴마크 중소기업 지원제도 및 육성시책 연구』, 중소기업연구원.

이근, 이준협, 2008,「직업능력개발정책과 고용정책의 연계: 고용창출형 모델 설계」,『평생직업능력개발 체제의 혁신(1): 직업능력개발정책과 고용정책의 연계강화』, 한국직업능력개발원.

EU 집행위원회, 2004,『2003 유럽 중소기업 백서』, 중소기업연구원.

Andersen, T. M., H. Linderoth, V. Smith, and N. Westergard-Nielsen, 2010, *The Danish Economy: An International Perspective*, Copenhagen: DJOF Publishing.

Andersen, T. M. and M. Svarer, 2007, "Flexicurity - Labour Market Performance in Denmark," *CESifo Economic Studites*, 389-429.

Arundel, A., E. Lorenz, B.-A. Lundvall, and A. Valeyre, 2007, "How Europe's Economies Learn: A Comparison of Work Organization and Innovation Mode for the EU-15," *Industrial and Corporate Change*, 16: 1175-1210.

Esping-Andersen, G., 1990, *The Three Worlds of Welfare Capitalism*, Princeton: Princeton University Press.

Estevez-Abe, M., T. Iversen, and D. Soskice, 2001, "Social Production and the Formation of Skills: A Reinterpretation of the Welfare State," in P. Hall and D. Soskice, *Varieties of Capitalism: The Institutional Foundations of Comparative Advantage*, New York: Oxford University Press, pp. 145-183.

European Commission, *Employment in Europe*.

European Commission, 2007, *Towards Common Principles of Flexicurity: More and Better Jobs through Flexibility and Security*.

Fellman, S., M. J. Iversen, H. Sjogren, and L. Thue, 2008, *Creating Nordic Capitalism: The Business History of a Competitive Periphery*, New York: Palgrave.Macmilan

Jensen, M. B., B. Johnson, E. Lorenz, and B.-A. Lundvall, 2007, "Forms of Knowledge and Modes of Innovation," *Research Policy*, 36, 680-693.

Lundvall, B.-A., 1992, *National Systems of Innovation: Towards a Theory of Innovation and Interactive Learning*, London: Pinter.

______, 2001, *Innovation, Growth and Social Cohesion: The Danish Model*, Cheltenham: Edward Elgar.

______, 2008, "The Danish Model and the Globalizing Learning Economy: Lessons for Developing Countries," First draft for the wider-project.

Lundvall, B.-A., B. Johnson, E. S. Andersen, and B. Dalum, 2002, "National systems of Production, Innovation and Competence Building," *Research Policy*, 31: 213-231.

OECD, *Economic Survey of Denmark,* various years.

______, *Labour Force Statistics*, various years.

______, *Education in a Glance*, various years.

Official Homepage for statistics Denmark (www.dst.dk).

Reuter Datastream.

World Bank Data (http://data/worldbank.org).

UN (2012), World Happiness Report.

제10장

요약과 결론

이근 서울대학교 경제학부 교수

1. 문제 의식과 분석틀
2. 아시아 발전 모델의 평가
3. 추격, 추월, 추락의 관점에서 본 선진국의 흥망성쇠
4. 후발국가들의 흥망성쇠
5. 한국에의 시사점

1. 문제 의식과 분석틀

국가의 흥망성쇠는 중요하고 흥미로운 문제다. 이 책에서는 이를 국가 간의 추격, 추월 및 추락이라는 식으로 보다 구체화하였고, 동아시아 국가들의 흥망성쇠를 중심으로 다른 나라들을 비교하였다. 연구는 크게 두 가지 문제의식을 중심으로 전개되었다. 첫째, 이 책에서는 국가의 흥망성쇠라는 일반적 연구 주제 하에서 각국이 어떤 이유로 인해서 추격, 추월, 추락이라고 하는 세 가지 다른 경로를 걷게 되는지를 분석하였다. 둘째는 아시아적 모델에 관한 것으로, 일본을 필두로 한 한국, 대만 등 1세대 아시아 모델과 중국 인도를 중심으로 하는 2세대 아시아 모델의 새로운 경로 탐색에 대해 분석하되, 이를 남미 및 기타 비아시아 지역의 발전 경험과 비교분석하였다.

분석틀로서는 우선 선 · 후진국을 포괄하는 일반적 틀로서, 기회의 창과 경로창출 개념을 전제로 하고, 후발국에 대해서는 서로 비슷한 상품을 가지고 수출시장에서 경쟁한다는 '상호경합' 문제의 존재 속에서, 후발국들이 성장의 관건인 지속적 외환 확보와 내재적 혁신 역량이라는 두 가지 과제를 어떻게 해결해 나가는가에 초점을 두었다.

이 책에서는 장기 경제성장의 결정요인으로서 기존의 문헌들이 중시한 세 요소인 제도, 정책, 지리적 위치를 고려하되, 후발자의 입장에서 볼 때 추격과 역전의 기회가 어디서로부터 열리는가 하는 개념인 기회의 창을 중시하였다. 세 가지 기회의 창을 상정하였는바, 첫째는 새로운 기술경제 패러다임의 출현이고, 둘째는 경기 사이클이나 시장 수요의 변화, 그리고 셋째는 정부의 개입이나 규제의 변화다. 이런 저런 이유로 기회의 창이 열리면, 후발자는 이를 이용하여 선발자와는 다른 새로운 경로를 개척하여 성공할 수 있는 반면, 기존 선발자는 종종 기존 패러다임이나 투자에 안주하는 '선발자의 함정'에 빠질 수 있는 것이 역전 발생 가능성을 높이는 역할을 한다. 이때 후발자의 추격 유형으로는 경로추종형, 단계생략형, 경로창출형이라는 세 가지를 상정하였다.

이런 측면에서, 포르투갈과 스페인의 신대륙 발견 이후 전개된 세계 강국의 경제사를 보면, 국가의 흥망은 새로운 기술경제 패러다임의 출현, 급격하고 거대한 시장 수요 및 지리적 변화, 국가의 일관적 체계적 정책 개입이라는 세 가지 요소에 의해 새로운 기회의 창이 열리고, 이런 기회를 잘 이용한 국가들이 장기적으로 흥하는 길로 들어서고 이런 기회를 놓치거나 선점당하면 장기적 쇠퇴의 길로 들어섰다. 즉, 스페인과 포르투갈의 발흥은 인도로 가는, 육로가 아닌 새로운 해상 경로를 발견한 것에 기인한 것이고, 영국의 발흥은 무역이 아닌 제조업에 기반한 경제성장이라는 새로운 경로를 발견한 것이다. 한편, 전후 동아시아 국가의 성장은 소품종 대량생산이라는 포드주의 생산방식에 아시아의 저임금과 수출주도라는 새로운 추격형 성장 방식을 창출함으로써 가능하였던 것이다. 한편 인도는 제조업이 발달한 후 서비스업이 발달하는 기존의 경로를 답습하지 않고, 제조업이라는 단계를 생략하고 바로 서비스업으로 이행한 단계생략형 추격이라고 볼 수 있다. 즉, 이 책의 핵심적 주장은, 새로운 국가의 장기적 발흥은 기존의 강국과 다른 새로운 경로의 창출과 종종 연결되어 있다는 것이다.

2. 아시아 발전 모델의 평가

장기성장에 영향을 미치는 요소 중 선발국과 후발국 모두에게 영향을 미치는 변수들이 대표적으로 제도, 정책, 지리적 위치라면 이 세 요소 중 후발국의 경우, 후발성이라는 불리함을 극복할 수 있는 정책 즉 의도적 개입의 가능성이 선진국의 경우보다 더 중요하다고 볼 수 있다. 그러면 결국 구체적으로 어떤 정책 변수로 무엇을 해내야 하는가가 관건인데, 이 글에서는 후발국의 지속적 장기성장을 담보할 수 있는 조건으로 첫째는 자본재(투자재)의 안정적 수입을 확보해 줄 외환의 지속적인 확보이며 둘째는 내재적 혁신능력의 확보라고 보았다. 동아시아의 대외지향적 수출주도 전략은 바로 이 두 요건을 잘 충족하는 모델이었던 반면에 남미가 과거에 추구한 대내 지향적 수입대체공업화 전략은 그렇지 못하였고, 외환위기에 항상 취약한 구조였다. 내재적 혁신능력이 중요한 이유는, 경쟁력의 업그레이드와 이를 가능케 할 혁신 능력이 없으면 성장이 오래갈 수가 없고, 또한 개도국 간에 값싼 저급재 수출을 가지고 경쟁하는 상호경합의 문제를 해결할 수 없기 때문이다. 이런 문제를 잘 극복하여 산업구조를 업그레이드한 유일한 국가가 바로 한국과 대만 등이라는 데서 1세대 동아시아 모델의 평가가 놓여진다. 그 외 국가 특히 남미 국가들은 소득 증가가 정체되는 '중진국 함정'에 빠져 있다. 이 책에서 다룬 아프리카의 모리셔스도 이런 한계에 봉착하여 있다.

혁신 능력과 외환 확보가 후발국들이 달성해야 할 두 가지 목표 조건이며 1세대 동아시아 모델이 두 가지 목표 조건을 충족시키면서 성공적인 경제성장을 창출해 내었다고 한다면, 현재의 위기는 바로 그 성공 그 자체로부터 나온 것으로 볼 수 있다. 하나는 경제성장의 성공과 소득수준 상승에 따라 개발독재 체제를 지속할 수 없고 민주주의로의 요구가 증대되는 것이고, 또한 경제적 성공에 따라 국제사회로부터 이제 국내시장의 개방과 자유화를 요구받게 되는 것이다. 정치적 민주화와 경제적 개방은 근본적으로 새로운 성장 공식을 찾으라는 요구라고 볼 수 있으며 이 과정은 쉽지 않은 과정이기에 새로운 공식의 발견도 어려울 뿐 더러 그 모색 과정이 수반하는 각종 혼란은 경제적 감속이나 위기로 연결되기도 한다.

예를 들면 한국은 1992년 군사정권에서 문민정부로 이행하면서 민주화의 수준이 높아지고 자본시장을 포함한 개방도가 급상승한다. 소득재분배 요구를 포함하는 민주화와 개방은 이 과정에서 정책 실패와 연결되면 위기를 낳기도 하는데 바로 1997년의 외환위기는 이런 시각에서 볼 수 있다. 이 경우는 성공적 후발국의 지속 성장의 두 목표 조건 중 첫 번째인 외환 확보라는 전제 조건이 개방 정책을 둘러싼 정책 실패로 인해 깨지면서 한국경제를 순식간에 위기로 몰고 간 것이다. 한국이 독자적으로 새로운 성장모델을 찾지 못하는 가운데 위기를 맞고, IMF주도의 개혁을 거치면서 결국 영미식 모델이라는 새 모델을 외부에서 강요받는 상황에 이르게 된 것이다.

대만도 국민당 일당독재가 2001년의 선거로 무너지며 민진당이 집권하였으나 결국 정정 불안과 본토와의 새로운 관계 설정 미숙으로 성장이 감속하는 잃어버린 10년을 경험하였다. 일본도 크게 보면, 그 자체의 성공에 따라 미국 등 선진국의 견제를 받으면서 엔화의 급격한 절상이라는 독특한 '개방'을 요구받고 그 이후 이것이 버블형성과 붕괴로 이어지면서 잃어버린 10년을 넘어 20년을 맞고 있는 것이다. 그 기간 중에 고이즈미 정권이 영미식 신자유주의 개혁을 추구하였으나 별 성과를 거두지 못하고 중단되었다.

이 동아시아 모델의 선도국이었던 일본을 포함하여 한국과 대만 등에서 보이는 위기와 혼란의 바로 그 전 세대에서 성공을 이끌었던 성공공식이 내부 조건과 외부환경 변화에 따라 그 유효성이 대폭 감소되는 것으로 표현할 수 있다. 동아시아 모델의 두 요소 중, 정치적 민주화나 경제적 개방이 가지는 직접적 비용과 위험 요인 등에 대해서는 바로 위에서 설명하였지만 이 두 과정이 직접적인 큰 비용 지불 없이 전행되더라도 이 과정은 보다 장기적 차원의 새로운 문제의 원천이 된다.

우선, 바로 위에서 언급하였듯이 개방화가 정책 실패와 결부되면 한국과 같이 외환위기로까지 폭발할 수 있고 그 정도까지는 가지 않더라도 세계화는 새로운 긴장과 모순을 들여오게 한다. 즉, 해외투자를 점점 많이 하게 됨에 따라 개별 기업의 이윤 추구와 국민경제 차원의 이득과의 괴리를 심화시켜 더 이상의 기업의 성과와 내수, 일자리 등과의 연결고리가 약해지는 것과 관련이 있다. 이런 고리의 약화 심화는 상대적 격차까지 심화시켜 추가로 성장 순환을 약화시키는 악순환 효과가 있다.

한편, 정치적 민주화는 새로운 분배요구와 경제적 민주화와도 연결되어 있다. 전 세대에서의 추격의 성공은 대개 이를 주도한 세력, 부문, 집단이 있기 마련인데, 그런 선도 추격에서 낙오된 부문이 야기하는 불균등성이라는 문제가 잠복하여 있다가, 성장이 감속하면서 표면에 문제로 부상하기도 하고 추가적 성장의 제약 요인이 되기도 한다. 선도부문의 기득권화도 문제가 될 수 있는데, 집권당의 과도한 장기 집권의 폐해가 심각한 일본이 그런 예가 된다고 볼 수 있다. 한국은 대기업-제조업-수출 부문 주도라는 선도 부문과 중소기업-서비스업-내수부문이라는 낙오자 부문 간의 상충이 문제되고 있다. 중국의 경우는 현재 업그레이딩 위기를 겪어 가고 있는 반면 향후에는 현재의 권위주의적 선도 성장에서 낙오된 부문, 가령 지역 간 계층 간 소득 격차, 정치적 민주화 등이 성장 제약요인으로 등장할 것이 예상된다.

한편, 일견 새로운 후발국 성장 모델이라고 할 수 있는 인도의 서비스 주도, 최근 브라질의 1차산업 주도 모델은 두 경우 모두, 제조업이 요구하는 외국산 자본재 수입 필요(외환 필요)로부터 상대적으로 자유롭다는 점, 즉 저비용 저외환 성장 방식이라는 점에서 외환위기 요인을 회피할 수 있다는 점에서 유리하다. 그러나 향후 인도의 경우, 현 세대 성장의 주도 부문이 서비스 산업이라면 이에 낙오된 제조업 부문의 규모와 수준을 어느 정도 이상 올리지 않으면 서비스 산업 주도의 성장은 확산되지 못하고 원활하지 않을 가능성이 크다. 브라질의 경우, 최근의 성장세는 주로 수출용 자원 등 1차산업이 주도한 것이며 이는 다시 중국이라는 거대한 신흥 제조업국가의 출현이 자원 등 1차산품의 가격을 올렸기 때문이라는 외생적 요인에 기인한 것이다. 1차산품은 항상 낮은 소득탄력성, 낮은(경직적) 가격탄력성이 잠재적 문제이기에, 1차산품을 제조업화 하거나 여기에 신기술 신지식을 결합하여 그 자체의 차별성에 기초한 고부가가치화 하지않으면 브라질을 상위중진국 이상으로 올려놓기 힘들 것으로 예상할 수 있다.

3. 추격, 추월, 추락의 관점에서 본 선진국의 흥망성쇠[1]

3-1. 15~16세기의 포르투갈과 스페인: 신항로 개척

포르투갈과 스페인의 신항로 개척은 단순한 호기심이 아니라 생필품인 향신료(후추)의 부족이라는 문제의 혁신적 해결을 위한 것이었다. 그 당

1 이하는 '대국굴기' 영상물에 나온 각국의 경험을 이 책의 이론적 틀에서 재해석하여 기술한 것이다.

시 오스만 제국의 급성장 속에서 육로를 통한 향신료 무역은 아라비아 상인이 독점하였다. 따라서 두 국가는 육로가 아닌 바닷길을 통해 향신료를 얻을 수 있는 방법을 모색하였다는 점에서 이것은 경로창출형 추격(비약 2)으로 볼 수 있다.

두 국가의 신항로 개척은 민관합작으로 이루어졌다. 민간(일반 상인, 탐험가)과 자금을 제공한 정부(왕)의 공동 노력을 통해 위험을 분산하였던 것이다. 신항로 개척과 같이 대규모 자원과 큰 위험이 있는 사업은 정부의 주도 또는 개입이 필요함을 시사한다. 새로운 지식과 기술(지리학과 장거리 항해술)의 등장도 두 국가의 신항로 개척에 기여하였다. 핵심 기술은 바로 항해술과 대형 선박 건조술이었다. 이는 새로운 요소 투입이었으며 새로운 시대(해양시대)를 여는 데 기여하였다.

포르투갈과 스페인은 신항로 개척 경쟁 속에 토르데실랴스에서 새로 발견하는 대륙의 소유권에 대해 협정을 체결하였다(Treaty of Tordesillas, 1494.6.7). 이 조약에 따라 포르투갈은 동쪽(아프리카, 아시아 무역)을 소유하고, 스페인은 서쪽(아메리카(브라질 제외)와 금광업)을 소유하기로 하였다.

이러한 신항로 개척은 단순히 발명 또는 지리적 발견이 아니라 상업적인 성공, 즉 수익을 창출했던 혁신이었다. 포르투갈은 후추무역을 장악하여 해상무역의 최강국으로 올라섰으며, 스페인은 아메리카 대륙에서 대규모 금/은을 생산하였다. 그 결과 스페인은 16세기 말 세계 금/은 생산량 중 83%를 차지하였다.

그러나 이 두 국가는 새로운 패러다임의 도래와 함께 몰락하였다. 스페인과 포르투갈은 신항로 개척을 통해 획득한 부를 새로운 부의 근원을 찾기 위한 재투자에 현명하게 활용하지 못하고 소비에 탐닉하였으며, 결국 새로운 패러다임(제조업)이 기존의 패러다임(식민지 무역, 광업)을 대체하는 과정에서 새로운 패러다임에 올라타지 못하였다. 기존 패러다임에 대한 집착은 제국주의의 속성과 오래된 식민주의와 관련이 있다.

이 두 사상은 새로운 영토를 단지 착취의 대상으로만 본다. 따라서 새로운 영토를 지속가능한 수익 창출의 대상으로 전환시키지 못한 것이다.

3-2. 17세기의 네덜란드: 해상무역 강국 모델

장기 경제성장의 세 가지 요인(지리적 특성, 제도, 정책) 중에서 네덜란드에는 지리적 특성이 발전 초기에 이점으로 작용하였다. 유럽 주요 수로의 두 갈래가 네덜란드에서 바다와 이어졌다. 따라서 네덜란드는 유럽 대륙에 대한 진입항구의 역할을 하며 스페인과 포르투갈의 상품을 재판매하는 중개무역을 할 수 있었다.

이러한 지리적 이점의 활용을 가능케 한 것은 네덜란드의 조선 기술 혁신에 기인한다. 네덜란드는 가볍고 저렴한 배를 만드는 기술에서 독보적이었다. 한편, 네덜란드의 상선이 가벼울 수 있었던 것은 기존의 상선과 달리 무기(대포)를 장착하지 않았기 때문이다. 이것은 항해 시 무력 위험(해적의 습격)으로부터의 리스크를 감수하는 것이었다.

네덜란드의 지리적 이점이 극대화된 것은 제도 혁신의 성과와 관련되기도 한다. 제도를 장기 성장의 요소로 볼 때, 여기서 좋은 제도라고 하는 것은 무엇보다도 시민들의 사유재산이 권력층(그 당시 왕, 귀족)에게 여러 형태로 침탈, 착취당하지 않는 법적 정치적 장치를 의미한다. 이는 결국, 정치적 민주주의가 가지는 경제적 함의가 될 수 있는데, 네덜란드는 유럽의 다른 어떤 나라보다 제일 먼저 왕권 체제를 대신하여 민주적인 공화국 체제로 전환하였다. 즉, 민주주의라는 제도의 선구자인 셈이다. 이는 국민들의 경제활동을 보호하는 새로운 정치 시스템을 발명한 셈으로서 그 당시로서는 매우 큰 혁신에 해당한다.

네덜란드의 혁신은 경제 제도에서도 이루어졌다. 주식회사라는 새로운 제도를 도입하여 대규모 자본을 모을 수 있었으며, 회사의 소유와 경영의 분리 및, 위험 분산이 가능해졌다. 대표적인 예가 바로 동인도회사이다. 또한, 1609년 세계 최초로 주식거래소를 설립하여 새로운 자금 유통 체제를 탄생시켰다. 주식거래소를 통해 투자자는 위험을 분산하고 원하면 언제든지 주식을 현금화할 수 있었고 원활한 자금 흐름을 위해 은행도 설립되었다. 1609년에 설립된 암스테르담 은행은 영국은행보다 100년 정도 빠른 것이다. 이 은행은 저축과 대출뿐만 아니라 현재의 '신용 대출'에 해당하는 기능도 수행하였다. 즉, 은행, 증권거래소, 유한책임공사 간에 상호연계가 가능한 하나의 금융체제가 탄생한 것이다. 이는 폭발적인 자금 증가를 일으켜 네덜란드는 17세기 중엽 세계 상거래의 패권을 장악하였다. 예로, 동인도회사의 무역거래 총액은 전 세계의 절반을 차지하였다.

즉, 많은 사학자들이 주장하듯이, 사실상 자본주의를 구성하는 핵심적 경제제도는 다 네덜란드가 창시한 셈이다. 특히, 신용(trust)라는 사회 제도가 네덜란드에 뿌리내림으로써 자본주의의 주요한 기반이 형성되었다. 네덜란드가 보여 준 제도 혁신은 그 당시 매우 새로운 것이었으며 스페인과 포르투갈에서는 이루어지지 않았던 것이다. 이와 같이 제도는 상당기간 이 나라에서 경제 발전을 지속가능하게 하는 역할을 하였다.

3-3. 18세기의 영국: 제조업 대국이라는 새 모델

영국에 앞선 스페인, 포르투갈, 네덜란드가 원거리 무역에 기반한 성장을 달성하였다면, 영국의 추격은 무역이 아닌 새로운 부의 창출 방식 즉 제조업의 발견에 의해 이루어졌다. 즉, 경제성장에서 새로운 경로를 창출한 것이다. 영국은 신기술을 동반한 산업혁명을 통해 생산성 증가를 이루었다. 그 과정을 자세히 살펴보자.

영국에서는 기술, 과학 지식, 사고방식에서의 변화가 발생하였다. 먼저 특허법이 제정되었다. 특허제도는 16세기에 처음 시작되어 18세기 중반부터 보편화되고 중요성을 인정받았다. 발명자에게 약 15년 정도의 보호 기간 부여로 새로운 기술 발명을 장려하였는데 이는 기술진보에 있어서 중요한 초석이 되었다.

한편, 현대과학을 통해 획득한 과학 지식은 가능한 것과 불가능한 것을 구별해 주었다. 예를 들어 영구적으로 작동하는 엔진기관은 불가능한 것임을 증명하여, 불필요한 시행착오를 줄여 주는 것도 현대과학의 중요한 공헌 중의 하나다. 이러한 관점에서 제임스 와트가 발명한, 에너지 효율적 증기기관은 현대과학이 이루어 낸 기술적 진보의 대표적인 예다.

이러한 과학과 기술의 진보에 조응하여 새로운 경제 시스템(제도)도 등장하였다. 산업혁명 이후에 보이지 않는 손이라는 개념, 즉 자유시장경제라는 개념이 일반화되었다. 이는 중세시대의 구식 통제 지향적 경제 시스템을 대체하는 개념이었고, 자유 경쟁을 특징으로 하는 새로운 경제 시스템의 근간이 되었다. 자유무역과 자유주의 경제 사상이 서양에 뿌리를 내림으로써, 자본주의라는 새 경제제도가 뿌리를 내린 것이다. 또한 마그나 카르타(1215)와 명예혁명(1688) 등을 거치며 입헌군주제가 정착되었다. 입헌군주제라는 정치제도는 영국 경제에 발전의 지속성과 안정성을 가져다주었다.

3-4. 19세기 독일: 지식의 대중화를 통한 후발 추격 모델

유럽의 후발자로서의 독일의 추격 성장은, 자유시장주의 영국과 달리, '큰 정부'를 추구하는 국가주의 성격을 가지고 시작되었다. 다른 유럽국에 뒤질 수 없다는 추격 멘탈리티는 분열된 독일을 통일시켰으며, 이는 곧 뒤쳐진 자국 산업을 보호하는 정책으로 이어졌다. 대내적으로, 1834년의 관세동맹을 통해 시장이 통일되었으며 이것은 훗날 독일 통일(1871)의 발판이 되었다.

또한 후발자 독일의 혁신은 교육제도를 대중화한 것이다. 이는 선발자 영국이 소수의 엘리트 중심의 고등교육을 유지한 것과 크게 다른 것으로 바로 이를 통해 선발국과의 지식 격차를 급격히 줄여 나가고자 하였던 것이다. 독일(당시 프로이센)은 교육과 과학에 대한 투자를 매우 중시하였고, 전 국민을 대상으로 한 보통 교육 제도를 확산시킨 것은 큰 제도적 혁신이다. 프로이센 국민들은 교육을 받는 것을 병역 의무처럼 꼭 지켜야 할 의무로 생각했으며, 국가에서도 반드시 국민들에게 교육을 제공해야 했다. 무료 교육은 19세기 중엽부터 시작, 독일 통일 직전 적년기 아동의 입학률은 97.5%에 달하였다. 이것은 그 당시 유럽의 어떤 나라와도 다른 특징이다. 그 결과, 독일의 교육 제도는 독일(중화학) 산업, 과학, 제약, 운송에서의 괄목할 만한 성장의 초석이 되었다. 심지어 군산복합체와 같이 군사적인 측면에도 기여하였다.

4. 후발국가들의 흥망성쇠

우선 한국과 대만은 2차대전 종전 이후, 새로이 등장한 팍스 아메리카나라는 정치 패러다임과 아날로그 전기전자 기술에 기초한 포드주의적 소품종 대량생산 체제 하에서 일본을 모방하는 정책으로 도약하여 선발국을 성공적으로 추격하였다. 한편, 한국의 추격 모델이었던 일본은 디지털로의 패러다임 전환기에 유연하게 편승하지 못하여 디지털 강국이라는 새 경로를 창출한 한국에게 추격을 허용하였다.

일본은 90년대 이후, 한국은 2000년대 이후, 똑같이 상대적 쇠퇴

내지 정체의 길을 밟고 있다. 반면에, 중국은 일면 동아시아적 모델이면서도 대국적 특성을 띠어서 베이징 모델이라고 할 정도로 일정 정도 새로운 경로이며, 더구나 인도는 정치적 민주주의와 서비스 산업 주도의 추격이라는 전혀 새로운 경로를 열어 가고 있다. 브라질도 쇠락의 고리를 끊고 시장주의적 중도좌파라는 새로운 경로를 개척해 가고 있다.

특히, 일본은 일본식 모델을 견지하여 성공하다가, 85년 플라자 합의의 충격을 벗어나지 못하였다. 이후 일본은 고이즈미 정권 하에서 미국식 신자유주의 모델을 실험하다 참담한 실패를 경험하면서 정권이 교체 당한 후 새로운 경로 모색의 혼돈 속에서 벗어나지 못하고 있다. 이런 면에서 한국도 개발독재형 모델을 97년 외환위기와 더불어 강제로 포기당하고 영미식 모델로 들어섰으나, 투자율과 성장률이 정체되는 등 여전히 새로운 경로 모색 속에서 헤매고 있는 듯하여, 일본의 전철을 비슷하게 밟는 것이 아닌가 하는 우려마저 든다. 이런 상황은 한국, 대만 등 과거 일본 모델을 추종하였던 신흥 국가들도 새로운 모델을 모색하여야 하는 상황이 되었음을 시사한다.

워싱턴 컨센서스를 구성하는 10가지 정책 측면에서도 중국은 자유화 등을 점진적으로 하고 있어 워싱턴 컨센서스보다는 동아시아 모델 쪽에 가깝다. 그러나 중국의 경제 기적이 이 컨센서스에 대한 결정적 타격인 이유는 바로 독재와 경제성장의 공존이다. 왜냐하면 남미에서의 워싱턴 컨센서스의 실패에 대한 주류경제학의 변명은 그 나라들의 기본적 제도(민주주의, 법치, 부정부패 억제)들이 불충분하여 좋은 정책이 먹혀들어가지 않았다는 것이기 때문이다. 즉 선 제도 완비 후 경제성장 가능론인데 중국은 과거 한국과 마찬가지로 선경제성장 후민주화의 길을 걸을 것으로 보인다. 한편, 중국이 주변 동아시아국과 다른 요소, 즉 '베이징 컨센서스'라고 부를 말한 요소들, 즉 과거 한국이나 대만에는 없었던 몇 가지 전략들을 추진한다는 면도 흥미롭다. 그 첫째는 대학과 연구소의 지식을 바로 산업화하여 등장한 레노보, 팡정, 동팡 등 많은 학교기업들의 육성이다. 둘째는 외국기업을 인수하여 기술이나 브랜드를 확보하여 추격의 시간을 줄이는 국제 인수합병 전략, 셋째는 중국 시장을 주고 외국 기술을 이전받는다는 소위 '시장 환(換) 기술' 전략을 포함하여 외자 기업으로부터 기술을 흡수하여 토착기업을 일으킨 후 외자기업을 추격해 버리는 수평적 학습 전략이다. 앞으로 '베이징 공식'이 정말 성공할지는 이제 한국이 넘고 있는 몇 가지 산, 즉 설계기술의 확보, 부품소재의 국산화, 자기브랜드의 육성, 민주화라는 산을 넘느냐에 달려 있다.

한편, 1990년 이후 인도 경제의 성장은 일차적으로 서비스업 주도형 경제성장으로 볼 수 있고, 나아가서, 2차산업과 서비스 산업 사이에 현저한 디커플링이라는 다소 특이한 패턴을 보이고 있다. 인도 경제의 서비스화 현상은, 서비스 산업의 평균적인 노동생산성은 제조업 평균에 비하여 월등히 높다는 점에서, 많은 개도국에서 제조업의 부진으로 인하여 농촌의 유휴인력이 서비스 산업의 비공식 부문으로 유입되는 현상과는 차이가 난다. 즉, 인도에서는 서비스 산업의 생산성 상승이 가속화되고 있는 반면, 제조업에서의 생산성은 둔화되고 있다는 점에서 다른 동아시아국의 추격과정과 완연한 차이를 보이고 있다. 이러한 패턴은 최근 세계시장에서 생산의 국제화와 정보통신기술의 발전에 힘입어 서비스 부문에 새로운 시장이 창출됨으로 인하여 인도에 기존의 추격국과는 다른 추격 경로를 따를 수 있는 기회가 주어졌음을 시사한다.

한편, 20세기 말부터 진행된 아일랜드의 경제성장은 유럽을 비롯하여, 세계 각국의 시기를 받을 만큼 놀라운 것이었다. 1988년, 영국의 권위 있는 경제지인 『이코노미스트』가 아일랜드를 '자선을 구걸하는 거지'로 표현한 지 불과 20여 년 만에 켈틱 호랑이(Celtic tiger)로 눈부시게 성장한 놀라운 기적이었다. 이에 대하여 일군의 학자들은 아일랜드를 워싱턴 컨센서스를 바탕으로 한 신자유주의적 발전 모델의 전형이라고 치켜세웠다. 아일랜드의 경제성장이 각종 규제 철폐와 무역자유화를 통한 외국인직접투자(FDI)의 원활한 유입을 바탕으로 이루어졌기 때문이다. 그러나 최근 아일랜드의 경제 상황은 경기침체라고 표현하기에 모자랄 정도로 심각한 위기 국면을 맞았다. 모든 거시 지표들이 곤두박질쳤고, 경제로부터 비롯된 분열은 사회 전반으로 확산되어 가고 있다. 즉, 아일랜드는 급격한 추격의 반전 이후 추락을 노정하고 있다. 자본 자유화와 무역 개방을 통한 경제성장이 보여 주는 한계가 아일랜드의 경제 위기를 통해 단적으로 나타난 것이다. 이는 단순히 워싱턴 컨센서스의 틀에 따른 자본 개방과 FDI의 유입으로는 일정한 추격은 가능할지언정 장기적 경제성장이 바로 담보되지 않는다는 것을 보여 준다.

아프리카의 모리셔스는 전통적 아시아 모델이었던, 수출주도의 외향적 모델을 가지고 매우 우수한 성과를 낸 나라다. 그러나 이러한 성과가 국내 임금 상승으로 귀결되는 반면, 더 값싼 노동력을 제공하는 방글라데시 같은 차기 후발국의 출현으로 노동집약적 수출산업의 경쟁력 유지가 어려워지면서 성장이 정체되고 있다. 즉, 전형적인 개도국 간의 '상호경합(adding-up problem)'(Spence, 2011) 문제의 예가 되는 사례다. 따라서 향후 수출생산 경험이 학습의 기회로 작용하여 보다 높은 고부가가치 산업으로 이행하는(한국이나 대만에서 발생한) 업그레이딩이나 산업구조의 다각화를 수행하지 못하면 지속적 추격이 불가능한 상황에 빠지고 있다. 사실 이런 상황의 발생은 많은 후발개도국에 발생하고 있어, 이를 일반적 문제로 인식하고, 단순한 저임금에 기초한 수출공업화 모델의 내재적 한계로 인식하는 것이 필요하다.

5. 한국에의 시사점

한국은 제1세대 동아시아 모델의 전형으로서, 정치적으로 개발독재와 경제생산 방식 면에서 소품종 대량생산방식의 결합에 기반한 노동집약적 수출공업화라는 경로를 창출(path-creation)함으로써 성공한 사례다. 특히, 80년대 중반 이후 진행된 대기업 주도의 혁신역량 구축으로 산업 및 제품 구조를 업그래이드하면서, 개도국 간의 '상호경합' 문제로부터 자유로워지면서 지속적 경제성장을 창출하였다. 즉, 초기의 경로를 업그래이드하는 경로 갱신(path-renewal)을 이뤘다고 볼 수 있다. 그러나 정치적 민주화라는 파도는 넘었으나, 본격적 개방이라는 파도를 넘다가 좌초하는 위기를 겪었다. 그 연장선 상에서 현재 개방-복지-성장 간에 상충이라는 선진국형 도전에 직면하여, 또 한 번의 경로 갱신/업그레이딩 내지 완전히 새로운 경로의 모색을 요구받고 있다. 즉 개방이 가져오는 국내부문과 해외 부문의 모순, 정치 및 경제민주화가 의미하는 복지 요구와 성장 간의 어려운 방정식을 풀어야 하는 문제인데 이는 전형적인 선진국형 문제이고 더 이상 기존의 동아시아 발전 모델 담론으로는 접근할 수 없는 성격이라고 볼 수 있다.

그러나 개방-복지-성장의 3각 관계는 외면적으로는 선진국형 문제이지만, 한국의 경우 그 특수성은 그 근원에 동아시아 모델의 유산과 경로의존성이 놓여 있다는 점이다. 실업과 일자리 창출문제도 선진국의 경우 노동시장의 경직성과 저성장에서 유래되고 있으나, 한국의 경우 시장유연성보다는 노동시간이 너무 긴 것도 중요 원인이며 이는 과거 성장 체제의 유산이다. 또한 그 정도가 매우 심한 노동시장의 이중구조 혹은 분절성(대기업형 경직시장과 중소기업형 유연시장)은 수출형 대기업 주도라는 과거 성장체제의 유산이다. 즉 한국의 경우, 후발국형 근원을 가진 선진국형 문제에 봉착하고 있는 것이다. 그렇다면 그 문제의 해결도 그 역사적 유산 극복에서 찾아야 한다는 점에서는 서구 선진국에서의 문제 해결 방법이 다르다고 볼 수 있다. 가령, 네덜란드 같은 해결방안이 그대로 적용되기 힘들다고 볼 수 있다. 그 해결 방안의 주요 축은 일단은 성장 축을 수출 대기업과 내수 중소기업이 같이 가는 동반성장형 체제로 변형시키는 것과 노동시간 단축을 통한 일자리 창출에 놓여 있다고 상정해 볼 수 있다. 이하에서는 이를 더 살펴보자.

구체적으로 보면, 과거 성장체제의 핵심인 대기업-제조업-정부 주도의 선도 추격 모델의 하나의 기득권 같은 유산으로 남아 있어서, 그 반대 축인 중소기업-서비스업-민간 부문의 발흥의 발목을 잡고 있다. 효율적이고 경쟁력 있는 서비스업이 있어야 제조업의 효율성도 담보되는 것이고, 부품소재를 제대로 만들어 내는 중소기업 없이 대기업의 완성제품도 제대로 경쟁력이 없는 것이다. 또한 이제 프론티어에 가까워짐에 따라 정부의 선별적 지원 정책의 위험성이 커짐에 따라 민간의 창의성과 다양성이 중요하여졌다. 그래서 선도추격에서 동반 추격(co-catch-up)으로 전환하지 않으면 성장 잠재력은 담보될 수 없는 상황에 다다른 것이다. 또한 수출보다는 일자리, 기업 육성보다는 이제 소비자 권익을 중시하는 새로운 모델이 요구되고 있다.

제조업 및 수출 부문이 가져오는 일자리 창출 효과가 생산공장의 해외 이전과 노동절약적 기술혁신에 따라 급속히 떨어지면서, 선진국형 일자리 문제가 심각해졌다. 그러나 과거 체제의 유산으로 후진국형 최장노동시간 관행이 일자리 창출의 가장 어려운 장애 요인으로 남아 있다. 노동시간 단축으로 추가 일자리를 창출하기 위해서는 네덜란드나 덴마크와 같은 새로운 노·사·정 타협이 필요하나, 노·사·정 간의 불신이라는 유산으로 새로운 경로 창출은 지체되고 있어 이의 극복이 주요 과제다.

네덜란드의 삼자협약 당시 노동조합 운동 지도자로서, 노·사·정

협약을 타결하여 네덜란드 경제의 부활을 이끈 공적으로 총리까지 지낸 윌렘 콕 전 총리가 2010년 방한 시 했던 강연에 따르면, 네덜란드 모델의 핵심은 경제적 효율성과 사회적 통합(social inclusiveness)을 동시에 달성하는 것이다. 즉, 사회적 통합과 연대는 모두가 중시하는 가치이나 시장에서의 경쟁성 없이는 그것은 지속 불가능하기에, 효율성을 같이 추구하여야 한다는 것이다. 사실, 이 두 가지는 같이 가기 어려운 것으로, 이를 동시에 추가하는 것이 크게 보아서 북유럽 모델의 특성으로 보인다.

그는 이 어려움을 달성하는 길은 1) 지식기반 경제의 추구, 2) 인적 자본 제고에 기초한 다이나믹하고 유연한 노동시장, 3) 연대성과 개인의 책임 간의 균형을 추구하는 연금 제도, 4) 환경적 지속가능성과 에너지 효율성의 추구라는 네 가지 구성 요소에 있다고 하였다. 그는, 네덜란드에서 이런 어려운 타협과 조화를 이끌어 내게 된 것은 사실은 80년대 초반의 경제위기 상황이라는 급박한 사정이 있었고 이를 계기로 노사정 간에 탈출구 모색으로 이루졌다고 하였다. 효율성과 통합의 조화는 무척 어려운 것으로, 80년대 초반에 구체적으로 우선 노조로부터 산업경쟁력을 갉아 먹는 임금 상승에 대한 양보를 이끌어 내는 것이 참 어려웠으며, 이런 노조의 양보에 대해 사용자 측은 노동자 교육훈련에 대한 투자, 청년 일자리 제공, 근로시간 단축과 일자리 공유 등으로 보답하여 서로 간에 신뢰가 형성되어서 가능하였음과 특히 이것이 정부 주도라기보다는 노사 양자의 주도로 시작되었음을 강조하였다.

이런 부분은 한국사회에 이를 도입하고자 할 때 불가능하지는 않으나 쉽지 않음을 시사하는 요소로 보인다. 네덜란드 모델도 유연안정성(flexicurity)이란 개념을 포괄하고 있는데, 네덜란드와 덴마크 모델의 차이에 대한 콕 총리의 설명은, 덴마크 모델이 고용자에 대한 보호가 네덜란드보다 작고(즉, 해고가 더 쉽고), 반면에 실업자에 대한 보호가 더 세다는 것이었다.

이렇게 볼 때 결국은 노 · 사 · 정 모델에 대한 단일한 정답은 없으며 결국 각국은 자기에게 맞는 모델을 스스로 찾아 가야 하는 것임을 시사한다. 현재 한국의 고용보호 수준은 OECD 평균보다 약간 높은 반면, 실업보호 수준은 미국 등과 함께 최하위 수준이다. 이 비교는 한국은 고용 보호를 줄여 유연성은 높이되, 실업보호는 늘려야 함을 시사한다. 현재 유연성에 대한 저항은 실업에 대한 보호가 너무 빈약하기 때문인데, 이것 없이 무조건 유연성을 높이자는 것은 곤란하다. 사실 전체 노동자의 80%는 이미 유연한 노동시장 안에 놓여 있다. 대표적인 실업보호 및 비정규직 보호 정책으로 필요한 것은 비정규직의 4대 보험 가입률을 높이는 것이다. 많은 노동자들이 비용 때문에 가입을 못하고 있는데, 4대 보험가입비에 대한 정부 보조에 예산을 투입하여야 한다. 경제 변화의 추세는 고임금이든 저임금이든 다양한 비정규 형태의 근로자가 많아지는 것이며 이들에게도 적절한 사회보험만 있다면 무조건 정규직화를 주장하지는 않을 것이다. 즉, 모든 비정규직을 없애는 것은 불가능한 반면, 바른 방향은 비정규직이어도 괜찮은 구조를 만드는 것이 더 현실적일 수 있으며, 그 첫걸음은 비정규직의 4대 보험 가입률을 획기적으로 높이는 것이다.

다음으로 더 중요한 점은 고용보호 수준이 높고 실업보호 수준이 낮은 국가라 하더라도 기업들의 경쟁 및 혁신능력에 큰 차이가 있다는 점이다. 같은 유형이라도 기업특수적 숙련이 형성되지 못하고 교육 훈련도 미약할 때, 기술기능직과 숙련기능직의 숙련 융합이 차단되고 학습형 작업조직 형성에 실패하여 악순환에 빠진다. 지금 한국경제가 이 상황이다. 중소기업들이 일자리를 지속적으로 유지하는 능력이 약하여 실업과 비정규직이 많아지고 있다. 한국에서는 유럽의 노동시장 및 보호제도상의 특징만 도입하려고 하고 있지 그 기저에 있는 숙련형성 및 여러 학습제도에 대해서는 간과하고 있다.

정부는 혁신형 중소기업 육성을 많이 주장하곤 하는데 이에는 두 가지 유형이 있음을 알 필요가 있다. 즉, 과학기반형 혁신기업과 경험기반형 혁신기업이다. 한국에서는 과학기반형 혁신에 대한 분석과 정책이 주로 이루어지고 있을 뿐, 경험기반형 혁신에 대한 연구나 정책은 매우 적다. 정부의 혁신정책이 생색내기 쉬운 과학기반형 혁신 즉 신기술 분야에 대한 R&D 투자 개발에만 집중되어 있는 것도 같은 맥락이다. 그런데, 덴마크 기업과 노동자들의 뛰어난 혁신능력은 학습형 작업조직의 발달, 경험기반형과 과학기반형 혁신의 조화, 낙농업 등 전통, 비첨단기술 분야에서 암묵지를 활용한 성공적인 특화에 기반하고 있다. 이를 튼튼하게 뒷받침하는 것이 바로 황금삼각형이다.

성공적 중견기업들의 지속적 경쟁력은 바로 자신만의 특유한 암묵적 지식과 능력에서 나온다(이근 외, 2008). 쿠쿠 밥솥은 적절한 압력을 50가마니에 해당하는 밥을 짓고서야 찾아 내었으며, 홍진헬멧도 두 가지 다른 플라스틱을 합성하는 최적의 비율을 반복되는 실험 속에서 찾았다. 락앤락도 오래 열고 닫아도 끊어지지 않는 적당한 강도와 유연성을 가진 플라스틱을 반복적 실험을 통해 발견했다. 이런 것들은 현장 실험을 통해서만 확보가 가능한 것인데, 이를 획득하기 위해 많은 반복적 실험을 하다가 회사가 망하는 경우가 많다. 정부 돈은 이런 실패 비용 보전과 근로자 직업능력 향상에 써야 한다.

한편, 한국이 일본형 장기 불황에 빠질 것이라는 우려가 나오고 있다. 급속한 노령화나 인구감소라는 측면은 특히 비슷하다. 일본과 근본적으로 다른 두 가지 측면은, 첫째, 일본이 내각제 하에서 세습적 정당정치 구조를 가지고 있다면, 한국은 대통령제 하에서 매우 역동적이고 경쟁적인 정당정치를 가지고 있다는 점이고, 둘째, 일본은 전문 경영인 체제에 기반하여 신중하지만 느린 의사결정구조를 가진 반면, 한국은 가족 경영 체제에서 과감하고 빠른 의사결정 구조를 가져 전반적으로 사이클이 짧아지고 있는 현 산업구조 하에서 우위성을 가지고 있다고 볼 수 있다.

그런데 이런 두 가지 측면의 차이는 긍정적 측면과 아울러 위험요소도 가지고 있다. 첫째의 경쟁적 정당정치는 보다 좋은 정책으로의 경쟁을 낳기도 하지만, 대중영합주의적(소위 포퓰리즘) 정책을 양산하는 식으로 귀결될 수 있으며, 실제로 그런 양상이 일정 정도 보이고 있다. 대표적으로, 과잉학력 및 과다하게 높은 대학 진학율 문제가 있는데, 반값 등록금을 여야가 모두 정책으로 내걸고 있다. 둘째, 재벌형 대기업 체제의 우위성은 모든 경제적 자원의 대기업 체제로의 집중과 대기업-중소기업이라는 이중구조를 낳아서, 이에 대한 사회적 반감으로 이어지면서 상당한 부작용을 낳고 있다. 이런 상황에서 대기업에 대한 규제가 추진되면서 이 부분마저 역동성을 잃고 일자리의 해외로의 이전 등이 가속화될 경우, 경제의 추세적 하락요인으로 작용할 수도 있다.

실제로 우려되는 것은 대기업-제조업-정부 주도의 선도추격에서 중소기업-서비스-민간이 같이 가는 동반추격으로 전환 과정이 후자의 육성보다는 전자 때리기 즉 규제에 치우치고 있지 않나 하는 것이다. 사실 대기업 부문은 한국형 동아시아 모델의 핵심적 존재였다. 그러나 이 부문이 커지자 이에 대한 우려가 80년대 말에 이미 출자총액제한제라는 제도로 등장하였다. 1987년 이후 재벌개혁의 화두는 경제력 집중 방지를 위한 출자총액제한제로부터 시작하여, 지배구조 논의를 거쳐 이제 일감몰아주기와 공생발전으로 변천하였다. 그사이 재벌은 정부지원에 기반한 후진국형 기업에서, 세계적 우량기업으로 성장했다. 재벌의 계열사 수가 출총제 폐지 이후 급증한 것은 사실이나 출총제 때도 계열사 수가 늘어난 경우도 있다. 그러나 신성장 산업 외 분야에 대한 출자제한이 없어진 것이 2010년 전후로 빵집, 커피점 등으로의 진출을 가능케 한 측면은 있다. 기업 집단은 시장 실패가 많은 후진국에서 그 존재의 합리성이 있고, 또 계열사 간 역량과 자원 공유에 기반하여 선진국 기업이 장악한 시장에 후발진입을 가능케 하고 경쟁력을 확보하는 이점을 가진다. 그런데 현재 한국에서는 외국기업이 아니라 국내 후발기업의 진입과 생존을 어렵게 하는 부작용이 문제가 되고 있다. 국내 자본시장이 협소한 상황에서 정당화되었던 내부자본시장(상호출자에 의한 신사업) 효과도 자본시장이 커지고 개방된 지금 정당화되기 힘들고 오히려 이로 인한 계열사 밀어주기가 문제가 되고 있다.

필자의 분석에 따르면 『포춘』지 선정 500대 기업을 얼마나 가지느냐가 선진국 대열에 들어서느냐를 결정하는 핵심변수다(Lee et al., 2013). 중국은 이제 일본과 유럽국보다 더 많은 포춘 기업을 가지게 되었다. 『포춘』지 선정 500대 기업을 한 개 더 가지게 되면 1인당소득이 0.3% 증가하는 반면, GDP대비 포춘기업들의 매출합의 비율인 과도한 대기업 의존도는 성장에 부정적이다. 이 비율이 한국, 일본, 대만, 독일 모두 60%에 달하고 영국 프랑스는 70%가 넘는다. 그러나 이 부정적 효과의 절대치는 작아, 『포춘』지 선정 500대 기업 한 개 증가에 따른 이 비율증가는 0.03% 감소 효과가 있다. 긍정적 효과가 10배나 더 큼은 대기업 밑에 많은 협력 중소기업이 살아가고 있고 이것은 글로벌 경쟁에서 대기업 우산 밖에서 중소기업 홀로서기가 매우 힘들다는 것을 시사한다. 가장 이상적인 것은 결국 초우량기업과 중견기업이 같이 성장하는 것인데, 현재와 같이 소수 대기업의 지배력이 막강한 상황에서 자유방임은 이를 더 심화시킬 것이기에 시장경제의 건전한 경쟁성 유지 면에서도 정부개입은 정당화된다.

그러나 황금알을 낳기도 하는 닭을 죽이기 않기 위해서는 규제에도 어떤 원칙이 있어야 한다. 진입이나 출자 등 사전적 행위 규제보다는 이를 허용하되 이에 대한 대가를 치루게 하는 사후적 규제가 좋고, 자의성이 적고 투명 간단해야 하고, 외국기업 대비 역차별이 없어야 한다. 가령, 사전적 출자 규제보다는 일감 몰아주기에 대한 사후적 과세가 더 좋은 규제다. 그러나 일감 몰아주기에 의한 주가 상승 기여분은 측정이 어렵고 정상가 거래일 경우 논란의 여지가 있다. 또한 일감 몰아주기는 상호 출자라는 근본적 원인이 가져오는 여러 현상 중의 하나일 뿐이다.

다른 대안은 상호출자라는 근본 원인에 대해 이를 허용하되 이에 대한 추가 비용을 요구하는 것이다. 즉, 돈으로 때우라는 것이다. 기업에 대한 증세이지만 한국의 법인실효세율은 미국, 일본, 영국, 프랑스 등에 비해 매우 낮은 수준이다. 지금은 소유경영이 분리된 독립기업의 왕국인 미국에서도 한국과 같은 기업집단이 지배적 형태인 적이 있었다. 그러나 부작용을 우려한 루즈벨트 개혁기에 계열사 간 배당에 과세를 1935년에 도입하고 지분매각에 대한 세제상 유인책 실시 이후 급속히 소멸된 바 있다. 대부분 나라에서 이런 과세가 없으나 미국만 이 제도를 유지하고 있다. 이는 이중과세이지만, 상호출자 자체가 가공자본의 이중적 운용이므로 마찬가지다. 다만 각 재벌이 상호출자 유지의 이득과 과세라는 손해를 각자 비교하여 선택할 수 있도록 적정세율을 선택하여 점진적 이행 유도가 바람직하다.

즉, 경제민주화의 바른 방향은 기업 행위에 대한 사전 규제가 아니라, 가장 고전적인 방법인 조세를 통한 재분배 강화다. 조세부담률의 선진국 평균이 35%인데 한국은 25%이다. 부자에 대한 소득세율이 낮고 세금을 내는 소득자의 비율도 선진국 평균인 80%에 비해 매우 낮은 50%인 반면, 조세로 인해 상대적 빈곤을 완화시키는 정도도 꼴찌에 가까운 희한한 재분배구조를 가지고 있다. 법인세 부담도 각종 연구개발에 대한 감면 등 조세감면으로 대기업들이 중소기업보다 더 낮은 세율적용을 받고 있다. 이런 기본 재분배 기능이 작동하지 않는 것이 분노를 낳고 그 분노가 엉뚱한 희생양을 찾고 있다. 법 앞의 평등이 법치주의라면 시장 앞의 평등을 지향하는 헌법 119조는 먼저 부의 창출을 장려하고 그 다음에 이를 잘 재분배하라는 뜻이다.

참고문헌

이근 외, 2008, 『기업간 추격의 경제학』, 21세기북스.

Lee, Keun et al., 2013, "Big Businesses and Economic Growth," *Journal of Comparative Economics*, 41(2): 561-582.

Spence, Michael, 2011, *The Nest Convergence*, New York: FS G Books.

보론

주요 국가 장기성장의 기초통계 분석

박준기 서울대학교 경제학부 석박사통합과정

이근 서울대학교 경제학부 교수

1 개요

2 동아시아 주요국의 경제추격 성과

3 제1세대 및 2세대 동아시아 모델의 상대적 부침

4 성장 원천의 분석: 개방, 수출증가, 연구개발투자

1. 개요

보론의 목표는 이 책에서 다루는 국가들을 중심으로 주요국의 경제성과를 기초통계를 사용하여, 간략히 묘사 기술하는 데 있다.

제1세대 동아시아 모델이라고 할 수 있는 일본, 한국, 대만을 중심으로 하고, 여기에 제2세대 아시아 모델인 중국과 인도, 그리고 비아시아 신흥대국의 대표로 브라질을 비교하여 분석한다. 그리고, 유럽개방소국인 네덜란드, 아일랜드, 덴마크, 핀란드의 장기 통계를 분석하고, 마지막으로, 제1세대 동아시아 모델을 답습하고 있는 방글라데시, 모리셔스를 분석하여 이들 국가 간에 존재하는 '상호경합' 문제를 보여 주고자 한다.

검토하는 성과 지표로 기본적인 각국의 1인당 소득 성장률 외에도, 각국 국내총생산(GDP)으로 추정한 각국의 경제 규모의 세계 전체에서의 비중을 사용하여 각국의 장기적 비중 변화를 보여 준다. 여기에서는 동아시아 주요국과 비아시아 국가 및 서구 국가와의 비교가 주 관심사가 되겠다. 그 다음으로 성장의 원천 요인 검토로 개방도, 수출증가율, 연구개발 투자와 미국특허 출원 등의 지표를 검토한다.

자료의 출처는 세계은행의 세계발전지수(World development indicator DB)를 기본으로 하고, 추가적으로 펜실베이니아 대학의 세계지수표(Penn World Table v.7.0)의 구매력 기준 1인당 국내총생산자료를 사용한다(일부 대만자료의 출처는 중화민국통계청임). 그외 유엔 교육과학문화기구(UNESCO)의 연구개발비(R&D) 통계와 미국특허청(USPTO)의 미국 등록 특허 건수를 사용한다.

2. 동아시아 주요국의 경제추격 성과

〈그림 A-1〉은 한국과 대만의 구매력 기준 1인당 실질 소득을 일본 및 미국의 수준과 비교하고 있다. 한국과 대만의 추격이 극명하게 보이는 바, 가령 1970년에 한국과 대만은 일본의 1/7수준(2,000달러 대 1만 4,000

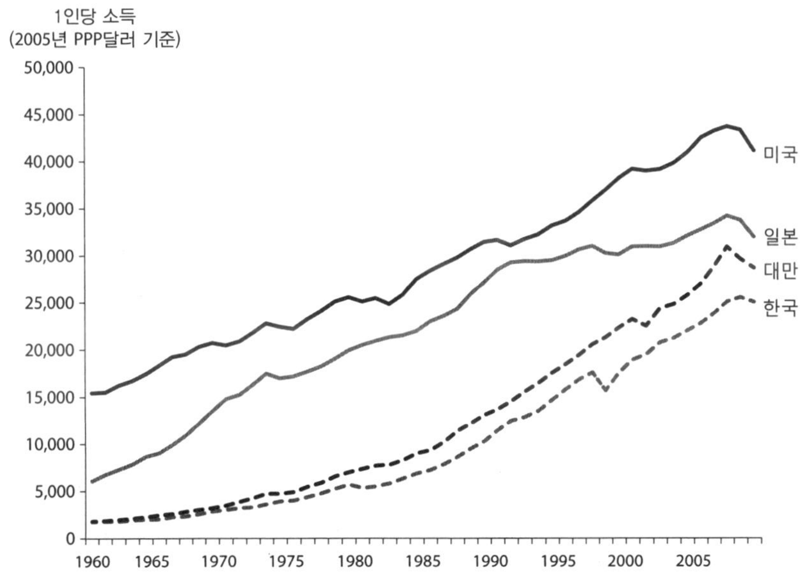

〈그림 A-1〉 한국, 대만, 일본과 미국의 1인당 구매력(Purchasing Power Parity) 소득 추이

달러)이었으나, 2000년대 중반에 가면, 일본의 70% 정도의 수준까지 격차를 좁혔다. 미국과 대비하여도, 70년에는 미국의 1/10 수준이었으나, 2000년대 중반에는 50% 이상 수준에 도달하였다.

3. 제1세대 및 2세대 동아시아 모델의 상대적 부침

〈그림 A-2〉는 주요국의 국내총생산(GDP)이 세계 전체에서 차지하는 비중을 보여 주고 있다. 동아시아 모델의 제1세대 국가라 할 수 있는 일본과 그 뒤를 이은 한국과 대만이 1990년대 후반까지 세계 속에서의 비중을 급속히 확대하여 왔음을 보여 동아시아 모델의 전성기를 보여 주고 있다. 그러나 이들 국가의 비중은 1990년대 후반 이후 완연한 하락세를 보여 주고 있어, 그 성장 모델이 한계에 달하고 있음을 보여 주고 있다.

그러면 이들 국가의 하락세는 어떤 나라들의 상승세에 기인한 것

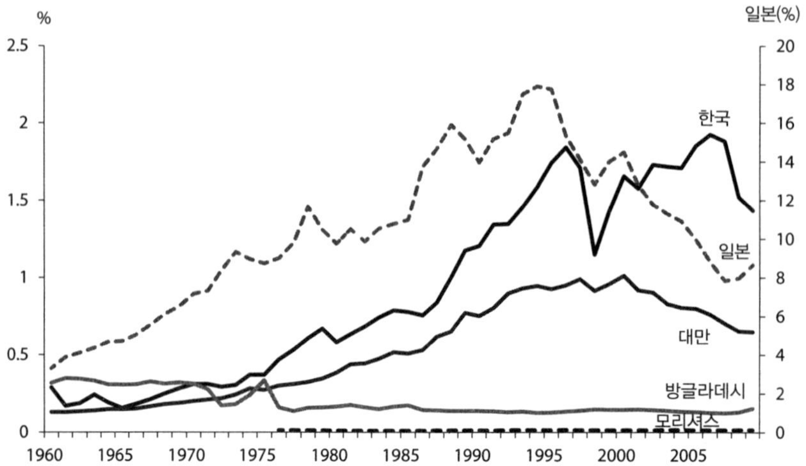

〈그림 A-2〉 아시아 및 개방소국의 전 세계 대비 GDP 비중 추이

일까? 〈그림 A-3〉은 그 나라들이 바로 제2세대 아시아 모델이라고 할 수 있는 중국과 인도 그리고 브라질 등 소위 BRICs국가들임을 보여 준다. 세계 전체에서 중국의 비중은 80년대에 2%에 머물러 최저 수준이었다가, 90년대부터 급속한 추격을 시작하여 2000년대 말에는 10% 수준에 육박하였다. 인도 역시 1990년 부근을 최저점으로 추격을 시작하여 상승세를 이어 가고 있고, 브라질은 2000년대 중반 이후부터 비중을 급속히 증가시키고 있다. 〈그림 A-4〉는 이들 국가들의 1인당 소득 추이를 보여 주고 있다.

한편 〈그림 A-5〉는 유럽 개방 소국들의 세계 전체에서의 비중을 보여 주고 있는데, 국가별로 조금씩 차이는 있지만 1980년대 이후 그 비중이 하락정체 상태임을 보여 주고 있다. 네덜란드의 경우 전후에 성장을 하다가 소위 네덜란드 병이 도져 1970년대 중반 이후 비중이 추락하였으나, 80년대 초반 소위 바세나르 협약이라는 사회적 대타협 이후 회복한 추세를 보여 주고 있다. 그러나 90년대 이후는 전반적으로 정체라고 볼 수 있다. 핀란드도 90년대 초반 하락 이후 주춤한 상태이고, 아

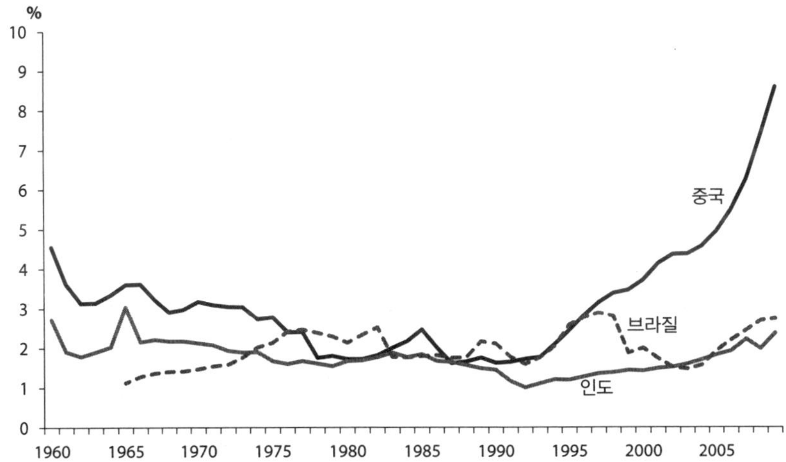

〈그림 A-3〉 신흥대국(B(R)ICs)의 전 세계 대비 GDP 비중 추이

일랜드만이 꾸준한 상승세를 보이다가 2000년대 중반 이후 정체 및 하락으로 돌아섰다.

이들 나라들의 비중은 정체되었지만 1인당 소득 수준은 이미 2만

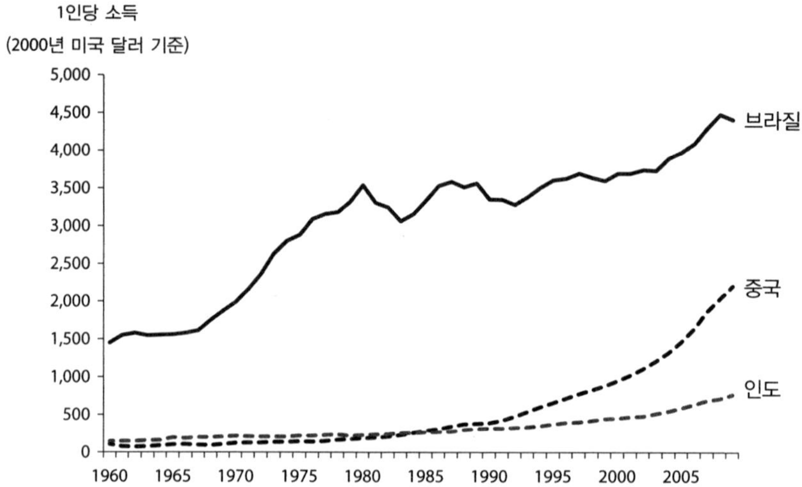

〈그림 A-4〉 신흥대국(B(R)ICs)의 1인당 소득 추이

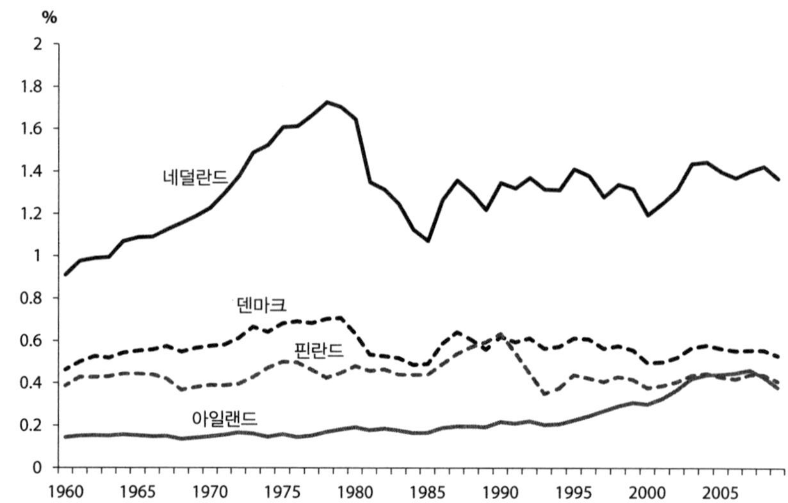

〈그림 A-5〉 유럽개방소국의 전 세계 대비 GDP 비중 추이

5,000달러 이상이어서(〈그림 A-6〉), 한국과 대만이 2만 달러 내외 수준에서 벌써 비중의 정체를 보이는 것은 상대적으로 우려된다고 볼 수 있다(〈그림 A-7〉). 실제로 〈그림 A-8〉에서 보듯이, 한국과 대만의 1인당

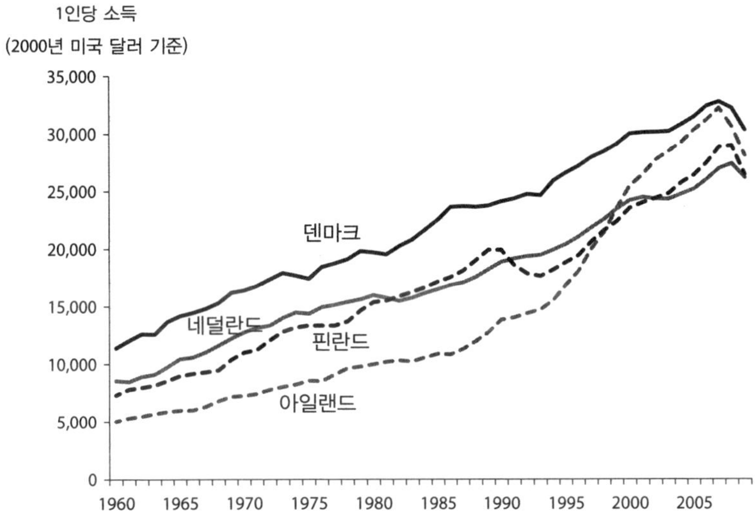

〈그림 A-6〉 유럽 개방소국의 1인당 소득 추이

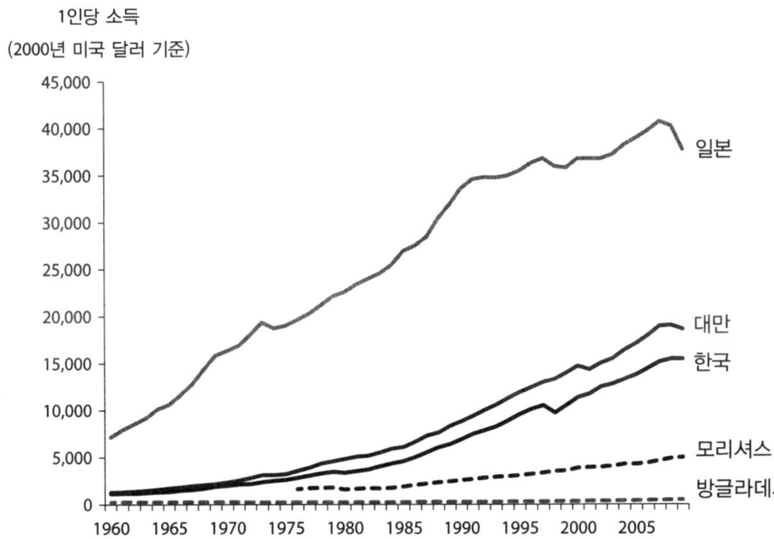

〈그림 A-7〉 아시아 및 개방소국의 1인당 소득 추이

실질소득의 성장률은 90년 부근부터 급속히 하락하고 있고, 2000년대에는 2% 정도 부근에 머무르고 있다. 반면에 〈그림 A-9〉를 보면 중국, 인도, 브라질의 경우 90년 부근부터 1인당 소득 성장률이 상승하고 있다. 인도만 하여도 2000년대의 1인당 소득 성장률이 5%대이며, 중국은 그보다 상당히 높은 7%에서 10% 사이에서 유지되고 있다.

한편 아프리카의 동아시아 모델이라고 하는 모리셔스의 경우 1990년대부터 1인당 소득 성장률이 추세적으로 하락한 반면, 경쟁국인 방글라데시의 경우 1990년대 이후 추세적으로 상승하여, 모리셔스를 일인 소득 성장률 면에서 넘어서서 4%대를 보여 주고 있다. 이런 현상은 본서에서 이야기하는 개도국간의 '상호경합' 문제를 보여 주고 있다고 볼 수 있다. 즉, 모리셔스는 전통적 수출 공업화 모델이 자체 임금인상으로 한계에 도달한 반면, 같은 봉제품 수출 경쟁국인 방글라데시는 아직 임금이 낮아 성장을 유지하고 있으나, 향후 똑같은 운명에 처할 수 있음을 시사한다.

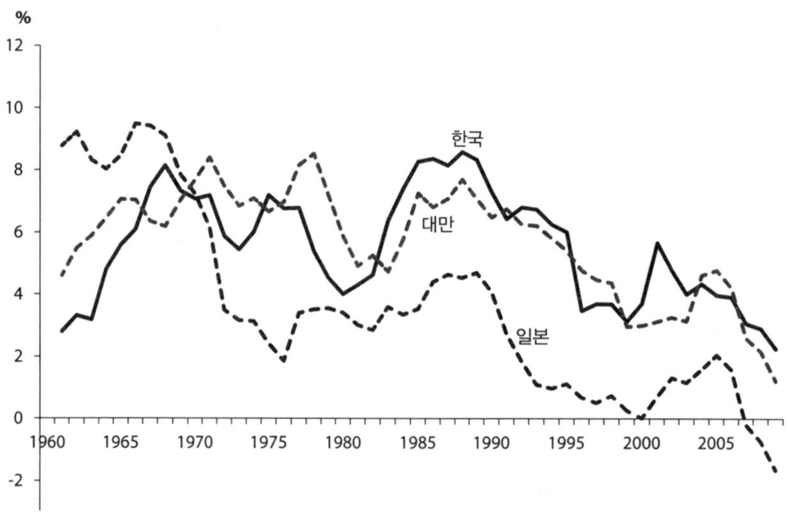

〈그림 A-8〉 한국, 대만 및 일본의 1인당 소득 성장률 추이

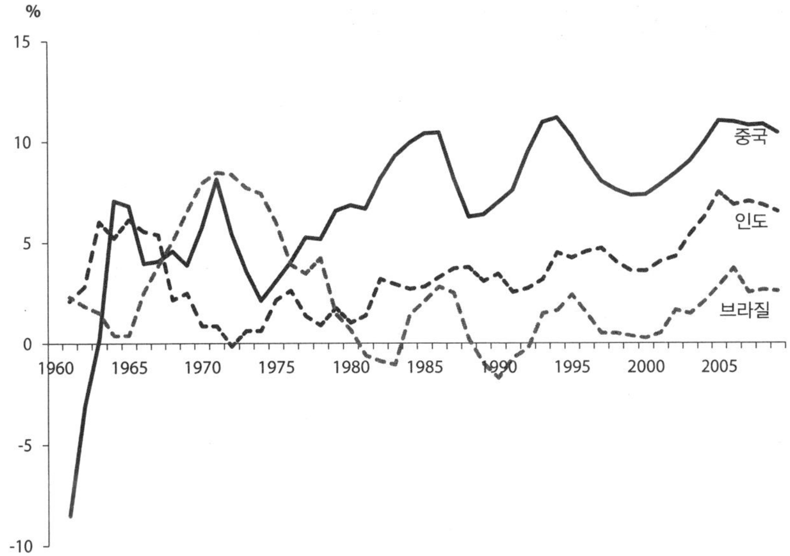

성장률은 각 연도 및 이전 두 개 연도와 이후 두 개 연도의 평균으로 산출함.

〈그림 A-9〉 신흥대국의 1인당 소득 성장률 추이

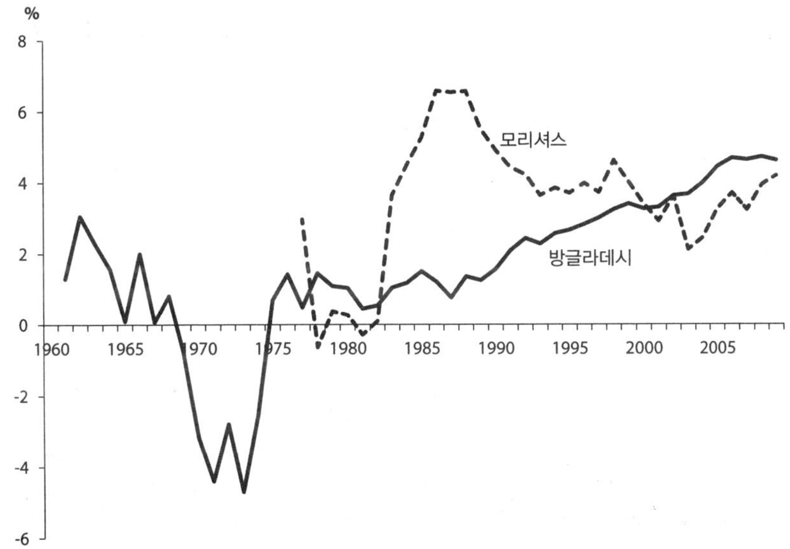

성장률은 각 연도 및 이전 두 개 연도와 이후 두 개 연도의 평균으로 산출함.

〈그림 A-10〉 모리셔스와 방글라데시의 1인당 소득 성장률: '상호경합' 문제

4. 성장 원천의 분석: 개방, 수출증가, 연구개발투자

경제의 개방도는 종종 경제성장의 원천으로 여겨져 왔다. 〈그림 A-11〉은 한국과 대만의 경우, 개방도가 75년 정도에 각각 60%와 80% 부근에서 정점에 도달한 이후 90년대 중반까지 그 수준에서 유지되었음을 보여준다. 즉, 1975년에서 95년까지라는 고도성장기에 개방도는 정체되었음을 보여 준다. 두 나라 모두 1990년 중반 이후 개방도가 급상승하나 경제성장률이 오히려 정체되었음은 개방도의 단순한 증가가 성장을 가져오지는 않음을 보여 준다. 마찬가지로 일본의 고도성장기라는 1955년에서 75년 구간을 보아도 개방도에는 변화가 없다. 그러면 동아시아 모델의 성장의 원천은 무엇이었을까?

보론의 가설은 한국과 대만의 경우 대략적으로 1980년을 기점으로 하여 그 전기에는 수출성장이 그 이후에는 연구개발 투자 증가가 성장의 원천이라는 것이다. 그리고 이를 〈그림 A-2〉의 각국 비중과 연결하여 보면, 이 전기에 한국이나 대만이 차지하는 세계 전체에서의 비중

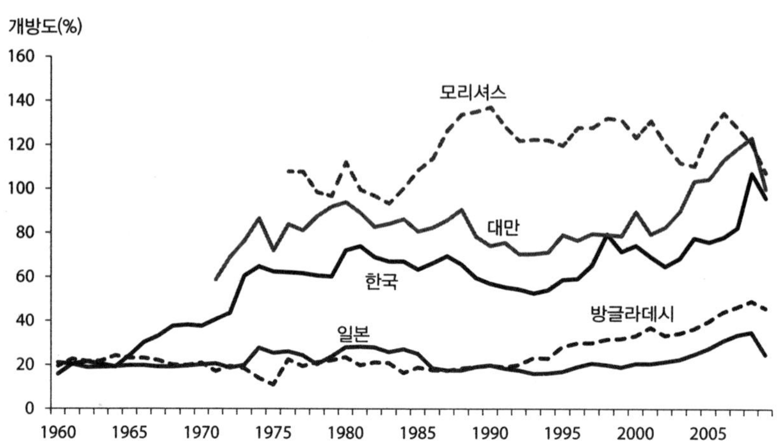

〈그림 A-11〉 아시아 및 개방소국의 대외개방도 추이

증가는 별로 없었으나, 1980년 이후에야 비중의 급속한 추격이 이뤄졌음을 보여 준다. 그렇다면, 추가로 추론할 수 있는 가설은 초기 수출주도의 성장은 성장률은 유지하여 주나 상대적 추격으로 이뤄지지 못하였고, 후기에야 저임 수출공업화에서 연구개발에 근거한 질적 고도화가 이뤄진 다음에의 성장만이 실질적 추격으로 이뤄졌다는 것이다. 이를 통계로 살펴보자.

〈그림 A-12〉를 보면 고도성장이 시작되는 1960년 부근에서 한국 대만의 수출증가율을 급상승을 시작하여, 1960년대 후반에 정점에 도달하고, 70년대 중반까지 한국은 20% 이상, 대만은 10% 이상대를 유지하였다. 그러면, 수출증가율이 계속 추세적으로 하락하는 이 이후 시기의 성장의 원천은 무엇일까? 〈그림 A-13〉을 보면, 한국과 대만의 경우, 1980년대 초반부터 연구개발 투자의 급속한 증가가 이뤄졌음을 보여 준다. 이 결과, 양국은 미국에서 특허를 출원하기 시작하고, 이는 양국의 미국특허 점유율의 급증으로 이어졌다(〈그림 A-14〉).

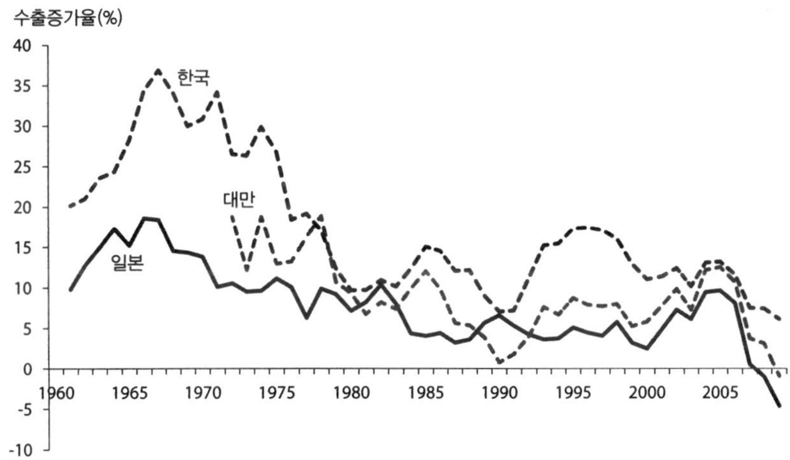

증가율은 각 연도 및 이전 두 개 연도와 이후 두 개 연도의 평균으로 산출함.

〈그림 A-12〉 한국, 대만 및 일본의 수출증가율 추이

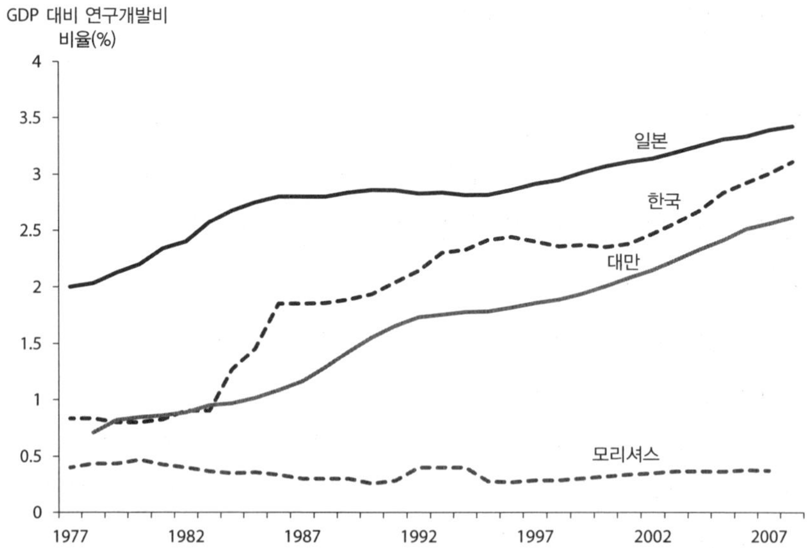

GDP 대비 연구개발 비율은 각 연도 및 이전 두 개 연도와 이후 두 개 연도의 평균으로 산출함.

〈그림 A-13〉 아시아 및 개방소국의 GDP 대비 연구개발 비율 추이

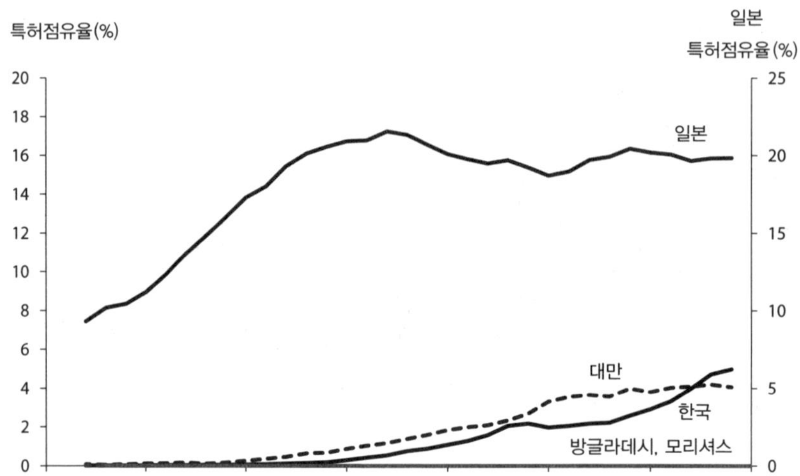

〈그림 A-14〉 아시아 및 개방소국의 미국 등록특허 점유율 추이

한편, 모리셔스와 방글라데시를 보면, 양국 모두 2000년대에 개방도가 꾸준히 상승하나(〈그림 A-11〉), 수출 증가율을 보면, 모리셔스는 완연한 하락세이고, 방글라데시는 확연한 상승세다(〈그림 A-15〉). 이는 개방도가 아니라 수출 성장 면의 차이가 2000년대에 1인당 소득 성장의 차이 즉, 모리셔스의 하락, 방글라데시의 상승이라는 차이를 설명할 수 있음을 시사한다. 모리셔스는 기존의 저임 수출공업화가 2000년대 이후 한계에 도달하였으나, 이를 과거 한국이나 대만과 같이 연구개발 투자 증가로 극복하지 못하고 있음을 모리셔스의 정체된 연구개발 추세가 보여 준다(〈그림 A-13〉).

한편, 신흥대국인 중국, 인도, 브라질을 보면, 세국 모두 2000년대 초반을 정점으로 개방도와 수출증가율이 하락하기 시작하는데(〈그림 A-16〉, 〈그림 A-17〉), 이를 중국만이 적극적인 연구개발 투자로 상쇄하려고 하는 반면, 인도와 브라질은 일정의 노력이 보이지만, 아직 부족함을 보여 주고 있다(〈그림 A-18〉). 다만 브라질의 경우, 1970, 80년대의 연구

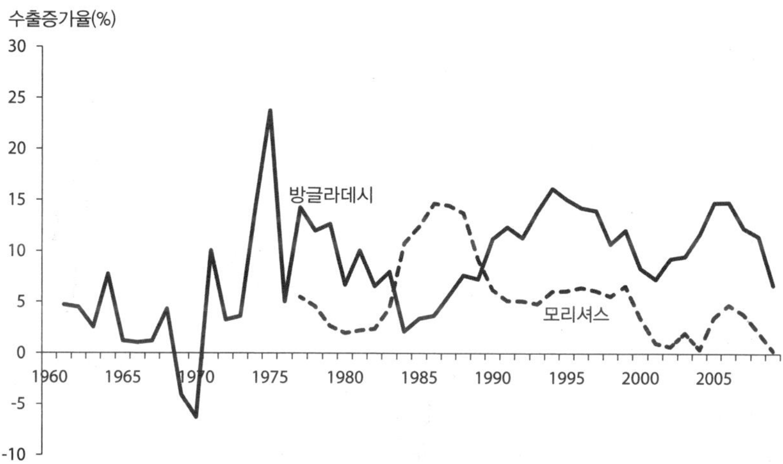

증가율은 각 연도 및 이전 두 개 연도와 이후 두 개 연도의 평균으로 산출함.

〈그림 A-15〉 모리셔스와 방글라데시의 수출증가율 추이

개발 투자의 하락 및 정체를 1990년대 중반 이후 상승세로 반전시킨 것이 2000년의 성장세의 회복으로 귀결되었음을 보여 준다. 그러나 좀 더 이를 가속화할 필요가 있음을 시사한다.

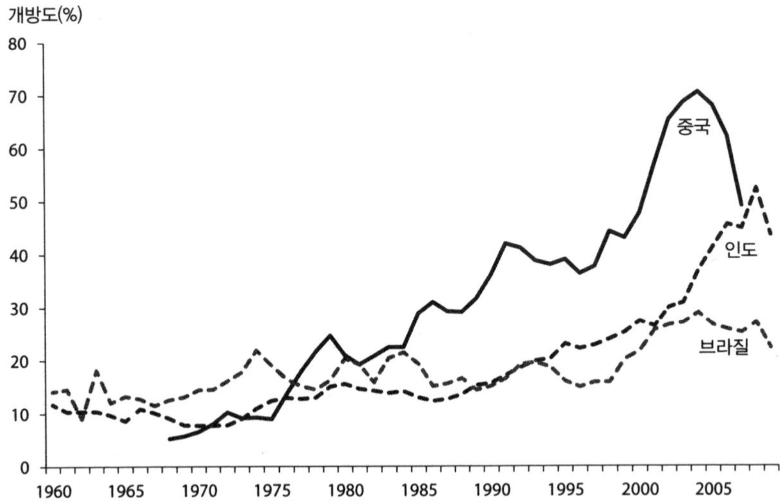

〈그림 A-16〉 신흥대국의 대외개방도 추이

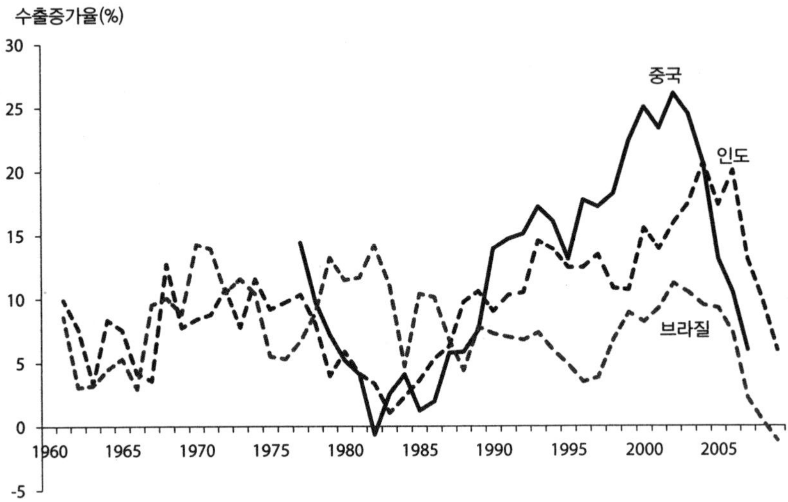

증가율은 각 연도 및 이전 두 개 연도와 이후 두 개 연도의 평균으로 산출함.

〈그림 A-17〉 신흥대국(B(R)ICs)의 수출증가율 추이

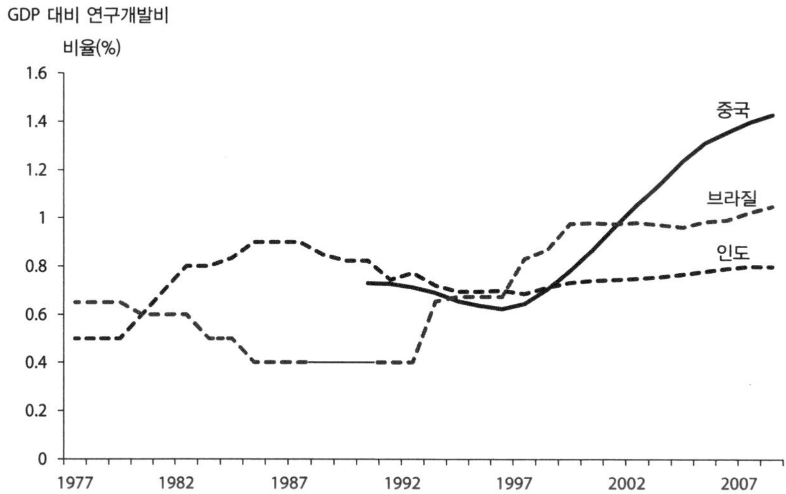

GDP 대비 연구개발 비율은 각 연도 및 이전 두 개 연도와 이후 두 개 연도의 평균으로 산출함.
브라질의 1988~91년 사이의 가는 실선은 자료가 없음을 의미.

〈그림 A-18〉 신흥대국의 GDP 대비 연구개발 비율 추이

| 찾아보기 |

필자 소개

이근

미국 캘리포니아 주립대학교(버클리) 경제학 박사
현 서울대학교 경제학부 교수
Schumpeterian Analysis of Economic Catch-up (2013, 케임브리지대출판부)
『기업간 추격의 경제학』 (편저, 2009, 21세기 북스)
『동아시아와 기술추격의 경제학』 (2007, 박영사)
『중국의 기업 산업 경제』 (공저, 2006, 박영사)

주경철

프랑스 사회과학고등연구원(EHESS) 역사학 박사
현 서울대학교 서양사학과 교수
『대항해시대』(2008, 서울대학교출판문화원)
『콜럼버스, 종말론적 신비주의자』 (2013, 서울대학교출판문화원)

이준협

서울대학교 경제학 박사
현 현대경제연구원 연구위원
『국가경영전략』(공저, 2013, 한국방송통신대학교 출판부)
『작업장 유형과 혁신성과』 (공저, 2010, 한국노동연구원)

우경봉

일본 교토대학 경제학 박사
현 한국방송통신대학교 무역학과 조교수
『국제경영전략』(공저, 2013, 한국방송통신대학교 출판부)
『국제경영학』(공저, 2013, 한국방송통신대학교 출판부)

옥우석

프랑스 사회과학고등연구원(EHESS) 경제학 박사
현 인천대학교 무역학부 교수
『한국의 빈곤 확대와 노동시장구조』(공저, 2011, 한울아카데미)
『저출산 극복 및 성장 잠재력 확충을 위한 가족친화정책 : 조세, 재정, 보육 · 교육, 여성노동 분야에서의 정부의 역할』(공저, 2006, 한국조세연구원)

김지연

서울대학교 경제학 박사
현 IBK기업은행 IBK경제연구소 연구위원
『해방 이후 한국기업의 진화 I: 1976~2005년간의 통계의 구축과 기초분석』(공저, 2007, 서울대학교출판부)
『해방 이후 한국기업의 진화 II: 1956~1977년간의 통계의 구축과 기초분석』(공저, 2008, 서울대학교출판부)

기지훈

현 서울대학교 경제학부 박사과정

Building Technological Capabilities: Four Cases from Manufacturing Sectors in Korea (공저, 2012, Ministry of Strategy and Finance)

박준기

현 서울대학교 경제학부 석 · 박사통합과정

Sanika Sulochani Ramanayake

현 서울대학교 경제학부 박사과정

강영삼

서울대학교 경제학 박사

현 서울대학교 경제학부 박사후 연구원(WCU)

김경준

서울대학교 경제학 학사

현 KDB 산업은행

권재현

서울대학교 경제학 학사

현 두산인프라코어